Les sentiers du bonheur

Denis Monette

Les sentiers du bonheur

Mes derniers billets

Tome VI

Les Éditions
LOGIQUES
QUEBECOR MEDIA

LOGIQUES est une maison d'édition agréée et reconnue par les organismes d'État responsables de la culture et des communications.

Nous remercions le Conseil des Arts du Canada, le ministère du Patrimoine canadien et la Société de développement des entreprises culturelles du Québec pour leur appui à notre programme de publication.

Gouvernement du Québec. Programme de crédit d'impôt pour l'édition de livres. Gestion SODEC.

Nous reconnaissons l'aide financière du gouvernement du Canada par l'entremise du Programme d'aide au développement de l'industrie de l'édition (PADIÉ) pour nos activités d'édition.

Toute ressemblance avec des personnes vivantes ou ayant existé, des lieux ou des événements actuels ou passés, est pure coïncidence.

Révision linguistique : Francine Fleury, Claire Morasse
Collaboration : Germain Monté
Correction d'épreuves : Michèle Constantineau
Mise en pages : Roger Des Roches - SÉRIFSANSÉRIF
Graphisme de la couverture : Gaston Dugas
Photo de la couverture : DK & Dennie Cody / Masterfile
Photo de l'auteur : Guy Beaupré

Distribution au Canada:
Québec-Livres, 2185, autoroute des Laurentides, Laval (Québec) H7S 1Z6
Téléphone: (450) 687-1210 • Télécopieur: (450) 687-1331

Distribution en France:
Casteilla/Chiron, 10, rue Léon-Foucault, 78184 Saint-Quentin-en-Yvelines
Téléphone: (33) 01 30 14 19 30 • Télécopieur: (33) 01 34 60 31 32

Distribution en Belgique:
Diffusion Vander, avenue des Volontaires, 321, B-1150 Bruxelles
Téléphone: (32-2) 761-1216 • Télécopieur: (32-2) 761-1213

Distribution en Suisse:
Diffusion Servidis s.a., route des Jeunes, 4 ter, C.P. 1210, 1211 Genève 26
Téléphone: (022) 342-7740 • Télécopieur: (022) 343-4646

Les Éditions LOGIQUES – Division des Éditions Quebecor Média inc.
7, chemin Bates, Outremont (Québec) H2V 4V7
Téléphone: (514) 270-0208 • Télécopieur: (514) 270-3515

Les sentiers du bonheur

© Les Éditions LOGIQUES, 2003
Dépôt légal: Quatrième trimestre 2003
Bibliothèque nationale du Québec
Bibliothèque nationale du Canada

ISBN 2-89381-896-X

À Micheline
douce compagne
depuis tout près d'un demi siècle
de vie... à deux.

Avant-propos

C'est dans un doux partage que ces billets, issus d'une plume empreinte de bons sentiments, se déposent entre vos mains. Quelle belle complicité que la nôtre! Et ce, depuis tant d'années… Ce recueil dont le titre m'a été inspiré par toutes ces missives que j'ai reçues de personnes me confiant avoir trouvé, grâce à un billet, leur part de bonheur, a été conçu en fonction de vos plus fortes émotions. Que de beaux témoignages j'ai pu lire, avant de faire le tri de ces billets dont, quelques-uns, inédits, vous sont dédiés en guise de conclusion.

Et, d'un signet discret qu'on glisse à certaines pages, je vous invite à revivre les sujets qui nous tenaient vraiment à cœur. L'arrivée d'un nouveau-né, un amour perdu et retrouvé, la sérénité des aînés, la tristesse de voir partir un être cher, la force de vaincre les épreuves, et l'incessante lueur d'espoir au bout du tunnel… Que d'entretiens sur le quotidien par le biais de votre confiance. Que de murmures dans ce livre de chevet, puisés à même le baluchon de vos suaves confidences. Et de là, le courage, l'espoir et, enfin, la certitude de voir renaître maintes fois ce qu'on croyait perdu à tout jamais.

Ce recueil qui se veut le sixième et le dernier d'une longue envolée deviendra, sans doute, la pièce de collection de toutes ces années d'efforts et d'amour au magazine *Le Lundi*. Ayant saisi, au fil des pages de mes derniers écrits, les billets dont vous m'avez si souvent parlé, je vous les offre en toute modestie, au nom de l'amitié. Parce que j'ai senti en chacun de vous, au fil des ans, non seulement un lecteur, une lectrice, mais des proches, avec les mêmes joies, les mêmes peines, comme si nous avions, quelque peu, le même sang dans les veines. Puissent toutes les voies empruntées que je vous suggère, dans ce recueil, vous apporter le bien-être recherché, l'accalmie méritée et, en guise de bouquet, les mille et une fleurs... des sentiers du bonheur!

PREMIÈRE PARTIE

Tout sentier mène au bonheur,

quand la boussole

… en est le coeur!

Ensemencer sa vie

J'ai souvent pensé que notre vie était un grand jardin. Un jardin duquel on pouvait retirer les mauvaises herbes pour ensemencer, de son cœur, les plus jolies fleurs. Par une simple introspection de soi, on peut – j'en suis certain – se départir de ce qui fait notre malheur pour cultiver, peu à peu, son bonheur. Ensemencer sa vie, c'est s'entourer de gens qu'on aime et se départir, un à un, qu'importe la floraison, de ceux et celles qui ont le don de nuire à notre bien-être. Ceux qu'on aime, c'est d'abord ceux qui nous entourent et qui sont chers à notre quiétude. Les parents, les enfants, celui ou celle qui nous épaule dans la vie, les frères et sœurs, les proches… Quitte à retirer tout doucement, s'il y a lieu, une épine de ce rosier qui écorche un bourgeon. Ensuite, viennent les amis, ceux qui nous soutiennent dans les intempéries et qui partagent la moindre de nos joies. Les vrais amis, quoi! Mais il n'est pas interdit de retirer de son jardin les fleurs dont les pétales se referment pour les remplacer par des boutons de roses qui nous feront grandir.

Ensemencer sa vie, c'est aussi s'étudier, s'analyser, troquer quelques défauts contre des qualités qu'on ignore. On a tous le pouvoir de creuser en soi-même comme on le fait d'une terre fraîche. Et que de découvertes quand on s'arrête et qu'on remue, quelque peu, sa propre mauvaise herbe. Parler moins de soi, être à l'écoute des autres; se défaire d'une mine patibulaire et la remplacer par un sourire. Que cela et, déjà, on laboure mieux son être. Pas au point de ne plus se reconnaître soi-même, mais juste assez pour que les intimes sentent un effort de notre part. Juste assez pour avoir encore sa place dans le jardin… des autres.

Jeune, je m'en souviens, il m'arrivait de réprimander ma propre mère. Lorsque survenait un froid entre elle et l'une de ses sœurs, je lui disais: *«Maman, si, pour une fois, tu n'avais rien dit…»* Elle s'emportait, bien sûr, mais je sentais qu'elle avait retiré une leçon de ma petite remarque. Pas facile d'avouer un tort, surtout à son enfant, mais je sentais que la prochaine fois elle y irait un peu plus… avec le dos de la cuiller. Et c'est peu à peu, sagesse aidant, ensemencement de son propre cœur, qu'elle est devenue une douce et agréable fleur… dans le jardin de son bonheur. Mais il ne faut pas toujours attendre que l'âge se charge de remuer la terre. Il ne faut surtout pas attendre que le temps, seul le temps, nous désigne l'ivraie. Parce qu'ensemencer sa vie, c'est aussi panser son cœur dès qu'on se rend compte d'une fissure sur un pétale. J'ai trop vu de gens remettre à plus tard ce qu'ils pouvaient corriger aujourd'hui, et se retrouver sans jardin, pas même celui d'autrui.

Un ami me confiait récemment: *«Je ne me reconnais plus, je ne suis plus le même, on m'accepte beaucoup mieux dans mon entourage.»* Poussant la curiosité, il a fini par ajouter: *«Tu sais, je me suis regardé bien en face; j'ai scruté davantage et j'ai compris qu'il me fallait m'améliorer.»* Non pas qu'il soit devenu un «saint homme» pour autant; il accuse encore certaines rechutes, mais l'ensemble de ses efforts a fait qu'on l'accueille beaucoup mieux en milieu de travail. Il parle moins fort, il parle moins… Il a posé le pied plus souvent sur le frein. Il se retient, certes, mais, de lui-même, il m'a avoué: *«On dit que petit train va loin…»* Depuis, on recherche davantage sa compagnie, on le consulte, on l'invite à se joindre aux parties, bref, on le réclame comme le blé, lui qu'on fuyait comme l'ivraie. J'aurais voulu lui dire que toute «repousse» a son vert feuillage, mais j'ai préféré le laisser ensemencer, de son propre cheminement, le sillon si bien tracé. On a tous, qu'on l'admette ou non, quelque chose à changer, un tantinet de soi à cultiver. Et, pour ce faire, on ne doit pas regarder les autres, mais plonger en soi-même et retirer, d'un coin caché, quelques branches nuisibles. Et si l'on trébuche encore sur quelques racines, de grâce, qu'on s'en excuse, pour que l'épine ne cause qu'une égratignure. À tout effort, cependant, un appui. Il faut, de bonne foi, mettre la main à la terre de celui ou celle qui ensemence sa vie. Il faut, avec amour et respect, laisser sentir qu'on se rend compte, encourager de bonnes paroles ce qu'on détecte et qui nous plaît. Ni plus ni moins qu'un bon mot en passant. Un mot qui se voudra, pour l'autre, une éclosion à son acharnement. Parce que le travail sur soi est le plus dur qui soit. Parce qu'on ne devient pas, du jour au lendemain, la rose de son jardin après en avoir été le venin. Et foi de celui qui vous parle, *«j'ensemence»* encore en moi. On a beau dire que la sagesse et la sérénité viennent tout régler, permettez-moi d'en douter. Car, selon moi, quel que soit l'âge du cœur ou du calendrier, on aura toujours un coin de verdure en soi... à ensoleiller.

La première impression

Dans ma jeunesse, quand je cherchais un emploi d'été, ma mère me disait: *«Peigne-toi, mets ta cravate, cire tes souliers et garde le sourire. C'est la première impression qui compte.»* Elle n'avait pas tout à fait tort. J'avais, bien sûr, de l'entregent, de belles manières, le talent nécessaire pour le travail en question, mais je me rappelle qu'on me détaillait de la tête aux pieds lorsque je faisais irruption dans le bureau du patron. Ce dont j'avais l'air semblait plus important que ce que je pouvais avoir dans la tête. C'est seulement après qu'on m'interrogeait sur mes capacités. Je suis sûr que je n'aurais jamais obtenu cet emploi d'été si j'étais arrivé la tête basse, la cravate dénouée et les bas ravalés. La prestance, le look, et ensuite les capacités. Il ne fallait pas nécessairement être beau; il fallait être propre et afficher une certaine assurance.

La première impression reste toujours celle qui compte dans les entrevues. Je le sais, j'ai embauché beaucoup de personnes dans le passé, et c'était toujours à première vue que je dénichais les candidats les plus intéressants. Je me suis peut-être leurré une fois ou deux, mais la plupart du temps, mon flair ne me trompait guère. Après cinq minutes de conversation, je pouvais déceler le potentiel d'une personne. Je me demande même si ce n'est pas sur une première impression que j'ai obtenu un poste convoité dans ma trentaine. Si ma mémoire est bonne, je m'étais rendu à cet endroit afin de rencontrer un directeur. Dans la salle d'attente, complet noir, chemise blanche, cravate de soie, je croise un type qui m'invite à le suivre dans son bureau. J'étais en face du grand patron de l'entreprise qui, après une brève conversation, m'annonce que je suis le candidat idéal pour l'emploi en question. Tout ça… sans avoir vu le directeur qui, tout surpris, m'avisa qu'il n'avait rien à ajouter, que j'étais engagé. Je me demande si ma chance aurait été la même si je m'étais présenté en jeans délavé, t-shirt et espadrilles.

Remarquez que la première impression n'est pas qu'une question de joli complet et de souliers bien cirés. C'est d'abord et avant tout une question d'attitude. Une attitude qui montre qu'on est sûr de soi, qu'on a envie de retrousser ses manches et qui inspire confiance. Il y a, néanmoins, des gens remplis de ces belles qualités qui ne réussissent pas de prime abord. Des gens qui me disent: *«Je me demande si j'ai fait bonne impression…»* Poussant plus loin la curiosité, je me rends compte que le candidat a tout mis en œuvre pour passer la rampe, mais qu'il est timide, d'où son doute. Il y a de ces gens merveilleux qui savent mal se vendre. Des gens qui peuvent rendre les autres riches avec leur talent mais qui n'ont pas le talent requis pour que charité bien ordonnée commence par eux-mêmes. Le type sourit et est bien mis, mais il est mal à l'aise. Aidez-le en lui demandant de revenir et vous verrez que, la seconde fois, le masque de la gêne sera tombé. C'est parfois en accordant une seconde chance qu'on se rend compte que la première impression était valable. Il suffit d'enfreindre le «hic», de remettre les choses en place pour que le candidat soit plus qu'à la hauteur de nos attentes. La première impression a aussi sa place dans les relations personnelles. À première vue, ma mère pouvait déceler chez tel ou tel être un comportement bizarre. Je la revois dire à l'un de mes frères: *«J'sais pas quoi, mais cette fille-là a quelque chose de pas normal…»* Elle n'allait pas plus loin mais, la plupart du temps, la relation tournait mal et c'était la rupture.

Malgré tout, on peut parfois se tromper en se fiant à sa première impression. Il m'est arrivé de faire fausse route en pensant, lors d'une réunion avec des représentants d'édition, que l'un d'entre eux semblait… condescendant. Silencieux parmi les autres, le sourire absent, les questions se faisaient rares mais son œil ne me quittait pas. J'en étais même mal à l'aise. Plus tard, je me suis rendu compte qu'il était l'être le plus sympathique de la terre. Après que je lui eus fait remarquer son drôle de comportement, il m'avoua tout simplement: *«Je ne m'en rends pas compte mais, au premier contact avec une personne, je suis porté à l'étudier, à l'analyser. Je me questionne, je me demande comment sera la relation d'affaires et, pendant que je me pose ces questions, on a tendance à me prendre pour celui qui se prend… pour un autre.»* L'explication était certes valable, mais si je ne l'avais jamais revu, il serait encore pour moi le «condescendant» de la première rencontre. Une telle attitude peut lui être défavorable si jamais on le met sur la sellette pour un avancement. Il a promis de s'efforcer de changer. Il venait de comprendre que la première impression est celle qui, bien souvent, nous hisse au sommet ou nous livre au néant. Et si la chute est fréquente, dommage, tant pis, mea culpa!

Cette inquiétude qui engendre la peur

L'inquiétude, ce malaise qui peut causer des ulcères, engendre bien souvent la peur, au point de nous faire poser des gestes irréfléchis. Il est normal d'être inquiet quand notre enfant de quatorze ans n'est pas rentré à la maison à minuit. Tout comme il est normal d'être inquiet devant la maladie d'un être cher qu'on ne veut pas voir souffrir, et encore moins mourir. Il y a de ces inquiétudes qui font partie de la vie et qu'on ne peut éviter, des inquiétudes que rien ne viendra atténuer... avant qu'on se soit rassuré soi-même. Certaines craintes sont inévitables quand on prend de l'âge. Mais les inquiétudes que je déplore sont celles qui, engendrées dans une espèce de paranoïa... cèdent le pas à la peur.

Un homme dans la cinquantaine m'avouait récemment qu'il songeait à vendre son commerce avant de tomber malade. Un homme pourtant en bonne santé qui, inquiet, me disait: *«S'il fallait que je tombe malade ou que je meure subitement, je me demande comment ma pauvre femme...»* Je vous fais grâce de toute la litanie qu'il a déployée pour me convaincre qu'il avait raison. J'avais beau lui dire qu'il n'avait pas à s'inquiéter, qu'il était en bonne santé, il me répétait sans cesse: *«Oui, mais à mon âge...»* Vous avouerez qu'il n'est guère élégant de tenir un tel discours à un type qui a une décennie de plus sur les épaules. Heureusement que je ne fais pas partie des inquiets, car je me serais certes rendu en vitesse chez Urgel Bourgie pour des pré-arrangements funéraires! Ce pauvre monsieur que je plaignais tout en tentant de le rassurer n'avait même pas pensé que, dans la vie, on pouvait aussi se faire écraser par un camion en traversant la rue. Il aurait pu quitter ce monde dans la force de ses trente ans alors que ses enfants étaient jeunes... Mais à quoi bon! Je me rends compte que c'est au mitan de la vie que les gens commencent à cultiver cette terrible phobie.

Une dame de quarante-neuf ans m'avouait récemment: «*Le patron me regarde de travers depuis quelque temps. J'ai peur pour mon emploi, je ne suis pas syndiquée, vous savez...*» Est-ce possible? Une femme qui travaille au même endroit depuis vingt-cinq ans et qui, soudainement, devient inquiète parce qu'elle aura bientôt cinquante ans. Le patron ne la regarde pas de travers, il n'est que soucieux. Il a sans doute quelques problèmes personnels. D'ailleurs, il ne sourit à personne ces temps-ci! Pas plus à la réceptionniste de vingt-quatre ans qu'à elle... La dame dont je viens de parler m'a demandé: «*Et vous, il ne vous arrive pas d'être inquiet?*» Je lui ai répondu que mes inquiétudes étaient derrière moi et que, depuis, je vivais dans la quiétude, un jour à la fois. «*Oui, mais vous songiez à vendre votre maison...*» a-t-elle rétorqué. Bien sûr que je pense parfois à le faire. Je ne veux pas la vendre parce que l'avenir m'inquiète, mais simplement parce qu'elle est devenue trop grande pour mon épouse et moi, et qu'elle requiert trop d'entretien. C'est la logique, et non pas l'inquiétude ou la peur, qui nous pousse à penser de la sorte. Nous la gardions pour recevoir nos petits-enfants, mais maintenant que notre fille vit en Alberta et que notre fils a sa propre maison avec une piscine dans la cour et des enfants qui grandissent... Vous comprenez? Deux dans une maison de trois étages, ça commence à être épuisant quand vient le temps de passer... l'aspirateur! Quand on y pense, vendre cette maison ne serait pas un geste irréfléchi. Un de nos voisins, qui s'est départi de sa voiture, m'a dit: «*Je ne l'ai pas vendue parce que j'étais inquiet. C'est juste qu'à soixante-dix ans, retraité et sortant peu, j'ai besoin d'une auto comme d'un trou dans la tête!»* Alors, comme vous voyez, entre l'inquiétude et le bon sens, il y a une marge. Vous pourriez peut-être me demander si le fait de vieillir m'inquiète. Je vous répondrai que ça m'achale un peu pour le «portrait», mais comme on n'y peut rien…

De grâce, ne laissez pas de folles inquiétudes engendrer la peur en vous. Soyez plutôt logiques et analysez la vie sous tous ses angles. Souriez des mauvais jours passés et effacez de votre pensée ce qui n'est pas encore… en vue. Je n'oublierai jamais ce vieux comédien qui, souffrant d'un cancer, continuait néanmoins à voyager et à s'amuser ferme. Il m'avait dit, au cours d'une entrevue: *«C'est bien simple, t'oublies l'mal, pis l'mal t'oublie!»* Je suis certain que c'est cette attitude qui lui a permis de vivre encore cinq ans. Alors ne donnez à personne l'occasion de vous percevoir comme une personne inquiète, sinon vous risquez de voir votre entourage se mettre peu à peu à avoir peur… de vous.

Alors que les bourgeons...

Il est d'ores et déjà certain qu'on n'aura plus de neige. Vous riez? Vous avez raison mais, il y a un mois, j'aurais parié... et j'aurais peut-être gagné. Mais là, en plein milieu du printemps, je vois le type d'en face tenter de faire de sa pelouse un tapis vert, pendant que sa femme fait reluire les vitres afin de mieux voir les fleurs. J'avoue, pour ma part, ne pas trop me préoccuper de ce qu'on appelle, le «jardin d'en avant». Être à genoux en train de planter des fleurs? Merci, mais très peu pour moi. Mon épouse le fait, mais je ne dirais pas que c'est là une passion; c'est plutôt pour ne pas être en reste avec les voisins en ce qui a trait à l'apparence de la maison.

En pleine force du printemps, ce qui s'éteint en premier dans la plupart des foyers, c'est le téléviseur. Et ce n'est pas moi qui vais m'en plaindre! Dès la fin des nouvelles du matin, je le ferme et ne le rallume que le soir pour une émission précise ou un film que j'aurai loué. Mon épouse, plus mordue que moi, se laisse gagner par *Les fils à papa* avec Jean-Marie Lapointe, un gars gentil, et bien souvent elle écoute ce qui suit. Elle aime la télé et c'est son droit. Quant à moi, lorsque je m'assois devant, je zappe tout le temps, ce qui met ma femme... en furie! Je regarde quelques biographies à A&E ou au Canal D et j'écoute *La poule aux œufs d'or* parce que j'aime voir des gens heureux, mais tout le reste, c'est pour moi de la bouillie pour les chats. Donc, un bon film de temps en temps, comme *L'initié,* avec Russell Crowe, et je ferme l'appareil pour ouvrir grandes mes oreilles sur la musique classique de la station de radio de Jean-Pierre Coallier. Parce que c'est la saison du bonheur, celle où l'on voit s'ouvrir les fleurs, la plus belle des saisons de Vivaldi, quoi!

Pour moi, au printemps, c'est le temps de faire le ménage de sa maison comme de son cœur. Je vous suggère de commencer par ce dernier afin d'avoir le sourire lorsque viendra la lourde tâche de tout faire reluire. Il faut le vider de tout le négativisme qui l'a encrassé au temps de la froidure. Il faut l'alléger, le libérer du mal que l'on ressent, vider chaque tiroir de tout mauvais ingrédient pouvant nuire à l'espoir. Car au «joli mois de mai» – c'est ainsi que l'appelait Nelligan –, il faut avoir l'état d'âme en liesse et deux rides de joie aux commissures des lèvres. Ensuite, on y va pour le grand ménage du printemps. On nettoie le garage, la remise, le sous-sol, etc. Si ça s'impose, on «peinture», on achète de nouveaux meubles pour le balcon. Et, bien sûr, on sort les bicyclettes et ses espadrilles confortables de l'an dernier.

Il y en a qui attendent cette saison pour faire un voyage. Pourquoi au mois de mai? Sans doute parce que c'est hors saison et que c'est moins cher… Et il doit être plus agréable de voyager durant ce mois-là plutôt que pendant les canicules de l'été. D'ailleurs, je me suis toujours demandé pourquoi les gens tenaient à prendre leurs vacances en juillet. J'y suis! Que je suis bête! J'avais oublié… C'est à cause des enfants, bien sûr! N'est-ce pas ce que nous faisions, ma femme et moi, pendant nos années de labeur? On attendait que les enfants soient en vacances! Voyez comme on oublie vite les choses du passé… Les vacances printanières, les tarifs moins chers, ça serait donc pour les célibataires ou les couples sans enfants? Qu'ils en profitent; ils y ont droit. Ils ont travaillé comme des fourmis? Qu'ils soient cigales!

Les gens de ma génération verront sans doute, tout comme moi, la joie des autres à l'horizon. Je me vois déjà chez mon fils, une limonade à la main, en train de regarder ses trois enfants s'ébattre dans la piscine familiale. Je me vois aussi prendre l'avion pour me rendre chez ma fille, qui habite Calgary, afin de faire sauter sur mes genoux mes deux plus jeunes petits-enfants. Je me vois les jours de pluie louer un bon film qu'on m'aura suggéré, après être allé prendre un agréable repas au restaurant. Oui, je vois de bien jolies choses à l'horizon, et je souhaite de tout cœur qu'elles soient également votre lot. Car chaque année, c'est en plein cœur du printemps que l'on doit faire le bilan de ce qui s'éteint, de ce qui s'allume et de tout ce que l'on entrevoit de sain, en s'étirant paresseusement... de joie!

Prendre la vie du bon côté

Facile à dire, j'en conviens. Non, il n'est pas toujours facile de prendre la vie du bon côté. Certains jours, malgré toute ma bonne volonté, il m'arrive de le chercher jusqu'au soir, ce bon côté. Mais, tôt ou tard, je finis toujours par le trouver, car je suis incapable d'aller me coucher après avoir broyé du noir toute la journée. Je prends hier, par exemple. Je me suis levé du mauvais pied: j'avais mal à la tête, j'avais mal dormi, bref, j'avais l'impression de m'être battu toute la nuit avec mes oreillers. J'allume la radio, qui est syntonisée à une station que je n'écoute jamais d'habitude, et je tombe sur une chanson de Lara Fabian qui m'écorche les oreilles. Non pas que je conteste son talent, mais un strident *Je t'aime* à huit heures du matin, merci, mais pas pour moi. J'ai vite repéré la station Radio Classique, où jouait un doux concerto de Mozart. Quel bien-être! Déjà, je sentais mon mal de tête s'atténuer. Je venais aussi, bien sûr, d'avaler un comprimé d'Advil. Je descends et vois mon épouse en train d'écouter *Salut, bonjour!* à la télé. Je n'ai rien dit, mais je préfère de beaucoup Michel Viens à la SRC. De toute façon, tout ce que je veux entendre le matin, c'est ce qui s'est passé la nuit pendant que je dormais. Rien de plus, rien de moins. J'ai mangé, j'ai regardé le temps gris et je me suis dit: «*Bon, qu'est-ce que je vais faire de cette journée?*»

Or, après avoir fait ma toilette, j'ai opté pour l'écriture. Hélas! c'était un de ces jours où les neurones manquaient à l'appel. Sans doute un effet secondaire de mon comprimé, me suis-je dit, pour ne pas m'avouer qu'il y a des jours où la plume ne suit pas ma bonne volonté. Tant qu'à ne rien faire, j'ai sauté dans ma voiture et me suis rendu chez Maxi. J'ai magasiné pour mes petits-enfants: des jouets, des vêtements et aussi, en passant, du jambon, un pain croûté, des pâtes, du lait, bref, une «commande» improvisée. Peu à peu, j'ai pris la vie du bon côté. Je ne voulais pas attendre que le soir vienne et ne rien trouver de bon à la télévision, ce qui est souvent le cas avec ce qu'on nous présente ici. Heureusement, j'ai le câble; j'ai donc pu zapper jusqu'au 39 et regarder la biographie de Linda Darnell, suivie au Canal D par celle de Louis B. Mayer. Et comme nous avons deux téléviseurs, mes choix personnels n'ont pas empêché mon épouse de regarder *Le retour*. Somme toute, levé du mauvais pied, j'ai réussi à prendre la vie du bon côté.

Un ami à moi se plaint d'avoir à prendre le train de banlieue chaque matin pour se rendre au travail. Imaginez! Lorsque j'avais vingt ans, je travaillais à l'angle des rues Amherst et Sainte-Catherine. Étant donné que j'habitais dans le nord de la ville, je devais prendre un autobus jusqu'à Crémazie, sauter dans le tramway double de la rue Saint-Laurent jusqu'à Sainte-Catherine et là, prendre un autre tramway jusqu'à Amherst. Deux heures de «voyagement»! Mais les malheurs des autres, vous savez… Surtout quand ça fait presque quarante ans que c'est arrivé… Ne voulant pas perdre la face, l'ami en question a ajouté qu'il fait encore noir quand il se lève et que c'est ça qui le dérange. Pauvre type! Et dire qu'il y en a qui rentrent à la maison après une nuit de travail alors qu'il fait encore noir et qui tentent de dormir avec les bruits de la rue. Pris au dépourvu avec mes comparaisons, il s'est écrié: «*Oui, mais faut pas toujours regarder chez l'voisin! Ça n'arrange pas mon cas!*» Quel cas? Son seul problème est qu'il ne s'est jamais levé en prenant la vie du bon côté. Et ce, même les jours de congé! Pour lui, tout va mal, il n'y a rien de bon à la télévision, tout coûte cher, les jeunes sont mal élevés, etc. Pourtant, dès qu'il en a la chance, il regarde la lutte, au grand désespoir de sa femme. C'est à elle que j'ai dit: *«Laisse-le faire, au moins, pour une fois, il prend la vie du bon côté.»* Souriante, elle est descendue au sous-sol pour écouter *Bouscotte*, mais ses enfants, eux, regardaient déjà *Pokémon* à Télétoon. Elle m'a dit: *«Bah, je vais me sacrifier, j'suis habituée. Et puis, entre toi et moi, j'ai un bon roman à terminer.»* Voilà ce qui s'appelle prendre la vie du bon côté. Et, tout en se «sacrifiant», je suis certain que c'est elle qui a passé la plus belle soirée.

Récemment, au Salon du livre de Sherbrooke, une auteure se plaignait à qui voulait l'entendre: *«Les gens n'achètent pas, ils ne font que regarder!»* Et je lui ai répondu: *«Mais oui, madame, les gens regardent parce qu'un salon, c'est d'abord et avant tout une exposition. Nous sommes là pour les rencontrer, les guider dans leur choix et répondre à leurs questions.»* Puis, l'ayant convaincue de venir prendre un bon café pour se détendre, je crois lui avoir appris que la meilleure façon de réussir sa vie d'au moins de moitié, c'est de la prendre, tout doucement, jour après jour, du bon côté.

D'une salle d'attente à une autre...

Nous pensions sortir de cet hôpital, où ma femme avait rendez-vous à neuf heures du matin, une heure après y être entrés... Sauf que d'autres patientes avaient obtenu des rendez-vous trente à quarante-cinq minutes avant nous. En voyant tout ce beau monde à la clinique externe où nous étions, j'ai souri. Je venais de comprendre, mon épouse aussi, que nous en aurions pour... l'avant-midi!

Nous avons été reçus gentiment. C'est mieux qu'il y a quelque temps, c'est plus personnel, plus humain. Nous avons donc attendu notre tour après nous être enregistrés au bureau de la réception. Mais cet enregistrement n'était pas suffisant: il nous a aussi fallu aller au bureau de l'admission. Je me demande encore pourquoi, puisque ma femme n'était pas là pour une hospitalisation... Toujours est-il que son tour est arrivé et qu'elle a été reçue par une infirmière. Celle-ci lui a fait remplir un bref questionnaire, puis elle a signé un papier lui permettant d'être admise à l'examen qu'elle devait passer. On nous a ensuite dit de nous rendre dans un autre corridor que celui où nous attendions; nous avons cherché le bon numéro de porte, et nous nous sommes assis, manteau sur les bras, dans une autre... salle d'attente!

Les personnes qui nous avaient précédés lorsque nous attendions la première fois étaient là elles aussi. Mon épouse m'a dit en me désignant une dame: «*Après elle, c'est à mon tour; elle était juste avant moi lors de l'inscription.*» J'ai regardé et j'ai constaté qu'avant la dame en question il y avait trois autres femmes, dont l'une laissait déjà échapper un soupir… d'impatience. Comme rien ne nous pressait, nous avons opté pour la patience. Habituellement, j'en ai beaucoup mais, je ne sais trop pourquoi, dans un hôpital, c'est différent… Vous saisissez? J'entendais des gens tousser, d'autres se moucher, et je me voyais sortir de là avec un rhume carabiné. J'avoue avoir misé gros sur la cuillerée de sirop de vitamines que j'avale chaque matin. Parce que je ne suis pas du style à avaler des pilules et à me faire vacciner… Non, pas vraiment… Toujours est-il que, après une attente d'au moins une heure, «son tour» est arrivé et qu'elle a passé son examen, qui a duré dix minutes. Que voulez-vous, c'est comme ça: tout le monde est convoqué en même temps et… on attend! Je me souviens que, alors que je soupirais, assis avec nos deux manteaux sur les bras, j'ai regardé un couple en face de moi: une dame âgée accompagnée de son mari qui a rempli pour elle la fiche qu'on lui avait remise, sûr et certain qu'elle en serait incapable. Le genre envahissant. Il lui lisait un passage de son livre de Mme Hirsig en lui demandant d'être attentive. Elle l'a tellement été qu'elle n'a pas répondu à l'appel de son nom quand son tour est venu.

Une fois l'examen terminé, il nous a fallu regagner le premier couloir, réintégrer la même petite salle d'attente et attendre que le docteur appelle ma femme pour lui donner les résultats. Et là, ce fut long, très long, parce que chaque patiente restait au moins trente minutes dans le cabinet. C'est bien qu'on ait pris le temps de s'occuper adéquatement de chacune, je l'admets, mais il vaut mieux être la première sur la liste que la septième! Une femme qui attendait nous a demandé: *«Auriez-vous la gentillesse de leur dire que je reviens dans cinq minutes s'ils m'appellent? Je n'ai pas déjeuné; je suis ici depuis des heures, et il me faut absolument prendre une bouchée.»*

Croyez-moi, elle a eu le temps de revenir et d'avaler son sandwich sans se presser. Une dame qui m'observait depuis un bon bout de temps a fini par me dire: *«J'ai lu tous vos romans, je lis tous vos billets et je vous aime beaucoup.»* Ce qui m'a fait me rasseoir plus droit sur ma chaise pour la remercier poliment. Un monsieur, un bénévole, m'a aussi serré la main en me disant: *«Je viens tout juste de terminer votre roman L'ermite et il m'a plus énormément.»* Une infirmière m'a aussi entretenu de mes écrits… et l'on a enfin appelé mon épouse pour lui donner les résultats de son examen. Finalement, tout était beau, c'était encourageant… Malheureusement, elle devra revenir pour passer une échographie qu'on aurait pu lui faire en même temps. Une bévue de celui qui lui avait donné son rendez-vous. Une erreur qui fera qu'elle devra retarder de quelques jours un voyage en Alberta. À cause d'un «manque» quelque part… J'aime mieux ne pas y penser! Nous avons fini par sortir de là à midi quarante-cinq. Après être passés d'une salle d'attente à une autre, après avoir vu, entendu et observé les autres.

Je me suis rendu compte qu'on est tous à la merci de la science dès qu'on entre dans un hôpital. Et, Dieu merci, on peut se compter chanceux quand on en sort sur ses deux pieds, parce que j'ai vu des gens sur des civières, d'autres avec des marchettes ou en fauteuils roulants… Si la patience est une vertu, imaginez ce que peut être… le courage!

Au bon endroit, au bon moment...

On entend souvent dire: *«Moi, j'ai eu de la chance!* J'étais au bon endroit, au bon moment...» Oui, dans certains cas, ça aide d'être sur les lieux là où il se passe quelque chose, mais ce qu'on décroche de bon dans la vie n'est pas toujours qu'une question de chance.

Vous savez, qu'on soit à la recherche d'un emploi ou qu'on veuille atteindre un idéal, personne ne vient nous chercher chez nous. Donc, on n'obtient rien de la vie en se cloîtrant chez soi, en s'imaginant que la chance viendra frapper à notre porte. Pour obtenir ce qu'on désire de tout cœur, il faut d'abord compter sur son bon vouloir et miser, en outre, sur le baluchon de ses ambitions! Il est évident que, lorsque son curriculum est en route vers quatre ou cinq employeurs éventuels, c'est déjà une bonne mise au jeu, mais si à ce bon geste on ajoute aussi la liste des gens susceptibles de nous aider, c'est là un gros atout de plus. En effet, j'ai lu dernièrement que, lorsqu'on cherche un emploi, 80 % du «coup de pouce» vient des gens qu'on connaît, qu'on a fréquentés, et 20 % seulement, d'une petite annonce à laquelle on a répondu tout bonnement. Donc, quand on veut vraiment quelque chose, il ne faut pas craindre de s'adresser aux gens de son entourage, d'avoir peur de les déranger; il faut foncer dans le tas et mettre un pied dans une porte s'il le faut. C'est de cette façon qu'on pourra dire: *«Moi, j'ai fait ma chance!»* et non *«J'ai eu de la chance!»*

Dernièrement, j'ai entendu un jeune comédien dire en entrevue: *«Si vous saviez le nombre d'auditions que j'ai passées avant d'être engagé pour un premier... message publicitaire!»* Oui, une réclame dont il était fier et qui lui a permis, par la suite, de décrocher un rôle secondaire dans une télésérie. Il a ajouté: *«Bien sûr que je suis encore un inconnu, mais je gagne quelque peu ma vie et, un pas à la fois, j'emprunte le sentier de mon plus grand désir.»* Bien sûr, l'insécurité guette constamment l'artiste, quel que soit son milieu, car le succès instantané s'avère bien souvent éphémère. On anime une émission, on respire d'aise pour un ou deux ans, puis vient le jour où, sans raison, l'émission est retirée de l'antenne. De là le perpétuel recommencement: on frappe à d'autres portes, on se présente à d'autres auditions, on espère que le téléphone sonnera... et ce, même si on a un nom passablement établi. Bien souvent, c'est un nouveau visage qu'on recherche, quelqu'un de plus jeune et, par conséquent, qui coûte... moins cher!

Maintes fois, après un ou deux échecs, l'artiste aussi bien que le «gars bien ordinaire» finissent par se décourager et par s'habituer à vivre modestement des prestations d'assurance-chômage ou d'aide sociale, dans certains cas. Le découragement ajouté à la déprime peuvent nous conduire à ne plus vouloir rien faire quand on se sent dévalorisé et qu'on s'imagine, de plus, n'être jamais favorisé! Au premier refus, au cours d'une rencontre en vue d'un travail, on se dit: *«Je ne vaux rien! C'est encore quelqu'un d'autre...»* Voilà exactement ce qu'il ne faut pas se dire si on veut éviter de sombrer dans le découragement. On ne doit jamais se sous-estimer, qu'on soit un homme ou une femme, quand on prend une «débarque», parce que, bien souvent, quelque chose de mieux nous attend. Perdre n'est pas toujours une malchance, si c'est pour mieux gagner le lendemain. Quelqu'un m'a déjà dit: *«Dire que je me croyais fini... Quand j'y pense!»* Ce type, au bord du gouffre, hier encore, venait cette fois de décrocher, à force de persévé-rance, un emploi à la hauteur de ses capacités. Et ce, au grand bonheur de sa petite famille qui comptait sur sa «force» et son «vouloir» pour retrouver le sourire avec lui.

L'artiste tout comme le commis voyageur ont devant les yeux les exemples frappants de ceux qui les ont précédés. Pas nécessairement dans leur domaine, car on n'a parfois qu'à re-garder ses parents pour se rendre compte qu'ils ont, eux aussi, traversé des hauts et des bas. D'un job à un autre, bien sou-vent, en souhaitant un prochain clou… pour accrocher son chapeau! Être au bon endroit, au bon moment, c'est simple: c'est être avec des gens qui peuvent nous conseiller, nous di-riger, nous encourager et nous empêcher de sombrer dans la détresse. Ces personnes se composent bien souvent d'être chers, d'amis fiables, de connaissances de parcours dont on a gardé un bon souvenir. Voilà ce qui s'appelle faire sa chance, car on ne sait jamais ce qu'on peut retirer d'une rencontre amicale ou d'un simple entretien. Et ne pas être chanceux, comme plusieurs le scandent, c'est tout simplement rester dans son coin, se ronger les ongles à l'écart de tous, bref, faire fuir, par une telle attitude, ceux et celles qui seraient susceptibles de s'approcher et, qui sait, de nous tendre une main et nous dé-signer, de l'autre, un chemin qui nous serait bénéfique. Qui sait si ce n'est pas d'un simple appui, au bon endroit, au bon moment, que se fait sentir… le regain d'énergie?

Savoir faire fi de l'offense

Quel malaise pour le cœur comme pour le corps que de vivre avec de la rancune! Quels mauvais moments pour les autres qui, impuissants, tentent de nous changer les idées, de nous faire oublier ce qui a pu à ce point nous offenser! Lorsque je dis que le malaise est pour le cœur comme pour le corps, c'est que les émotions négatives ont ce don désobligeant de nous rendre physiquement... malade! Ce qu'on engendre soi-même, c'est ce qu'on cultive avec le temps. Or, il serait impardonnable qu'une offense, quelle qu'elle soit, puisse à ce point nous empêcher de dormir et, à la longue, avec la bile accumulée, nous faire perdre notre vésicule. Nous sommes tous, au cours de notre vie, sujets à l'offense. Personne n'y échappe, et si quelques offenses sont minimes et sans importance, il y en a d'autres qu'on qualifie d'impardonnables et qui nous minent peu à peu le moral comme la santé. Au point qu'on puisse devenir à notre tour «offensant» pour les autres d'une autre manière. Notre comportement devient si exécrable que nos proches finissent par se demander si on n'est pas aussi vil, dans le fond, que celui ou celle qui nous a vertement offensé. Et de là la course contre la montre à se dire: *«Je lui dois un chien de ma chienne...»* Vous connaissez l'adage, n'est-ce pas? Et ce n'est jamais sur un ton doux qu'on prononce cette phrase.

Bien sûr qu'il n'est pas facile de passer l'éponge et de faire fi de l'offense. L'injure, comme l'offense, n'est pas facile à enrober de son indifférence. Les premiers temps, on la nourrit de son indignation, on passe des nuits blanches à se la remémorer, on en vient même à se demander de quelle façon on pourrait se satisfaire dans la vengeance. On se ronge les ongles jusqu'au coude à chercher le moyen d'avoir gain de cause quand, au fond, si on analyse froidement la situation, ça n'en vaut peut-être pas la peine. C'est en milieu de travail qu'il faut apprendre davantage à faire fi de l'offense. En ce milieu où, un jour sur deux, on peut être victime d'un malentendu, d'une injure ou d'un coup bas. Si on se met à cultiver tous les «pissenlits» de nos contrariétés, on ne se penchera jamais pour ramasser une rose échappée avec amour et courtoisie. Parce qu'offensé, on ne s'imagine même plus que des êtres charmants nous entourent, que des mots tendres nous sont susurrés de mille et une façons, et que la vie ne comporte pas que des individus malsains, mais aussi des personnes avec le cœur sur la main.

Lorsque survient une offense qui nous accable et qui nous mine, le seul moyen de ne pas se blesser et d'éviter de faire germer en soi un malaise qui peut devenir une maladie, c'est de tout faire pour l'extirper de ses neurones comme on le fait d'un virus dans un ordinateur. Non, ce n'est pas facile! Donc, le remède à ce début de malaise, c'est de l'amenuiser le plus possible en se disant que le temps l'effacera si on commence, dès maintenant, à ne plus accorder à l'offense l'importance qu'elle ne mérite pas. De toute façon, dans tout malentendu, après coup, on s'entend toujours dire: *«Ce n'est pas ce que j'ai voulu insinuer...»* Mensonge ou pas, il est dès lors de bon augure d'accorder le bénéfice du doute. Non pas pour gratifier le fait de notre bénédiction, mais pour se sauver d'un tas d'effets secondaires, qui peuvent devenir plus éprouvants que l'offense elle-même. Croyez-le ou non, mais j'ai déjà vu un homme si blessé, si contrarié par une offense qui, somme toute, n'était pas à ce point cruciale, qu'il s'est retrouvé à l'hôpital avec sa première... crise d'angine! N'est-ce pas bête? Se rendre à ce point malade pour quelque chose qu'on aurait pu, du revers de la main, jeter à la poubelle. Se blesser soi-même pour, la plupart du temps, un être qui nous est indifférent…

Sagesse ancrée, Dieu merci! Je ne me laisse plus abattre par quelque désagrément que ce soit. J'ai finalement compris que la bêtise est humaine et qu'il nous faut vivre… avec! Or, lorsque je sens le mot de trop ou que j'entrevois la pente dangereuse, je change de sentier ou je me retire du parcours, tout simplement. Parce qu'il y a toujours autour de soi des êtres qui nous aiment et que nous aimons, dont nous n'avons pas à craindre la moindre offense ni la moindre désobligeance. Et c'est vers ces personnes de notre entourage qu'on doit se tourner pour noyer, dans un océan de joie, l'offense ou l'injure, déjà submergée. C'est à mon humble avis la seule façon de dormir sur ses deux oreilles et de passer à autre chose de plus valorisant. Regardez à l'extérieur et dites-vous que, parmi tous ces être humains qui respirent, vous n'avez que l'embarras du choix. Donc, à extraire l'ivraie du blé, je suis assuré que les offenses ou les désagréments à venir n'auront l'effet que d'une minime injection, qui nous fera retenir notre souffle, le temps d'un «ouche», c'est fini!

Quand l'âge entre en cause...

Dernièrement, une dame se faisait dire: *«Désolé, mais votre candidature ne sera pas retenue. Nous cherchons des personnes plus jeunes...»* Imaginez! Une candidate d'à peine quarante-six ans! Une femme avec une vaste expérience professionnelle à qui l'on disait carrément qu'elle était «trop vieille» pour faire l'affaire. Plus le temps passe, plus les cas de ce genre sont nombreux. D'autres raisons sont aussi invoquées: on dit miser sur du long terme, alors qu'on sait très bien que, de nos jours, personne n'est certain de garder son emploi plus d'un an.

Une de mes connaissances fait souvent face à un autre dilemme. Il est dans la quarantaine avancée, il a déjà occupé des postes de direction, il a bénéficié de salaires assez élevés. Ce monsieur sans emploi serait prêt à accepter la moitié du salaire qu'il recevait pour son emploi précédent, quitte à couper de moitié son train de vie. Mais lorsque les employeurs à qui il envoie son curriculum prennent connaissance de ses emplois antérieurs et imaginent «ce qu'il pourrait valoir», sa candidature est rejetée d'office. Faudrait-il qu'il inscrive, en guise de post-scriptum: *«Serais prêt à accepter un salaire de débutant»*? Mais la pire injure, c'est de se faire dire: *«Vous savez, nous cherchons des personnes jeunes, nous visons un public jeune...»* Comme si, à quarante-cinq ou cinquante ans, on était à l'âge de la retraite. Pas facile de mûrir quand on n'a pas un emploi syndiqué. Pas facile de se faire regarder de travers et d'entendre les autres murmurer: *«Elle n'est plus dans le*

[*37*]

coup, il faudrait graduellement s'en défaire.» Et si ce cruel verdict ne vous est pas dit en pleine face, ne vous en faites pas, une âme charitable vous le chuchotera en toute... amitié! Et pourtant! Oui, pourtant, chacun son tour, on passe tous par là. Je me souviendrai toujours d'un jeune employé que j'avais jadis et qui me trouvait pas mal vieux avec mes quarante ans. Il croyait que son tour ne viendrait jamais. J'ai toujours pris à la blague ses remarques et gardé un bon lien avec lui. Maintenant qu'il a quarante-sept ans, il se frappe la poitrine en me disant: «*Je paye cher d'avoir été vilain dans le temps, c'est à mon tour et c'est bien pire de nos jours ...*» Oui, c'est à son tour d'entendre les autres lui dire: «*Nous regrettons, mais nous avons besoin de sang neuf. Notre produit s'adresse aux personnes de dix-huit à trente-neuf ans.*» Des jeunes ont pris sa place, et eux aussi, un jour, se feront mettre de côté à leur tour.

La roue tourne pour tout le monde, et les jeunes d'aujourd'hui sont les vieux de demain. Moi, ce qui me fait rire, c'est d'entendre des cadres œuvrant dans différents domaines dire: «*Notre public cible est âgé de dix-huit à trente-quatre ans.*» Je sais que c'est exactement à ces âges qu'on n'a pas «une cenne» pour la moindre futilité. À dix-huit ou vingt ans, on arrive à peine à se payer un film la fin de semaine. La plupart de ces jeunes habitent chez leurs parents parce qu'ils sont encore aux études. Et ce n'est pas entre vingt-sept et trente-quatre ans qu'ils font de folles dépenses. Avec une voiture et une maison à payer, deux enfants à faire vivre et une carte de crédit bien remplie à rembourser, ils n'ont guère les moyens de se laisser attirer par tout ce qui ne s'appelle pas «nécessité». C'est après, quand on prend de l'âge, quand on a plus d'argent de côté, qu'on se laisse tenter par tout ce qu'on s'est refusé plus jeune, mais ça, personne n'en parle, pas même les sondages et les supposés «cadres bien informés».

Cela dit, je conseillerais à tous et à toutes d'aller louer, si votre club vidéo l'a encore, le film *All about Eve,* avec Bette Davis et Anne Baxter. Un film remarquable qui, en deux heures, nous fait prendre conscience de ce qui nous attend sur le plan de l'humiliation, quand on la fait subir aux autres. De plus, aux jeunes personnes qui regardent de haut les plus mûres, je suggérerais de lire mon roman *Les bouquets de noces.* L'histoire de Victoire Desmeules est le plus bel exemple du «chacun son tour» en affaires. Le déclin peut être impitoyable quand on a été, naguère, celle ou celui qui regardait dédaigneusement… les grisonnants!

Il est évident qu'avec le temps on se doit de laisser la place aux autres quand on se sent quelque peu dépassé, ou quand on est véritablement rendu à l'âge de la retraite. Mais se faire tasser par des plus jeunes quand on a quarante-sept ou cinquante-deux ans, c'est un outrage. Pour faire une bonne équipe, il faut des jeunes avec des idées neuves et des moins jeunes qui sont forts de leur expérience. Fait curieux, on ne reprochera jamais au «grand boss», celui qui gère tout, celui qui nous fait vivre, d'être trop vieux pour nous verser notre salaire. Ce qui me fait dire que, pour être encore en place après soixante ans et n'avoir aucun risque de se faire déloger, il faut avoir en poche… «des tonnes» de piastres!

Avoir le moral à terre

Pas toujours facile, le mois de mars… Pour certains, c'est le début du printemps, pour d'autres, la fin d'un hiver qui n'en finit pas. Mais, dans un cas comme dans l'autre, bien souvent, c'est le mois de l'année où le moral est à son plus bas. Et ce, malgré les jours ensoleillés et l'apparition des premiers bourgeons. Je ne sais trop si c'est dû à la «longue attente» ou à l'angoisse que causent les tempêtes de neige, mais on est aussi épuisé que si on avait couru le marathon! C'est bien connu: mars est le mois où les déprimés ont le plus de misère à remonter la pente. Vous allez me dire: *«Pourtant, la belle saison est à l'horizon.»* Je suis d'accord, mais, chez certaines personnes, l'hiver laisse des traces qui se transforment peu à peu en… tracas. Les gens vulnérables sont plus fragiles que d'habitude et ceux qu'on croyait à l'abri d'une baisse d'adrénaline se demandent ce qui ne va pas, pourquoi la levée du corps est si dure et pourquoi ils n'ont pas envie de sortir le soir.

Aussi curieux que cela puisse paraître, c'est souvent ceux qui restent à la maison – parce qu'ils ont pris leur retraite ou qu'ils sont travailleurs autonomes – qui sont les cibles de choix d'un moral anéanti. Au risque de passer pour un piètre consolateur de ceux qui bravent les tempêtes, je dirai que ce n'est pas toujours une «bénédiction» de les regarder… de sa fenêtre. Il n'est pas facile, je le sais, d'attendre l'autobus ou de franchir avec sa voiture les grandes artères achalandées quand la neige nous tombe dessus, mais il n'est pas facile non plus de se sentir impotent, exclu de la société, en restant derrière son rideau à contempler les affres de la nature. Au moins, les travailleurs peuvent parler et rire de leurs mésaventures dans un bon restaurant à l'heure du dîner, mais les supposés chanceux, derrière leurs stores vénitiens, tournent en rond, attendent que la journée s'écoule et que la tempête prenne fin. Parfois seuls, parfois à deux, à écouter les angoissants bulletins de nouvelles! J'ai même croisé un type qui rêvait depuis longtemps de sa liberté 55... Vous connaissez?

Ce type, un ancien directeur d'entreprise, a fini par se retrouver avec sa «liberté» longtemps anticipée. Ce mois-ci, il m'a dit: *«Je ne sais pas ce qui se passe, je sens que mon moral est à terre, je ne sais plus quoi faire.»* Pas étonnant: il a passé l'hiver entier à surveiller son territoire, comme un vieux chat. Il n'a pas voulu faire le moindre voyage; il dit que ça coûte cher, qu'il y a du trouble partout dans le monde, que son état de santé... Et pourtant! Sa santé est meilleure que celle de la moyenne! Il a certes, comme tout un chacun, ses petits «hoquets», mais rien d'assez grave pour l'empêcher de sauter dans un avion et de visiter un autre coin de la terre. L'argent? Il en a assez pour se rendre en Nouvelle-Zélande, il a travaillé toute sa vie, a accumulé des économies... Soudainement, lui qui était si dépensier à quarante-cinq ans, est devenu plus que prudent dix ans plus tard. Il parle d'économie, et je maintiens qu'il devient peu à peu pingre. Une maladie de vieux! Je le lui ai dit, et ça l'a quelque peu vexé, mais il me fallait le secouer avant qu'il ne s'enlise dans une déprime insurmontable. Lorsqu'une personne de notre entourage manifeste des signes de ce genre, c'est à prendre au sérieux. La dépression guette les personnes de tous âges, et ce n'est pas parce qu'on est assis sur ses lauriers qu'elle passe à côté. Je l'ai souvent dit et je le répète: nous sommes tous vulnérables! Quels que soient l'âge et la condition, personne n'est assez fort pour ne pas avoir, de temps à autre, le cafard et une certaine léthargie. Il est normal de ne pas toujours être au faîte de sa forme. Ce qu'il faut faire dans pareil cas, c'est s'aider le plus possible et chercher de l'aide ailleurs, si le besoin s'en fait sentir.

Si vous éprouvez de tels symptômes, de grâce, mettez votre orgueil de côté et confiez-vous, parlez, agissez avant que votre moral ne glisse malgré vous dans le ruisseau de… la déprime. Si vous attendez que la chute s'amorce, il sera peut-être trop tard pour remettre en place ce que vous aurez laissé tomber. Il est très ardu de remonter une côte après l'avoir prestement descendue. Il arrive à tout le monde d'avoir le moral à terre. À moi aussi! Mais ce qu'il faut faire quand la chose se produit, c'est se pencher subito presto et remettre en place ce moral échappé avant qu'il n'atteigne le plancher. Sortez, peu importe qu'il fasse soleil, qu'il pleuve ou qu'il neige! Sortez de votre marasme avant de ne plus avoir la force d'ouvrir le rideau! C'est de cette façon, en replaçant votre moral entre vos deux oreilles, en le délivrant de ses noires pensées, que vous pourrez contempler, le cœur à l'aise, le soleil se lever… sur les premiers bourgeons de votre sentier!

Être capable de repartir à neuf...

Avec un tel titre, je ne veux pas dire de tout quitter, d'aller s'installer à San Francisco et de se lever comme un nouveau-né. Une telle démarche équivaudrait à repartir à zéro, ce qui est louable mais qui n'a pas le sens que je veux donner à cet écrit. Lorsque je parle de repartir «à neuf», je veux dire reprendre une situation déjà vécue en faisant fi de tout ce qui a pu en entraver l'harmonie au moment du bris. Dans sa vie professionnelle comme dans une relation intime! Un premier exemple? Marcel, une connaissance, me disait récemment: *«Je crois que je vais retourner travailler pour un ex-collègue avec lequel j'ai eu des différends. Je me demande comment ça va se passer, d'autant plus qu'il sera mon supérieur immédiat cette fois.»* Il était perplexe, il se demandait quelle attitude prendre. Devait-il mettre les cartes sur table, «reparler» de la pagaille qui avait régné entre eux il y a un an ou deux? Non, je ne crois pas. Comme l'autre l'a reçu gentiment et s'est montré fort intéressé par son retour, il a certes dû passer l'éponge sur le différend. J'ai donc dit à Marcel qui s'inquiétait encore: *«Écoute, ce qu'il faut faire, c'est rentrer comme si ce travail que tu connais bien débutait aujourd'hui. Il est évident que ton expérience sera prise en considération mais, sur le plan personnel, il te faudra faire fi du passé et te dire fermement que ton job commence le jour même.»* Pour ensuite faire une pause et ajouter: *«Et comme ton collègue devenu ton patron t'a choisi, c'est signe qu'il a, lui aussi, décidé de repartir à neuf avec toi. Il serait navrant de perturber quoi que ce soit en brassant un restant de soupe figé dans ta mémoire.»* Je pense qu'il a compris et que ses craintes se sont dissipées. Il n'avait pas songé à souffler de ses souvenirs les quelques mauvais moments qui risquaient d'entraver son avenir.

Il est évident qu'une reprise sur le plan travail peut s'avérer plus fructueuse qu'un second essai dans sa vie de couple. Repartir à neuf avec celui ou celle qu'on a quitté, ça demande plus de souffle et une plus forte dose de psychologie. On voudrait bien, tout comme Marcel et son patron, oublier ce qui a fait sauter la marmite, mais quand les sentiments, les émotions sont en cause, il est plus laborieux de faire abstraction du passé et tout simplement renaître à l'heure du calendrier. Plus laborieux mais pas… impossible! Surtout si les flèches n'étaient pas empoisonnées. Moi, la seconde tentative, j'y crois. Remarquez que j'aimerais qu'on puisse, dans un tel cas, repartir à neuf avec un passé effacé d'une brosse à tableau. Mais on ne peut avoir vécu plusieurs années ensemble et ne pas voir resurgir, de temps en temps, quelques charbons ardents. On a beau se dire: «*On oublie tout, on repart à neuf à partir d'aujourd'hui*», on traînera toujours une certaine partie de soi que l'autre n'aimait pas. Et vice versa. Or, comme on veut réussir, il ne s'agit plus d'effacer mais de corriger ce qui a pu causer, tant de fois, des querelles et des froids. Au moindre signe, à la plus petite rechute on se doit de dire à l'autre: «*Tiens! voilà que je m'échappe… Oublions ce bout de phrase et reprenons la discussion.*» Et ce, en riant, pour atténuer le faux pas. Dans une vie à deux, on peut repartir à neuf une seconde fois avec, comme ingrédients, un petit récipient de sagesse, une tasse de patience et un gros bol en terre cuite… d'amour. Surtout ce dernier car, sans amour, sans les sentiments qui nous chavirent encore le cœur, pourquoi reprendrions-nous une route qui s'est avérée rocailleuse? L'amour n'est pas masochiste, vous savez, et il y a de ces ruptures qui auront toujours le mérite… d'être définitives! On ne repart pas à neuf avec une plaie béante ou un dard au cœur. On repart, on revient, quand la main se tend et que le cœur s'y dépose. On revient, on repart à neuf, lorsque l'on s'est quittés pour peu de choses.

En faisant aussi confiance au temps, ce grand maître, le seul capable de transformer le noir en rose, le seul qui puisse troquer le malaise contre l'oubli. Marcel est à son poste et ça va merveilleusement bien entre son patron et lui. Ça va bien parce que, sans le dire, ils avaient besoin l'un de l'autre. Différends derrière eux, nantis d'une expérience de vie, ils regardent en avant, grandissent et avancent sainement. Ensemble! Et dans une vie à deux, quelque part, au moment où je trace ces dernières lignes, je sens qu'un couple qui vient à peine de «repartir à neuf» se promet de belles années. Et, plus loin, à l'horizon, après mûre réflexion, qui sait si un malentendu entre deux amoureux ne s'étiolera pas pour faire place à un second départ, sûrs qu'ils sont d'atteindre le fil d'arrivée cette fois. Puisse-t-il en être ainsi, partout, où une quelconque mésentente subsiste encore. La vie est si courte…

Pour se sentir mieux qu'hier...

Pas facile de se lever et de faire face au lendemain d'une veille qui nous a passablement perturbé. On s'en veut, on en vient à se détester puis, tout doucement, on finit par se remettre sur pied. Il y a des jours où l'on se sent vulnérable face à l'inévitable. On sait qu'une rencontre fortuite peut nous conduire à des excès et on s'y rend quand même. On sait aussi qu'une invitation peut nous conduire à une rechute dans nos plus vilains penchants. On le sait, on le sent, mais on ne passe pas à côté pour autant, convaincu que rien ne viendra enfreindre notre détermination à ne pas perdre la raison, à nous rendre, une fois de plus, au bout de nous-mêmes. On mise sur nos bonnes intentions, mais on oublie fort souvent les pièges qui se tendent. On oublie que, dans certains cas, l'alcool peut enivrer les neurones et nous entraîner sur les pentes les plus dangereuses. Celles, justement, qu'on se jurait d'éviter. Il y a aussi la drogue qui enlève à celui qui en prend toute crainte et toute retenue face aux dangers qui le guettent.

Bien sûr qu'on passe au travers d'une nuit de débauche. Bien sûr que, la plupart du temps, on s'en tire sans la moindre égratignure. Ma mère disait dans le temps: *«Il y a un bon Dieu pour les ivrognes.»* Aujourd'hui, il serait bon de modifier cette réflexion en ajoutant: *«Et pour tous ceux et celles qui sont incapables de se sentir bien dans leur peau, sans un écart de conduite de temps en temps.»* Parce que le bon Dieu protège les faibles, bien entendu, jusqu'au jour où il finit par fermer les yeux sur leurs faiblesses. Cela dans le but de les forcer à

[46]

se retrouver eux-mêmes, à se prendre en main. Les lendemains de ces rechutes, comme je les appelle, sont terribles à vivre. On passe par toute la gamme des remords, on se blâme, on met ça sur le compte de nos émotions à fleur de peau, honteux d'avouer qu'on a été incapable de venir à bout de nos pulsions. Honteux de ne pas avoir su arrêter avant de perdre nos facultés, et désemparé en nous regardant dans le miroir et en constatant que notre mine défaite n'augure rien de bon à l'horizon. On se dit: *«Quand donc vais-je comprendre?»* On demande au ciel de nous aider, on prie son défunt père, sa grand-mère... Soudainement, devant la défaite, on se sent aussi lâche qu'on se sentait sûr de soi, la veille. Et l'on se demande quoi faire pour s'en sortir. Suivre une thérapie? Avouer son mal à qui pourrait l'alléger? Voilà qui ne serait pas une mauvaise idée mais, comme on a tendance à se dire que le mal n'est que passager, on mise sur le temps pour que l'oubli fasse son œuvre. Jusqu'à la prochaine... débandade!

On a des faiblesses, on a de la misère à s'en sortir et on finit par s'avouer qu'on a un sérieux problème. Cette prise de conscience est importante, car le seul fait de constater qu'on est en train de faire naufrage peut nous donner la force d'atteindre le rivage. Ce qu'il faut faire, tout d'abord, pour se sentir mieux qu'hier, c'est oublier les fréquentations qui nous sont défavorables. Notre triste sort n'est pas la faute des autres, mais si quelques amis ou collègues nous sont néfastes malgré eux, il est d'une extrême urgence de les éloigner de notre entourage. Tout doucement, sans même les avertir, on prend ses distances par rapport à ces gens qui nous entraînent dans des rechutes. Non pas qu'ils soient responsables de tous nos maux, parce que bien sûr nous avons nos torts. C'est plutôt qu'ils possèdent en eux le feu qui allume... la mèche. Alors, sans que cela ne paraisse, sans leur faire mal, on s'éloigne pour se rapprocher de ceux qui peuvent nous être salutaires.

Ceux qui ne demandent qu'à comprendre et à nous tendre la main pour nous aider à vaincre nos malheurs. On n'a pas à chercher loin quand on veut vraiment se prendre en main. Mais, trop souvent, on évite les sauveteurs parce qu'on n'a pas encore atteint le fond de son baril. C'est du moins ce qu'on croit. Pourtant, notre malaise est souvent plus profond... que le fond du baril. Alors, armé de bonne volonté, il faut prendre un jour à la fois, pour se sentir mieux qu'hier et moins bien que demain. Oui, un seul jour à la fois, et la fierté de surmonter ces épreuves l'emportera sur la difficulté de passer au travers. On n'a pas le droit de se faire mal, de se détruire à petit feu, de rendre les autres malheureux et de finir par se haïr au point de vouloir en mourir, quand les doux visages de ceux qui nous aiment nous regardent avec amour et compassion. Et, ne serait-ce que pour cette image de bien-être, on peut, si on le désire de tout son cœur, vaincre tous les diables et se rapprocher des anges qui sont, la plupart du temps, à quelques pas de soi.

Quand on prend toute la place

Vous arrive-t-il de recevoir ce genre de coup de téléphone: *«Allô, comment ça va? Et la famille?»* Vous n'avez pas le temps de répondre que l'autre enchaîne: *«Moi, j'ai eu toute une aventure! Imagine-toi donc que, l'autre jour, quand je suis allé chez ma sœur...»* Et le voilà parti! Cet individu ne vous appelle, somme toute, que pour parler de lui-même! Il se fiche complètement que votre enfant ait la grippe ou que votre mère soit hospitalisée. Comment composer avec ces gens qui parlent au «je» à longueur de journée? Tout un dilemme! C'est quasiment... gagner son ciel!

Le problème dont je parle est nettement plus difficile à contrôler en milieu de travail. Si votre interlocuteur occupe un poste d'autorité, il est évident qu'il est difficile de lui dire de se la fermer et de lui rappeler que vous aussi avez une vie, avec ses joies et ses déboires. La personne qui ne parle que d'elle-même vous servira sa salade dans une espèce d'abus de pouvoir. Elle ira jusqu'à vous téléphoner le soir pour vous dire qu'elle s'est bien rendue, que son souper était succulent et qu'elle regardera – après avoir pris une heure de votre temps – un film à Télé-Québec qui ne commence qu'à 22 heures. Tout cela, sans penser un instant que vous l'avez écoutée toute la journée, que vous avez maintes fois respiré par le nez pour ne pas lui dire de fermer sa... et que, le soir venu, vous souhaitez qu'on vous laisse en paix. D'autant plus qu'en téléphonant à l'improviste, un «je-me-moi» demande rarement s'il dérange, si vous avez de la visite, si les enfants vous réclament, si vous avez eu le temps de souper! Non: il ne pense qu'à son petit bien-être, et au diable tout ce que vous pouvez endurer au même moment, même si vous avez trébuché juste avant son coup de fil et que, marchant avec peine, vous tentez de lui dire... Il fait la sourde oreille, puis répond: *«Bah, ça va vite se replacer... Ah, j'ai oublié de te dire, aujourd'hui, concernant le type dont je t'avais parlé...»* Et le «gramophone» repart sur une consonne et une voyelle au singulier: JE!

Vous n'avez plus de vie lorsque vous côtoyez quelqu'un qui ne parle que de la sienne et qui prend toute la place. Avez-vous remarqué que la plupart de ces personnes sont seules? On ne les fréquente pas parce qu'elles sont envahissantes, ou on les délaisse rapidement dès qu'elles s'immiscent un peu trop dans notre vie privée, non pour savoir comment va notre idylle ni pour s'enquérir de la santé de nos enfants, mais tout simplement pour prendre tout notre «jus» et ainsi mieux recharger... leur batterie! Elles sont à plaindre, ces personnes, car avec le temps elles se retrouvent seules et se demandent pourquoi elles n'ont pas d'amitiés stables. Ce qu'elles ne comprennent pas, c'est qu'elles font peu à peu fuir ceux qui les entourent parce qu'en plus d'être carrément possessives elles sont parfois désagréables. Ce qui n'est guère à leur avantage lorsque la vapeur se dissipe et que les «victimes» n'ont plus à faire de... l'«à plat ventrisme»! Rares sont les échaudés qui entretiennent des liens avec de tels êtres lorsque l'éloignement survient. C'est même avec un soupir de soulagement que les victimes des «je-me-moi» s'éloignent et vont, parfois, jusqu'à changer de numéro de téléphone pour que jamais plus à leur oreille cette voix ne résonne. Elles font le vide pour se choisir ensuite des amis ou des collègues avec qui elles pourront échanger sur les hauts et les bas de l'existence. Elles vont vers ceux qui comprennent qu'on a tous nos joies et nos peines et que, dans la vie, il est important d'en parler.

Plusieurs se reconnaîtront sans doute dans ce rôle ingrat qu'on les force à jouer chaque jour. *«Mais comment réagir?»* me demanderez-vous. Il est évident qu'une personne envahissante qui ne parle que d'elle le fait dans le but d'attirer l'attention. À ses longs propos, d'autres manifestations viendront se greffer. Les «je-me-moi» adorent inviter des gens à souper pour leur en mettre plein la vue, à défaut d'avoir l'humilité de leur dire que c'est pour être moins seuls. Certains convives s'y rendent par obligation, d'autres par compassion, d'autres encore pour en tirer un certain profit. Car, il ne faut pas l'oublier, les gens qui ne parlent qu'au singulier sont parfois très généreux de leur avoir. Pour obtenir en retour, bien sûr, toute la gratitude qu'ils désirent voir s'épandre sur eux. À la lecture de ce billet, j'espère que ces personnes abusives se reconnaîtront. Puissent tous ces «cœurs fermés», ceux qui prennent toute la place, tenter de faire amende honorable avant que la solitude les laissent pantois au bout d'un fil. Car vient un temps, hélas! où les égoïstes à outrance ne peuvent plus regagner la confiance de ceux qu'ils ont martelés de leur sempiternel… bulletin de nouvelles.

Ne pas se sentir accepté

J'ai croisé récemment une aimable personne qui semblait en avoir lourd sur le cœur. Elle m'a dit: *«Je suis épileptique, et cette maladie fait encore peur aux gens de nos jours.»* Je lui ai fait remarquer que les mentalités avaient énormément évolué et que, aujourd'hui, on comprenait mieux ces maladies. Je l'ai assurée que les gens connaissaient assez bien le diabète, la dystrophie musculaire, la paralysie cérébrale, les maladies cardio-vasculaires et les différentes formes de cancer: tout ce que, autrefois, on regardait... les yeux fermés. Loin d'être d'accord, elle a rétorqué: *«Monsieur, si je dis que je suis épileptique au cours d'une entrevue, on ne m'engagera pas.»* J'ai eu beau lui expliquer que des diabétiques gagnaient leur vie sans avoir à cacher leur état de santé, elle m'a quand même lancé: *«Oui, parce que leur mal n'est pas visible. Nous, les épileptiques, sommes laissés pour compte. Nos crises font encore peur et ça nous blesse...»* Dès lors, j'ai vu le revers de la médaille.

Il est sans doute vrai qu'un employeur peut «discarter», pour employer un terme populaire, un candidat aux prises avec une maladie. Il se peut qu'on craigne d'embaucher un épileptique ou une personne qui vient de subir quatre pontages. Il est évident qu'on préfère des employés en bonne santé, sans penser que plusieurs d'entre eux sont des «experts» en *burnout*. On privilégie les gens qui n'affichent aucun mal parce que, bien souvent, on mise sur du long terme. Il est évident que l'employé pourrait cacher une maladie qui n'est pas visible à l'œil nu. Un type aux prises avec de l'angine n'a pas à l'inscrire sur sa feuille d'emploi. Pas plus que celui qui est sujet à des sinusites à répétition quand vient l'hiver. Mais je ne crois pas qu'on ait le goût de cacher quelque chose quand on a confiance en soi. Je ne demande à personne de se promener avec un macaron sur le veston indiquant le mal dont il souffre. Mais, de grâce, ne le cachez pas comme s'il s'agissait de la petite vérole meurtrière du temps de Louis XV. Assumez-vous, foncez avec confiance et détermination, et je suis prêt à parier qu'on vous acceptera. J'ai eu trop d'exemples sous les yeux pour ne pas croire que, avec un peu de bonne volonté, on peut réussir sa vie. J'ai vu des paraplégiques obtenir des postes importants. Pilules contre la douleur à portée de la main, ils traversaient avec énergie et courage chacune de leurs journées. Je crois qu'il est trop facile de déposer les armes au nom d'une non-acceptation qu'on inscrit d'avance au bas de son curriculum. Cette non-acceptation de soi qui devient, avec le temps, la cause du rejet des autres…

Je vous entends vous écrier: *«Il peut bien parler de la sorte, il n'a pas à vivre avec un mal incurable, lui!»* Non, c'est vrai! Je suis en bonne santé, même si je n'ai plus la force et l'énergie de mes trente ans. Mais ce n'est pas parce qu'on marche sur ses deux jambes qu'on n'a pas eu à surmonter d'autres handicaps dans la vie. Vous savez, comme bien d'autres personnes de mon époque, j'ai fait mon chemin avec le handicap de n'avoir aucun diplôme entre les mains. Mais j'avais de la volonté, du courage et, surtout, je savais qu'il fallait foncer dans la vie. J'ai été vendeur, acheteur, j'ai été à mon compte, j'ai fait «patate», j'ai remis mes souliers, je suis devenu journaliste, j'ai été promu directeur et, à l'heure de l'accalmie, je suis devenu romancier. Je n'avais pour tout bagage qu'un baluchon d'espoir et de savoir au lieu de quatre valises d'instruction, et on m'a quand même accepté. Comme romancier, n'en déplaise à ceux qui me regardent de travers, je l'ai dit, je le répète, j'ai pris ma place sans qu'on m'y invite. Et je me suis retrouvé sur la liste des best-sellers, parmi les auteurs «incontournables» selon certains critiques. Se sentir accepté, c'est d'abord et avant tout s'accepter soi-même. Comme je l'ai dit à la dame, l'important, c'est de s'assumer entièrement, quitte à se sentir un peu rejeté… de temps en temps.

Ceux qu'on appelle les grands de ce monde et qu'on regarde avec envie pourraient vous chuchoter à l'oreille: *«Ce n'est pas parce que j'ai des trophées que je me sens accepté de tous.»* Et avec raison. Parce qu'avec tous leurs membres, en fauteuil roulant ou en Mercedes, avec leur talent ou leurs humbles efforts, il y aura toujours ceux qui sont heureux et… les envieux. C'est ainsi qu'est faite la vie, et notre seule arme de combat, que nous soyons handicapé ou pas, reste notre propre défi.

Savoir quand s'arrêter

À l'annonce d'un décès, il est de plus en plus fréquent d'entendre les gens s'exclamer: *«Ça n'a pas de bon sens, il n'avait que cinquante-trois ans!»* Je dis «il» parce que les hommes sont plus sujets que les femmes à mourir d'un infarctus à cet âge. Mais comme ces dernières occupent maintenant des postes qui autrefois étaient réservés aux premiers, elles sont aussi victimes du stress et de la pression liés au travail, et suivent de plus en plus leurs confrères dans l'au-delà à un âge relativement jeune. Avec toutes ces femmes dont les emplois requièrent de très fortes exigences, je pense que les générations à venir ne compteront pas beaucoup de grands-mères qui pourront afficher avec fierté leurs… Quatre-vingt-cinq ans! De plus en plus, les gens ne savent pas s'arrêter quand le bout de la corde se fait sentir. On s'acharne, on fait des heures supplémentaires pour avoir moins de travail le lendemain, on mange mal, on ne se détend pas, on néglige sa vie de famille et, un jour, *bang!* on s'écroule.

On met de plus en plus les gens en garde contre le *burnout* et la fatigue chronique mais, parfois, c'est comme parler à un mur. On se fait répondre: *«Moi, ça ne sera jamais mon cas. Je sais quand m'arrêter.»* Et lorsqu'on demande à la personne, quand au juste elle compte s'arrêter, elle hésite et finit par balbutier: *«Dans quelques années, voyons! Je suis bien trop jeune pour diminuer mes tâches!»*, sans même penser au collègue du même âge qui repose six pieds sous terre depuis un an ou deux. Pourtant, au moment du décès, cette même personne avait dit: *«Cette mort soudaine est une bonne leçon: elle vient de me montrer le feu rouge. À moi aussi, ça pourrait m'arriver... »* Puis elle a oublié lentement et a repris sa route en galopant de plus belle. Il y en aura toujours qui ne voudront rien entendre, jusqu'au jour où ils seront terrassés par une attaque qui les laissera comme des légumes. Et je sais de quoi je parle: j'ai vu mon propre père «traîner» lamentablement de la sorte. J'aurais préféré qu'il parte sur le coup, mais que voulez-vous... Vivre tel un être inutile, ne plus avoir d'amis ni de visites, sauf les proches, se sentir rejeté dans les moments de lucidité, c'est pire que reposer en paix dans une petite urne.

Moi, pas plus fin qu'un autre – mais peut-être un peu moins bête –, j'avoue sans la moindre prétention avoir su quand m'arrêter. En 1990, après dix ans d'un travail stressant et ardu, je faisais des entrevues à Hollywood et je me suis dit à bord de l'avion qui me ramenait au pays: *«C'est mon dernier voyage, j'suis plus capable!»* Et ce fut mon dernier voyage dans la capitale du cinéma. Un de plus et j'y aurais peut-être laissé ma peau. Puis, quelques années plus tard, en revenant d'une entrevue avec Enrico Macias, je me suis dit: *«C'était ma dernière entrevue. Je n'en peux plus de ce stress et de ces heures de tombée.»* J'ai donc, après vingt ans, mis fin à ma carrière de journaliste. Somme toute, j'ai fait des choix et je suis devenu romancier. C'est la dernière corde à mon arc que je voulais tirer, et ça m'a réussi, merci mon Dieu. Mais si j'avais échoué, je ne serais pas pour autant retourné à ce que je faisais auparavant. J'ai su où et quand m'arrêter. Et c'est peut-être pour ça que je suis encore en vie. Le *burnout*, la déprime, la fatigue chronique, ça ne vient pas d'être inventé: ça existait il y a dix ou quinze ans.

Aujourd'hui, quand je prends l'avion, c'est pour aller visiter ma fille, mon gendre et mes petits-enfants en Alberta. Et quand je vais souper au restaurant, ce n'est pas pour parler affaires, mais pour me détendre avec mon épouse ou mes amis. N'est-ce pas merveilleux de pouvoir gérer ainsi sa vie? Vous allez sans doute dire: *«On sait bien, après une carrière tumultueuse, à son âge... »* Je vous répondrai que j'avais peut-être le vôtre le jour où j'ai décidé d'appliquer les freins à la porte du cœur. Et ce, sans savoir ce qui m'attendait le lendemain, sans fonds de pension, sans trop d'argent de côté... Avec juste la certitude qu'en misant sur ma santé, j'avais plus de chances de prolonger ma vie et de jouir d'un bonheur familial. Quand s'arrêter? Vous seul le savez. Tout dépend du respect que vous avez pour votre propre vie. On ne se tue pas au travail impunément et on ne retire aucune gloire d'être mort «au combat». Un mois plus tard, un autre aura pris votre poste, vos titres honorifiques, bref un plus jeune vous succédera. Alors, avant de devenir une dépouille d'Urgel Bourgie avant votre temps, prenez donc la peine de regarder où vous en êtes. Si le climat est doux et que le cœur tient le coup, continuez. Mais si tel n'est pas le cas, de grâce, n'attendez pas que le médecin vous ordonne de vous retirer avec une fiole de sédatifs entre les mains. S'arrêter où et quand? À vous de répondre, et de savoir... pourquoi!

Apprendre à dire «non»

On a souvent tendance à tout accepter, à dire «oui» pour ne pas déplaire et, finalement, à faire des choses qui ne nous tentent guère. Et pourtant, il est aisé de refuser, de dire «non» sans pour autant blesser qui que ce soit. Je vous dirai que, dans le temps des fêtes, il m'est arrivé à deux ou trois reprises de refuser une invitation simplement parce que je n'avais aucune envie de l'accepter. Je l'ai fait très poliment, par contre, sans être déplaisant, en prétextant un autre engagement le même soir ou en invoquant un pieux mensonge selon lequel mon épouse n'allait pas bien; je tentais de me remettre d'un mal de dos, de reins, etc. La plupart du temps, lorsque je n'ai pas envie d'aller quelque part ou que je ne tiens pas à rencontrer des gens qui ne m'intéressent pas, je n'y vais pas par quatre chemins. Il m'arrive de plus en plus souvent de dire: *«Non, merci, ce genre de rencontre ne me plaît pas; je n'ai vraiment pas envie d'être là.»* C'est peut-être direct, mais la franchise, dans certains cas, peut bien nous servir. Évidemment, tout dépend à qui l'on s'adresse. Il est évident que je vais trouver un prétexte s'il s'agit d'aller souper chez un beau-frère... qui me tape sur les nerfs! Un refus catégorique risquerait de semer la pagaille, tandis qu'une excuse valable fera passer la chose plus facilement.

Jusqu'ici, j'ai parlé des invitations de la part de la famille ou d'amis qu'on est amené à refuser, mais il ne faut pas oublier toutes les autres situations où, trop souvent, on répond «oui» alors qu'on voudrait dire «non». Pour ne pas déplaire à son patron ou pour ne pas se mettre son supérieur à dos, il arrive qu'on accepte un surplus de travail qu'on n'a nullement envie de faire. Il arrive même qu'on fasse le travail du supérieur en question par gêne de lui dire que ce boulot ne figure pas dans notre description de tâches. Et c'est ainsi qu'on se fait bien souvent «manger la laine sur le dos»! On a peur de se retrouver au chômage, on craint également de ne plus être dans «la manche» de son patron et on dit: *«oui, oui, oui...»* On prend sur soi, on n'en parle à personne de peur d'être trahi et l'on se couche le soir, frustré, en beau maudit d'avoir été le «cave» du bureau. Eh bien, tant pis! Parce qu'il serait plus honorable de répondre: *«Non merci, je n'ai pas envie de me payer ce boulot. J'ai assez de mon travail...»*, quitte à voir la face du patron changer! Bien sûr qu'il ne sera pas content; bien sûr qu'il va vous regarder de travers pour quelque temps, mais je peux vous assurer que vous aurez quand même gagné son respect en refusant ce qui ne vous incombait pas. À chacun son mandat, à moins, bien entendu, que vous décidiez d'en faire plus pour aider, pour remplacer quelqu'un de malade, pour rendre service sans qu'on vous le demande. Il va de soi que dire «non» quand on abuse de nous ne signifie pas qu'il faille manquer d'altruisme quand le cas se présente. Ce qu'il faut savoir, c'est faire preuve de discernement et bien doser.

Je me souviendrai toujours de celle qui était ma blonde lorsque j'avais quinze ans. Je lui demandais si elle avait envie d'aller au cinéma, et elle me répondait: *«Ça ne me fait rien...»* Étonné, je lui disais: *«Non, ça ne peut pas ne rien te faire. Ça te fait plaisir ou ça ne te tente pas...»* J'ai souvent senti qu'elle me suivait pour ne pas me déplaire, alors qu'elle n'avait pas du tout envie d'aller «aux vues» ce soir-là. Elle le faisait pour moi, alors que j'aurais très bien compris que ça ne le lui dise pas. Nous aurions pu faire autre chose... Comme aller au restaurant, nous promener au grand air ou, tout simplement, rester à la maison… à nous aimer! Pas vrai? Ce qui aurait été plus «sensuel» que de s'asseoir devant un film d'horreur qui ne l'intéressait pas. Et il existe encore de ces couples dont l'un des partenaires fait sans cesse des compromis pour ne pas déplaire à l'autre. Autrefois, la plupart du temps, c'était la femme qui se «sacrifiait» pour son bien-aimé. De nos jours, je parierais ma chemise que ce sont les hommes qui n'osent pas dire «non», de peur de perdre la face. L'important, c'est de pouvoir refuser de faire ce qui ne nous tente pas, tout en expliquant ses raisons, les vraies, sans mentir, parce que le pieux mensonge avec l'être aimé, ça ne passe pas! Mieux vaut être honnête, dire que ça ne vous tente pas, que vous préféreriez vous reposer, vous détendre, que votre journée a été assez harassante… D'un côté comme de l'autre, la «douce moitié» comprendra, j'en suis certain. Bref, au boulot comme à la maison, que vous ayez vingt, trente, quarante ou soixante ans, ne vous imposez plus ce que vous ne voulez pas faire. Jouez franc jeu, pensez à votre équilibre, à votre bien-être, et apprenez à dire «non» si l'occasion se présente. C'est, à mon humble avis, la seule façon de gérer sa vie et de la mener… comme ça nous tente!

Le savoir-faire des autres

Personne n'a à envier les autres: on a tous du talent, on possède tous des qualifications que d'autres n'ont pas, et lorsqu'on regarde de près le savoir-faire des autres, on se rend compte qu'on ne peut pas savoir tout faire.

Moi, mon talent, mon don, si je peux m'exprimer ainsi, c'est écrire. Tout ce que je sais faire, c'est écrire, ce qui n'est pas dévalorisant, mais qui n'est pas plus admirable que d'exercer un métier manuel et de travailler de ses propres mains. On me dit parfois: *«Oui, mais vous, ce n'est pas essoufflant, vous n'avez pas à grimper dans des échelles, vous n'avez qu'à prendre votre plume...»* Erreur! Écrire, pour ceux qui envient ceux qui le font, c'est extrêmement épuisant pour les... neurones! On se couche le soir moins courbaturé, peut-être, mais au prix de combien de nuits blanches... Oui, c'est épuisant, écrire, aussi épuisant que recouvrir une toiture ou cogner du marteau pour faire une terrasse. Même si j'ai vu ces maîtres à l'œuvre et que j'ai admiré leur savoir-faire, il ne faut pas discréditer pour autant ceux qui ne possèdent du talent qu'entre les deux oreilles. Parce que chacun gagne sa vie à la sueur de son front, et ce, même si le soleil plombe moins sur les uns que sur les autres.

Au cours des derniers mois, j'ai eu recours à un menuisier pour faire clôturer le patio qui, selon mes assureurs, n'était pas en règle. Je le regardais prendre des mesures, ramener du bois, des petites languettes bien taillées et je me demandais par quoi il allait commencer. Je vous l'avoue, je suis nul en bricolage. J'ai de la misère à planter un clou droit; mon épouse est meilleure que moi. Or, en voyant le savoir-faire de cet homme, j'ai été subjugué par autant de doigté. J'ai passé un après-midi à le regarder faire d'une fenêtre; chaque coup de marteau était donné avec habileté, et chaque vis, posée avec adresse. J'étais ébahi, admiratif et envieux de ne pouvoir faire ce qu'il faisait, lui, les yeux presque fermés. Envieux, mais sans le regarder de travers, envieux comme je peux l'être lorsque je vois un pianiste jouer sur son clavier comme s'il s'agissait d'un xylophone pour enfant. Envieux, avec… respect et délicatesse. Parce qu'on ne peut pas savoir tout faire et qu'on doit s'incliner devant ceux qui possèdent un talent qu'on n'a pas. J'ai levé mon chapeau au peintre en bâtiment qui s'est chargé de mon balcon, de mes persiennes et de mon toit cathédrale. Cet homme devait d'ailleurs monter en haut d'une grande échelle… et il n'avait pas le vertige.

Je me souviens d'avoir été «pas mal» en peinture, étant plus jeune. J'ai «peinturé» plusieurs logements dans les années où j'étais jeune marié, mais jamais je n'ai eu l'adresse de cet homme dont je vous parle. Je n'étais «pas mal», mais il y avait des traces de peinture partout, j'en avais jusque dans les cheveux. Je ne savais même pas par où commencer et, plusieurs fois, j'ai tellement mal commencé que je ne savais plus comment m'y prendre pour terminer. J'étais coincé! Vous voyez le portrait? Cet homme qui est venu m'épater de son savoir-faire savait, lui, où donner le premier coup de pinceau. Je l'ai admiré, j'aurais aimé avoir son doigté et son engouement. Car peindre, après une heure ou deux, ça devient laborieux pour quelqu'un qui n'a pas ce métier dans le sang! Le savoir-faire des autres est sans limite quand on s'y arrête.

J'ai été invité à un souper, et j'écoutais la maîtresse de maison me dire: *«Votre roman* Et Mathilde chantait *était excellent...»* J'aurais voulu lui répondre: *«Pas autant que votre souper, Madame!»*, mais j'ai eu peur qu'elle ne s'offusque. Pourtant, jamais je n'avais mangé un filet d'agneau comme le sien! Et elle avait préparé des desserts dignes d'un grand chef. Je l'ai félicitée, bien sûr, deux fois plutôt qu'une, parce que je sais que je ne vaux rien autour d'un chaudron ou d'un rond de poêle. Je me débrouille… mais je le fais à la bonne franquette! Tandis qu'elle… C'est bougrement autrement! L'important, c'est d'être conscient de ses capacités. Trop de personnes croient encore que, pour être qualifié d'artiste, il faut chanter, jouer la comédie, être musicien ou écrire. Il n'y a rien de plus faux. Il y a des artistes partout. Même si certains potiers me disent bien humblement: *«Moi, vous savez, je ne suis qu'un artisan…»* Artisan de son sort, je veux bien, mais surtout artiste jusqu'au bout des doigts puisqu'il maîtrise avec tant de soin un don que la nature lui a donné.

En guise de conclusion, j'aimerais ajouter que, quel que soit leur métier, les gens font preuve de beaucoup de savoir-faire. Qu'il s'agisse du nettoyeur du coin, du fleuriste, du tailleur, des serveurs et serveuses des restaurants, des gens derrière les caméras de télévision, des électriciens, des couturières, des policiers, des plombiers, des chirurgiens… et j'en passe, tous font preuve de beaucoup de talent. Ceci se veut donc un hommage au savoir-faire de tous ceux et celles qui font avec soin ce que nous ne ferons jamais. Parce que le bon Dieu, juste et généreux, a répandu ses dons sur tous les humains… du haut des cieux!

Quand la vie devient trop lourde

Nous avons tous nos hauts et nos bas, nos joies et nos angoisses. J'ai toujours dit qu'un simple rayon de soleil pouvait nous aider à traverser les jours difficiles. J'ai eu, comme tout un chacun, mes moments de déprime. Il y a certaines années, je dirais même certaines décennies de ma vie que je ne voudrais pas revivre. L'important, c'est d'avoir passé au travers à force de patience et de courage. Mais, hélas! cette force n'est pas donnée à tous. Certaines personnes ont un tel mal de vivre que la seule solution qu'elles entrevoient est de mettre fin à leur existence. De là cette vague de suicides dont on cherche encore la véritable cause. Car l'être humain qui choisit d'en finir emporte avec lui le secret de sa profonde détresse.

Je ne le juge pas, je tente simplement de le comprendre… sans y parvenir. On ne peut non plus ramener à la vie celui ou celle qui a décidé d'en finir. Doit-on chercher s'il y a faute de notre part? Non, je ne crois pas. J'ai perdu un ami de cette façon et Dieu sait que j'ai tout fait pour l'empêcher de choisir cette solution extrême. Je croyais avoir réussi mais, par un morne soir d'hiver, il est parti sans laisser la moindre explication derrière lui. Comme tant d'autres, je me suis dit: «*Je n'ai pas été assez convaincant. J'ai sans doute mal écouté, j'ai…*» Depuis, j'ai cessé de me sentir coupable parce qu'au fond je savais que j'avais fait mon possible. Il était si malheureux que personne n'aurait pu l'empêcher de poser son geste. J'ai fini par croire que son bonheur n'était plus ici-bas mais dans l'au-delà. Cet au-delà de soleil et d'espoir.

Des études montrent un taux de suicide plus élevé chez les hommes que chez les femmes. Un homme en dépression profonde cache davantage ses tourments que peut le faire une femme. Pourquoi? Par orgueil? Par peur d'avouer ses états d'âme? C'est possible. Une femme crie plus facilement sa douleur et ne craint pas de demander de l'aide. Un homme réfléchit seul, planifie seul, joue la comédie et... meurt seul. Sans doute pour ne pas ennuyer les autres, mais aussi et surtout pour ne pas avouer qu'il est en panne, qu'il a des faiblesses et qu'il est aussi vulnérable qu'une femme. Cette damnée fierté mène parfois à la mort. Et ce, à l'insu de tous. On répète sans cesse à ceux qui sentent venir la dépression: *«Confiez-vous, n'hésitez pas, il y a toujours quelqu'un qui peut vous aider à vous relever.»* Malheureusement, ce n'est pas assez. Rares sont les êtres capables de brandir une pancarte portant les mots «au secours».

Ce qu'il faut faire, c'est tendre la main au moindre signe de détresse, avant qu'on nous le demande. Il faut vaincre le mutisme de ceux qui se sentent désespérés, leur parler, ne pas les quitter des yeux, les suivre pas à pas, devenir des disciples d'Esculape pour soigner leur âme, car c'est là que réside le mal. Pas facile, je l'avoue, mais il ne faut pas lâcher prise car, j'en suis certain, celui qui s'en va sans le dire n'avait pas toujours véritablement envie de mourir.

Avec tout le respect que j'ai pour la science, il m'arrive quand même de douter de l'efficacité de tous ces médicaments qu'on fait ingurgiter à ceux qui consultent. L'ami dont je vous parlais avait changé quatre fois de médication, croyant toujours trouver la pilule miracle. À tel point que je me demandais s'il ne servait pas de cobaye. Je me souviendrai toujours du jour où, parce que j'étais déprimé mais non dépressif, on m'avait prescrit des antidépresseurs. À la seconde pilule, je vous le jure, j'étais plus mal en point dans mon cœur et dans mon âme qu'à l'orée de ma dégringolade. J'ai donc vidé le flacon dans la cuvette. Après plusieurs essais, on a davantage besoin d'une désintoxication que d'un nouveau comprimé et de tous ses effets secondaires. Je ne veux pas généraliser, car je sais que plusieurs ont été remis sur pied grâce à la science et à ses «trouvailles» mais, en ce qui me concerne, je demeure l'anti de tous les «anti» qu'on nous suggère, même des anti-inflammatoires! Je fais confiance aux forces naturelles de l'être humain et à l'aide d'autrui quand la vie devient lourde.

Que peut-on faire, cependant, pour ces êtres qui récidivent après une ou deux tentatives de suicide manquées? Est-il toujours possible d'extraire le venin? Que peut-on faire quand on a, justement, la certitude d'avoir tout fait? On se terre dans son chagrin, on prie, on ne se demande plus rien. Car le mal de vivre, ce mal qui doit être aussi souffrant qu'un cancer, commande une forme de respect. Il faut savoir déposer les armes devant un choix qui dépasse tous les combats. Il faut s'incliner, pardonner, se déculpabiliser et espérer que cette âme à la dérive repose enfin... en paix.

Ne pas laisser pâlir son étoile

Je ne comprends pas pourquoi des artistes au faîte de la gloire décident de se retirer pendant un ou deux ans, laissant derrière eux leurs fans... pantois. Comme si ces derniers allaient écouter du Bach ou du Vivaldi en les attendant! Au cours de ma carrière de journaliste, j'ai vu de nombreux artistes se retirer quelque temps pour mieux se ressourcer et, à leur retour, faire face à un mur d'indifférence. Quelques inconditionnels les attendaient, bien sûr, mais la plupart s'étaient tournés vers d'autres artistes qui, sans prévenir, en avaient profité pour voler la vedette à ceux partis se reposer ou mûrir un projet... On ne peut, surtout au Québec, se retirer et espérer qu'on nous accueille à bras ouverts après une longue absence. Plusieurs l'ont appris à leurs dépens... Comme dit l'adage, il faut battre le fer pendant qu'il est chaud.

Il y a pire encore: ceux qui se retirent pendant un certain temps et qui refusent d'accorder la moindre entrevue. Je me souviendrai toujours de cette actrice qui, à l'occasion d'un de mes passages à Hollywood, m'avait réclamé une interview. Elle avait même accepté de me rencontrer à mon hôtel, elle qui, deux ans plus tôt, alors qu'elle jouait dans *La croisière s'amuse,* ne m'avait accordé qu'une courte entrevue sur le plateau. Surpris, je lui ai demandé ce qu'elle devenait et elle m'a répondu: «*Vous savez, j'ai pris une année sabbatique, j'ai refusé toute entrevue et, maintenant, personne ne s'intéresse à moi. Je n'ai aucun projet précis, mais il faut qu'on parle de moi, qu'on sache que je suis en vie et que je veux redevenir aussi populaire qu'avant.»* Cette actrice m'a avoué avoir commis une grave erreur en s'éclipsant de la sorte, allant même jusqu'à ajouter: *«J'ai mis ma carrière en péril; j'aurais dû rester disponible, me prêter à des entrevues, etc. Je ne pensais jamais que la gloire pouvait être si éphémère.»* N'oublions pas qu'il s'agit d'une vedette de Hollywood, où les offres sont plus nombreuses qu'au Québec. Alors imaginez une telle attitude dans notre province, où il y a beaucoup d'artistes et peu de places au soleil!

On ne doit jamais laisser pâlir son étoile quand elle scintille de mille feux. Il faut la polir, l'entretenir et ne jamais laisser quelqu'un d'autre la remplacer par la sienne dans le firmament de la popularité... Un retour n'est jamais facile après une longue absence, surtout lorsqu'on constate qu'on a été oublié. Et n'allez pas croire qu'après un long silence les retrouvailles sont synonyme de réjouissances. On peut faire un retour avec un nouveau produit à présenter et s'apercevoir que son public n'est plus là. Nous ne sommes plus à l'époque où les carrières duraient plus de vingt-cinq ans. On a certes le droit de prendre des vacances, de prendre du recul, mais sans pour autant s'isoler et ne plus donner signe de vie. Il faut rester accessible, ne serait-ce que pour tenir son public au courant de ce qui se passe dans sa vie. On ne peut s'éclipser et revenir comme si de rien n'était, en s'imaginant pouvoir reconquérir en un soir un public délaissé. Un jour, j'ai demandé à Serge Lama ce qu'il faisait pour entretenir la flamme de ses fans entre deux albums. Il m'a répondu: *«Je leur parle de mes amours, monsieur! Je leur parle de moi, leur dis que je vais bien, que quelque chose de merveilleux s'en vient, que je ne les ai pas abandonnés.»* Voilà ce qui s'appelle polir son étoile avant qu'elle ne ternisse.

Cette règle vaut aussi pour les écrivains, les animateurs, les humoristes, les politiciens, bref, pour tous ceux et celles qui travaillent dans le domaine public. Si l'écrivain dépose sa plume pendant deux ans, il est évident qu'on lira quelqu'un d'autre. Si la chanteuse délaisse son micro, une autre le prendra. Et si le comédien s'alloue un temps d'arrêt, une autre tête d'affiche prendra la relève. Ainsi va la vie. Une étoile qui pâlit ne retrouve jamais… sa luminosité d'antan. On a beau revenir avec un nouveau *look* et pousser des portes, celles-ci risquent de rester fermées. Ce qu'il y a de plus triste, c'est lorsqu'un artiste effectue un retour après un temps d'arrêt et qu'un adolescent le regarde en demandant à ses parents: *«C'est qui, lui?»* Ce à quoi, bien souvent, les parents répondent: *«C'était une grande vedette dans le temps.»* Imaginez! Après trois ou quatre années d'absence! Peu importe qui nous sommes, lorsque la chance nous sourit et que nous réussissons à faire briller notre étoile, il ne faut pas la laisser s'éteindre. La terre tourne si vite et le ciel change si souvent de couleur qu'il est plus que risqué de laisser notre étoile… nous tomber sur la tête!

Surmonter les épreuves

En ce début d'automne, je fais le bilan de l'été. J'ai souvenance de tous les drames vécus par certaines familles et je me demande: *«Où en sont-elles dans leur cheminement après l'épreuve?»* Tous ces enfants qui sont morts happés par une voiture, tous ceux qui se sont noyés dans la piscine familiale ou dans un lac… Je pense aux parents et je vois sur leur visage comme dans leur cœur ces larmes que le temps n'a pas encore séchées. Je pense à ces pompiers ou à ces policiers morts alors qu'ils accomplissaient leur devoir. J'imagine la peine de leur conjointe, de leurs enfants.

Il y a bien des types d'épreuves. Perdre un emploi et être des mois sans en retrouver un autre est certes difficile, mais cela n'a rien de comparable avec la perte de ces êtres chers, victimes d'un franc-tireur dans une cour d'école. Ces drames sont d'une telle intensité que je me demande s'il est possible d'avoir assez de courage pour les surmonter. Des gens, à la suite d'un accident banal, se retrouvent confinés dans un fauteuil roulant. On pleure avec eux, on tente de leur remonter le moral, et c'est bien souvent eux qui remontent… le nôtre. Le temps est un grand maître, certes, mais le temps a besoin de temps pour effacer peu à peu la douleur.

C'est tour à tour que nous subissons les épreuves de la vie. C'est l'un après l'autre que nous devons nous armer de courage pour survivre, nous battre et trouver l'apaisement pour le bonheur de ceux qui nous entourent. Car, c'est écrit, ce ne sont pas ceux qui partent qui sont les plus à plaindre, mais ceux qui restent. Surmonter l'épreuve, c'est semer quelques graines de courage dans les forces qu'il nous reste. C'est pleurer, se vider le cœur pour ensuite regarder la vie bien en face avec le désir de s'en sortir. S'en sortir plutôt que d'en finir avec la vie, comme c'est, hélas! parfois le cas. Sans jeter la pierre à ceux qui n'ont pas le courage de lutter, il m'arrive de leur en vouloir de laisser leurs dures épreuves... à ceux qui leur survivent. Il arrive que le mal de vivre soit plus fort que le courage, mais l'épreuve engendrera toujours l'épreuve si, dans un dernier effort, on ne réagit pas avant que d'autres... pleurent notre perte. Nous avons tous, qui que nous soyons, riches ou pauvres, jeunes ou vieux, des épreuves à surmonter. Et chacune d'elles peut l'être si on trouve, avec le temps, les armes nécessaires. Nous vivons dans une société où les ressources sont nombreuses. Personne n'est seul devant l'épreuve. Avec tous les centres d'aide qui existent, les spécialistes qui offrent des thérapies, les bénévoles qui sont prêts à écouter, on peut tous aller chercher le soutien nécessaire. Et on a tous des parents, des amis, un intime, un être cher sur qui on peut compter avant d'être... désespéré.

À mon âge, j'avoue avoir eu mon lot d'épreuves, et je sais que d'autres m'attendent à un certain tournant. Je n'y pense pas, je vis chaque jour pleinement, je remercie le ciel de m'épargner de temps en temps, mais je n'aime pas lorsqu'on me dit: *«Vous, vous êtes fait fort!»* Personne n'est assez fort pour affronter les épreuves sur ses deux pieds. Quand elles surviennent, on s'écrase, on est atterré, on se demande comment en venir à bout. Mais le *«jamais je ne m'en remettrai»* ne fait pas partie de mon vocabulaire. Parce que je sais que, tôt ou tard, avec le cœur qui bat et l'âme qui se débat, tout passe. Tout s'atténue plus tôt quand on s'évertue à y penser le moins souvent possible. Un jour, une dame m'a dit: *«Ma sœur que j'aimais tant est morte il y a cinq ans et je la pleure encore.»* J'ai aussi perdu un frère que j'aimais beaucoup il y a cinq ans et, sans l'avoir oublié, j'ai cessé d'y penser parce qu'il n'y a pas de pire épreuve que d'entretenir... l'épreuve. Ma mère, qui était très croyante, disait: *«Les épreuves, ce sont des indulgences. Plus on en a, plus on a de chances d'aller tout droit au ciel!»* Sans partager entièrement cet avis, je trouve qu'il vaut mieux penser cela que pleurer sur sa douleur jusqu'à son dernier souffle. Le temps aidant, un arc-en-ciel de courage nous permet d'offrir un sourire à la vie. Parce que, pendant qu'on se remet d'une épreuve, d'autres en vivent une qui vient à peine d'éclater. Et c'est en songeant à ceux qui souffrent aujourd'hui qu'on peut en arriver à oublier qu'on a souffert... hier. Et comme ce n'est pas chaque jour son tour...

Or, en faisant le bilan de tous ces drames que j'ai vus à la télé au cours de l'été, je me demande: *«Où en sont-ils dans l'épreuve qui les a si durement frappés?»* Et j'ose espérer de tout cœur qu'en réponse à leurs prières Dieu leur a donné la force nécessaire. Surmonter les épreuves, quelles qu'elles soient, c'est prendre la main de quelqu'un et sentir que nous ne sommes pas seuls. Le cœur encore fragile, certes, mais tout de même assez forts pour accepter à notre tour les mains de ceux qui, partageant notre chagrin, espèrent... l'accalmie du lendemain.

Le souci de l'économie

Dans un magazine américain, les lecteurs reprochaient à une animatrice passablement à l'aise de faire encore son marché avec ses bons-rabais. Et puis? Comme c'était une tribune libre, l'animatrice en question – que je ne connais pas puisque son émission n'est pas diffusée ici – a sagement répondu: *«Vous savez, avant d'avoir la chance de faire de gros cachets, j'ai été serveuse; je sais ce que c'est que de devoir économiser. J'avais trois enfants à charge et chaque sou comptait. J'achetais ma literie durant les soldes de blanc et je le fais encore.»* Je ne lui donne pas tort, car ce n'est pas parce qu'on connaît une soudaine abondance qu'on oublie du jour au lendemain les années de vaches maigres. Cette femme avait appris à équilibrer un budget, à boucler ses fins de mois, à faire avec les moyens du bord, quoi! Aujourd'hui, bien nantie, elle ne s'est pas débarrassée pour autant de ses anciennes habitudes, sauf qu'elle a maintenant les moyens d'en mettre un peu… à la banque. Vous savez, il faut parfois avoir connu la misère pour apprécier une certaine aisance. Mais le sentiment d'insécurité demeure souvent bien ancré. Sans être pingre, il faut savoir prévoir car personne, aussi riche soit-il, ne peut oublier les années de pauvreté. Qu'on le veuille ou non, c'est enregistré sur le disque dur de sa mémoire et ce n'est pas parce que l'argent rentre qu'il faut le jeter par les fenêtres.

Un copain que l'on a prématurément mis à la retraite me disait souffrir d'insécurité. Sa maison est payée, ses enfants sont mariés, il n'a aucune dette, mais avec son chèque de pension et ses REÉR – qu'il n'ose pas toucher – il n'est pas fortuné pour autant. Il possède une fourgonnette qu'il a transformée en chambrette pour ses déplacements. Il aime les sorties, les restaurants où les buffets sont à bon prix, le cinéma où il se rend l'après-midi quand c'est à moitié prix, etc. Bref, il ne se prive de rien, mais il a le souci de l'économie. J'en étais presque à le croire près de ses sous, quand un jour, il m'a avoué: «*Je n'ai que cinquante-neuf ans et j'ai peur de vivre assez longtemps pour recommencer... à gratter.*» Alors, il étire, il analyse, il pense deux fois avant d'investir dans quoi que ce soit. Il est prudent et c'est normal! Vous savez, moi que l'on croit riche comme Crésus alors que je mène un train de vie modeste, il m'arrive de m'entendre dire: «*Vous ne voyagez pas? Vous en avez pourtant les moyens...*» Tout d'abord, je n'aime pas les voyages. Bien sûr que je pourrais appeler Air Canada pour des billets. Mais pour aller où? Je suis si bien... chez moi! Je ne dirais pas que je souffre d'insécurité au point de surseoir à ma visite chez le barbier, mais je vis de façon plus modérée. Avec l'âge, les envies folles, c'est terminé. Je n'aspire qu'à un certain bien-être, à une vie saine. Est-il possible qu'on me traite de radin – dans mon dos, naturellement – parce que ça ne m'intéresse plus? C'est bête, mais c'est comme ça. Et si un brin d'insécurité subsiste encore en moi, tant mieux! Ça m'évitera de sottes dépenses et des sorties extravagantes, ce que je me permettais durant la quarantaine. Ce n'est pas parce que j'ai réussi à m'établir et à être à l'aise, que j'oublie pour autant mes dures années. Celles du déclin de ma vingtaine où, avec une femme et deux enfants, rendu à ma dernière «cenne», j'ai dû vendre des bouteilles vides pour me payer un sandwich! La manne ne fait pas oublier la m... Excusez le terme, mais à l'oreille du bon Dieu, c'est loin d'être un blasphème.

Lorsque mes enfants me demandent ce que je désire comme cadeau de fête, je me surprends à leur répondre: «*J'sais pas, j'ai vraiment besoin de rien...»* Et c'est vrai! Pas dans le but de les empêcher de dépenser, mais vient un âge on l'on a tout... ou presque. Mais n'avoir besoin de rien ne veut pas dire que je ne dépense pas pour les autres. Sauf que je le fais avec plus de vigilance qu'autrefois, de façon moins impulsive et en regardant les prix, ce que je ne faisais pas jadis. La sagesse, quoi! Et je vois des couples du «mitan» dépenser à gauche et à droite, sans calculer, même si leurs moyens sont restreints. J'aimerais leur insuffler le souci de l'économie, mais comment le pourrais-je, moi qui ai tellement profité de la vie? Dieu sait combien j'ai fait rouler l'économie au temps des années grasses!

Aussi drôle que cela puisse paraître, c'est quand on est au-dessus de ses affaires qu'on se rend compte de l'importance d'économiser. Serait-ce parce qu'on ne veut pas devenir un fardeau pour les autres, un jour? À moins d'avoir la certitude, comme mon vieux copain, de vivre jusqu'à quatre-vingt-dix-sept ans! Ce qui n'est pas mon cas, croyez-moi! Le souci de l'économie, qu'on développe, s'explique par le fait qu'on a plus le temps qu'avant de «marchander», ça devient presque un hobby. Je lisais récemment dans un grand quotidien, un article racontant comment un jeune couple, avec trois enfants, établissait son budget mensuel. J'ai été agréablement surpris de constater que le souci de l'économie dont je parle commence parfois... tôt. La dame disait avoir épargné quatre cents dollars comparativement au mois précédent. Elle expliquait comment elle s'y était prise et, croyez-moi, les enfants ne manquaient de rien. Le bon-rabais pour la boîte de détersif, elle l'utilisait. Et ce, même si deux salaires entraient chaque semaine. Ce qui veut dire, en somme, que le souci de l'économie naît de l'insécurité. À bien y penser, c'est loin d'être bête; ça fait partie de la vie. Et ça coûte «maudfitement» moins cher... que d'angoisser jour et nuit!

Ne jamais se sentir obligé…

Dernièrement en lisant une entrevue avec un comédien d'ici, je me suis arrêté sur une réponse où il disait: «*Moi, je déteste être invité à un party. J'y vais toujours de force…*» *Et* ça m'a fait réagir. On n'a pas à aller nulle part de force ni à faire des choses «de force» comme on dit. Personne n'est obligé de faire des concessions à ce point et je m'incline devant l'artiste en question; il m'a fallu bien des années avant d'en arriver à dire… non! Il y a quelques mois, on célébrait l'anniversaire d'une bonne amie à moi. Il est évident qu'on voulait que je sois de la fête mais, me connaissant, l'époux de cette dernière m'avait dit: «*Soyez à l'aise, je sais que vous n'aimez pas les soirées mondaines et rien ne vous oblige…* » Il avait tout à fait raison, rien ne m'y obligeait. Mais il avait eu la délicatesse de me laisser le libre choix d'y assister ou pas. Ce que je qualifie de profond respect. Surtout quand on connaît les couleurs des gens et qu'insister serait inélégant. Parce que, vous savez, avec le temps et l'âge, on ne «s'impose» plus rien. On n'a plus à faire les compromis d'antan et à se rendre un peu partout en… bougonnant! Je suis allé à la réception donnée en l'honneur de l'anniversaire de l'amie. Non pas par obligation, non pas pour être affable, mais tout simplement parce que je l'aime beaucoup et que je tenais à partager ce jour de joie avec elle. Et je me suis amusé ferme; j'ai même oublié qu'il y avait bien du monde parce que, pour une fois, j'y étais allé de bon gré… sans maugréer.

Vous savez, dans la vie, ce n'est pas toujours d'aise que l'on soupire certains jours. Il y a certes les soupirs d'agrément, ceux de soulagement, mais il y a aussi les soupirs de «découragement» qu'on laisse parfois sortir, comme pour se consoler d'être obligé. Combien de fois, je m'en souviens, me suis-je retrouvé dans certaines situations alors que le cœur n'y était pas! Combien de fois ai-je fait, étant plus jeune, des compromis pour ne pas blesser qui que ce soit? Combien de fois, hélas! n'ai-je pas été moi! Jusqu'au jour où l'on finit par comprendre que, accepter contre son gré, c'est obliger les autres à composer toute la soirée avec quelqu'un de désintéressé! Et ça, c'est encore plus impoli, plus insolent que de répondre: *«Non, merci, ne comptez pas sur moi.»* Il m'est même arrivé de ne pas assister à certains mariages auxquels j'étais invité au sein de «la famille». J'ai fini par ne plus faire, hypocritement, partie du portrait de groupe. J'ai toujours haï les noces, même les miennes! Pas pour l'union, pas pour la densité du lien devant Dieu, mais pour tout ce qui s'ensuit! Et lorsque j'y allais de «force», je m'arrangeais toujours pour choisir une table non loin de la sortie. Ce qui me permettait d'aller prendre l'air sans que personne s'en rende compte. Et ce qui m'a permis maintes fois, Dieu me pardonne, de filer à l'anglaise après une heure ou deux.

Oui, je sais qu'il n'est guère «bien élevé» de se présenter et de disparaître comme par enchantement. Je me le suis moi-même tellement reproché que j'ai fini par ne plus accepter les invitations de peur de... récidiver! Et comme je ne suis pas le seul à fuir les mondanités et à avoir du mal à subir la foule, je crois qu'il est plus honnête de s'abstenir, d'être franc, plutôt que de s'y rendre et de fuir. En refusant, il est évident que vous ferez des mécontents, mais le seul fait de vous sentir à l'aise vaudra tous les reproches qui suivront. Ce qui ne fait pas de ceux qui n'aiment pas les «grandes occasions» des grognons pour autant. C'est avec joie que j'ai assisté aux baptêmes de tous mes petits-enfants, à leur première communion et à chacun de leur anniversaire, parce que le cœur y était. Ce qui veut dire que, pour ceux et celles qu'on aime, c'est tout entière que l'âme s'ouvre et se donne. Ce n'est qu'avec «le reste» qu'il faut apprendre à composer avec délicatesse. Remarquez qu'il y a de ces pieux mensonges qui ne font de mal à personne, si dire «non» risque d'affecter votre réputation. Un malaise, un imprévu, un empêchement, rien de plus simple quand on veut se retirer de la joute avec élégance. Je parle d'amitié, de famille, mais la même règle de conduite s'applique en milieu de travail. On n'a pas à aller souper chez un «supérieur» si le cœur n'y est pas. On n'a pas à se joindre aux festivités de fin d'année si l'on préfère la paix de son foyer, pas plus qu'on se doit d'assister à la fête donnée en l'honneur d'untel qui prend sa retraite et qu'on a vaguement côtoyé. De grâce, soyez vous-même, allez au gré de vos décisions et dites-vous que personne au monde ne pourra vous reprocher de vivre dans une entière liberté… que rien n'oblige!

Pour le bonheur des grands-parents

De nos jours, le temps des vacances pour les enfants n'en est pas toujours un pour les parents, surtout lorsque tous les deux travaillent. Plusieurs couples se grattent la tête et se demandent: *«Bon, qu'est-ce qu'on va faire des petits, cette année?»* Il y a, bien sûr, des camps de vacances, mais ces derniers sont souvent de courte durée. De plus faut-il en avoir les moyens, car ces séjours ne sont pas «donnés!» Il existe certes des garderies, mais quand on pense que les enfants passent dix mois en garderie scolaire après les cours, on serait sans doute mal à l'aise de leur en imposer deux de plus en plein été. On se tourne donc vers les gardiennes du voisinage, on reluque un peu la parenté mais, quoi de plus normal, c'est d'abord et avant tout les grands-parents qu'on regarde... droit dans les yeux!

Quel bonheur pour les «grands enfants» quand «p'pa» et «m'man» prennent leur retraite. Pour ces derniers, pourtant, c'est enfin la grasse matinée, le repos du guerrier, les petits déjeuners en tête-à-tête, les journaux qu'on lit sur sa terrasse, les promenades autour du «bloc»... Bien sûr, mais seulement pour un temps, celui de reprendre son souffle, pourrais-je ajouter en riant. Parce que, dès que les grands enfants voient qu'on a l'air en forme, qu'on respire d'aise, ils poussent très délicatement, un à un, nos petits-enfants dans nos bras. Comment refuser de s'occuper de ces enfants qu'on adore, quand on les voit arriver le matin avec le sourire, en poussant des cris du cœur comme: *«Moi, grand-mère, j'voudrais des muffins avec du beurre».* Pour les deux autres, ce sera des œufs au miroir, des rôties au beurre d'arachide, du jus d'orange, du chocolat chaud avec, en guise de conclusion: *«J'peux-tu avoir deux autres toasts, j'ai encore faim, grand-père!»* Je parle en connaissance de cause car, un matin que mon épouse était chez la coiffeuse, c'est moi qui ai eu le «plaisir» de leur préparer le déjeuner. Une chance que je les aime ces enfants-là, parce qu'ils ont tous opté pour un menu différent. J'avais l'impression d'être derrière le comptoir d'un snack-bar! Mais c'est avec tendresse et affection que j'ai roulé mes manches pour les servir comme des rois, parce qu'ils sont fins, polis; ils disent merci, c'est déjà ça de pris!

Que vous ayez un, deux ou cinq petits-enfants, la dose d'amour sera la même. Tous les grands-parents qui sont, au cours de l'été, au service de leurs petits-enfants, vous diront que c'est la plus belle façon de garder… le cœur jeune. Ceux que ma femme et moi gardons jusqu'à ce que «papa et maman» soient en vacances pour prendre la relève, les trois plus vieux de nos petits-enfants que nous gardons, ont douze, dix et neuf ans. L'âge ingrat direz-vous? Pas du tout! Pas quand ils sont bien élevés et qu'ils se rendent compte du bien-être que leur procurent leurs grands-parents. Dissipés? Pas pour autant, car les petits-enfants savent qu'ils ne peuvent pas faire chez grand-père et grand-mère, ce qu'ils font sans permission chez eux. À leur âge, on sait très bien ce qui peut plaire et déplaire. Et, entre vous et moi, même si j'adore les tout-petits, j'avoue que les deux fistons de ma fille, âgés respectivement de vingt mois et de trois ans, c'est du «stock» en pas pour rire! La surveillance constante, les yeux rivés sur le plus petit, c'est non seulement inquiétant, c'est essoufflant! Et si ma fille ne vivait pas au loin, ses petits seraient probablement aussi sous notre toit, l'été venu. Vous savez, quand on en a déjà trois, ce n'est pas deux de plus qui constitueraient un fardeau. Nous serions sans doute plus fatigués le soir venu, mais combien détendus d'avoir rendu tout ce petit monde heureux. Et quel répit pour les parents de partir chaque matin sachant que la marmaille est entre bonnes mains! N'avons-nous pas, nous, grands-parents, compté sur l'appui de nos pères et mères quand nous avions l'âge de nos grands?

Il y a quelques heures, j'entendais ma femme dire à Corinne, Carl et Christian: «*À demain, les enfants!*» Les surveillant de ma fenêtre, je les entendais me crier: «*Bonsoir, grand-père, merci! On revient demain...*» Et j'en étais ému parce que je sentais que ces enfants avaient passé une belle journée avec nous. Ému aussi de les voir chaque jour dépendre de nous, qu'ils se sentent en confiance et aimés, parce qu'ils ne sont pas encore assez grands pour être laissés à eux-mêmes. Ce sera le cas, dans quelques années, ma femme et moi pourrons prendre le jus d'orange sur le patio tout en feuilletant le journal. Mais je suis certain que nous nous ennuierons d'eux, de leurs cris, de leurs jeux. Ils vont nous manquer et nous souhaiterons de tout cœur qu'ils n'aient pas oublié tous les étés passés sous notre douce tutelle. Et, qui sait si nous ne demanderons pas à notre fille, si elle revient dans le coin, de nous confier, à son tour, ses deux garnements. Pour entendre une fois de plus: «*Je veux deux œufs tournés, le jaune pas crevé, avec du lait au chocolat pour moi, du jus de pomme pour lui!*»

Ce que je n'admets pas

Non, je ne suis pas d'accord avec tout, et non, je ne suis pas indulgent au point de fermer les yeux sur la bêtise humaine. Et ce, même si on me targue d'être bon, d'avoir le cœur sur la main, d'être en quelque sorte psychologue, etc. Je veux bien essayer de comprendre mais, parfois, j'en ai le souffle coupé… Je n'admets pas qu'on puisse «gruger» à ce point dans les soins de santé. Comme si nous avions été trop gâtés! Il est inconcevable de voir, dans les couloirs des hôpitaux, des civières avec des personnes âgées qui, mal en point, gèlent sous leur petite couverture de coton dès qu'une porte s'ouvre. Des civières les unes à côté des autres comme si nous étions en pleine guerre et que l'ennemi venait de frapper le pays. Les urgentologues et les infirmières se dévouent comme ils peuvent, mais ils ne suffisent pas à la tâche. Ils le crient, le dénoncent à coups de pancartes et, malgré tout, on fait la sourde oreille.

Je n'admets pas qu'en l'an 2000 il y ait encore des sans-abri qui meurent de froid dans nos rues. Je veux bien croire que plusieurs d'entre eux sont à la merci de leur «soif» et qu'il est plus simple de boire dehors, mais il devrait y avoir des patrouilles pour les forcer à se mettre au chaud la nuit venue. Tout comme on le ferait pour des enfants, parce qu'un itinérant avec un quarante onces dans l'estomac, ce n'est guère plus averti qu'un tout-petit. Je n'admets pas que des professeurs émérites doivent faire la queue pour trouver un contrat de vingt heures, alors qu'on énonce qu'il y a pénurie. J'en connais un avec un CV long comme le bras qui réussit à peine à se trouver quelques suppléances et un petit contrat pour les cours aux adultes. À quoi lui auront donc servi toutes ces années d'études? À se trouver des petits emplois au taux horaire? Insensé! Où sont passées les valeurs d'antan? Je n'admets pas que la télévision nous bombarde d'émissions débiles. Des émissions parfois vulgaires à des heures où les enfants sont encore debout. Des émissions qui durent parce que la «plèbe» se tord de rire quand une personnalité y est dénigrée. Belle mentalité!

Je me souviens des années soixante alors que, jeune marié, je pouvais lire dans les journaux que nous étions à l'ère du progrès et qu'avec les années nous verrions des choses merveilleuses se produire. Le monde allait changer, être plus instruit, les enfants seraient mieux élevés, etc. Laissez-moi rire! Quarante ans plus tard, je me rends compte non seulement que le monde dans lequel je vis est moins instruit, mais qu'il est devenu dix fois plus violent. Bien sûr qu'on a marché sur la Lune et qu'on a fait de grands pas dans la médecine, mais ça n'a pas rendu les arbres qui poussent plus solides dans leur «tête». Je suis d'accord que la télévision et le cinéma ont une part de responsabilités, mais je n'ai jamais vu des jeunes aussi effrontés qu'aujourd'hui. Des jeunes de quatorze ou quinze ans qui s'expriment avec des «tsé», «c'est l'*fun*», «*cool, man*», «si j'aurais», etc. Je n'admets pas que les parents ne s'élèvent pas contre la tolérance qui règne dans les écoles. Dans mon temps, si j'avais dit «si j'aurais», c'est la maîtresse qui m'aurait «repris» la première. Avant ma mère!

C'est comme ces adultes qui sont mariés et qui me parlent de leur époux ou épouse en disant «mon chum», «ma blonde». Chaque fois, je me demande si la jeune femme me parle de son mari ou de l'«amant» qu'elle aurait dans le tournant. Et là, c'est «conjoint» qui prend la relève! Conjoint de fait? Mais non, il est son mari depuis trente ans... Je ne m'étirerai pas sur ce sujet, mais je me rends compte que cette drôle de manie est typiquement québécoise. Quand je vais chez ma fille qui habite en Alberta, c'est de *my wife, my husband* que m'entretiennent les jeunes couples. Je n'admets pas non plus que des batteurs de femmes et d'enfants s'en tirent avec un mois ou deux lorsque vient le temps de passer devant le juge. Imaginez la terreur de celle qui surveille de sa fenêtre... Parce qu'il y a de ces êtres, j'en suis convaincu, qui sont «inchangeables» et qui, n'en déplaise aux thérapeutes, vont mourir avec les deux poings encore serrés.

J'ai le sang qui se fige dans mes veines lorsque j'apprends que des vieillards ont été assassinés par des jeunes de quinze ans. Des jeunes qui ont encore la couche aux fesses et qui osent lever la main sur ceux qui ont défriché le sentier pour eux! N'ont-ils pas un grand-père, une grand-mère quelque part? Ne voient-ils pas les visages de ceux et celles qui les ont bercés lorsqu'ils lèvent la main sur une joue ridée? Dieu que le siècle à venir n'est pas rassurant! Si seulement je pouvais mettre le doigt sur la plaie. Autre chose que je n'admets pas, c'est que la société dénonce... la société, lorsqu'il s'agit de trouver les causes, alors que, selon moi, les premiers pansements sont entre les mains des parents. Pour tout le reste, il y a bien sûr l'État, tous ses ministères, et une grande part de leur... mea culpa!

Au gré de sa propre santé

Quand j'étais jeune, ma mère disait souvent: *«An apple a day keeps the doctor away»,* qui se traduit en français par *«une pomme par jour tient le médecin éloigné».* Que nous en avons mangé, des pommes! Jusqu'au jour où ma mère s'est rendu compte que ce fruit ne passait pas bien dans ses intestins. Elle était, comme on disait à l'époque, à l'étude de son corps. Aujourd'hui, on est plutôt à l'écoute de notre corps. Ce que je trouve bien normal, d'ailleurs, car qui mieux que nous-mêmes peut dire si un aliment nous est bénéfique ou non? Moi, j'ai des ennuis avec mon cholestérol. Tous les six mois, on me fait une prise de sang. La dernière fois, mon médecin m'a annoncé que mon taux de cholestérol était plus élevé que jamais. J'ai failli tomber à la renverse! Pourquoi? Parce que depuis cinq ou six mois, je suis mon régime à la lettre. Ce qui a fait dire à mon médecin que, dans mon cas, c'est un problème héréditaire. Il m'a suggéré de reprendre des médicaments, mais puisque j'ai déjà souffert de leurs effets secondaires, on a vite écarté cette option. Je suis donc sorti de son bureau en me faisant dire de faire attention… moi qui depuis un an ne fais que cela! Donc, comme tout être humain qui veut améliorer son sort, j'ai opté pour le petit verre de vin rouge, qui aurait pour effet d'abaisser le taux de cholestérol. Foutaise! Je n'en crois rien! Car avec le temps, on ne se contente pas d'un seul verre; on en prend deux, puis un demi-litre, et on se retrouve avec le foie engorgé. Et c'est là qu'il faut prendre sa santé en main puisque, voyez-vous, ce n'est pas tout le monde qui digère facilement le vin. En essayant de soigner un mal, on risque de s'en créer un autre.

C'est un danger que de se fier à tout ce qu'on lit dans les magazines. Récemment, dans une revue, il était question des bienfaits de la lécithine. C'est probablement efficace pour certains, mais pas pour moi! Elle n'est pas facile à digérer, cette substance-là! Après quatre ou six gélules, j'ai dû jeter le reste de la bouteille; elles me donnaient des crampes! Les capsules d'ail m'ont causé des brûlures d'estomac, et un autre produit que je ne nommerai pas m'a occasionné des maux de ventre. Vous allez peut-être vous dire: *«Petite nature, celui-là!»,* ce à quoi je répondrai que ma pression est bonne, que mon poids est normal, que je dors bien et que je ne souffre d'aucun malaise grave. Et ce, malgré mon âge et mon stress. Qu'on soit d'accord ou non avec moi, je suis un «anti-tout», qu'il s'agisse d'antiacides ou d'anti-inflammatoires. Chaque fois que j'ai essayé un médicament, j'ai souffert de tous ses effets secondaires, ce qui est bien pire que le mal que je tentais de soulager au départ. Suis-je un extraterrestre? Suis-je la seule personne sur terre à refuser de prendre des médicaments qui rendent malade? J'en doute! De toute façon, c'est mon corps qui me dit d'avaler tel comprimé ou non.

Je n'irais pas jusqu'à avancer que je peux me guérir de tout avec la graine de lin, comme le faisait ma mère, pour qui c'était magique. N'empêche que, lorsque j'étais enfant, elle soignait nos rhumes avec un sachet de camphre, une pelure d'oignon cru, de la vaseline dans les narines et une bouteille de sirop à la menthe. Quand on était constipés, des pruneaux ou un verre de jus de raisin réglait le problème. C'était plus que des produits naturels; c'était des produits… maison! Vous allez peut-être rire et murmurer: *«Il devient vieux…»,* mais depuis deux ou trois ans, je n'ai pas eu un seul rhume. Et je touche du bois! Chaque matin, avec mon jus d'orange, j'avale une cuillerée à soupe de sirop de vitamines Wampole. J'en prenais enfant, j'en prenais à trente ans, et j'en prends encore à deux fois trente ans. Une ou deux bouteilles par hiver, et le tour est joué! Et je le digère bien, ce sirop qu'on appelait «tonique» il n'y a pas si longtemps. Je me sens effectivement plus en forme car, en plus d'éviter les rhumes, je suis plein d'énergie. Moi, tout ce qui est liquide passe bien, ce sont les comprimés qui bloquent dans mon estomac.

Je ne fais pas que surveiller les médicaments et les potions dites miraculeuses; je surveille aussi ce que je mange. Je sais très bien que mon foie va se tordre de douleur si je lui impose des plats en sauce ou des croustilles. Pour ce qui est des mets épicés, c'est une autre partie du corps, plus privée celle-là, qui se manifeste douloureusement. Mon estomac accepte mal le chocolat, et la bière me donne mal à la tête… Comme le criait ma mère: *«Avec l'âge, on finit par se connaître, verrat!»* Mais, à vingt ou trente ans, on peut déjà savoir ce qui nous convient et ce qui nous jette par terre. Le seul «plus» au temps qui passe, c'est qu'on finit par connaître son état de santé de part en part. Être à l'écoute de son corps, c'est beaucoup plus intelligent que de tenter de le tromper avec tout ce qu'on lit dans un magazine ou qu'on entend dans une réclame en passant.

Au nom de l'incertitude

Que de gestes on n'ose faire au nom de l'incertitude! Et, croyez-le ou non, moi qui suis pour la prudence, je le déplore. Car entre prudence et peur incontrôlable, il y a une marge. L'an dernier, un type que je croisais de temps à autre m'a dit: *«J'aimerais bien faire l'acquisition d'une maison, mais j'ai peur; je me demande si j'aurai encore mon emploi l'an prochain, si les enfants ne seront pas malades, etc.»* Bref, il invoquait plein de raisons pour ne pas avouer qu'il avait tout simplement peur de faire le moindre pas. Si on se met à analyser constamment de quoi sera fait demain et à imaginer l'avenir plutôt gris que rose, on n'avancera jamais à rien. Je l'ai revu dernièrement. Il est toujours à loyer, il a encore son emploi, sa femme a conservé le sien, ses enfants n'ont pas été malades… Finalement, il aura perdu une année à attendre des malheurs qui ne sont pas venus. Quand je le lui ai fait remarquer, il m'a répondu: *«Je sais bien que vous avez raison, mais là, avec les fusions, je ne sais pas si mon emploi… »* Je me suis alors rendu compte que ce type allait rester locataire toute sa vie. Remarquez que c'est son droit, mais il ne faudrait pas que ça l'empêche d'avancer ni que ça le rende malade. Parce qu'il y a des gens qui se rendent carrément malades à force de vivre dans l'incertitude du lendemain. C'est comme si la crainte du bogue de l'an 2000 l'emportait sur la bouteille de champagne qu'on achète en prévision de ce moment unique. Il est bon de penser, de peser et de soupeser, j'en conviens, mais il ne faut pas tout mettre sur la glace au cas où… Vous comprenez?

Lorsque j'ai fait l'acquisition de ma première maison, dans les années 70, je n'étais pas très riche. Je travaillais, mon épouse aussi, et les enfants étaient aux études. Comme tout le monde, nous avions des doutes et des incertitudes. Nous aurions pu perdre notre emploi, mais nous nous sommes dit: *«Et puis? Si ça nous arrivait, une maison, ça se revend!»* Moi, mon but était d'avoir sur la tête un toit qui m'appartiendrait. Je n'en pouvais plus de verser des loyers à quelqu'un qui payait sa maison avec «mes» revenus. J'ai donc acheté une résidence, que nous avons vendue quelques années plus tard pour nous en procurer une autre plus confortable. Là où je veux en venir, c'est que, incertitude incluse, il est essentiel d'aller de l'avant selon ses moyens et non aveuglément. On sait combien on gagne, et c'est d'après ses revenus qu'on doit décider de l'achat de sa maison. On n'achète pas un domaine de 400 000 $ quand on a les moyens d'un bungalow de 130 000 $. Ça ne prend pas un comptable pour calculer ça! Je parle de maison, mais je connais des gens qui, dans l'incertitude, dans la peur du lendemain, ne s'offrent même pas le voyage d'une semaine dont ils ont envie. D'autres n'oseront pas effectuer de réparations à leur demeure de peur que… On dépose son argent à la banque, on attend son petit intérêt quotidien et on dort en paix. Je n'ai rien contre l'épargne – je suis moi-même quelque peu écureuil – mais, de grâce, pas au point de ne plus respirer librement parce que ça sent l'orage ou que, tout d'un coup, le bogue de l'an 2000… Le «tout d'un coup» affecterait tout le monde s'il se manifestait, qu'on ait de l'argent à la banque, des dettes, une maison ou non. Avec un «si» négatif qui s'avère positif, on est tous dans «l'trou»! Alors que cesse au plus sacrant la peur d'avoir… peur!

Au nom de l'incertitude, il y a des gens qui ne font jamais le moindre pas en avant et qui empêchent aussi, hélas! les autres d'avancer. Je connais des parents qui ont tellement peur des lendemains qu'ils entravent les rêves et les projets de leurs enfants. On ne dit pas à sa fille: *«Ne va pas dans l'enseignement; de nos jours, les professeurs sont traités comme des truands!»* On ne dit pas non plus à son fils: *«Tu sais, la médecine, avec tout ce qu'on voit, moi, je ne te la conseille pas.»* On ne dit pas de telles choses à ses enfants au nom d'une actualité qui pourrait se transformer au cours des années. Ce qui est vrai aujourd'hui ne le sera peut-être pas demain. Les adolescents de seize ans n'ont pas à se tasser sur le côté au nom de l'incertitude de… leurs aînés! Non pas que certains parents aient tort de les protéger de leur aile au moment où le petit écran déborde de mauvaises nouvelles, mais il faut faire confiance à l'avenir, espérer que tout va changer. Lorsque ma fille a choisi l'enseignement, il y a une quinzaine d'années, on disait: *«Il y a trop de professeurs, tu ne trouveras jamais d'emploi, tu as tort…»* Moi, je l'ai laissée aller au bout de son rêve, et elle n'a jamais manqué de travail. Alors, quoi qu'il arrive, ne laissez pas l'incertitude mettre un frein à vos ambitions. Ne soyez pas mauvais parieur pour autant, mais si le risque est calculé, plongez et allez de l'avant! Selon mon humble avis, c'est d'une main ferme et non d'un ongle rongé qu'on peut bâtir graduellement… sa vie.

Apprendre, s'instruire et grandir

Mon épouse et moi discutions du retour en classe qui s'effectue ces jours-ci dans nombre d'écoles. Pourtant, il fait encore si beau et l'été est toujours au calendrier… Les enfants – pour la plupart – s'en vont, sac au dos, en chialant quelque peu. C'est qu'hier encore ils s'ébattaient dans la piscine, loin des cahiers et des crayons qu'ils transportent dans leur sac. Je disais à mon épouse qu'au mois d'août, c'était tôt pour retourner à l'école; selon elle, août, septembre ou octobre, c'est toujours trop tôt pour un enfant qui préfère les jeux à l'instruction. Et, avec un brin de mélancolie, elle a ajouté: «*Souviens- toi, dans notre temps, c'était au début de septembre. Et, très souvent, c'était mon cadeau de fête! Imagine, célébrer son anniversaire avec la jupe, les bas longs et les sœurs qui m'attendaient… austères.*» J'avoue que je n'aurais pas aimé fêter mon anniversaire au début de septembre mais, là, ce sont les enfants nés à la fin d'août qui retournent en classe après avoir soufflé les bougies de leur gâteau avec tristesse. Depuis longtemps, le retour à l'école n'est jamais un heureux moment pour les enfants. Et pourtant…

Il est évident que, dans ce billet, je pense surtout aux petits, à ceux qui vont à l'école primaire. Car les plus vieux, eux, savent pourquoi ils étudient. Ils savent même, sans être fous des études, que c'est là qu'on apprend, qu'on s'instruit et qu'on grandit dans sa tête. Quand je dis «pas fous des études», je pense à moi quand j'avais onze ou douze ans. Même si j'étais un premier de classe, je n'aimais pas étudier. J'avais même hâte d'en finir avec l'école et de faire ma vie selon «ma propre école» Je me souviens avoir maintes fois poussé dans le dos de mon fils, qui n'était pas des plus studieux, après avoir vainement tenté de l'encourager. Il a fini par comprendre – Dieu merci! –, mais je ne m'attendais pas à ce qu'il décroche un bac! Ma fille, quant à elle, adorait les études. Je n'ai jamais eu à intervenir; elle a étudié jusqu'à ce qu'elle atteigne son objectif. Et, comme je sentais sa vocation acquise, il m'arrivait d'oublier de lui dire que j'étais fier d'elle. Ce qu'il ne faut jamais faire avec un enfant doué pour les études. Au contraire, ce sont eux qui ont le plus besoin de notre admiration. Juste quelques mots ici et là pour leur exprimer notre fierté, comme on le fait avec un enfant moins doué qui multiplie les efforts. Parce que, apprendre, s'instruire et grandir, ce n'est pas que l'affaire des enfants, c'est aussi celle des parents. Ne laissez pas votre ado vous dire: «*À quoi ça sert de s'instruire? Il n'y aura plus d'emploi pour nous...*» Mon fils m'a servi la même rengaine il n'y a pas si longtemps et, puisant dans son talent, il a réussi à décrocher un premier emploi, puis un second et, finalement, le poste qu'il occupe aujourd'hui. Il y aura toujours du travail pour ceux qui ne baissent pas les bras. La terre continue de tourner, les aînés s'en vont, les plus jeunes prennent la relève, et ainsi de suite. Voilà pourquoi il y aura toujours des médecins et des pâtissiers sur la terre. Apprendre, s'instruire et grandir, c'est le cheminement de tout être humain qui se respecte.

Il n'y a pas que les diplômes universitaires qui témoignent du succès. Grandir, c'est aller au bout de soi selon son potentiel et son bon vouloir. Dans plusieurs écoles, on s'est remis à enseigner tous les métiers et j'en soupire d'aise. On aura certes toujours besoin de médecins, mais également d'ébénistes, de cordonniers, de mécaniciens, d'ambulanciers, de peintres en bâtiment, etc. Grandir, c'est finalement choisir ce qu'on a envie de faire et s'y appliquer avec le sourire. Car il est sûrement plus agréable de dire: *«J'aime ce que je fais»* que *«Bah! ce n'est qu'un gagne-pain...»* Il n'est pas dit non plus qu'on n'a pas le droit de changer d'idée en cours de route. J'ai vu des «étudiants» de cinquante ans reprendre le chemin de l'école pour pouvoir travailler, ne serait-ce que cinq ans, dans le domaine dont ils ont toujours rêvé. Et j'en vois d'autres retourner sur les bancs de l'école pour apprendre à lire. Alors, quand un petit enfant vous regarde avec les yeux pleins d'eau parce qu'il emprunte le sentier de l'école, ne vous laissez pas attendrir: c'est son avenir qui est en jeu. Bien sûr que ça fait de la peine de voir son enfant triste, je m'en souviens, je détournais la tête... Mais après trois ou quatre jours, tout rentre dans l'ordre et l'enfant est heureux de vous annoncer qu'il ne compte plus sur ses doigts. Je parle en connaissance de cause: j'ai trois petits-enfants sur les bancs de l'école qui savent déjà ou presque, ce qu'ils ont envie de faire dans la vie. Et je souris lorsque je vois mon fils s'emporter quand l'un de ses enfants a la tête dans les nuages à l'heure des devoirs. Je souris parce que ça me rappelle une certaine image... Une image qui fait que, même parent, chaque jour, encore, on... apprend!

Pour se remonter le moral

Croyez-le ou non, mais il y a des personnes qui sont carrément tannées de l'été. Ce sont les mêmes qui, sans doute, se plaignaient de la longueur de l'hiver, du temps froid, et qui craignaient un autre verglas. Moi, j'ai toujours affirmé préférer le temps frais aux chaleurs intenses de juin, juillet et août. Même si je m'accommode mieux de l'hiver, je n'ai pas hâte de me retrouver les deux pieds dans la *slush*. Il est évident que j'aimerais, comme tout le monde, jouir d'un printemps et d'un automne comme c'était le cas autrefois. Ces longs automnes durant lesquels je faisais brûler des feuilles mortes dans un baril à deux pas de la rue. Ces automnes où je pouvais, une pomme à la main, ramasser de belles feuilles rouges pour ensuite les glisser, comme autant de signets, entre les pages d'un livre. Même si, des quatre saisons de naguère, il ne reste plus que l'été et l'hiver, ce n'est pas une raison pour avoir le moral à terre. On a juste à regarder ce qui se passe ailleurs pour que le moral remonte d'un cran.

Bon, il fait chaud, on n'a pas d'énergie, on n'aime pas se baigner, on a le moral dans les talons. Que ça! Alors, qu'est-ce qu'on fait? Je pourrais vous suggérer d'aller au cinéma, mais si ce divertissement est pour vous de trop courte durée, j'ai d'autres solutions. Premièrement, quand on a le moral à terre, rien ne nous tente ou presque. Il faut, d'abord, le remonter de quelques «marches» pour vaincre cette léthargie qui nous terrasse. Moi, dans un tel cas, je cherche à faire ce que d'habitude je ne fais pas. La plupart du temps, j'attends la première journée fraîche et je me lance dans le grand ménage de mon bureau. Remarquez que je ne suis pas du genre «plumeau», mais c'est le premier pas qui me remonte le moral d'un cran. Je m'occupe, je fais quelque chose, je ne suis pas amorphe. Vient un temps où on en a assez de se dire que ce matin… on s'est levé pour rien! Pour se remonter le moral, il y a aussi la décoration intérieure. Oui, pourquoi ne pas rafraîchir quelques pièces? Pourquoi ne pas changer de rideaux ou acheter une jetée de lit pour avoir du nouveau sous les yeux? Et puis, avant que la paresse ne vous reprenne et que le moral ne redescende parce qu'il fait encore chaud, offrez-vous un petit voyage. Pas nécessairement l'Angleterre ou la Turquie, mais un petit voyage chez des amis à l'extérieur du Québec ou, du moins, de votre ville. Se rendre à l'aéroport, à la gare ou au terminus remonte grandement le moral. Parce que, avoir le moral à terre sans être malade, sans la moindre épreuve, c'est avoir le moral… égoïste. On dirait qu'on cherche à se faire plaindre, à attirer la compassion. Et, la plupart du temps, ceux à qui vous confiez votre marasme ont aussi un moral fragile. Vous transmettez vos idées noires à des gens qui n'étaient pas *down* pour deux sous. Vous leur dites au téléphone: *«Y fait chaud, on crève, on dort pas la nuit, j'ai pas l'air climatisé, maudit été!»* Et ils tombent dans le piège.

Pour se remonter le moral, il suffit de se pencher sur soi sans chercher à mettre les autres à contribution. Lorsque je vous suggère d'aller visiter des parents ou des amis au loin, je ne vous demande pas de leur dire que vous avez le moral bas. Ce serait suffisant pour qu'ils cherchent à reporter votre séjour. C'est pourquoi il faut avoir pris son moral en main avant de l'imposer à nos proches. Que pourrait-on faire d'autre? Des soupers au restaurant, des spectacles dans des salles climatisées, un peu de jardinage les jours plus frais, même si ça donne des courbatures. Il faut à tout prix retrouver le sourire.

Oui, le sourire, le doux sourire qui fait qu'on offre un beau visage aux autres. Il faut même sourire d'avoir le moral dans les talons. Surtout si aucune autre raison qu'une canicule de trois ou quatre jours ne justifie un tel état d'être. Pensez-y un peu! Une canicule, ce n'est pas une tornade, ce n'est pas un tremblement de terre! Si on ne peut la supporter à cause de son âge avancé, on peut certes la contrer avec un bon ventilateur, de l'eau froide et des siestes à volonté. Le plus curieux, c'est que ce sont les gens d'un âge certain qui s'en plaignent le moins. Ils ont chaud, ils ont des ennuis de santé, mais ils se réfugient dans les centres commerciaux, ils visitent leurs enfants, leurs amis, ils voyagent... Bref, ils font tout ce que je recommandais plus haut aux plus jeunes qui, eux, n'ont pour seul malaise que celui d'être... grognon. Alors, pour se remonter le moral quand on n'a aucune raison de l'avoir dans les talons, prenez au moins l'une de mes suggestions. Sinon, tout ce que je peux vous conseiller d'autre, je m'en excuse, c'est une bonne douche... froide!

Ces pauvres enfants... électroniques!

Non, ce n'est pas vrai que, parce que nous sommes en l'an 2002, on soit obligé d'accepter tout ce que les techniques modernes nous suggèrent. Et non, ce n'est pas vrai que nos enfants doivent vivre en vertu de tous les gadgets qu'on leur dépose entre les mains. Où sont donc passées les valeurs d'antan?

Il y a quelques jours, en feuilletant la publicité d'un magasin spécialisé, j'ai été choqué de voir une annonce d'un petit téléviseur qu'on installe dans la voiture pour les enfants qui prennent place à l'arrière. On nous montrait un garçon et une fille qui regardaient chacun leur petit appareil, parce qu'il y en avait un sur chaque dossier, figurez-vous donc! On pouvait même voir le garçon d'environ huit ans avec en main une manette qui lui permettait de jouer avec son jeu *Zelda* ou *Mario,* de Nintendo, pendant que les parents, en avant, les emmenaient faire un «tour de machine», comme on disait dans le temps. La réclame ajoutait même: «*Fuyez la monotonie des longues randonnées avec ce petit appareil qui occupera les enfants.*» Fuyez la monotonie des randonnées! Je n'en revenais pas! Moi qui, de mémoire, se souviens des tours de tramway jusqu'au terminus Craig que ma mère nous offrait pour nous récompenser. Moi qui se souviens des belles randonnées à la campagne avec mes enfants qui, jeunes comme ceux de la réclame, regardaient les fermes, les vaches dans les champs, les gens dans les autres voitures, les paysages, les fleurs, les maisons des villages que nous croisions, jusqu'à ce que nous arrêtions quelque part pour leur acheter un cornet de crème glacée. C'était ça, les dimanches de naguère, ceux d'il n'y a pas si longtemps. Il était évident que ma fille apportait sa poupée et que mon fils avait parfois avec lui une tablette à dessiner et des crayons, mais ça ne les empêchait pas de regarder par la vitre de la portière et de s'émerveiller devant des chevaux, des bottes de foin ou même de vieilles maisons avec des animaux de plâtre sur leur terrain. Et non, comme aujourd'hui, les deux yeux rivés sur un Nintendo ou un Game Boy qu'on a dans les mains, sans se rendre compte qu'on vient de croiser une vieille église ancestrale ou un troupeau de moutons. Je ne blâme pas les enfants, je les plains. Je suis désolé de les voir passer à côté des plus belles leçons de la vie, de ne plus les entendre poser de questions. Et c'est devant les parents que je fronce les sourcils car, ces jeux électroniques qui vont finir par les rendre dingues, ce sont eux qui, sans en mesurer les conséquences, les leur ont mis entre les mains.

Vous savez, je n'ai rien contre le progrès, contre l'évolution. Je ne demande pas aux parents de régresser au point de leur remettre un cahier à colorier sur les genoux mais, de grâce, n'attendez pas que vos enfants soient devenus hystériques avant de vous rendre compte que tout ce qui touche l'électronique les agresse au point de les rendre intolérants, impatients, parfois méchants. Moi, quand je vois l'un de mes petits-fils s'amener avec son Game Boy chez moi, je rage intérieurement. Je le regarde les yeux rivés sur ce minuscule petit écran, tellement rivés qu'ils en deviennent croches, et je bougonne davantage. Et si, par malheur, il rencontre quelques difficultés, qu'il s'emporte contre son jeu, qu'il gesticule, qu'il serre les dents, je vous jure… que j'élève la voix. Je préférerais de beaucoup que mes petits gars de onze et douze ans arrivent les mains vides à la maison. Est-ce si ennuyant que d'aller chez ses grands-parents qui ont tant de choses à raconter si on les questionne ? Si tel est le cas… à la garderie ! Là où on ne leur permet même pas ces jeux diaboliques qui les rendent presque… fous!

Et ça ne s'arrête pas qu'aux jeux électroniques dont ils sont devenus accros malgré eux. Il n'est pas rare de voir des enfants de dix ou onze ans avec leur pagette, leur cellulaire, bref, avec tout ce que les parents ont à bord de leur voiture pour les joindre à tout moment et leur demander: «*Ça va? Qu'est-ce que tu as mangé pour dîner?*» Ces parents qui risquent un accident à tous les coins de rue parce qu'il est impossible de parler au téléphone et de surveiller la conduite de sa voiture du même coup. Qu'on ait au moins la décence de s'arrêter en bordure de la route ou du trottoir pour parler à son mari ou à son petit. Et vice versa pour les hommes qui racontent leur journée avant de l'avoir terminée. Pour conclure, sans être d'un autre siècle, je supplie les parents de ne pas faire de leurs enfants des «p'tits robots électroniques». Apprenez-leur que la nature existe, que nous avons un jardin botanique, des musées historiques, et dites-leur aussi qu'à la télévision il y a d'autres chaînes que Teletoon! Si, peu à peu, on leur inculque les réelles valeurs de la vie, qui sait si, avec le temps, ils ne vont pas délaisser leurs gadgets pour écouter un bulletin de la météo et vous demander: «*Qu'est-ce que ça veut dire, le mot "accalmie", maman?*»

Revenir à des valeurs plus sûres

Avec tout ce qui se passe dans le monde actuellement – on n'a qu'à penser au Kosovo – il y a lieu de se demander si le monde a vraiment évolué ou s'il n'est pas revenu à ce qu'il était sous le règne de Néron ou pendant la Révolution française, par exemple. Nous sommes censés avancer, ne jamais revivre des horreurs comme celles connues sous le régime tyrannique de Hitler mais, voilà, d'autres despotes font leur apparition. Des tyrans débiles qu'on craint d'interner parce que leurs sujets les vénèrent encore, sujets qui sont prêts à massacrer leurs semblables pour avoir plus de pain sur la table. C'est à n'y rien comprendre!

On va sur la Lune, mais on est incapable de mettre de l'ordre sur notre propre planète. Cette bonne vieille Terre où l'homme doit faire le bien pour gagner son Ciel. On nous invite à la prière, mais j'avoue avoir de la difficulté à me mettre à genoux lorsque je vois des enfants qui baignent dans leur sang sur des routes sans fin. J'en veux aux hommes qui avancent, un fusil à la main, insensibles à ce cœur qu'ils ont au creux de la poitrine. Je leur en veux au point de vouloir les massacrer à leur tour sans autre forme de procès. Et il m'arrive d'en vouloir aussi à Dieu quand je le vois laisser des enfants payer de leur vie la démence d'un fou aux cheveux gris. Je lui en veux tellement que parfois je frappe sur la table d'un poing rageur pour lui exprimer ma façon de penser… N'allez pas croire que j'ai perdu la foi; du moins, pas encore. Mais, ces temps-ci, je m'en méfie quelque peu. Parce que j'en ai assez de voir tous ces drames se succéder. Du Kosovo jusqu'à Littleton, où des adolescents ont été tués... par d'autres adolescents. M. Clinton a à peine le temps de lancer à la nation «*We must pray God*», qu'un autre massacre se produit ailleurs dans son pays. À bien y penser, qui sait si le bon Dieu n'en a pas assez de nos prières... dénuées de bonne volonté?

On accuse la télévision et le cinéma d'être responsables de tous ces drames. Ces temps-ci, on pointe du doigt Keanu Reeves et son dernier film, *La matrice.* Mais, à ce que je sache, il n'y a pas de films violents ni de Keanu Reeves en Yougoslavie. Et je serais surpris que les soldats sans cœur aient vu le film *Basketball Diaries* avec Leonardo DiCaprio. Toutefois, ce n'est sûrement pas en montrant à un enfant de onze ou douze ans un film comme *Assassins* qu'on l'incitera à s'intéresser au Cirque du Soleil ou au *Petit Prince* de Saint-Exupéry. Il est vrai que les médias ne parlent pas autant d'un film comme *Cousine Bette,* d'après le roman de Balzac, qu'ils le font d'*Armageddon.* Disons que c'est moins «bruyant» et que les effets spéciaux y sont absents. Et c'est peut-être là le drame. On refait de très bons films historiques, mais on dirait qu'ils sont destinés à ceux qui les ont vus jadis. Pourquoi ne pas encourager les jeunes à aller voir *Shakespeare in Love, Elizabeth, Little Women, Madame Bovary* et autres classiques? Pourquoi ne pas les pousser vers ce genre de films comme on l'a fait pour *Titanic?* Parce que ce n'est pas aussi commercial? Sans doute! Mais si, dans les écoles secondaires, on se penchait quelque peu sur Balzac, Diderot, Zola, Flaubert etc., peut-être nos enfants seraient-ils un peu plus attirés par des films comme *Madame Bovary.* Pourquoi ne pas les inciter à découvrir ce qui fait partie de notre culture, nous, les aînés, en leur donnant comme devoir de louer un film historique et d'en faire ensuite l'analyse dans un cours? A-t-on besoin de la bénédiction du ministère de l'Éducation pour une telle initiative?

Qui sait si de cette façon on n'éloignerait pas – du moins temporairement – les jeunes des films violents? Ne serait-il pas possible, avec le temps, de voir émerger une nouvelle génération d'élèves avec une rose entre les dents... à la place d'un couteau?

Je ne m'attends certes pas à ce que tous les jeunes se «garrochent» sur les classiques; ce serait rêver... en couleurs! Mais si nous pouvions les ramener à des valeurs plus sûres, nous sauverions peut-être la moitié d'une génération. Et l'autre moitié suivrait! Il y aura, bien sûr, toujours des moutons noirs, mais s'ils deviennent minoritaires, j'ai bon espoir que la nation, d'ici cinquante ans, pourrait se remettre au diapason des bonnes intentions. Et c'est pour ça que je prie comme un «déchaîné» chaque soir. Quitte à m'obstiner parfois avec Lui, mais passons... Je ne voudrais pas, qu'un jour, le curé me refuse... l'extrême-onction!

Pourquoi toujours lancer la pierre?

Quand on parle de rançon de la gloire, ce n'est pas toujours une couronne de roses que les artistes récoltent. Bien souvent, elle est faites d'épines. À certains moments, je me demande même si ladite rançon n'est pas plutôt une punition qu'une reconnaissance et, à ce compte-là, plusieurs se demandent si ça vaut vraiment la peine…

Ayant été journaliste durant vingt ans avant de bifurquer vers l'écriture, je peux vous dire que j'en ai vu de toutes les couleurs dans ce milieu où les artistes, bien souvent, avaient la larme à l'œil et non le sourire aux lèvres. Je me souviens de tous ceux et celles que j'ai interviewés et qui, depuis, ont retrouvé l'anonymat. Des vedettes d'hier qui ne souhaitaient plus l'être, parce que les gens étaient parfois plus méchants qu'élogieux dans leurs propos comme dans leurs écrits. L'un d'entre eux, qui a enfin trouvé la paix hors de ce milieu, m'avait dit: *«Ce qui me fait le plus mal, c'est une lettre anonyme. Parce qu'on est sans défense devant une affirmation gratuite et non signée. On ne peut même pas répliquer, ne serait-ce que pour s'expliquer, pour dire à la personne qu'elle a mal saisi, que ce n'est pas ce qu'on a voulu dire, qu'on ne parlait pas des gens en général dans notre discours, mais strictement des gens du milieu qui n'ont plus le feu sacré…»* Impuissant, voilà comment se trouvait cet homme face à cette lettre impolie, injuste et non signée de la main de celui qui avait eu le «cran» de l'écrire. Je me souviens lui avoir dit: *«Alors, pour ne pas te faire mal avec ces écrits sans signature, tu n'as qu'à*

*regarder sur l'enveloppe et, si tu ne vois pas d'adresse de re-
tour, ne l'ouvre pas et jette-la, tout simplement.»* Donc, si tous
les gens du métier faisaient en sorte de jeter au panier ce qui
ne mérite pas d'être lu, faute de courage d'être signé, les personnes de mauvaise foi écriraient en vain. Parce que, dans ce
milieu, qu'on le veuille ou non, il y a les gens qui vous aiment, ceux qui vous aiment moins, ceux qui vous acceptent tel
que vous êtes… et les envieux. Et, contre ça, on ne peut rien.
C'est la rançon d'être devenu, que ce soit voulu ou pas, connu.

Je me souviens du temps du téléroman *L'or du temps*. Je
recevais des lettres au sujet de Christine Lamer, qu'on détes-
tait, qu'on ne pouvait pas sentir! Mais ce n'était pas elle qu'on
n'aimait pas, c'était *Jackie*, son personnage. Les gens prenaient
tellement à cœur l'intrigue que c'était la comédienne qui,
ayant le mauvais rôle, écopait chaque semaine non des fleurs,
mais du pot. Fallait être forte pour passer à travers ça… Heureusement, Christine l'était et elle a réussi à faire oublier, par
la suite, son «vilain» personnage grâce aux *Anges du matin* où
elle rayonnait. Il serait pourtant si facile, devant quiconque
qu'on ne peut blairer, de tout simplement changer de station,
de ne pas regarder, de ne pas écouter, de ne pas lire, selon les
médias, et d'éviter ainsi de s'emporter et de faire mal à qui
ne le mérite pas. Il n'est pas facile d'être vulnérable, de monter de plus en plus les marches du succès. Parlez-en à Roch
Voisine, Céline Dion, René Simard, Isabelle Boulay, Mario
Pelchat, Lara Fabian, Marc Labrèche, Julie Snyder, Éric
Lapointe… et combien d'autres. Plus le succès est évident,
plus de gens sont mécontents. Du moins, ceux et celles qui ne
cherchent qu'à démolir sans cesse. Parce qu'il y a les autres,
il ne faut pas l'oublier, ce public merveilleux qui vient dire aux
vedettes qu'il les aime et qu'il leur souhaite les plus grandes
joies de la vie.

On ne peut pas aimer inconditionnellement tout ce qu'on nous présente au petit écran ou ailleurs. Il m'arrive, comme vous tous, de ne pas être capable de composer avec tel animateur, telle personne. Dès lors, je change de canal et je laisse cette personne aux bons soins de ceux qui lui sont fidèles. Mais jamais je n'irais lui dire ou même lui écrire le malaise que je ressens. Par respect et parce que ma devise est : «Vivre et laisser vivre.» Là où je m'engage un peu plus, c'est lorsque je ne suis pas d'accord avec un politicien, avec le ministre de la Santé ou de l'Éducation. À ce moment, je considère avoir le droit de m'exprimer dans une lettre et de leur signifier mon mécontentement. Mais poliment! Avec une signature, ne serait-ce que pour recevoir un accusé de réception. S'il m'arrive de protester contre une certaine loi, je suis honnête et je m'empresse de souligner d'un mot aimable ce qui serait plus profitable à notre société. Voilà ce qui s'appelle être bon joueur, intègre, adulte, serein et sans arrière-pensée. Carol Burnett, la comédienne américaine, disait récemment: *«Ceux qui me descendent le plus sont des gens de ma génération. C'est à n'y rien comprendre, parce qu'ils sont au courant que ma vie n'a pas été qu'un ballon rose. On oublie mes déboires, mes maladies… On oublie que je suis comme tout le monde.»* Cela dit, puissent les derniers mots de cette dame inspirer quelques personnes à être plus indulgentes à l'égard de ceux et de celles qui, devenus populaires, ne méritent pas de se faire ainsi… lancer la pierre!

Quand on me parle des «bonnes années»

Un type de trente-neuf ans, une connaissance, me disait récemment: «*On m'a offert un emploi et j'hésite. Il y a dix ans, je gagnais plus qu'on m'offre pour un poste similaire aujourd'hui.*» J'ai failli sauter au plafond! Au moment où les emplois sont limités; au moment où dénicher un emploi permanent est une denrée rare, il hésite! Je n'en revenais pas! Quand on pense à tous ceux qui font des pieds et des mains pour se placer quelque part et qu'on voit des types hésiter pour une question de salaire... Non, je n'en reviens pas encore! Peut-être gagnait-il plus il y a dix ans mais, dans son domaine où la demande est restreinte, il devrait se compter chanceux d'avoir un emploi à portée de la main, salaire plus bas, qu'importe! Je lui ai dit: «*Tu n'auras qu'à vivre selon tes moyens, couper dans le superflu, t'ajuster... L'important, c'est d'obtenir un poste et de miser sur l'avenir pour obtenir des promotions. L'important, c'est d'entrer et de faire peu à peu ta marque.*» Il hésite encore! Mon Dieu que la vaillance a pris le bord!

Comme si nous, dans notre temps, n'avions pas recommencé maintes fois au bas de l'échelle avant d'atteindre une «marche» respectable. «*Vous avez "pogné" les bonnes années*», m'a-t-il dit, pour me faire sortir de mes gonds. Mais je me suis retenu, je me suis tourné la langue sept fois avant de lui répliquer: «*Dans un sens, oui, parce que les emplois étaient plus multiples, que les entreprises étaient plus nombreuses au Québec. Mais là, ce qu'il te faut savoir, ce que tu dois apprendre, c'est à composer avec le présent et cesser de comparer avec le passé.*»

À ce compte, je pourrais certes dire que mon père a «pogné» les bonnes années si je les compare aux miennes. Il était à son compte, il a fait beaucoup d'argent et nous, ses fils, en affaires tout comme lui, avons dû fermer boutique. Il y avait plus de monde dans la course au moment de prendre la relève. Pas facile de devenir un employé après avoir été son propre patron, mais nous le sommes devenus malgré nous. Avec le quart du salaire que je gagnais, dans mon cas. Alors, quand j'entends: *«Dans votre temps»…* la pression monte!

Les bonnes années, c'est ce que l'on fait soi-même de celles que nous vivons. Et le type en question qui hésitait, me parlait d'un salaire qui, de nos jours, est loin d'être un salaire de famine. Il a déjà gagné davantage? Je le lui concède. Mais avec ce qu'on lui offre en ces temps où les emplois se font rares, il devrait se compter parmi les privilégiés du marché du travail. Du cœur au ventre, de la bonne volonté, de la vaillance, et il n'aura qu'à se plaindre de ne pas changer de voiture… chaque année! D'autant plus qu'il n'a pas d'enfants à sa charge et que sa compagne gagne aussi sa pitance. Peut-être devra-t-il faire son deuil d'un voyage au Mexique pour une couple d'années, mais quand je l'entends me parler des bonnes années que j'ai eu la chance de traverser, alors que j'avais peine à louer pour deux semaines un petit «camp d'été» à Saint-André, c'est fort!

Vivre avec son temps, l'accepter, retrousser ses manches quand il le faut, c'est faire de son présent les bonnes années. Lorsqu'on me dit avec une pointe d'envie: *«Vous, dans le domaine du journalisme, vous avez bénéficié des bonnes années»,* je sursaute encore une fois. Il est vrai que, naguère, nous étions moins nombreux au sein de l'entreprise, que nous formions une petite famille, mais le travail était laborieux, ardu, et les heures passées entre les murs de nos bureaux n'étaient jamais comptées. Les jeunes journalistes du temps actuel n'ont pas connu ce qu'était le vacarme d'une machine à écrire, du ruban correcteur, des déplacements pour aller livrer, en pleine tempête, un texte à l'heure de tombée. L'ordinateur a pris la relève. On écrit sans avoir à se fouler les jointures, on corrige en reculant de quelques pouces, on peut faire des césures, on a même un dictionnaire intégré pour rectifier son texte et, pour finir, on n'a qu'à se servir de son modem pour que le texte se rende directement sur le serveur de l'éditeur. N'allez pas me dire que c'est nous qui avons eu les bonnes années avec tous les progrès dont vous bénéficiez. On se plaint que de nos jours, c'est plus impersonnel, moins intime, et c'est peut-être vrai, mais, que voulez-vous, trois cents collègues, ce n'est pas comme cinq personnes dans un bureau. Pourquoi envier les bâtisseurs qui se demandaient sans cesse si l'entreprise allait survivre, alors que la relève n'a guère à se poser la question, confortablement assise dans une compagnie établie. On oublie trop facilement la sueur et les angoisses des pionniers quand on arrive sur... le damier.

Les «bonnes années» sont peut-être celles que vous vivez si je les compare à tous les efforts déployés pour ériger les premières pierres. Et le type en question qui hésite en comparant les quelques mille dollars qu'il gagnait de plus jadis, n'a certes pas regardé sa chance plus loin que le bout de son nez. Parce que c'est avec un emploi, quels que soient les gages, de la passion, du courage, de l'ambition et de la témérité qu'on peut se hisser au sommet de ses aspirations. Et c'est en se disant, en regardant à l'horizon et non derrière soi *Voilà mes bonnes années»,* qu'on entre en catimini par la porte de service pour se retrouver quelque temps plus tard, à pousser la grande porte d'entrée. Avec l'amour de son travail, une confiance en soi, et la ferme intention d'aller de l'avant sans regarder derrière. À moins que ce soit pour jeter un œil bienveillant sur ceux qui, de leurs efforts et de leur mérite... vous ont précédés.

Les paniers à provisions...

Depuis quelques années, c'est moi qui fais les emplettes de fin de semaine, qui me rends au supermarché remplir le panier à provisions. Il va sans dire que, nos enfants ne vivant plus à la maison, la facture n'est plus que le quart de ce qu'elle a déjà été. À l'époque, nos ados avaient des goûts bien à eux, ils réclamaient des Pop Tarts, du lait au chocolat et j'en passe.

L'autre jour, en attendant à la caisse, j'ai pu constater avec surprise comment se nourrissent maintenant les jeunes familles. Les jeunes mères sont certes plus avisées que celles de notre temps. Elles écoutent les médias, se préoccupent beaucoup de la santé de leurs enfants et n'ont souvent pas encore été victimes des caprices... des adolescents. Dans leur panier, on trouve du lait, des fruits, du pain de blé entier, des légumes, des céréales, de la margarine et non du beurre, bref, tout ce qui est bon pour la santé. Une jeune femme n'avait pas choisi des croustilles, mais plutôt des biscuits soda avec 25 % moins de sel. On remarque que les mères évitent les sucreries et les matières grasses, et qu'elles sont à l'écoute de tout ce qu'on enseigne sur le bien-être de leurs... petits. Dans notre temps, ce n'était guère le cas, je l'avoue... Le lait 2 % n'existait même pas! Nous ne nourrissions pas mal nos enfants, mais nous les gâtions avec des friandises, dont nos mères nous avaient privés. Jeune, je me le rappelle, les desserts que nous mangions étaient faits maison, tartes aussi bien que gâteaux. C'était sucré, mais ça contenait moins d'ingrédients chimiques que ceux qu'on achète aujourd'hui, «prêts à consommer».

Une autre dame, dans la trentaine avancée, suit, avec un panier qui déborde. Un panier dans lequel je peux voir des choses vite préparées et tout ce que ses ados avaient sans doute inscrits sur sa liste: du steak haché, du jambon tranché, des saucisses à hot-dog, des tranches de Bologne, des repas congelés, du pain blanc, peu de légumes, de la confiture, des croustilles, de la gomme, du chocolat, des boissons gazeuses en format de deux litres, etc. J'ai pu compter au moins quatre pizzas garnies! Un panier sans valeur sur le plan santé, mais combien cher... à la caisse. Cette dame, qui travaille sans doute, achetait beaucoup plus de fast-food que d'ingrédients pour préparer de bons soupers. Et, n'en déplaise aux nutritionnistes, ça se comprend! On ne peut pas travailler tous les deux, avoir des enfants qui fréquentent l'école secondaire, et tenter de leur refiler un concombre ou du brocoli dans leur boîte à lunch! Les ados qui mangent sur le pouce en vingt minutes, entre deux cours, ne se demandent pas si les radis sont meilleurs pour la santé que les gâteaux. Ils veulent un sandwich, des chips, une tablette de chocolat, une boisson gazeuse et des biscuits. Quant aux repas congelés, c'est sans doute pour elle, pour ses midis au boulot. J'en sais quelque chose: j'ai arrêté d'aller dans les comptoirs de produits surgelés le jour où mon épouse a cessé de travailler.

Puis s'avance une dame du troisième âge. Il n'y a que de bonnes choses dans son panier, mais en petites quantités: le plus petit pot d'olives, six œufs, une demi-livre de beurre non salé, un petit pain croûté, deux tomates, deux bananes, deux cuisses de poulet... Somme toute, un petit marché... pour un couple avec un appétit d'oiseau. À chaque génération ses besoins, à chaque âge sa santé...

Et voilà qu'une femme dans la quarantaine n'a dans son panier que des fruits et des légumes. Tellement que je me demande si elle prévoit ouvrir… un comptoir à salade! Des fruits et des légumes exotiques que j'ai déjà vus mais que je ne saurais nommer. Nous en aurions certes à apprendre sur la valeur nutritive de certains légumes qui ont l'air de concombres… mais qui n'en sont pas. Je me souviens que ma mère achetait des patates, des carottes et du navet, rien de plus pour accompagner ses rôtis de bœuf ou de veau. En regardant mon panier de provisions, je me suis demandé si j'en avais trop, si j'avais évalué l'aspect santé. J'ai remarqué que j'étais le seul à acheter mon dentifrice et mon rince-bouche au supermarché. Sans doute parce que ces articles sont moins chers dans les grandes pharmacies et que je n'ai pas l'habitude de consulter les circulaires.

On en apprend beaucoup quand on met le nez dans le panier des autres… Je ne juge personne, car je comprends. Vient un temps où on ne compte pas ses piastres, un autre où on se préoccupe de sa santé, et un troisième où on ménage non pas ses sous, mais l'achat de ses victuailles, de crainte qu'elles soient périmées avant le prochain… panier. Le second panier m'aura en particulier donné une bonne leçon: de nos jours, quand on travaille tous les deux, qu'on a des ados et de jeunes enfants, qu'on doit préparer des lunchs pour tout un chacun et garder le frigo bien rempli, ça coûte cher en m… !

On aura tout vu… ou presque!

Je ne sais trop si les gens de ma génération vont vivre assez longtemps pour voir d'autres «hallucinations» au nom du progrès, mais, à ce jour, je peux dire qu'on aura tout vu… ou presque! Il y a quelque temps, j'apprenais que des gens dans la force de l'âge étaient devenus des «cybersexes»! Après la «rage» des cyberdépendants qui perdaient parfois leur conjoint à cause de leur trop grand amour de l'Internet, on en est maintenant à se quitter parce que l'un ou l'autre des conjoints a une dépendance excessive à tout ce qu'il y a de «sexuel» sur l'Internet. J'avais peine à le croire! Et l'on ajoutait qu'il y avait autant de femmes que d'hommes qui étaient devenus accros, alors que je croyais que les femmes étaient plus raisonnables que les hommes sur… l'explicite! Vraiment, ça me dépasse! Comme s'il n'y avait pas assez de raisons d'avoir des différends dans le parcours d'une union, sans avoir l'ajout des déboires sexuels qu'on tente de régler sur… l'Internet! Incroyable! Risquer sa vie à deux pour une… bagatelle!

J'ai toujours été favorable au progrès. J'ai vu naître la télévision, j'ai même été l'un des premiers clients du premier Saint-Hubert B.B.Q. sur la rue du même nom. On avançait, mais dans les normes, à pas plus lents, posés à la bonne place. De nos jours, on ne peut même plus participer à un concours si on n'est pas branché sur l'Internet. Quelle désolation pour les personnes âgées qui aimaient bien apposer un timbre sur leur enveloppe contenant leur réponse. Et ce ne sont que les «branchés» qui gagnent les voyages, pas les aînés et surtout pas ceux qui ne peuvent même pas se payer un ordinateur usagé. C'est vraiment injuste, mais comme on veut tout faire «instantanément»... Pourtant, le temps, ce grand maître qui règle bien des choses...

Oui, on aura tout vu! Même ces modes à faire *freaker* les plus tolérants, pour employer un terme courant. Je veux bien croire que les jeunes ont leur mode comme mes enfants on eu la leur, mais je ne saisis pas «l'impressionnisme» qu'on veut nous faire avaler. Des cheveux verts, bleus, rouges, ce n'est pas que c'est laid, mais ça fait peur quand la coiffure est punk et que les anneaux dans la narine, les sourcils ou à la lèvre, servent à finir ce *look* qu'on est quasi forcé d'admettre. Moi, le *piercing,* juste à y penser, j'en frissonne. Je suis du genre «comme le bon Dieu m'a fait». J'ai même des frissons face à la... circoncision! Et que dire des ados de quinze ans avec des cheveux en hérisson et une chemise trop grande, aux manches longues, les mains cachées... Le style «pingouin» quoi! C'est la mode, dit-on, ils s'expriment, les mains cachées et les culottes en bas des fesses pour afficher leur... Calvin Klein! J'ai failli interroger les parents, mais je me suis souvenu des cheveux longs de mon fils, de ses jeans troués... Déjà, il y a vingt ans, je croyais avoir tout vu. Je pensais qu'avec la fin du *peace and love...* Si on m'avait dit, qu'un jour, les jeunes porteraient des anneaux au nombril...

Ce qui m'apaise, ce qui me laisse une lueur d'espoir, c'est que je sens que les «mordus» de quoi que ce soit en auront un jour assez d'avoir été les proies des hameçons. Déjà, croyez-le ou non, j'entends dire que certaines personnes en ont ras-le-bol de leur ordinateur et de l'Internet qui leur coûte... un bras! Ils cherchent des programmes gratuits, des abonnements sans frais, comme ça se fait aux États-Unis, quitte à «endurer» des réclames commerciales dans le bas de leur écran. Et, quand ils en auront marre de ces réclames, quand ils vont en avoir assez de s'arracher les yeux à naviguer, ils vont peut-être revenir à des valeurs plus sûres. Ils vont tout doucement se départir pour revenir un tantinet traditionnels. Une soirée au cinéma, un concert par ci par là, un bon livre, une sortie au restaurant et de petits voyages à faire… en chair et en os! Ils vont finir par couper dans les dépenses, songer à s'établir, revenir en arrière et adopter un mode de vie comme dans le film *Pleasantville*. Ils vont même se demander si leur téléphone cellulaire a sa juste raison d'être. Moi, ça me décontenance! On marche et on parle en même temps! On ne prend même pas la peine de s'asseoir sur un banc ou de chercher un endroit plus discret. On gueule en pleine rue, dans l'autobus, dans les magasins, dans les restaurants, partout, sur ce «maudit» petit portable! Je dis «on gueule» et je n'exagère pas, on est porté à élever la voix au bout d'un fil. Au point que, l'autre jour, dans un restaurant, j'ai appris que le type à la table voisine n'avait pas obtenu le prêt qu'il avait demandé. Un prêt qui lui semblait important… Sans doute pour défrayer les coûts de tous ces gadgets! Ai-je vraiment tout vu? Vais-je voir encore beaucoup de «progrès» du genre dans les années à venir? Puisse le Ciel m'en abstenir…

Se contenter de ce que l'on a...

La plupart du temps, plus on en a, plus on en veut. Poussé par l'ambition, cette vilaine ambition qui, bien souvent, perd celui qui en a trop, on ne parvient pas à se contenter de la part qui nous revient. Cela ne veut pas dire qu'il faut manquer d'audace et de courage lorsqu'on cherche à atteindre un palier plus haut que celui où on est déjà rendu : cela signifie plutôt qu'il faut cerner ses limites et se rendre compte qu'on est peut-être rendu au sommet de sa propre montagne. Pas facile de se dire: *«Bon, c'est suffisant, je suis content, j'ai réussi, je veux savourer mon bonheur, maintenant.»* Pas facile, parce que personne ou presque ne veut déposer les armes. La plus grave erreur de parcours que l'on puisse commettre dans sa vie, c'est de vouloir atteindre le niveau des autres! Comme s'il fallait absolument qu'on les rejoigne, qu'on les dépasse et qu'on soit premier, aussi bien professionnellement que dans la vie privée. C'est en raisonnant de la sorte qu'on finit par ne jamais être satisfait de soi, étant sans cesse à la conquête de ce qu'on n'obtiendra sans doute jamais. Parce qu'on a tous un niveau à atteindre dans la société, un niveau qui est différent d'une personne à une autre. Il ne faut pas aller de l'avant en se comparant sans cesse aux autres, en enviant ceux qui ont plus que soi et en se dépréciant par rapport à eux. Il faut être capable de s'évaluer et de se dire que la vie nous a déjà choyés au-delà de nos espérances. Lorsqu'on se fixe des objectifs, la barre est toujours trop haute. Il serait sage d'en prendre conscience avant d'en vouloir encore plus... et de risquer de faire naufrage.

Il n'y a rien de plus dangereux que la déception causée par l'ambition démesurée. C'est, selon moi, le tout premier sillon qui mène à la dépression. Parce qu'il est impossible d'être heureux si l'on aspire sans cesse à l'être davantage. Il est évident que certaines personnes, avec la sérénité et la sagesse qu'elles acquièrent au fil des ans, en arrivent à penser autrement. Mais, s'il était possible de faire un retour en arrière, plusieurs personnes s'éviteraient le tracas d'en vouloir toujours plus. J'entends souvent dire: *«Oui, mais il a eu de la chance...»*, ou encore: *«C'est parce qu'elle a un tas de gens derrière elle qu'elle réussit...»* Sa chance, on la fait soi-même, au gré du hasard, au fil de son destin. Nous avons tous notre chance. Il suffit de la saisir quand elle passe. En ce qui concerne «les tas de gens» qui se dévouent pour quelqu'un, je dirais que la personne ainsi entourée a sûrement tout ce qu'il faut pour gravir des échelons que nous, nous ne pourrions peut-être pas monter. Si des gens «misent» sur une personne, c'est sans doute parce qu'il ou elle possède des qualités qui ne sont pas les nôtres. Il n'est pas donné à tous d'être premier dans tout. Il n'est pas nécessaire d'être connu et glorifié pour être fier de ce que l'on accomplit dans la vie et d'en être content.

À être démesurément ambitieux, à vouloir toujours plus, à envier son prochain, on risque d'empoisonner l'existence de ceux qui nous sont proches et qui ne demandent qu'à être heureux. Et le bonheur, entre vous et moi, est fait de toutes ces petites joies qu'on partage chaque jour avec ceux qu'on aime. Alors, pourquoi ne pas apprendre à se contenter de ce que l'on a quand on sent qu'on a atteint son «principe de Peter»? Pourquoi exiger plus de soi-même et se rendre malade à force d'anxiété et d'angoisse? Pourquoi risquer de redescendre, tout simplement parce qu'on vise trop haut?

De grâce, cessez d'envier ceux et celles qui vous dépassent! Plus la marche est haute, plus la rançon est chère à payer. Combien de grands artistes ont souhaité, un jour ou l'autre, retrouver l'anonymat? Combien de personnes retraitées, de gens fatigués, de malades, de gens usés ont murmuré avec sérénité: *«Si c'était à refaire, je saurais me contenter...»* Personne n'est fait pour un petit pain: loin de moi l'idée de vous dire de ne pas tenter d'aller au bout de vos désirs. Mais faites-le avec prudence, en scrutant vos valeurs, en analysant vos ambitions, pour savoir si vous êtes capable de les réaliser ou non. Rendu là, allez-y: faites votre vie, soyez guerrier, mais sachez vous contenter de ce que vous êtes capable de faire et de ce que vos armes pourront vous rapporter. Parce qu'il vaut mieux vieillir dans le contentement d'avoir accompli quelque chose à sa juste mesure, que mourir en enviant le sort des autres. Surtout quand la vie nous a donné ce qu'elle nous réservait... de bon!

La politesse, la religion et le savoir-vivre

J'ai envie de vous parler de trois sujets qui me tiennent à cœur. Pourquoi? Juste au cas où vous seriez d'accord avec moi. Et si tel n'est pas le cas, je prendrai vos remarques avec tout le respect que je vous dois, comme c'est d'ailleurs mon habitude depuis… vingt-cinq ans. Dans mon temps, on nous enseignait la politesse sur les bancs de l'école. Il y avait même des manuels sur le sujet, et nous étions bien courtois, à moins d'être nés… pour être effrontés. Plus tard, lorsque mes enfants étaient au primaire, on insistait un peu moins sur le sujet. C'est donc mon épouse et moi qui leur avons appris à vouvoyer les grandes personnes, à dire merci, à dire «*Bonjour madame*» à la voisine, etc. En 2002, les enfants tutoient leurs professeurs, interpellent tantes et oncles par leur prénom, font preuve de familiarité avec leurs grands-pères, qui veulent qu'on les appelle Papi, etc. Moi, je suis content d'avoir grandi dans un milieu où la politesse était de rigueur et les bonnes manières, de mise. Et je suis heureux d'avoir laissé cet héritage à mes enfants qui, eux, l'enseignent aux leurs. Est-ce si difficile d'être poli et bien élevé, d'être capable de discerner, en toutes circonstances, ce qui se dit de ce qui ne se dit pas?

Je suis peut-être à cheval sur les principes, mais je ne comprends pas qu'un de mes voisins, un gars de vingt ans, à qui je dis: «*Bonjour, François*» me réponde par un «*Salut!*» comme si j'étais un camarade de classe. Le fameux «*Salut*» ne s'emploie qu'entre jeunes du même âge; pas avec un voisin qui pourrait être son père, voire son grand-père! Et je ne comprends pas qu'un jeune caissier de dépanneur qui se fait tutoyer par un homme de soixante ans s'imagine qu'il peut s'adresser à son aîné de la même façon. Je suis étonné quand je rencontre des personnes de ma génération pour la première fois et que celles-ci me tutoient, sous prétexte qu'on a à peu près le même âge. Moi, pourtant, je les vouvoie. *«Comme si nous avions gardé des cochons ensemble»*, disait ma mère, avant d'ajouter: *«La familiarité engendre le mépris.»* Suis-je vraiment vieux jeu? Pourtant, en relisant les règles du manuel de feue Marcelle Barthe, un fait demeure: c'est aux parents d'enseigner la politesse à leurs enfants. Ne vous fiez plus aux manuels – il ne s'en écrit plus – ni aux professeurs, car ils sont victimes eux-mêmes du mouvement de l'heure. Et comme tout ce qui se fait rare est toujours apprécié, il en va ainsi pour la politesse.

Tout comme vous, j'ai suivi le fameux débat concernant l'enseignement de la religion dans les écoles; faut-il encore l'enseigner? J'admets qu'aujourd'hui il est devenu difficile d'enseigner la religion dans une école où des enfants de toutes les confessions sont réunis dans une même classe. Alors comment élaborer un programme d'enseignement religieux qui soit adapté à tous? Y parviendrait-on que les parents s'y opposeraient. Certains ne croient même pas nécessaire que leur enfant sache qui est… Dieu le Père! J'ai peut-être une solution. Pourquoi ne pas se servir des églises pour donner de tels cours? Ces édifices sont vides la semaine et pourraient, l'espace d'une heure prise à l'emploi du temps scolaire, servir de lieu d'enseignement de la religion aux enfants. Avec le consentement des parents, bien entendu. Voilà qui serait une bonne façon d'enseigner aux jeunes ce que les parents n'ont plus le temps de faire à la maison. Exactement comme ça se passe lorsque vient le temps de la première communion. Un cours qui ne serait pas obligatoire, mais qui réglerait le problème une fois pour toutes. Et comme les curés n'ont plus grand-chose à faire quand il n'y a pas de mariage ou de funérailles, il serait équitable qu'ils deviennent les professeurs de ces enfants et, par le fait même, les incitent, eux et leurs parents, à fréquenter l'église. Avouez que ce n'est pas bête. Moi, si mon enfant suivait des cours de religion à l'église, il est évident que je retournerais à la messe pour ne pas que le «p'tit» me le reproche comme un péché... véniel! Des parents vont peut-être me dire qu'ils préféreraient s'en charger eux-mêmes, mais ils seront si peu nombreux... Et pour ce qui est de l'enseignement dans les écoles, n'y pensons plus. Il sera beaucoup plus sage de leur apprendre la morale, les bonnes manières et l'art de vivre en harmonie les uns avec les autres.

Pour ce qui est du savoir-vivre, je crois que cet art relève de tout ce qu'on apprend dès notre plus jeune âge. Quand on est bien élevé, respectueux, poli et qu'on sait distinguer le bien du mal, on est muni d'un savoir-vivre à toute épreuve. Comme le savoir-vivre commence par le respect d'autrui, regardez-vous, analysez-vous, et prenez conscience de qui vous êtes et de ce que vous faites dans notre bonne société. Et si vous avez encore des doutes sur votre façon d'être, fermez les yeux et dites-vous bien que le savoir-vivre n'est que le complément du «vivre et laisser vivre», qu'on répète quotidiennement.

Les enfants d'hier et d'aujourd'hui

Il y a une trentaine d'années, alors que mon fils et ma fille étaient en bas âge, ma mère s'écriait parfois: *«Dieu qu'ils sont gâtés, ces enfants-là! Ceux de Pierre et d'André aussi. Vous leur donnez tout ce qu'ils veulent! Moi, quand vous étiez petits...»* Et je me rappelle avoir répliqué: *«Mais non, la mère, on ne les gâte pas plus qu'il le faut. C'est nous qui n'avions rien, vous étiez des parents trop vieux, le père était absent...»* Je la revois encore s'emporter, m'obstiner, me dire: *«T'as ben menti, toi! J'vous ai rien refusé!»* Trente ans plus tard, je me rends compte que les enfants, au fil des générations, sont élevés différemment. Pas pire et pas mieux que dans mon temps. Aujourd'hui, c'est à mon tour de dire à mon fils: *«Maudit qu'ils sont gâtés, tes enfants! Quand toi et ta sœur étiez petits...»* Et j'ai été très surpris de l'entendre répondre que j'avais raison et que ses enfants finissaient par avoir à peu près tout ce qu'ils voulaient. Il se souvenait même de n'avoir pas tout obtenu de nous et d'avoir eu à négocier longuement. Nous tenions à ce qu'ils apprécient ce qu'ils avaient.

Je me suis mis dans la peau de mes parents, j'ai repris la mienne alors que j'avais de jeunes enfants et j'ai tenté de me mettre dans celle de mon fils. Ce que j'ai compris, c'est que les enfants d'aujourd'hui sont tellement insistants qu'on finit par leur dire «oui» pour ne plus les entendre. Ce qui fait que, la fois suivante, ils reviennent à la charge avec encore plus de détermination, s'ils sentent qu'ils auront à se battre pour obtenir ce qu'ils désirent. Mon fils est le premier à dire: *«Ils jouent assez avec mes nerfs que je finis par dire "oui" pour qu'ils me laissent en paix. Je suis fatigué, j'arrive du travail exténué, et ils ne lâchent pas... On dirait même qu'ils en profitent.»* À chaque génération ses enfants. Jeune père, je n'étais pas aussi présent pour mes enfants que mon fils peut l'être pour les siens. Je cumulais deux emplois pour joindre les deux bouts, car mon épouse ne travaillait pas... Bref, c'était elle qui était en charge de répondre aux demandes. Et comme, selon mon fils, elle avait de la poigne, elle ne se laissait pas embêter longtemps lorsque c'était non! Et mon fils ne revenait pas à la charge cinq minutes plus tard. Il était même rare qu'il ose venir, en cachette, me demander ce que sa mère lui avait refusé. C'est peut-être arrivé une fois ou deux mais, sachant que mon épouse et moi en discuterions, il gardait peu d'espoir. Je me souviens de sa fameuse mobylette. Il a fini par l'avoir, mais il a prononcé plus d'un plaidoyer pour y parvenir. Non pas que nous ne pouvions la lui offrir, mais, conscients des dangers, nous avions longuement hésité. Nous attendions qu'il soit en âge.

De nos jours? Je me rends compte que les enfants obtiennent rapidement tout ce qu'ils demandent. Ils vont de leur père à leur mère en usant de stratagèmes, et ils ne lâchent prise que s'ils se font carrément rabrouer. Et comme ils reviennent à la charge deux jours plus tard, c'est à l'usure qu'ils finissent pas les avoir, les parents. Moi, ces petits snoreaux, je les vois venir. Je les gâte, bien sûr, parce que je les aime, mais là, en grandissant, ils commencent à me demander ce qu'ils veulent. J'avoue que c'est un peu de ma faute. Je les ai questionnés sur leurs goûts, de peur de leur acheter quelque chose qu'ils n'aiment pas pour leur anniversaire. Mais j'ai peut-être eu tort... On commet des erreurs à tout âge, n'est-ce pas? Si j'arrivais avec un cadeau-surprise emballé, je suis sûr qu'ils l'apprécieraient tout autant. À force de leur demander ce qu'ils désirent, il est naturel qu'ils deviennent exigeants. Ne serait-il pas mieux de leur donner de l'argent? Même à mon âge, il semble que j'embarque dans le jeu des jeunes d'aujourd'hui. J'aurais dû garder la même attitude que j'avais avec mes enfants... Mais, encore là, ce ne sont pas mes enfants, ce sont mes petits-enfants. Et j'ai toujours dit que j'étais là pour les choyer et non les élever, ceux-là!

Si j'étais un jeune père, je suis certain que je ne ferais pas mieux que mon fils, parce que je ferais partie de cette génération d'hommes qui partagent tout avec leur conjointe: la vaisselle, la lessive et... les p'tits! Au fil des générations, les enfants, il faut les prendre comme ils sont. D'ailleurs, ce sont les parents qui sont responsables de ce qu'ils deviennent, eux et quelques mauvaises graines de la société nouvelle. Si ma mère vivait encore et qu'elle voyait à quel point les enfants d'aujourd'hui obtiennent tout ou presque d'un claquement de doigts, elle me dirait: *«Toi, t'étais quand même plus ferme avec tes enfants!»* Elle qui, pourtant, me reprochait d'être trop «lousse» avec Michel et Sylvie quand elle comparait nos enfants avec ceux qu'elle avait «dressés» il y a... soixante ans.

En poussant la porte…

Dernièrement, au cours d'une causerie dans une bibliothèque, une dame m'a demandé: *«Dites-moi, Monsieur Monette, comment avez-vous fait pour vous installer si confortablement dans le monde des écrivains, un cercle si fermé?»* J'ai souri et lui ai répondu: *«C'est bien simple, Madame, j'ai pris un siège sans qu'on me l'offre.»* Et sans doute l'un des meilleurs, puisque mes romans figurent chaque fois parmi les best-sellers… Ce qui veut dire que j'ai poussé légèrement la porte de mon audace. Je dis légèrement car, à mon âge, il serait ridicule de foncer comme un taureau, n'est-ce pas? Quand on me demande: *«Vos romans vont-ils devenir des téléséries?»*, je réponds humblement: *«Peut-être, mais, vous savez, je ne suis pas du genre à défoncer les portes!»* Il m'est arrivé de soumettre mes romans à des maisons de production, et ce, discrètement, sans faire de bruit. Vient un temps dans la vie où tout se passe en sourdine. Vient un temps où il faut attendre patiemment que vienne… son tour. Tout en poussant légèrement la porte.

Jusqu'ici, je parlais de moi et des gens de ma génération. Aux jeunes de vingt, trente et trente-cinq ans qui ont des rêves à réaliser, je crie: *«Poussez, poussez, cognez aux portes, faites-le poliment, mais faites-le, car on ne viendra pas frapper à la vôtre.»* À l'âge où toutes les ambitions sont permises, on ne doit pas attendre qu'on vienne nous chercher comme la «perle» du siècle. Personne ne le fera. Pire, personne ne saura que vous existez. On n'arrive pas à l'âge de la sagesse sans avoir traversé celui des combats. Je me rappelle de ces jours de ma jeunesse où, sûr de moi et de mes capacités, j'avais dit à un de mes futurs patrons: *«Essayez-moi, donnez-moi la moitié du salaire, mais essayez-moi au moins trois mois.»* Il fallait avoir du cran et je l'ai eu, cet emploi dont j'avais un besoin pressant. Je l'ai poussée, la «maudite» porte, passez-moi l'expression. Lorsque j'entends un jeune me dire: *«J'irais bien à l'entrevue, mais je suis sûr qu'on va choisir quelqu'un d'autre!»*, je fulmine. Comment peut-on s'avouer vaincu avant d'avoir levé le petit doigt? À moins, bien entendu, qu'on préfère rester assis sur son inconfort plutôt que de pousser la porte du succès. Car, il faut bien l'avouer, il y a ceux qui osent et ceux qui, faute d'élan, se reposent… longtemps!

Une comédienne m'avouait récemment: *«Vous savez, même si je suis connue, j'auditionne encore pour certains rôles.»* Et elle était loin d'être mal à l'aise d'avoir à le faire après quinze ans de métier. Elle a même ajouté: *«Vous avez vu le répertoire de l'Union des artistes? Nous sommes si nombreux! Il y a beaucoup d'appelés mais peu d'élus… Si je ne réussis pas, ce n'est certes pas parce que je ne "pousse" pas!»* Que de fois ai-je entendu une personne remarquer au sujet de sa vie professionnelle: *«Au début, je n'étais sûre de rien, mais j'ai pris une chance…»* Et, de fil en aiguille, armée de détermination, elle a puisé dans cette «poussée» tous les ingrédients qui ont fait d'elle, un jour, une vice-présidente d'entreprise. Il y en aura toujours pour me dire: *«Vous savez, il faut être là au bon moment…»* D'accord, mais encore faut-il être là! Ce n'est certes pas en pensant que la porte du succès est toujours pour le voisin qu'on sera là au moment où des yeux se poseront sur nous. Au moment où, reconnaissant notre valeur et notre audace, on nous dira: *«Venez me voir demain, j'ai quelque chose pour vous.»* Être là au bon moment, c'est être là souvent. Une jeune fille m'a dit un jour: *«Vous savez, j'ai écrit un manuscrit, mais là, je ne sais pas quoi faire avec…»* Je l'ai trouvée mignonne, j'ai compris qu'elle était timide. Je lui ai répondu que la seule chose à faire était d'envoyer son œuvre à tous les éditeurs susceptibles de s'y intéresser. Par la poste ou… en poussant des portes. Cette jeune fille s'est rendu compte qu'elle avait, avec sa pile de feuilles sous le bras, beaucoup de boulot. Et lorsqu'elle a ajouté: *«Mais moi, je ne suis pas connue…»* je lui ai répondu: *«Mais qui donc l'était avant… de l'être?»*

On est à l'orée de l'an 2000, on prétend que les emplois se font de plus en plus rares, on ne sait vers quel domaine se diriger… D'un autre côté, on nous annonce que le chômage est en baisse, que de bons emplois sont encore offerts… En prenant une parcelle d'un côté et une parcelle de l'autre, il n'en demeure pas moins qu'on n'obtiendra rien, moins que rien, si on n'a pas le cran, l'audace, la témérité et la ferme volonté de pousser la porte de son savoir-faire. Légèrement, discrètement, poliment, mais souvent, souvent, souvent… jusqu'à ce qu'elle s'ouvre enfin sur notre confiance en notre talent.

Choisir de simplifier sa vie

Il arrive qu'on me dise: *«Pourquoi tu ne changes pas de voiture? La tienne a déjà trois ans et, avec les moyens que tu as...»* Voilà bien le genre de question que je déteste me faire poser. Premièrement, c'est impoli. Deuxièmement, aurais-je gagné à la loterie – ce qui n'est pas le cas – que je ne changerais pas de voiture pour autant. Pourquoi? Parce que j'ai décidé, un certain jour, de simplifier ma vie.

Pour revenir à mon introduction, je me demande pourquoi on changerait de voiture après trois ans, à moins qu'elle ne soit défectueuse ou qu'on ait fait le tour du globe, ou presque, avec! Bien sûr, j'aurais les moyens de «m'embarquer» avec une voiture de l'année, mais pourquoi le ferais-je? Serais-je plus heureux au volant d'une Mercedes qu'à celui de ma confortable Mazda? Sûrement pas! Vous savez, dans la vie, il y a l'âge des désirs de toutes sortes et celui où le contentement avec presque rien prend le dessus. Jeune, dans la vingtaine, on rêve tous de voyages, de voitures, de maisons luxueuses. Dans la trentaine, on tente de réaliser un à un ses rêves; on consomme de plus en plus, on s'habille avec soin, on emmène ses enfants à Disneyworld, on avance, on progresse, quoi! Et c'est normal, parce que c'est entre trente et cinquante ans qu'on fait de ses rêves des réalités. C'est à ce moment de notre vie qu'on surchauffe le plus... ses cartes de crédit! Je suis moi aussi tombé dans ces embuscades, j'ai même été plus que volontaire dans l'art de plaire et de me faire plaisir. Jusqu'au jour...

Puis, vient le moment où les enfants, devenus grands, quittent un à un le nid familial. On se retrouve à deux comme au début de l'union, on se réadapte, on s'apprivoise de nouveau et on se rend compte qu'il est vrai que les enfants ne nous sont que… prêtés. On a tout pour être heureux, du moins, on le croit. On a fini de bûcher, de suer, on savoure le repos du guerrier. On pourrait se permettre les plus beaux voyages, les plus élégantes garde-robes, les plus luxueuses voitures… mais on n'en a plus autant envie. C'est que, la sérénité aidant, on a tendance à vouloir simplifier tout ce qui était, naguère, quelque peu exagéré. On est bien chez soi devant un gentil repas à deux. Par contre, de temps en temps, on aime se retrouver dans un bon restaurant et se faire servir quelques mets qu'on n'apprête plus tellement à la maison. De plus, un bon vin se déguste mieux dans un décor invitant. Et ce petit bonheur peut être suffisant pour respirer de contentement.

Précédemment, je voyageais avec un type dans la quarantaine qui, me ramenant à la maison, me disait: *«Ce soir, c'est le restaurant avec Liette et, ensuite, une soirée au cinéma au centre-ville.»* Il faisait pourtant un froid sibérien. J'avais même hâte de me retrouver les deux pieds sur un pouf devant un film à la télévision. Et c'est exactement ce que nous avons fait, ma femme et moi, après un gentil pot-au-feu bien apprêté et un dessert… sucré! N'allez pas croire que nous avons préféré notre intérieur à toute sortie parce que nous sommes devenus vieux. Loin de là! Mon épouse revient à peine du Mexique, où elle a profité du soleil, et moi, je rentre tout juste de Calgary, où je suis allé visiter ma fille, son mari et mes «tout-p'tits»! C'est tout simplement que, contrairement au couple qui affrontait le froid et les ennuis d'une place de stationnement en ville, ce que nous avons fait maintes fois autrefois, nous avons simplifié notre soirée en la passant au chaud, chez nous… sans le moindre inconvénient.

Et, croyez-le ou non, avec la sagesse s'amènent aussi toutes sortes de changements auxquels nous ne nous attendions guère. Les besoins sont moindres, on se couche plus tôt, on se lève plus tard, on n'a plus à dépendre de la société environnante pour fonctionner. Je n'ai pas perdu pour autant mon goût de dépenser. Il m'arrive même de m'entendre dire par mon épouse, alors que je lui annonce que je m'en vais chez IGA: *«Je ne sais pas pourquoi tu vas là, nous avons de quoi manger pour au moins six mois!»* Elle a raison mais, parfois, je sors parce que j'ai envie de fureter, d'acheter impulsivement. Comme vous voyez, on peut avoir des rechutes de temps en temps. Mais le fait d'avoir simplifié notre vie nous remet vite les deux pieds sur terre. Et ce n'est pas parce qu'on devient plus modeste dans ses besoins qu'on devient pingre. Moi, quand on me dit: *«Dépensez! Offrez-vous tout ce que vous voulez...»*, je souris. Parce que, justement, je m'offre tout ce que je veux, pour presque rien. Vient un temps où le bien-être ne coûte vraiment pas cher. Simplifier sa façon de vivre, c'est peut-être s'offrir les plus belles années de son existence. Je ne sais trop pourquoi mais, depuis que certains engouements se sont éteints, je ne ressens plus l'angoisse, la terrible angoisse de toujours vouloir quelque chose et de ne l'obtenir que rarement. Et comme il n'y a pas d'âge pour comprendre ce raisonnement, qui sait si ce n'est pas le moment.

Sans être plus catholique que le pape

Sans être une grenouille de bénitier pas plus qu'un enfant de chœur, j'ai eu, comme tout le monde, mes jours, mes heures… Ce qui, néanmoins, ne m'empêche pas de sourciller lorsque je vois, au petit écran comme dans les journaux ou les magazines, des «exposés» qui me laissent perplexe.

Je ne sais trop si je suis le seul, j'espère que non, mais trois mille volontaires tout nus dans la rue pour les caprices d'un artiste de la photo, ça me dépasse… Oui, ça m'a dépassé qu'autant de monde… Mais, passons, libre à eux, je ne tiens pas à porter de jugement, personne de mon entourage n'était du nombre. Ce qui ne m'a pas empêché de me questionner et de me demander: *«Faut-il vraiment en arriver là pour être de son temps?»* J'en doute mais, pour d'autres, c'est peut-être une façon communautaire de «s'exprimer», de démontrer du courage… Hum! Là, on va peut-être encore dire que je parle avec ma «sérénité» mais, je regrette, des gens dans la trentaine m'ont parlé, après avoir vu le «tableau», avec plus de rigueur que je n'aurais osé le faire, du respect de soi-même. Dernièrement, un monsieur très âgé qui venait de perdre son épouse m'a murmuré: *«Vous savez, ça ne me dérange pas de partir et d'aller la rejoindre, parce que je ne laisse rien de beau derrière moi. Plus ça va, plus le monde est malsain, violent, sans pudeur et sans conscience…»* Un homme qui a été marié plus de cinquante ans et qui a élevé, dans la dignité, pas moins de huit enfants. Ça m'a peiné de l'entendre me dire qu'il avait presque hâte de quitter le monde des vivants. Comme s'il n'y avait plus de soleil à l'horizon...

Je suis tolérant! Du moins, je le croyais, jusqu'à ce que deux hurluberlus australiens s'amènent à leur tour et remplissent leur salle avec un humour... de bas-ventre. Ai-je besoin de les identifier davantage? Et je n'ai pu comprendre qu'on puisse rire à gorge déployée devant leur «tour Eiffel» ou leur «hamburger». Des dames s'avouaient «conquises» et des gens de tous les âges voyaient dans ce spectacle grotesque une liberté... individuelle! Et ma tolérance, elle, est devenue indigeste. Je ne peux, au nom d'un *coming out* de tout et de rien, admettre que les «parties intimes», dont on parlait avant avec retenue, soient maintenant en vue et... à pleine main! Et ce qui me renverse, c'est que la nudité soit à ce point «visuellement» médiatisée. Parce que le petit écran, les journaux et les magazines sont, qu'on le veuille ou non, à la portée de nos enfants. La «sensation» est certes bonne vendeuse puisque les deux Australiens ont obtenu plus de publicité qu'aucun humoriste d'ici ne pourra jamais en avoir avec, pourtant, beaucoup plus de talent.

Non, je ne suis pas plus catholique que le pape, je le répète. Je n'ai rien contre les gens qui, chaque semaine, vont se louer des films érotiques au club vidéo du coin. C'est là leur droit, c'est projeté dans leur maison, sur leur écran et ça ne fait pas la une des journaux. Je n'ai rien contre ce qui est «privé», vous comprenez? Pas plus que je ne suis dérangé par le fait qu'il existe des «danses à dix» dans les isoloirs des clubs de danseuses. Parce que ceux qui s'y rendent sont majeurs et que l'endroit, quoique public, est «privé» et loin des yeux de nos enfants. Tout ce qui ne nous atteint pas directement ne me dérange pas. Là où je vocifère, c'est lorsque les affaires scabreuses deviennent «grand public» par le biais de l'information sans que personne s'y oppose. Sans doute pour être *politically correct*! On a tellement peur de rappeler les gens à l'ordre… Je n'avais rien contre les défilés gais jusqu'à ce que celui de Toronto nous montre, en plein écran, le premier «nu intégral». Et personne n'a reproché à ce participant d'avoir enlevé son cache-sexe. Or, si l'un d'eux a pu le faire sans réprimande, imaginez ce que vont être les prochains défilés. Vous me suivez? Et ce que je ne comprends pas, c'est qu'on tolère la nudité en pleine rue devant les yeux des enfants et qu'en plus on nous la diffuse ensuite au petit écran. Ne venez pas me dire qu'on ne l'a pas fait exprès? Et dire qu'on arrête des couples qui font l'amour dans leur voiture, à l'abri des regards, au nom de la… moralité! Où donc est la pondération? On permet même à un lecteur de nouvelles, sur l'Internet, m'a-t-on dit, de livrer son bulletin d'information… flambant nu! Entouré de jeunes femmes également nues. Sans être plus catholique que le pape, je regrette, mais je m'oppose comme tant d'autres à ce que nos enfants grandissent dans un monde «à l'envers», parce que trop permissif. Et j'anticipe le jour où l'équilibre aura raison de ce «dysfonctionnement» que j'espère… temporaire!

Ne pas se laisser accabler

C'est novembre. Eh oui! Un mois que plusieurs regardent venir en sourcillant parce qu'il est, selon eux, morbide, sans soleil, sans joie, déprimant. Mais ce n'est là qu'un rituel que de toujours l'attendre avec accablement. Avant même qu'il nous... accable! Et pourtant! Il y a de ces mois de novembre qui ensoleillent tellement le cœur, qu'on se demande vraiment s'il est vrai qu'il y a des feuilles trempées au sol.

Ce n'est pas parce que c'est l'automne et qu'il commence à faire plus froid que ça ne va pas. Quand ça ne tourne pas rond dans notre tête ou sur le plan physique, c'est tout simplement parce que ça ne va pas bien et qu'il faut que le temps s'en charge comme il le fait d'un rhume. On ne peut pas être constamment en train de rire, de s'amuser et de se divertir. Il y a dans la vie, qu'importe les saisons, des hauts et des bas. Personne n'y échappe, mais ce n'est pas une raison pour se laisser accabler par le moindre tourment parce qu'on est, comme certains le disent, en basse saison. C'est comme si, parce que c'est novembre, il était impératif d'accentuer le moindre désarroi et d'en jeter le blâme sur ce mois plus nuageux qu'ensoleillé. Quand ça ne va pas bien, avril ou novembre, ça ne va pas bien. Si c'est physique, on consulte et on se remet tranquillement sur pied. Si c'est d'ordre psychologique, on consulte aussi avant de dire à un ami: *«Ce n'est pas avec le mois de la déprime que je vais remonter!»* Parce que déjà, à être défaitiste, on ne remontera pas, novembre ou pas. On persiste à dire que c'est la faute au «temps gris», alors qu'il y a un soleil de juillet à l'extérieur. On ne regarde même pas par la fenêtre, on se dit: *«Bah, c'est le mois des morts, ça ne peut pas me remettre en vie!»* Si, au moins, on le disait avec humour. Mais non, ils se prennent vraiment au sérieux ceux qui, accablés par un surplus de travail, fatigués peut-être, sont sûrs et certains que la fin de l'automne va les mettre... à terre! Parce qu'ils pensent à l'hiver qui s'en vient, au froid, à la neige... Parce qu'ils ne pensent qu'à eux sans songer que, quelque part, sur un petit lit d'hôpital, un enfant se bat contre une grave maladie, un petit jouet dans les mains, en soupirant d'espoir en plein... novembre!

Ah! Si seulement je me permettais d'être un tantinet vulgaire, je dirais à plusieurs personnes que je connais, que tout ce dont elles ont besoin, c'est d'un bon coup de pied dans... Voyez? Je n'ai rien dit, mais je suis assuré que vous avez terminé ma phrase. Eh oui! Que cela! Parce que c'est tout ce que ça prend, parfois, pour affronter l'incontournable combat qu'est celui de la vie. Moi, quelqu'un qui me dit: *«J'pense que je vais me mettre en* burnout, *c'est la seule façon de jouir d'un long congé...»,* ça me dépasse! Je trouve ça extrêmement lâche! Je ne comprends pas qu'on puisse être en *burnout* ou invoquer une fatigue chronique parce qu'on a juste «la chienne» d'entreprendre une autre saison dans un travail qu'on a pourtant choisi. Plusieurs vont dire: *«Je l'ai pas choisi! J'ai pas eu l'choix!»* Pis, après? L'avons-nous eu, nous, le choix jadis? Dès qu'on accepte un poste quelque part, on le choisit et on s'arrange pour en tirer le meilleur parti.

Et quand j'entends un professeur me dire qu'il est à deux pas du *burnout* après deux mois de vacances et deux mois d'enseignement seulement, je comprends encore moins! Et, à creuser dans le sujet, on se rend compte que le «prof» en question n'a été que contrarié par la direction. Il y en a qui sont incapables d'admettre la moindre faille. Je sais qu'il n'est pas facile d'enseigner. Parce que c'est une vocation et qu'il faut en avoir la force et la foi. Si je vous semble plus ferme envers eux, c'est que j'ai une fille qui est enseignante et qui ne s'est jamais laissée aller à l'accablement, même avec une classe remplie d'élèves en difficulté d'apprentissage. Et parce que, dans mon jeune temps, je me souviens des professeurs qui avaient des classes de quarante élèves. Vous allez me dire: «*Oui, mais les enfants étaient sages en ce temps-là...*» Non, il y avait des *bums,* comme on les appelait, qui ne se gênaient pas pour les envoyer... Je vous épargne le verbe! Alors, quoi qu'on fasse dans la vie, quand on souffre juste d'un léger épuisement, quand on a besoin d'un petit congé, qu'on le prenne, mais qu'on ne vienne pas me dire qu'on est en *burnout* parce que... Alors, si vous êtes morose, si novembre vous semble triste, si vous ressentez vraiment une réelle fatigue, un début de dépression, consultez, n'attendez pas. Mais si vous n'êtes qu'accablé par la moindre contrariété et par l'hiver qui vient... Vous me suivez? Pensez aux enfants qui ne verront peut-être pas Noël et, je le répète, donnez-vous vite un bon coup de pied...

Quand l'envie mène à la frustration...

Hélas! Qu'on le veuille ou non, il y aura toujours des gens pour dénigrer le succès des autres. Que ce soit en affaires, en amour, en liens affectifs, il n'est pas donné à tous de réussir des coups de «maître», et ce sont les perdants qui, malheureusement, souffrent de plus en plus de cet étrange malaise qu'on appelle la frustration.

Récemment, alors qu'il dînait dans un restaurant, un ami entendait, à une table non loin de la sienne, une chanteuse quelque peu populaire, dénigrer sans gêne le succès monstre du dernier CD d'une autre chanteuse... très populaire. Bon, c'était là son droit, mais à haute voix, il n'était guère poli de mentionner ainsi un nom et de s'arranger pour que tout le monde l'entende. Surtout, après avoir réalisé que plusieurs personnes la regardaient. Voulait-elle attirer leur attention? Si tel était le cas, c'est réussi puisque, d'après ce que l'ami m'a dit, je parle d'elle aujourd'hui. Sans la nommer évidemment, sans même faire allusion à sa carrière qui, pourtant, se déroule passablement bien. J'en parle parce que le copain en question la sentait si frustrée qu'elle en faisait pitié. Vous savez, et là, je parle à tout le monde, si on prenait le temps de s'auto-évaluer, satisfait ou non de l'exercice, on pourrait ouvrir les yeux sur la valeur que l'on a et l'ambition qu'on compte lui ajouter. Autour de soi, il y aura toujours des meilleurs et des moins bons, mais le hic, c'est qu'on est porté à ne regarder que ceux et celles qui nous surpassent, sans même prendre la peine de compter les «marches grimpées», au détriment ce ceux et celles qui, plus bas, nous envient d'en être… déjà là. Cercle vicieux, n'est-ce pas?

Il est évident que la chanteuse «très» populaire fait plus d'argent que l'autre dont je parlais. Il est aussi évident que le directeur d'un magazine fait plus d'argent que le chef de pupitre et que le médecin gagne plus que l'infirmier. À chacun son échelle de valeur, quoi. De plus, dans toute promotion, dans toute élévation, il y a plus d'efforts à fournir, plus de rendement à donner, plus de responsabilités à prendre. Et ce, même si le chef de pupitre travaille autant que le directeur. Un jour, ce sera peut-être à son tour de comprendre que le grade plus haut comporte un plus grand stress mais, pour l'instant, dans la plupart des cas, c'est la frustration qui se manifeste. On préfère se dire: *«Il a eu plus de chance que moi, il était là au bon moment; on l'a choisi parce qu'il est plus "téteux" que moi, etc.»* Tout ça parce qu'on refuse d'admettre que l'autre a peut-être un tantinet plus de talent que soi. Et pourtant, dans le fond, qu'importent l'argent et les titres. Vous savez, quand vous ne portez plus la couronne, on cesse de vous envier. C'est à peine si on veut maintenir le lien. On se dit: *«Bon, enfin! Il a décroché! On va peut-être se rendre compte que j'existe, maintenant?»* Ce qui veut dire que l'on ne ressentait que de l'envie pour vous; on espérait votre chute afin de prendre votre place et votre… salaire!

Comment finir par être heureux? Voilà qui n'est pas une question facile pour quiconque se considère sans cesse comme un *looser,* même avec une très bonne feuille de route. Et comment y répondre quand ces personnes n'ont jamais appris que, dans la vie… *«quand on est valet, on n'est pas roi!»* Qui que l'on soit, aussi haut croit-on être, il y aura toujours quelqu'un de plus grand, de plus réputé que soi. Si l'on peut admettre ce fait, je crois, dès lors, qu'il peut être possible de vivre en harmonie avec soi-même. Il faut cesser de dire «des plus chanceux» pour finir par dire «des plus doués», pour comprendre que certaines personnes ont plus de succès que nous en affaires comme en amour ou en amitié. On ne peut pas toujours «blâmer» le bonheur des autres en s'apitoyant sur son sort.

Remarquez qu'on peut être frustré temporairement et s'en remettre dès qu'on chasse de sa mémoire le mauvais moment. Être désavantagé de temps en temps, ça arrive à tout le monde. On peut être déçu, trompé, en vouloir à quelqu'un pour les déboires, mais de là à entretenir sa frustration jusqu'au prochain désappointement, c'est faire de son défaut un malaise permanent. Mieux vaut ravaler sa salive, respirer par le nez et faire en sorte de s'élever soi-même au gré de ses efforts si l'on tient à prouver qu'on «vaut» ce que les autres de même acabit… «valent». Que cela et je vous jure que la frustration peut se transformer en gratification. *«Je suis ce que je suis aujourd'hui, je serai ce que je veux être demain…»* Voilà ce qu'il faut retenir pour éviter de souffrir des maux de tête… des frustrés. Si la chanteuse avait pu admettre que l'autre avait une plus jolie voix que la sienne, si le chef de pupitre pouvait se rendre compte qu'il n'est pas encore prêt pour le poste de directeur, et si l'infirmier pouvait comprendre qu'il ne sera jamais médecin, la frustration tout comme l'envie n'existeraient plus. Mais comme ce que j'énumère est peut-être trop «demander», j'ose espérer que les insatisfaits feront au moins l'effort de monter d'un cran tout en saluant bien bas… ceux et celles qui l'auront fait juste avant.

Les hauts et les bas de la sagesse

Non, l'âge de la sagesse n'a pas que des qualités. Désolé pour ceux et celles qui croient qu'avoir cinquante ans et plus, c'est être digne de Salomon, prêt à résoudre tous les problèmes, à trancher tous les différends… Dernièrement, à la télévision, une personnalité disait qu'avec la cinquantaine accomplie, pas loin de la soixantaine, elle était moins pointilleuse, plus tolérante… Il y a certes une part de vérité, on devient plus tolérant, mais pas nécessairement parce qu'on est devenu plus… indulgent. La tolérance, c'est parfois tout simplement d'avoir déposé les armes. On tolère parce qu'on n'a ni le goût ni la force de se battre comme on le faisait à trente ans. Bien souvent, on ferme les yeux comme si l'on voulait tirer son rideau sur les «farces» de la vie. Arrive un temps où le corps et l'esprit, plus fatigués, «se» disent en regardant un débat politique: *«Bah, qu'ils aillent tous au diable!»* On abdique, tout simplement. On se demande même si ça vaut la peine d'aller voter quand on est assis avec sa pension du gouvernement, son régime de retraite, son petit bungalow payé… et l'été qui s'en vient! On est certes moins pointilleux, mais on devient plus… grincheux! On ne crie plus, on marmonne. On ne s'emporte plus, on soupire d'insatisfaction… Mais, on n'est pas plus sage dans ses pensées qu'on l'était à trente ou quarante ans. On fait mine de comprendre, on s'évertue à jouer les «sages», on veut faire bonne figure parce que, à un certain âge, tout ce qui nous reste pour susciter l'envie des plus jeunes, c'est cette satanée… sagesse! Et ce que je voudrais dire à tous ceux et celles qui se servent de cet «ingrédient» pour pallier l'ennui, c'est qu'on n'est pas plus fins qu'avant, pas plus avertis; on est tout simplement plus épuisés, on n'a plus la force d'antan ni le courage de faire ce qui nous tente encore… de faire! Et si l'on pouvait raviver la flamme sans trop avoir l'air fou, je pense qu'on recommencerait à trot de cheval, quitte à refaire les mêmes erreurs. Avec la sagesse dans les neurones et la sérénité dans le cœur!

Ce qui ne veut pas dire que, prendre de l'âge, est un défaut dont il faut s'excuser. Car il y a de bons côtés à ne plus faire partie, entre guillemets, de la société. Il y a de bons côtés à déposer les armes, à fermer les yeux, à laisser les plus jeunes dire et faire… Parce que ça ménage le cœur et que ça permet de dormir plus paisiblement la nuit. Je dirais même que la sixième décennie est sans doute la plus intéressante du cheminement de la vie. Parce que dans la cinquième, on se bat encore, on se cherche, on se demande, on se questionne, on hésite; bref, on est souvent en transe devant la préretraite qui chatouille l'ego. À soixante ans, on a compris que c'est la plus belle phase de sa vie qu'on traverse. À la condition, cependant, d'être en santé et d'en profiter avec tout le potentiel sauvegardé… de nos jeunes années. Bien sûr qu'il serait plaisant, à ce moment-là, que les aiguilles arrêtent de tourner, mais, hélas! la seule justice sur terre, c'est d'avoir, un certain jour, pas la moindre ride, et, plus tard, la peau beaucoup moins lisse. Voyez-vous? Même avec la sagesse qui devrait nous faire tout accepter ou presque, nous avons tous, au fond du cœur, un petit côté «esthétique», un petit râle… d'orgueil. Certaines personnes ont beau dire: *«Moi, j'suis comme le bon Dieu m'a fait, j'ai déjà été mieux, mais avec le temps…»*, c'est bien souvent elles qui ont recours à la teinture pour ne pas afficher un seul cheveu gris, et qui se demandent si le collagène pris en quantité ne viendrait pas à bout de certains… plis! Sagesse ou pas, on n'accepte pas toujours avec le sourire ce qui vient avec la sérénité. Personnellement, ce n'est pas parce que je suis devenu cinq fois grand-père, que je vais accepter le petit ventre que je refusais à quarante ans. Sage ou pas, ce que je peux éviter ou corriger, je le fais encore. Et j'accepte ce que je ne peux changer! Pour moi, l'âge de la sagesse, c'est comprendre et accepter que d'autres suivent et prennent la relève. Nous avons eu notre tour; à eux maintenant! Et mon souhait le plus cher est de voir des jeunes surpasser ce que nous avons accompli… hier. Parce qu'il est normal que les «trente ans» d'aujourd'hui supplantent les «trente ans» que nous avons été.

Ce n'est qu'une roue qui tourne. Personne n'échappe au temps et aux années. Selon moi, la plus belle preuve de sagesse, c'est d'être capable de regarder les jeunes et de dire sans la moindre «envie»: *«Regarde comme il est athlétique, vois comme elle est belle… Regarde ce qu'il a accompli, celui-là!»* Parce qu'ils sont les merveilleux arbustes que nous avons été pour d'autres, naguère. Et ce n'est pas parce que j'ai l'âge de la sagesse que je suis devenu Einstein pour autant! Je peux certes donner des conseils, mais entre vous et moi, parfois, j'ai envie de leur dire: *«Votre décision sera sans doute meilleure que mon conseil, parce que, dans mon temps, les couples…»* Vous saisissez? Ce qu'on a encore en commun, c'est le soleil, la pluie, les rhumes et les omelettes. Pour le reste, tout comme pour la sérénité et la sagesse, ce n'est qu'une forme d'héritage qu'on se transmet, quand vient… un certain âge.

Être capable de retrouver son calme

Une connaissance, une femme d'un certain âge, passablement nerveuse, me disait récemment: «*Je ne sais pas ce qui se passe, j'ai de l'urticaire dans le cou, la tête me pique... Je n'ai jamais eu ça de ma vie, avant!*» C'est bien simple, juste à l'écouter, je me suis rendu compte qu'elle était au comble de ce que les «nerfs» peuvent prendre, sans entraîner de graves conséquences. Comme cette dame n'est plus en milieu de travail et qu'elle ne souffre pas d'insécurité pour autant, j'ai gentiment cherché la cause avec elle. Je ne suis pas médecin mais, au fil des ans, j'ai appris maintes fois à retrouver mon calme avant que la «boussole» n'éclate.

Au bout du rouleau sur le côté «nerfs», ça veut dire qu'on a laissé la place à l'anxiété qui, elle, a cédé sa place au stress et, de là, l'angoisse. C'est aussi simple que ça, l'un entraîne l'autre et le trio infernal finit par faire ses ravages. Qu'on soit en plein mitan de la quarantaine, sur le marché du travail, avec des enfants qui nous attendent le soir, ou qu'on ait vingt ou soixante ans, l'anxiété n'épargne personne. Et je dirais que les plus âgés, les retraités à l'aise, sont parfois les plus vulnérables à cette perte d'accalmie qui, pourtant, devrait être la leur après avoir déposé les armes. Le hic, et ces personnes en savent quelque chose, c'est qu'avec le temps, quand on peut enfin décompresser de «soi», on commence à s'en faire pour les autres. De plus, on remet toujours à plus tard en se disant qu'une autre année de plus ne changera rien à la situation présente. On remet parce qu'on n'a plus la force de «s'embarquer», ne serait-ce que dans un déménagement qui nous serait profitable. On remet aussi quelques voyages en se disant que les moyens sont restreints, ce qui n'est pas vrai. On remet, parce qu'à force d'être assis devant le bulletin de nouvelles, on en vient à avoir peur de tout. Il suffit qu'un avion s'écrase pour ne plus songer à visiter la France, du moins pour une longue période de temps. On est nerveux, de plus en plus nerveux, parce qu'on ne sait pas comment retrouver son calme, à moins, ça arrive, croyez-moi, d'avoir tout simplement peur... du calme.

Être capable de retrouver son calme, c'est d'abord prendre le temps de s'asseoir et de se dire: «*Bon, qu'est-ce qui ne va pas avec moi? Pourquoi suis-je dans une telle impasse?*» C'est en se posant des questions que notre conscience nous souffle des réponses. Vous savez, j'ai vu, il n'y a pas si longtemps, un homme de cinquante ans mettre fin au bénévolat qu'il exerçait parce que, peu à peu, ça le tuait. Il se donnait corps et âme, six jours par semaine, au détriment de sa propre santé, en «avalant» constamment les problèmes des autres. Généreux de sa personne, on a fini par abuser de lui et, juste avant de craquer, il a tout lâché pour tenter de se retrouver. Nous avons tous un signal d'alarme lorsque le «trop plein» de quoi que ce soit s'en vient. Un type que je connais s'en faisait à avoir à prendre une semaine de vacances à ses frais. *So what!* comme aurait dit ma mère. Dans un tel cas, on s'arrange pour que ladite semaine soit la plus économique de sa vie. On coupe ici et là et, sans s'en rendre compte, on est de retour au travail. On s'est privé de quoi, finalement? D'une sortie au restaurant? D'un filet mignon et d'une bouteille de vin? Et puis après? On n'est pas allé au spectacle tel que prévu? Non, mais on ne s'est pas tourné les pouces pour autant, puisque le type en question en a profité pour mettre son appartement en ordre, pour s'emparer d'un bon livre, pour faire quelques siestes dans sa chaise longue sur sa petite terrasse. Il a décompressé comme ce n'est pas possible, ses cernes se sont même dissipés et il a joint les deux bouts comme s'il avait été payé pour la «sacrée semaine» qui le faisait se gratter partout. Je l'ai souvent dit et je le répète, dans toute occasion où l'anxiété gagne du terrain, mettez-vous vite au 33 tours, diminuez la cadence, changez de station radiophonique, fermez pour quelque temps le damné téléviseur, évitez ce qui risque de vous irriter et allez faire une longue marche de santé chaque soir. Pas du jogging, juste une marche lente en humant les fleurs des jardins, en regardant les maisons de votre quartier que vous n'avez peut-être jamais vues. L'important, c'est de modifier ses habitudes avant que les habitudes vous menacent d'avoir recours à tous les onguents pour les «boutons», comme à tous les comprimés pour les maux de tête.

Moi, je vous le chuchote, je suis très en demande pour des conférences et des causeries. J'aime rencontrer les gens, leur parler, revenir le cœur rempli de tout ce qui s'est dit lors de l'échange. Mais, nonobstant ce plaisir, il m'a fallu diminuer la fréquence de ces conférences, car je me suis rendu compte que ces soirées me stressaient énormément. Une de temps à autre, ça allait, mais ça devenait presque un travail à temps plein. J'ai donc appliqué les freins avant de dormir mal et d'être surexcité. J'ai compris qu'il me fallait être capable de retrouver mon calme. Je vais certes accepter d'autres invitations, mais moins souvent, plus espacées. Il en va de même quel que soit le métier que l'on pratique. C'est sans cesse le «trop plein» de ce que l'on fait qui nous mine peu à peu. Même si l'on est passionné par son travail. Or, juste avant que l'urticaire s'empare de votre cou ou de vos jambes, penser à retrouver votre calme, à vous détendre, à changer votre mode de vie, du moins pour quelque temps. Dites-vous que le stress qui vous guettait… peut toujours attendre.

Planifier ses rêves...

En faisant allusion aux rêves qu'on aimerait réaliser, on se dit souvent: «*Ah! un jour, peut-être...*» Mais pour que ceux-ci deviennent réalité, il faut les planifier, saisir ce que la vie nous accorde et y mettre un peu de soi-même. On a pourtant souvent tendance à vivre un jour à la fois.

Cette façon de faire peut être bénéfique quand on a à soulager une peine, à passer au travers d'une thérapie, par exemple. Quand on a un dur combat à mener, il est effectivement plus facile de prendre un jour à la fois, car il est évident qu'on ne se remet pas d'un coup dur en criant ciseau. Surtout pas quand on a le moral à terre et qu'on doit se remettre sur pied avant de recommencer à avancer dans la vie. C'est en vivant au jour le jour, au gré des heures, des semaines et des mois, qu'on se relève de tout ce qui a pu nous «assommer». Ce n'est pas lorsqu'on traverse des jours difficiles qu'on a envie de planifier l'avenir, parce que, dans ces moments-là, on n'a envie de rien, on voit tout en noir.

Mais quand on connaît des jours meilleurs, quand notre cœur est au repos et qu'on a l'âme sereine, il n'est pas normal de continuer à vivre «un jour à la fois», sans rêver et sans rien planifier pour l'avenir. Actuellement, les feuilles tombent; c'est le premier pas vers l'automne. Une saison durant laquelle j'ai toujours ébauché des plans, songé aux jours qui s'en viennent pour pouvoir les planifier et savoir quoi faire quand la saison froide sera vraiment là. Planifier un voyage, par exemple, mais pas seulement ça. Penser aussi à tout ce qui s'appelle le bien-être. Planifier ses rêves, c'est aussi s'organiser en fonction de son budget. Si ce dernier ne permet pas de réaliser ce que l'on souhaiterait, il suffit de se restreindre un peu. Sans représenter l'objectif qu'on s'était fixé, ce petit bonheur que l'on s'offre, plus modeste que celui qu'on imaginait, dégage quand même une odeur de rêve. Il reste à prendre les moyens pour que son rêve devienne possible la saison d'après. Améliorer son sort et sa façon de vivre, c'est déjà travailler à réaliser son rêve. Je me souviens encore du temps où, lorsque nous étions jeunes, nous nous retrouvions chaque soir dans une taverne. L'un de nous marmonnait: «*Faudrait bien que je termine ma neuvième année, j'ai pas de diplôme...*» Et nous avions fini par lui faire comprendre que ce n'était pas dans les quatre grosses Molson qu'il buvait chaque soir qu'il allait trouver la force et le courage de se lever un de ces matins et d'aller poser son derrière sur un banc d'école. Ceci se passait en 19... Au moins, cet ami avait un objectif, il ne lui restait qu'à l'atteindre.

Plus près du temps présent, j'entends encore l'ami qui m'a dit tout l'été: «*Moi, mon rêve, c'est d'aller à San Francisco ou en Angleterre, mais avec la valeur de notre argent aux USA... Et on dit qu'à Londres, un déjeuner coûte un bras...*» À force d'écouter ses jérémiades, j'ai fini par lui dire: «*Dans ce cas-là, arrête de planifier aux mauvais endroits. Pourquoi n'irais-tu pas visiter Banff ou le lac Louise, dans les Rocheuses? C'est de toute beauté et tu ne perdras pas un sou...*» Croyez-le ou non, il vient de partir pour ce coin du pays, le cœur en fête. Lorsque j'étais jeune, je rêvais d'être professeur d'histoire; je suis devenu journaliste. Le destin m'a conduit là où j'en suis, et je n'ai pas de regrets, puisque j'ai comblé ma passion pour l'histoire en planifiant, avec le temps, des voyages qui m'ont conduit en Haïti et à Paris. Je n'ai rien enseigné, mais j'ai tout appris! Je persiste à dire que, tant qu'on a des projets, tout peut arriver. Et, bien souvent, au-delà de nos espérances!

Il arrive qu'on ait peur de l'avenir, de ce qui peut survenir. Dans la planification que je prône, je ne pense pas à un lointain projet qui risque de ne jamais se concrétiser. Je pense qu'il faut travailler, de semaine en semaine, à se rapprocher du but. Je n'ai jamais planifié de rêves à très long terme, j'aurais eu trop peur de ne pas les vivre! Vous me suivez? Mais, d'une année à l'autre, il est possible de dresser un bilan et de se dire: «*Si je ne suis pas rendu là, c'est qu'il y a encore des obstacles sur ma route...*» Et c'est ainsi qu'on continue à se diriger droit vers le but qu'on s'est fixé. Ça ne marche pas? On s'assoit, on se relève et on recommence. Et c'est ainsi, croyez-le, qu'on arrive à faire de ses rêves des réalités. Avec un peu de courage, de la détermination et beaucoup... de confiance!

Au nom de tous ces souvenirs...

Vous avez sûrement vu maintes fois à la télévision, comme moi, cette réclame dans laquelle un jeune homme, ayant gagné à la loterie, demande à son père, incarné par Germain Houde, s'il ne voudrait pas d'une nouvelle maison. Avec de la tendresse dans le regard comme dans les gestes, ce dernier regarde autour de lui et répond à son fils: *«Non, y a bien trop de souvenirs ici...»* Il finit par accepter un voyage de pêche sans savoir que son fiston a raflé le gros lot. Si on s'amuse à deviner la suite de l'histoire, on imagine que, même si son garçon est devenu millionnaire, il ne changera pas de maison pour autant. Sa réplique m'a touché, je l'avoue; ça m'a même donné matière à réflexion. Vous savez, avec le temps, quand les enfants ne sont plus à la maison et qu'on se retrouve avec une grande demeure vide, on en vient à se demander si un condo ou un appartement, qui ne demanderait pas gros d'entretien, ne ferait pas mieux l'affaire. On se le demande, on en parle, on tente même de se convaincre que ce serait la meilleure chose à faire, jusqu'à ce que les souvenirs nous fassent signe de ne pas les laisser en d'autres mains. Je ne sais trop pourquoi, mais on n'abandonne pas une maison familiale qu'on habite depuis plus de vingt ans comme on abandonne une voiture usée par le temps. Une maison familiale a une âme, une odeur... Juste de descendre au sous-sol, de retrouver quelques vieux jouets dans une boîte, de revoir le lit de son aîné, intact, plus jamais défait, fait en sorte que l'enchantement persiste. Sur une étagère, quelques livres de contes qui ont appartenu à ma fille, une Barbie égarée, un ou deux microsillons de

Donna Summer… et les souvenirs refont surface. Non, je n'ai pas vendu et, chaque fois que j'y songe, je repense à tous ces souvenirs qui s'infiltrent dans mon cœur et j'entends une voix lointaine, sans doute celle de la nostalgie, qui me murmure de n'en rien faire. Oui, *«y a bien trop de souvenirs…»*, comme disait le comédien dans sa réclame, pour fermer les volets et tenter de finir sa vie ailleurs.

Au nom des souvenirs, il y a de ces endroits que la mémoire entretient comme s'il s'agissait d'un prénom précieux. C'est comme se rendre à Miami plusieurs fois et ne revoir que la fois où le bonheur était au rendez-vous. Une petite chambre avec vue sur mer, de longues marches sur la plage, un soleil pur de janvier et… des moments plein d'insouciance! Oui, il y a de ces endroits et de ces moments enfermés à tout jamais dans le tiroir le plus intime du cœur. Des moments que l'on voudrait certes revivre, comme ceux auxquels vous songez en lisant mon billet. Parce que tout le monde a de ces souvenirs que même les nuages ne parviendront pas à disperser. Il est impossible d'oublier ce qui a été merveilleux. Et ce, même si le temps a tenté d'en effacer la trace. Quand il m'arrive de passer devant l'église où j'ai fait ma première communion, jadis, j'ai encore la douce image de l'enfant blond avec son brassard au bras, les mains jointes… Et, lorsque je passe devant l'église où mes enfants ont communié, naguère, je les revois avec cette piété qu'ils affichaient, revêtus de leur aube blanche avec capuchon, et je sens encore une fois mon cœur ne faire qu'un bond devant le souvenir de ces si beaux moments. Comme vous pouvez le voir, il y a des gens qui ne peuvent s'éloigner des lieux qui les ont marqués autrefois. Alors, comment penser à vendre une maison où les rires tout comme les pleurs des enfants résonnent encore dans les murs? Oui, comme disait Germain Houde, *«y a bien trop de souvenirs…»*

Il est évident qu'on ne pense pas ainsi quand on a trente-cinq ou quarante ans et que la vie s'étend devant soi. On vit au présent quand on a l'âge de bouger, de changer de sentier, de ne s'ancrer nulle part. On vit au jour le jour quand on se lève au son d'un réveille-matin et qu'on brave la chaleur ou le froid pour avancer d'un pas à la fois. Remarquez que les souvenirs se rangent déjà sur le disque dur de la mémoire, mais, à cet âge, on n'y pense pas, on ne s'y arrête pas. Pas encore, du moins... Mais, avec ce temps qui passe à la vitesse du son, vient le jour où on ne se lève plus sur un réflexe; vient le jour où l'on s'étire en regardant, de sa fenêtre, les autres braver les intempéries... Et c'est là qu'on tente de projeter, de planifier, de s'imaginer qu'on serait mieux ailleurs, jusqu'à ce que les souvenirs viennent nous darder le cœur. Alors, on reste parmi eux, on vit avec eux, on sent qu'on a moins de temps devant que derrière, et on se paie des voyages, des agréments, des déplacements, avec un retour paisible dans son territoire, sans plus songer au moindre... déménagement. Parce qu'il y a trop de souvenirs à laisser derrière soi et que, sentimentalement, il vaut peut-être mieux mourir en les regardant avec un sourire qu'en les regrettant avec les yeux embués. Il vaut mieux les vivre à deux, dans la même maison, comme naguère, dans les premiers temps.

DEUXIÈME PARTIE

C'est quand le bonheur se lève

sur ceux qui s'aiment

... que rien ne s'achève!

Ces grandes histoires d'amour

Si l'on se fiait aux dictionnaires, aux contes historiques ou aux fabuleuses biographies, on croirait que les plus grandes histoires d'amour concernent des gens qui ont fait l'Histoire. Or il n'en est rien... ou si peu. Bien sûr, Napoléon a aimé Joséphine. Jusqu'à ce qu'il se rende compte qu'elle ne pouvait pas lui offrir d'héritier, elle qui avait pourtant été mère avec un autre avant lui. Dès lors, elle a été répudiée. Quand on me parle de l'amour sans fin du duc et de la duchesse de Windsor, je suis porté à sourire. Certes, il a abdiqué pour elle, mais ça l'arrangeait de ne pas être roi! Et la charmante Wallis, devenue duchesse, a joui d'une belle vie sans pour autant jouir... de la chose, c'est l'histoire qui le dit. Indubitablement, Jackie et John F. Kennedy se sont aimés, même si ce dernier a souvent tourné les yeux vers bien des corps et non des cœurs, comme ceux d'Angie et de Marilyn. Oui, Yves Montand a aimé Simone Signoret, oui, ils se sont liés, mais il y a eu quelques parenthèses... Si l'on fouille discrètement dans les amours dites célèbres, on se rend compte que ce sont là de belles histoires qui font vendre des livres, mais pas nécessairement de grandes histoires d'amour coulées... dans le ciment.

Pour moi, les grandes histoires d'amour sont la plupart du temps celles dont on ne parle pas. Elles peuvent aussi bien se dérouler à Amos en Abitibi qu'à Swift Current en Saskatchewan. Elles concernent ces couples qui, depuis quarante ans et plus, partagent leur quotidien. Ces couples qui, un jour, ont dit «oui» pour le meilleur et pour le pire et qui ont su, à force de mettre un peu d'eau dans leur vin, passer à travers les années, joies et chagrins inclus. Quand on me parle d'une Gisèle et de son Léo qui, cinquante ans plus tard, s'obstinent encore avec le même sourire, je me dis: «*Voilà une grande histoire d'amour!*» Et lorsque j'entends dire qu'une Jeannine regrette encore son Paul, parti, hélas! pour l'au-delà, ça me porte à croire qu'il y a de ces histoires d'amour à l'infini, de ces battements de cœur immortels. Oui, des gens comme vous et moi, des méconnus qu'on ne cite nulle part dans les livres, mais qui ont vécu et vivent encore les plus grandes histoires qui soient, après avoir élevé ô combien d'enfants!

Je ne voudrais, pour rien au monde, passer outre à ces grandes histoires d'amour qui se vivent au mitan de la vie à deux. Selon mon calendrier, ce mitan survient lorsqu'on se lève encore ensemble après quinze ou vingt ans de mariage. Vers la fin de la trentaine ou plus souvent dans la quarantaine, alors qu'on avance encore… à deux. Je n'ai rien contre les couples qui se séparent et divorcent, ni contre ceux qui repartent naviguer dans un autre océan de sentiments. Mais lorsque je songe aux grandes histoires d'amour, mon cœur se penche, évidemment, vers celles que rien n'entrave, ni le temps ni les divergences. Ces amours qui résistent à tout et dans lesquelles, main dans la main, on brave chaque intempérie. N'allez pas croire qu'il soit facile de se côtoyer toute une vie, loin de là! Et c'est d'ailleurs pourquoi je qualifie ces vies à deux qui durent et perdurent… de grandes histoires d'amour. Au mitan de notre union, au moment où tout devient crucial, c'est là que l'amour est mis à rude épreuve. Faut-il seulement s'aimer de tout son être pour balayer les vagues et les remous des ébats de son cœur! Tout un mandat, pas vrai?

Je m'en voudrais d'omettre les grandes histoires vécues par des jeunes de quinze, dix-sept ou vingt ans qui éprouvent, pour la première fois, de fortes pulsions sentimentales. Je peux affirmer que ce sont de beaux moments car, si ma mémoire m'est fidèle, on peut connaître alors une intense histoire d'amour, aussi courte soit-elle. C'est à cet âge que les peines d'amour sont les plus lourdes, les plus difficiles à surmonter. Rappelez-vous celui ou celle que vous avez aimé pour la première fois, au point d'en rêver chaque nuit, et dites-moi si ce doux accro n'a pas été pour vous... une grande histoire d'amour. Vous savez, avec le bagage de mes cheveux gris, je peux vous assurer que rien ne remplace le premier grand amour d'une vie. Curieusement, le cœur ne l'oublie jamais. Les belles et grandes histoires d'amour n'ont pas d'âge. Seule la durée d'un amour peut le rendre vénérable. Selon moi, les plus grandes histoires sont celles de tous ces êtres qui, à l'insu de l'humanité mais aux yeux de leurs proches, se sont aimés. Aimés... malgré les difficultés, les tourments et les désarrois. Parce que, avec un seul cœur pour deux, on transforme miraculeusement la peine en joie et le chagrin en bonheur. Foi de celui qui vous le dit, toutes les histoires d'amour célèbres plus ou moins honorables, ne valent guère celles de mes plus humbles voisins... de table.

Au gré de ses états d'âme

Quand on me demande si j'écris beaucoup ces temps-ci, je me surprends à répondre: *«Bien... au gré de mes états d'âme.»* Je ne sais trop si une telle phrase déroute les gens ou si on croit que je vais chercher dans un «second» vocabulaire une espèce de citation avec un tantinet de prétention – ce qui n'est pas le cas. Un état d'âme, pour moi, c'est la façon dont on se sent quand les choses se présentent. C'est aussi un état qui fait que, certains jours, on avance ou pas. Je pourrais certes dire: *«J'écris quand je le sens»,* mais ce serait ambigu... Et puis, un état d'âme, c'est finalement un état de vie, rien de moins, rien de plus. Certains matins, il se peut qu'on ait l'âme en paix, dans une grande quiétude, mais il se peut aussi que l'âme soit troublée, perturbée, peu encline à nous guider dans un sentier qui nous serait propice. On se sert tous de son état d'âme, parce que c'est mystérieux, ça ne se voit pas, et parce qu'on ne peut savoir si l'âme est vraiment ce qui quitte le corps après la mort ou si ce n'est pas, tout simplement, l'enveloppe du cœur. Pour être heureux, ça prend un bon «coup d'cœur!» Pour réussir à surmonter les obstacles, pardonner, se pencher sur le sort des autres, ça prend du cœur. Donc, l'état d'âme n'est peut-être que l'imperméable du cœur à moins que ce ne soit la racine de cet organe vital. Mystère! Ce qu'il y a de merveilleux dans le mystère, c'est qu'on peut aisément le poétiser, à défaut de l'atteindre du bout des doigts.

Mais si je reviens à la source première de cette belle rivière, je serais porté à dire qu'il est tout à fait bénéfique de traverser les jours au gré de ses états d'âme. Parce que l'âme, c'est doux, c'est tendre, c'est une partie du bien-être qu'on ressent sans le voir. À vivre ainsi, on ne peut se tromper, car l'âme, pour moi, c'est l'ange gardien qui nous permet d'y songer sérieusement avant de faire un faux pas. Moi, lorsque j'ai une décision à prendre, il m'arrive de me dire: *«Je vais d'abord interroger mon âme.»* On peut certes attribuer une telle intervention à la sagesse, mais je crois avant tout que c'est d'une façon spirituelle que je le fais. Ce qui veut dire qu'en interrogeant mon âme je fais une prière. C'est ma façon de demander au Ciel si je devrais poser le pied sur telle marche ou passer tout droit. Je vous jure m'être rarement trompé en sillonnant l'inconnu… au gré de mes états d'âme. Que de fois me suis-je fait mal en ne me fiant qu'à mon intuition ou en acceptant ce qu'il m'aurait fallu refuser… sur une impulsion. Oui, je dois l'admettre, c'est peut-être la sagesse, la sérénité car, à vingt ou trente ans, si on m'avait parlé d'état d'âme, j'aurais répondu que je n'étais pas dans l'état… d'attendre! Je commettais beaucoup d'erreurs mais, que voulez-vous, quand on est sur le qui-vive, on n'a guère le temps de méditer. Et pourtant…

Et pourtant, c'est quand on est jeune qu'on a des enfants, des responsabilités et qu'il faut méditer et interroger son âme avant de se lancer, les yeux fermés, dans des aventures. Parce que c'est quand on est jeune qu'on est en pleine force et qu'on a des êtres à protéger. Des êtres qui nous entourent et qui misent sur notre bon jugement pour respirer d'aise. Avancer au gré de ses états d'âme, dire oui ou non au même gré, ça ne prend que quelques heures, finalement. Alors pourquoi ne pas peser le pour et le contre quand on est devant une situation, pourquoi ne pas interroger son âme, son cœur, quitte à faire tout doucement une prière pour éviter la moindre erreur? Moi, quand je suis indécis, il m'arrive de demander au Seigneur de m'éclairer. Quand je sens que personne ne peut m'aider et que je suis complètement seul devant le dé presque jeté, je demande de l'aide... avec mon âme. Et, neuf fois sur dix, je repars sur la bonne voie. Il est rare qu'on fasse un faux pas quand on avance avec une telle lumière.

J'ai un ami qui a perdu son emploi dernièrement. Il m'a avoué être dans un état plutôt triste... Je lui ai conseillé de retrouver avant tout sa quiétude. Pour certains, un état d'âme, ce n'est que symbolique. Quand il m'a dit: *«Ce n'est pas drôle de perdre son emploi juste à la fin du millénaire»*, je lui ai répondu que des gens remplis d'espoir perdaient la vie avant cette fin de siècle. Des gens qui croyaient sans doute célébrer l'arrivée de l'an 2000... J'aime mieux ne pas y penser; certains bulletins de nouvelles me crèvent le cœur. L'ami sans emploi s'est alors rendu compte que, bien portant, dans la force de l'âge et avec un curriculum imposant, il n'avait qu'à attendre le bon côté de ses états d'âme pour... replonger! Au moment où j'écris ces lignes, il pleut, les feuilles sont balayées par le vent et je n'ai pas encore fait la moindre emplette de Noël. Pourquoi? Qu'en sais-je? Tiens! Un état d'âme quelque peu paresseux? Peut-être...

Être dans le doute…

Qui n'a jamais douté? Ah! le doute, qui a pour synonymes, hésitation, perplexité, incrédulité et j'en passe… Pas facile de vivre avec le doute au cœur et d'essayer de mettre les choses au clair. Récemment, l'ami d'un de mes copains lui disait: *«Je ne sais pas ce qui se passe, mais je sens Mélanie distante depuis un certain temps. Pourtant, tout va bien dans notre couple, nous adorons le petit, etc.»* Et mon ami de lui demander: *«Alors pourquoi te casses-tu la tête? Qu'est-ce qui te fait croire qu'après huit ans de mariage, les sentiments de ta femme ont changé? N'est-ce pas là le fruit de ton imagination?»* Et l'autre de lui rétorquer: *«Je crois qu'elle a un autre homme dans sa vie.»* Puis il a fini par avouer que sa femme se refusait à lui de plus en plus souvent et, lorsqu'elle acceptait, elle émettait des soupirs qui n'étaient pas ceux de la jouissance mais de l'impatience. *«De plus,* ajouta-t-il, *j'ai pris pas mal de poids depuis deux ans, et Mélanie aime les hommes musclés… Voilà pourquoi je pense qu'elle a rencontré quelqu'un d'autre.»* Son confident lui a alors demandé: *«Tu n'en as pas parlé avec elle? Tu préfères rester dans le doute, ronger ton frein et l'imaginer au lit avec un autre? Moi, je ne te comprends pas…»*

Et pourtant, c'est facile à comprendre. On en a même fait un dicton: *«Dans le doute, abstiens-toi.»* Pourquoi? Tout simplement parce qu'on a peur de perdre ce qu'on a et qu'on préfère jouer à l'autruche plutôt que de regarder la réalité en face. Oui, Mélanie fréquente peut-être un autre homme. Mais malgré sa peur d'être mis devant cette évidence, il serait préférable pour l'un comme pour l'autre de mettre cartes sur table. Et si l'époux, qui semble malheureux dans cette situation, aime encore sa femme, il devrait songer à se prendre en main et à perdre ce fichu... embonpoint. Le laisser-aller, qui peut occasionner des doutes, cause aussi des ruptures. Il n'est pas vrai que l'amour compense l'attitude d'un je-m'en-foutisme qu'on adopte parce qu'on est marié... Ce serait trop beau si c'était le cas. Remarquez qu'avec les années il est normal que l'apparence physique subisse des modifications. Ce qui n'est pas normal, c'est de perdre son charme qui, généralement, fait oublier ses défauts physiques. Il serait sage que l'homme dont il est question dans ces lignes prenne le temps de se regarder dans la glace et qu'il essaie, armé d'un peu de courage, de sauver son couple. Mais encore faut-il qu'il parvienne à faire part à sa femme du doute qui l'assaille. Si elle sourit, il aura tout compris; si elle ne réagit pas, c'est qu'il est temps pour eux de jouer franc jeu afin qu'il sache une fois pour toutes si ses appréhensions sont fondées.

Mais le doute n'est pas que l'apanage de l'amour. On en vient tous à douter de soi un jour ou l'autre. Un auteur-compositeur m'a déjà dit: *«Je ne sais pas si j'ai encore la touche. Je pense que je n'arriverai plus à composer comme avant...»* Une autre de mes connaissances, une chanteuse, m'avouait douter de plus en plus de sa popularité auprès de ses admirateurs. *«Ils sont devenus les fans d'une autre»*, avouait-elle, défaitiste. Mais ce n'était guère le cas, malgré le fait que son dernier album n'avait pas obtenu le succès du précédent. S'il avait fallu que je doute de moi lorsque j'ai vu que mon quatrième roman ne se vendait pas aussi bien que le troisième, je n'en aurais jamais écrit six autres par la suite. Bien sûr, j'ai douté un peu, mais pas de moi ni de l'effort que j'y avais mis. J'ai d'abord cru que l'intrigue n'était pas aussi captivante que celle de mon roman précédent pour finalement me rendre compte que c'était la promotion qui avait fait défaut.

Quand on a de l'audace et qu'on tente de faire sa chance, il est normal que des doutes surgissent. On se demande si ce en quoi on croit plaira ou non. Ça peut même arriver au travail, quand on prend la liberté d'aller de l'avant sans l'accord de son patron. Bien sûr, on craint sa réaction et on remet en doute son propre courage, mais j'ai toujours dit que ceux qui ne dérangent rien... sont ceux qui ne font rien. Mieux vaut s'excuser d'avoir commis une erreur que d'éviter de la commettre par crainte... du doute. Foi de celui qui vous parle, j'ai fait du doute mon plus fidèle compagnon. Et c'est sans doute à cause de lui que, depuis vingt-trois ans, j'écris, j'écris, j'écris...

Dans une lettre d'amour...

Avez-vous déjà songé à tout ce que vous pouviez écrire dans une lettre d'amour? Avez-vous pensé aussi que vous n'oseriez jamais prononcer ces aveux? Être amoureux fou n'empêche pas de ressentir une certaine gêne quand vient le temps de s'exprimer de vive voix. On voudrait bien, mais ça nous embarrasse, ça nous fait rougir... Nous voilà en plein mois de mai, le plus joli mois à mon avis, celui qui a inspiré à Nelligan ces paroles: *«Ô le beau soir de mai, le joyeux soir de mai.»* Sans doute était-il amoureux pour exprimer ainsi ses sentiments? À l'instar des grands hommes de lettres qui ont précédé l'humble romancier que je suis, j'ai toujours eu un faible pour le mois de mai. C'est d'ailleurs ce mois que j'ai choisi pour unir ma vie à celle que j'aimais, en mille neuf cent cinquante-sept. Je ne sais trop si ce sont les bourgeons ou la pelouse verdoyante qui me font cet effet, mais ce mois me rend heureux et sentimental au plus haut point. Comme lorsque j'avais dix-huit ans et que, avec mon cœur d'adolescent, je humais les premiers lilas.

Dans une lettre d'amour, on peut écrire les plus belles citations, quitte à les emprunter à ceux qui ont manié la plume comme on le fait d'une ficelle. *«Pourquoi a-t-il fallu que le soleil se lève quand la nuit nous servait de décor? Qui de nous deux a pu demander trêve quand nos émois respiraient encore?»* Vous vous voyez débiter cela à la personne aimée? À moins que vous n'ayez l'âme à l'infinie tendresse... Toutefois, ça se glisse si bien dans une lettre, après l'extase d'un «joyeux soir de mai». Moi, si j'avais dix-neuf ans et que j'étais amoureux comme on peut l'être à cet âge, je ferais fi de ce qu'on pourrait penser de moi et j'ajouterais, en guise de postscriptum à une courte lettre: *«Sais-tu que j'ai appris à aimer les fleurs le jour où j'ai cueilli la première... au creux de ton cœur?»* De nos jours, me direz-vous, jamais un gars de cet âge n'oserait écrire cela... Voyons donc! Vous pourriez être surpris. Les troubadours, les romantiques, ça existe encore. Et je connais des jeunes filles qui, bien que délurées et émancipées, ont un cœur semblable à celui de leur mère et de leurs grands-mères. Des jeunes filles qui ne détesteraient pas vivre un... *Shakespeare in Love.* Ce sont ces jeunes personnes qui rêvent en secret de recevoir un petit mot qui dirait: *«À toi, à moi, à nous, l'infini... d'un amour fou!»*

«Oui, mais nous...», me diront ceux qui s'aiment depuis longtemps et qui tiennent pour acquise cette vie à deux qui se poursuit au fil des ans. À ces couples qui ont peut-être deux fois vingt ans et dont le bonheur perdure en silence, je suggérerais cette jolie citation empruntée à je ne sais qui: *«Toi et moi, un doux partage, quelques orages, un chagrin, un émoi, et encore... toi et moi.»* Non, ce n'est pas de Paul Géraldy, mais avouez que c'est joli. J'ai pris une pause et je suis allé au centre commercial pour acheter des fleurs que j'ai mises dans un vase de cristal. Comme ça, pour elle, tout simplement. J'aurais pu déposer une carte tout près d'un portrait quelque peu jauni et écrire: *«Ce n'était qu'hier pourtant... Quels pas de géant que ceux du temps!»* Mais je n'en ai rien fait; je ne désirais pas que mon bouquet soit nostalgique, que ces fleurs d'aujourd'hui deviennent celles... d'hier. Aussi, vient un âge où un regard vaut mille mots. Ce qui ne veut pas dire qu'il n'est pas de mise d'inscrire dans une carte, juste avant son prénom, un *«Je t'aime...»*

Il y a de ces lettres d'amour qui se veulent de la dernière heure. Celles qu'on a écrites dans l'indécision et dans lesquelles on s'interroge, hésitant entre le bris et la continuation. On aime encore, on aime moins, on ne sait comment le dire. On voudrait continuer, mais on se demande si l'autre le désire… *«Bonheur tranquille, douce constance, et la vie file au gré d'une seconde chance.»* Voilà qui pourrait inciter à réfléchir. Le mois de mai n'est pas que pour les amours naissantes; il est aussi le maître de celles qui retrouvent des ailes et s'accordent une seconde chance… J'ignore si vous êtes de ceux dont la main trace les mots du cœur sur un papier aux teintes du printemps mais, si tel est le cas, je vous permets d'utiliser, sans le dire à personne, l'une de mes citations. Inscrivez-la n'importe où, avant son nom ou juste après avoir signé le vôtre. Déposez-la tel un papillon, ne serait-ce que pour mieux lui dire *«je t'aime»*… comme dans le plus beau quatrain d'un poème.

Quand le temps nous indique les feux rouges

Il arrive fréquemment que des amis de longue date me demandent: «*Qu'est-ce qui t'arrive? Toi qui aimais sortir, faire la bombe, rentrer tard, te lever tôt… On ne te reconnaît plus, tu as tellement changé!*» Je souris et je leur réponds: «*Moi, je n'ai rien fait pour changer; c'est la vie qui s'en est chargée. Avec le temps, on prend conscience…*» Et là, je m'arrête, je ne vais pas plus loin pour ne pas avoir à leur répéter qu'au fil des ans la vie m'a indiqué plusieurs feux rouges. Je me souviens de mes trente ans, alors qu'après une dure semaine de boulot, j'aimais aller me détendre, prendre un coup avec les copains, manger un hamburger steak à deux heures du matin, me coucher le ventre plein – sans aucune considération pour mon foie et mon estomac – puis, le lendemain, me lever sans me soucier du mal de tête qui m'attendait. Le *Bromo Seltzer*, un cachet d'aspirine, et le tour était joué! C'était le temps de l'insouciance et de la vie à cent kilomètres-heure, l'époque où je me croyais invulnérable lorsque je traversais aux feux rouges sans regarder plus loin que… le bout de mon nez! Je dormais peu; pour moi, c'était du temps perdu. À cette époque, je croyais même que vieillir, c'était pour les autres! Puis, peu à peu, je me suis rendu compte que mon énergie baissait, que le moteur roulait moins vite et qu'il me fallait parfois appuyer sur le frein au lieu de l'accélérateur. Et c'est là que j'ai compris que la vie ne comportait pas que des feux verts, mais aussi des rouges qui m'ordonnaient de m'arrêter.

À moins de faire la sourde oreille il est normal, avec le temps, d'entendre parfois l'alarme. Remarquez que je connais des gens qui, à soixante-cinq ans, mènent encore la même vie qu'à quarante ans. Des gens qui se foutent éperdument de leur santé et du temps qui passe. Certains me disent: «*Moi, Monsieur, mon grand-père mangeait du lard salé avant de se coucher et il buvait sa caisse de bière par jour. Et, tenez-vous bien, il est mort à quatre-vingt-douze ans!*» Ce n'est pas parce qu'on compte un ou deux survivants qui n'ont jamais rencontré de feu rouge que l'avenue à traverser est la même pour tous. À l'époque de mon grand-père, on ne se souciait guère des méfaits du cholestérol et on attribuait un début d'angine à une... indigestion! Parce que tout le monde vivait vieux dans la famille et que le stress était quasi inexistant pour un homme qui avait passé sa vie à peindre des bâtiments. Autres temps, autres mœurs, dit-on, car de nos jours, avec l'anxiété qui cause l'angoisse, et l'angoisse qui cause l'angine, on ne peut plus imputer ces malaises à un... petit lard salé avant de se coucher!

Aujourd'hui, on sait ce qui est bon pour soi, on réfléchit davantage, et les feux rouges sont là pour nous rappeler à l'ordre. Un de mes amis avait l'habitude de boire cinq ou six bières au restaurant; il restait droit comme un pic et ne titubait jamais. Maintenant âgé de quarante-cinq ans, il se contente d'en boire une. Non pas qu'il ne porte plus aussi bien l'alcool, mais quand vient le temps de souffler dans l'alcootest... Quant à moi qui, naguère, mangeais trop et mal avant d'aller au lit, j'ai fini par comprendre que mon foie ne voulait plus filtrer toute cette nourriture. J'ai donc modifié mes habitudes de vie en troquant les repas lourds et tardifs contre d'autres plus légers et pris à heures régulières. Je choisis mes aliments en tenant compte de mon estomac et de mon foie, sans me laisser influencer par la griserie de l'apéro. Pas pour vivre jusqu'à cent ans, je n'y tiens pas, mais pour être en forme lorsque s'amènent les enfants et les petits-enfants, et aussi pour bénéficier d'une qualité de vie, ce dont je ne me souciais guère au temps de mes sorties nocturnes.

Ce qui me console, c'est de constater que les jeunes de trente ans sont plus conscients des feux rouges que nous ne l'étions à leur âge. Ils n'attendent pas d'avoir les cheveux gris pour découvrir ce qu'est une vie saine. Et je suis heureux de savoir qu'il se pratique moins d'ablations de la vésicule biliaire que dans le temps, où nous attendions en rang d'oignons pour cette intervention. Les feux rouges sont là pour nous prévenir du moindre faux pas. À nous de les respecter et de prendre conscience que, pour préserver notre bien-être, nous ne devons pas tout nous permettre. Et le plus tôt sera le mieux, si on veut jouir des feux verts qui s'allument par la suite. Comme bien des hommes de ma génération, un jour je me suis dit: *«Enfin, je peux m'arrêter devant un paysage d'automne ou admirer l'éclosion des fleurs au printemps.»* Pourtant, en ayant fait preuve d'un brin de discernement, j'aurais pu apprécier ces choses il y a bien longtemps... Mais comme il n'est jamais trop tard pour bien faire, on peut toujours, peu importe son âge, s'arrêter et... comprendre. Il est faux de croire que la sagesse ne vient qu'avec l'âge. On comprend davantage et on reconnaît mieux les feux rouges, c'est sûr, mais ce n'est pas une raison pour ne pas dire aux petits enfants que manger trop de bonbons, ça fait... carier les dents!

Sa part de bonheur

Chaque jour, malgré de petites déceptions, nous avons tous ce que j'appelle notre part de bonheur. Il n'est pas normal de se dire au coucher, le soir: «*Quelle vilaine journée!*» Au fil des vingt-quatre heures qui se sont écoulées, il est impossible de ne pas avoir ressenti une joie, aussi minime soit-elle. Le drame, c'est que les contrariétés, bien souvent, nous font oublier qu'on a souri une fois ou deux; qu'on s'est même amusé… de ses petits malheurs. À moins, bien sûr, d'avoir vécu un drame épouvantable, comme la maladie d'un être cher ou le décès d'un proche. Il se peut aussi qu'une rupture ou un coup bas empêche le moindre rayon de soleil de passer.

Une dame me disait récemment: «*J'ai souffert d'une grippe épouvantable. J'ai passé une journée entière au lit, à tenter de faire tomber la fièvre. J'en étais même rendue à compter les briques de la maison du voisin!*» Malheureuse à souhait, elle pestait contre le virus qui l'avait immobilisée. Le soir venu – c'est elle qui me l'a dit – elle en a eu assez de se plaindre et de faire vivre des moments pénibles à son conjoint. «*Je me suis regardée en face*, a-t-elle précisé, *et me suis dit que ce n'était qu'une grippe après tout, que je n'en mourrais pas. Je me suis levée et j'ai avalé un bol de soupe. Puis j'ai souri à mon conjoint et j'ai senti que je venais de lui donner une joie à laquelle il ne s'attendait pas. Je lui ai dit que ça irait sûrement mieux demain, de ne pas s'en faire et je suis retournée au lit avec un bon livre et une cassette de musique classique. C'est ainsi que j'ai retrouvé une certaine part de bonheur* dans mon petit malheur avant de m'endormir. Le lendemain, je me sentais déjà mieux, je savais que j'allais surmonter mon mal, qui était plus actif dans ma tête que... dans mes bronches.» Et voilà! Une recette bien simple et qui ne coûte rien. Un sourire. Un simple sourire entre deux quintes de toux et la dame venait d'éteindre le feu de son impatience.

Moi, lorsque ça ne va pas, quand ça ne va vraiment pas, que rien ne me tente et que je me sens un peu bougon, je demande à mon épouse: «Les enfants vont-ils venir aujourd'hui?» Si la réponse est affirmative, je sais que j'aurai bientôt droit à ma part de bonheur. Les petits-enfants arrivent, envahissent la maison, s'emparent du téléviseur et je m'installe avec eux devant une émission de Teletoon qui me fait retrouver, en deux temps trois mouvements, mon cœur d'enfant. Ces petits ne savent pas que j'ai le moral bas, ils ignorent que je me suis levé du mauvais pied. Le sauraient-ils qu'ils s'en foutraient comme de l'an quarante. Ils rient, ils s'amusent, ils sautillent, ils sont espiègles, et c'est cette dose d'adrénaline qui fait que je retrouve la paix. J'aime les voir heureux, en santé, les entendre me demander un cornet de crème glacée ou insister pour que je regarde avec eux une émission. Le désirerais-je que je serais incapable de leur faire grise mine. Je ne voudrais surtout pas les entendre demander à leur grand-mère: «Qu'est-ce qu'il a, grand-père? Il est malade?»

Nous avons tous nos moments difficiles. Et le soir venu, nous avons tendance à oublier les petites joies des dernières heures. Quand je demande des nouvelles à mon fils, il lui arrive de me répondre: «J'ai passé une maudite journée! Tout a commencé avec l'auto qui ne démarrait pas...» Plus tard, il ajoute: «Ce soir, nous sommes allés à l'école rencontrer les professeurs, et les enfants ont de très bonnes notes. Ils font des progrès et même le p'tit dernier est passé de B à A dans

[169]

certaines matières.» C'était là sa part de bonheur, qui venait de faire disparaître toutes les contrariétés de sa «maudite» journée! Comme vous voyez, une seule joie et les désagréments sont vite oubliés. Ce qu'il faut, c'est analyser chaque heure de sa journée. Méticuleusement. Sinon on risque de se coucher avec une migraine causée par l'anxiété. Le rappel d'un seul petit bonheur aurait pourtant suffi à éviter cela. Certains jours, c'est le mauvais temps qui nous prédispose à tout voir en noir. Il est évident que se lever avec le soleil est plus gratifiant, mais si c'est la pluie qui nous accueille, pourquoi ne pas se dire que les bourgeons et les oiseaux ont besoin de cette eau déversée par les nuages? Cela semble tout bête, mais c'est parfois dans la joie d'autrui qu'on trouve sa part de bonheur. Tout comme en plein hiver, lorsque je maugrée contre une tempête de neige et que, par la suite, je m'en réjouis en songeant aux skieurs. Sa part de bonheur, on l'a sans cesse à portée de la main. Il suffit de la saisir et de s'en souvenir le soir venu. Et en cette fin de semaine qui vient, avec les premiers cris du printemps, avec cet espoir dans le cœur, qui donc, dites-moi, n'a pas une part de bonheur sur le point d'éclore?

Quand l'amour n'est pas favorable

C'est magnifique une belle histoire d'amour... Si magnifique que tout être humain se devrait d'en vivre au moins une dans sa vie. Mais, hélas, l'amour ne favorise pas tous les cœurs qui en conjuguent le verbe. Il y a des amours qui naissent et ne meurent jamais. Mais il y a ceux et celles qui, avec peine ou candeur, m'ont affirmé qu'ils étaient face à une impasse.

Si j'en juge par les confidences reçues lors de mes déplacements, les femmes seraient sujettes à être en panne vers trente-huit ou trente-neuf ans, surtout si elles n'ont jamais été mariées. Je prends les cas de Lise et de France. Deux charmantes femmes qui ne se connaissent pas mais qui vivent, toutes deux, le même drame. Elles aimeraient rencontrer, être courtisées sérieusement, projeter, cohabiter si possible et, rêve encore présent, se marier. Elles ne recherchent pas pour autant le célibataire avec emploi bien rémunéré, appartement et voiture de l'année. Elles accepteraient volontiers un homme séparé, divorcé, père de deux ou trois enfants. Mais le hic, c'est que toutes deux aimeraient bien avoir... un enfant! L'horloge biologique se fait sentir... Maman *last call*, quoi! Or, voilà que les hommes qu'elles croisent, France me l'affirme, ne désirent pas être pères à tout prix. Des célibataires de leur âge... de surcroît! Une relation à deux, oui, des enfants à élever, non. Ils prétendent ne plus avoir l'âge pour commencer une famille et devoir travailler jusqu'à soixante-cinq ans avant d'en avoir fini avec l'éducation des enfants. France ajoutait: «*L'un d'eux m'a dit qu'un enfant, pour un homme, ça se faisait innocemment. Entre vingt et vingt-sept ans, pas après!»* Avouez que la marge est étroite. À savoir s'il était nécessaire de toujours mettre les cartes sur table avant de s'engager dans une relation, Lise m'a avoué: *«Moi, je les affranchis! Je suis honnête et je ne veux pas les leurrer en leur laissant penser que je me sens "trop vieille" pour être mère, quand je désire un enfant aujourd'hui tout autant qu'à vingt-cinq ans. C'est à prendre ou à laisser!»* Et, malheureusement, la plupart des hommes laissent passer. Je respecte ce grand désir d'être mère, mais je dois aussi m'incliner devant le fait qu'à quarante ans, commencer une famille... Je pense, en effet, que les conjoints devront travailler très longtemps pour arriver à éduquer et caser leurs enfants. Ce qui me fait me «gratter la tête» pour eux, c'est que ma femme et moi avons été parents au seuil de la vingtaine, et que nous avons crié: *«Mission accomplie»...* trente ans plus tard! Vous comprenez? Alors, quand on commence au double de cet âge... France m'a dit qu'elle avait rencontré un veuf de cinquante-quatre ans, père de trois grands enfants, qui était prêt à avoir une nouvelle famille, mais c'est elle qui s'est désistée cette fois. Le prétendant en question lui avait énuméré trop de petits malaises dont il souffrait de plus en plus... avec l'âge. Vous saisissez?

Henriette a cinquante-cinq ans. Divorcée depuis quelque temps, elle pensait bien rencontrer l'âme sœur et couler des jours paisibles sans qu'il soit question de mariage. *«Un bon vivant, un homme charmant»,* me disait-elle. Sauf qu'elle avait oublié que les hommes libres et charmants de son âge jettent souvent leur dévolu sur... des plus jeunes! Elle l'a appris à ses dépens en leur avouant qu'elle était grand-maman. Les hommes de sa génération, éternels gamins ou victimes du démon du midi, retrouvent, après une rupture ou un deuil, un second souffle de jeunesse! Vieux coqs, ils cherchent néanmoins une jeune poulette! Henriette m'a même confié à l'oreille, en rougissant ou presque: «*J'ai rencontré un homme de quarante ans qui pensait que j'étais bourrée d'argent. Quand il a su qu'il n'en était rien, il a disparu...*» Triste, n'est-ce pas? Et ce mauvais timing de la vie a même déboussolé un homosexuel que je connais bien, lequel me disait tristement: «*Tu sais, j'ai quarante-cinq ans, et les hommes de ma génération ne veulent pas de moi. Ils veulent des plus jeunes, des plus beaux... Et les jeunes qui voudraient de moi aimeraient être entretenus... Tu vois ce que je veux dire?*» Je lui ai pourtant dit qu'il y avait sûrement, quelque part, un homme qui pensait comme lui mais, peine perdue, il l'a cherché... en vain!

Pourtant, l'amour est plus que favorable aux personnes âgées. Ma mère avait trouvé l'homme de sa vie à soixante-dix-huit ans. Un roman d'amour qui a duré trois ans. Jusqu'à ce que la mort les sépare. Et je connais une dame charmante qui, dernièrement, m'a chuchoté à l'oreille: «*Figurez-vous que j'ai un prétendant. Comment cela peut-il m'arriver à mon âge?*» Une dame de quatre-vingt-cinq ans, étonnée que l'amour frappe à la porte de son cœur, elle qui a traversé toutes les étapes dont j'ai parlé le sans rencontrer. Alors, sans attendre d'être rendu à l'âge d'or, fiez-vous à votre bonne étoile et, nonobstant mes dires, ne désespérez jamais si votre cœur sent le besoin de se déposer dans la paume d'une autre main.

Au bout de son rouleau?

Alors que je dégustais une bière avec un ami par un soir de canicule, il m'a dit, en parlant de son boulot: *«Je me sens au bout du rouleau...»* Je lui ai répondu: *«Si c'était le cas, tu ne t'en rendrais même pas compte. Tu n'es pas au bout du rouleau, mais je sens que tu n'en es pas loin. Tu es épuisé; tu dois prendre des vacances, même si c'est à tes frais. Refais le plein et retrouve ton souffle avant de souffrir, comme plusieurs, d'un* burnout *qui pourrait durer de deux à six mois.»* Avouer qu'on est rendu au bout de son rouleau, c'est admettre qu'on n'est pas loin du jour où on aura peine à se lever pour aller travailler. En parler à un ami, c'est comme lancer un S.O.S., c'est faire en sorte que quelqu'un nous dise ce qu'on a besoin d'entendre.

Au cours de ma carrière, j'ai maintes fois été presque au bout de mon rouleau. Je me disais: *«Je n'en peux plus, il faut absolument que je décroche, que je refasse le plein d'essence avant d'éclater comme un pneu qui passe sur un clou.»* Je n'ai jamais été gêné d'avouer que j'étais épuisé et que j'avais besoin d'un sérieux repos. Le hic, dans bien des cas, c'est la difficulté – surtout chez les hommes – d'admettre qu'on est humain et qu'on a la force qu'on a, pas davantage. On continue quand même, car on ne veut pas passer pour un faible. Puis, un jour; on se retrouve sur le dos, souffrant de «fatigue chronique», pour ne pas avoir à dire les mots *burnout* ou dépression. Moi, j'ai toujours su m'arrêter à temps. J'ai toujours appliqué les freins quand je sentais un quart de bout de corde entre mes mains. Je ne me considère pas comme plus intelligent qu'un autre mais, chose certaine, je n'ai jamais eu peur d'avouer que je n'étais pas le plus fort, que j'avais parfois besoin d'un temps d'arrêt. D'ailleurs, un temps d'arrêt est toujours bien vu puisque, en insistant sur sa pseudo-force, on finit par ne plus être productif ou par livrer la moitié de la marchandise. Mieux vaut refaire le plein d'énergie et revenir en forme, que d'insister et offrir un piètre rendement. Et, croyez-moi, dans les milieux de travail, on respecte davantage une fatigue passagère qu'une baisse de créativité. Ce n'est pas en se rendant au *burnout* qu'on se fera admirer; ce malaise des temps modernes n'est pas bien perçu par les employeurs. En effet, devant le diagnostic d'un épuisement professionnel, plusieurs se demandent si ce n'est pas arrangé avec le «gars des vues», c'est-à-dire... le docteur. Bien des médecins et des assureurs doutent que ce mal du siècle soit vraiment réel. S'il vous est possible d'appliquer les freins, faites-le donc avant qu'il ne soit trop tard. Épargnez-vous d'avoir à dire à un ami: *«Je pense que je suis rendu au bout du rouleau.»*

Le bout du rouleau, on peut l'atteindre dans d'autres circonstances qu'au travail. Une personne qui doit se battre chaque jour contre la douleur physique peut finir par être à bout et par le crier sur les toits. Un individu qui traverse une mauvaise période a besoin de soutien, d'encouragement, il a même besoin de nos sourires... Car il sait que demain ça ira mieux et que son rouleau aura un peu de lousse. Il y a aussi ceux qui se sentent au bout de leur rouleau dans une union matrimoniale qui connaît des hauts et des bas, jusqu'à ce que le courage ne remonte plus. Il est évident qu'à ce moment-là un choix s'impose. Parce que les conseils ne servent plus ou que la raison d'être de cette union... a disparu. Alors on se quitte, temporairement ou définitivement, juste avant de sombrer non pas dans un *burnout* mais dans une dépression. Car les malaises d'ordre émotif sont beaucoup plus graves que les malaises d'ordre professionnel. Si seulement on avait la sagesse de s'éloigner l'un de l'autre au moment où on sent ses sentiments s'étioler... Si on osait se séparer temporairement avant que la coupe ne déborde... On arriverait peut-être alors à éviter de se rendre au bout de son rouleau.

Mais il y a aussi ceux et celles qui sont fort heureux d'être arrivés au bout de leur rouleau. Je pense aux personnes qui ont donné le meilleur d'elles-mêmes et qui, à un moment donné, réduisent leurs tâches, empruntent un nouveau sentier ou, tout simplement, s'offrent un long voyage après des années de dur labeur. Être au bout de son rouleau et rétrécir le dernier quart par choix, voilà ce qui me semble intelligent. Vient un temps où on n'a plus à prouver à quiconque ce qu'on vaut; un temps où l'on peut dire «non» et s'accepter tel qu'on est. Somme toute, être en mesure de faire la différence entre la vraie modestie et les fausses prétentions. Ce qui ne veut pas dire que, plus jeune, on ne peut pas avoir fait le même cheminement avant d'arriver au bout de son rouleau. Ne serait-ce que par respect pour les autres... et pour soi-même.

Avoir la force de surmonter...

À tous, aux mieux nantis comme au plus éprouvés, la vie apporte toujours son lot de joies et de malchances. Personne n'est à l'abri des jours moroses causés, bien souvent, par un malaise physique ou une déception d'ordre professionnel. Dans ce dernier cas, il est évident qu'on a besoin de tout son courage pour se remettre d'aplomb. Surtout si la «gifle» côté travail nous place dans l'inertie la plus totale. On se doit de relever ses manches, de repartir du bon pied, parfois à zéro, de ne pas se laisser aller dans la déprime et de croire que ce que l'on perd, c'est pour acquérir quelque chose de... plus! Nous avons tous eu ou presque à vivre une telle situation au gré des ans. À vingt ans, on s'en rend moins compte, on commence, on est sur la ligne de départ, donc on recommence sans que ça change rien. À trente ans, ça demande un peu plus d'efforts de notre part. Il faut même y ajouter une dose de bon vouloir et, à quarante ans et plus, ça requiert carrément du courage. Beaucoup de courage! Car il n'est pas facile d'être au mitan de sa vie comme de ses ambitions et de voir que tout s'écroule soudainement. On se demande si on aura la détermination de remonter l'escalier, de recompter les marches avant d'atteindre un autre palier, et on se rend compte, rendu en haut une deuxième fois, qu'il n'était pas si laborieux de reprendre les guides, surtout quand on sentait l'encouragement de tous côtés. Et remonter la pente du travail, croyez-moi, c'est beaucoup plus facile que de tenter de retrouver... la santé!

Oui, j'ai mis à profit ces leçons qui m'ont fait bien souvent avoir honte d'être «bien portant» et de me plaindre d'un inconvénient. Des types en pleine quarantaine avec trois enfants et… trois pontages! Imaginez! Au moment où le coût de la vie est à son apogée, se retrouver avec une santé hypothéquée au point de se demander si l'on va vivre assez longtemps pour payer sa maison, élever ses enfants et avoir, surtout, la force nécessaire pour reprendre le boulot. Et c'est dans de telles conditions que j'ai vu «le courage» de ces infortunés me darder en plein cœur. Des pères de famille qui, sans dépérir, sans même dépendre du moindre antidépresseur, remettent leur pantalon et retournent en titubant, les premiers jours, assurer la survie de leur petite famille. Dieu que je m'incline devant de tels êtres bénis du Ciel malgré leurs épreuves! Dieu que je m'incline bien bas quand tant d'autres sont prêts à démissionner au moindre mal de tête. J'ai aussi vu des mères en pleine rémission d'un cancer, reprendre le chemin du travail, pour que les enfants ne manquent de rien… ou presque. Affaiblies, bien sûr, mais aussi fortes qu'ont pu l'être les mères d'antan avec dix ou douze enfants. Des mères secondées par l'amour de leur conjoint dans plusieurs cas, mais aussi des mères délaissées aux prises avec deux enfants, avec l'instinct maternel assez fort pour leur servir d'appui dans leurs pertes d'équilibre. Ah! Seigneur! Comment se plaindre ensuite d'une grippe, d'un dos endolori, d'un estomac qui ne porte plus aussi bien… le vin! Comment oser seulement chercher la compassion d'un ami face à une petite fatigue chronique, quand des femmes et des hommes se battent avec ce qu'il leur reste d'armes, pour le bien-être de ceux qu'il aiment.

Il s'en trouvera toujours pour dire: *«Oui, mais dans la vie, il ne faut pas regarder que les pires… Il y a aussi les mieux que nous!»* Bien sûr qu'on a le droit de se hisser au sommet, même en santé! Le courage sied aussi aux «bien portants». Qu'on ne se leurre pas. Car c'est bien souvent en nous, qui jouissons d'une bonne santé, que les moins nantis, les moins «chanceux», puisent la force d'avancer. En retour, nous extirpons d'eux ce dont nous avons tous besoin: une leçon de vie. Mais l'important, c'est d'être capable de surmonter l'intempérie. Se tenir debout et non s'affaisser quand elle nous secoue. Vous savez, je disais que c'était plus facile à vingt ans parce qu'on était moins marqué par la vie, mais il faut, même à cet âge, avoir une bonne armure. Tout comme ces gens du troisième âge qu'on croit à l'abri des effondrements parce qu'ils ont atteint, dit-on, la sérénité. Dans la maladie, dans tout ce qui peut survenir en troisième saison, ça demande encore de la volonté pour se remettre sur pied. Plus serein, peut-être, mais plus faible sur ses jambes, ne l'oublions pas. Or, que vous soyez jeune, vieux, ou entre deux âges, en santé ou affligé d'un mal qui vous tenaille, en haut de l'échelle ou en bas, il n'y a qu'une façon de gérer sa vie sans se décourager. Persister, recommencer, se maintenir, croire en ses possibilités et… en Dieu!

Si c'était à refaire

J'entends souvent des gens de ma génération dire: «*Moi, si c'était à refaire, je ne recommencerais pas! La vie n'a pas toujours été facile, etc.*» C'est vrai, je l'admets, mais comme le temps est un grand maître et qu'avec lui, bien souvent on oublie... Moi, c'est curieux, mais quand je pense à mon passé, il y a plusieurs moments que je revivrais volontiers. Et pas seulement les bons, comme on serait porté à le croire. Quand je vois ma fille avec son petit garçon de deux ans qui a le diable au corps et son bébé de six mois qui sait déjà ce qu'il veut, je l'envie. Si je pouvais tout recommencer, je le ferais: je me revois à vingt-cinq ans, tenant la main de mon fiston, et ma petite dans les bras, longeant les allées du parc Lafontaine. Je ne sais trop si mon épouse partage mon avis – je n'ose le lui demander – mais moi, je recommencerais ce parcours sans la moindre hésitation. Je vous avoue cependant que je le referais dans le contexte d'antan et non dans celui d'aujourd'hui. Non que je ne fasse pas confiance à la vie, mais quand on dit «*Si c'était à refaire...*», c'est qu'on voudrait le refaire de la même manière... ou presque.

Si je le pouvais, je remonterais avec autant de joie qu'avant l'escalier menant au local du *Lundi,* boulevard Saint-Laurent, afin de remettre la main à la pâte avec encore plus d'ardeur que naguère. Ce n'est pas que le cœur n'y était pas, à l'époque, mais quand on s'imagine sur un second tour de piste, il est indéniable qu'on se revoit avec... l'expérience acquise. Oui, j'aimerais préparer la première page d'un *Lundi* de 1977. Il me semble que je la rendrais encore plus belle cette fois, que le canevas serait bleu et non brun comme c'était le cas… J'aimerais refaire le tour de ces belles années où, tous ensemble, comme les membres d'une seule famille, nous allions fêter une semaine ardue de travail le vendredi soir. Avec Claude, Francine, Marcelle, Yves, Gilles, Réjeanne, Jacques, Nancy, Germain, Ginette, Jean-Pierre, Carole, Gaston,… et j'en passe. Vous allez certes dire: «*Tiens! Le voilà nostalgique!*» Un peu, sans doute, mais pas au point de ne pas profiter de ce que la vie m'offre aujourd'hui. Je sais fort bien qu'on ne peut refaire ce qui a été fait et que le «si» de ma phrase est du domaine de l'impossible.

Jusqu'ici, je n'ai parlé que de bons moments. Mais comme je le mentionnais plus haut, je revivrais même les moins bons moments pour avoir la joie d'expérimenter à nouveau ce qui m'a fait grandir. J'accepterais volontiers d'endurer une seconde fois les douleurs de l'ablation de ma vésicule biliaire, pour le seul bonheur d'avoir saisi le prix d'une bonne santé. Je reprendrais encore la main de ma femme, à ce même moment, pour lui dire avec peu de force mais beaucoup de courage: «*Il faudrait bien acheter une petite maison pour abriter nos enfants.*» Et j'achèterais sans doute la même où, pour la première fois, ma petite famille était enfin chez elle! Même si l'énorme tuyau de l'aqueduc a crevé deux semaines après notre arrivée!

Si c'était à refaire, je pense même que j'écouterais de bon cœur la musique de Jimi Hendrix et de Janis Joplin avec mon fils. Peut-être que je sacrerais encore autant mais, avec le recul, je pense que je tenterais d'être un peu plus indulgent. Aujourd'hui, je le regarde avec ses enfants qui, peu à peu, deviennent des adolescents, et je souris. Je me demande comment il réagira quand ils tenteront d'élever le ton… Moi, je n'étais pas sévère, mais ferme. Et si c'était à refaire, je serais encore le même père: celui qu'on aimait bien et qu'on craignait quelque peu. Celui qui ne vivait que pour ses enfants.

«Mais c'est insensé! me direz-vous. *On ne veut pas revivre sa vie de la même façon, on ne veut pas répéter ses erreurs, on veut faire mieux, éviter certains pièges, ouvrir les yeux...»* Mais nous ne vivons qu'une seule fois, ne l'oublions pas. Ce que je veux dire par ce billet qui sort de l'ordinaire, c'est que je ne suis pas du genre à m'écrier: *«Mon Dieu que la vie n'a pas été facile! Enfin, le repos du guerrier...»* J'en profite, cela va de soi, je récupère, mais je n'ai pas enseveli mon courage pour autant. Je me souviendrai toujours de ma vieille mère qui, à quatre-vingts ans, soit un an avant sa mort, m'a dit: *«Ma plus grande joie, ce serait de vous avoir tous, petits, collés sur mon tablier. Je recommencerais tout cela...»* Je sentais que ce n'était pas qu'une brève mélancolie et qu'elle avait vraiment envie de revivre ce qu'elle avait vécu. Avec ses joies et ses peines... Mon «si c'était à refaire» comprend des moments de fierté et de bonheur, ceux des échecs et des regrets. Et c'est tout cela que je revivrais, quitte à rire et à pleurer... encore une fois. Je me dis que la vie, avec ses hauts et ses bas, valait la peine d'être traversée. Il faut simplement la poursuivre avec le cœur léger. Aussi léger qu'une feuille au vent qui fait fi des tempêtes pour se poser... sur les beaux jours.

Quand on a l'âme à la tendresse...

Oui, je sais, le titre de ce billet s'inspire d'une très belle chanson d'amour que Pauline Julien chantait si bien, mais ce n'est pas pour la mélodie que je l'ai choisie; c'est tout simplement parce qu'en ce temps de l'année, je ressens profondément ces paroles. Tout semble renaître, et les mois à venir seront encore plus chauds pour la peau et le cœur. Quand on a l'âme à la tendresse, c'est qu'il y a dans l'air une brise parfumée de lilas et, dans les jardins, les plus jolies couleurs. Quand arrive le temps doux, c'est comme si je retrouvais mon cœur de jeune homme au temps où faire la cour à une jolie femme ne me prenait qu'un sourire et un tantinet de charme. Quel prétentieux je suis! Et quel fieffé menteur! En effet, comment pouvais-je faire la cour aux femmes alors que j'étais déjà marié à l'aube de «mon» printemps? Vous pourriez me répondre: *«Les grands romantiques n'ont pas tous été fidèles...»*, ce à quoi je rétorquerais: *«Dieu les bénisse! Je n'en fais pas partie, car lorsque j'étais libre, j'étais trop jeune pour savoir comment ne pas... l'être!»* Vous comprenez?

D'aussi loin que je me souvienne, j'ai toujours eu l'âme à la tendresse à la vue d'un arbuste en fleurs, d'un enfant dans un carrosse ou d'un poème de Nelligan trouvé par terre. Je me rappelle aussi de ces promenades avec celle qui allait devenir ma femme. Nous avions seize ou dix-sept ans, nous déambulions sur un boulevard, main dans la main, un soupir de sa part, un sourire de la mienne, avec au fond du cœur le *Toi et moi* de Giraldy. Dieu que nous étions romantiques dans notre dive jeunesse! Une relation sentimentale, comme disait ma mère qui, à sa façon, avait sûrement l'âme au diapason, lorsqu'elle fredonnait *Je te tiens sur mon cœur,* radio allumée, en duo avec Alys Robi. Ce «toi et moi» est devenu «nous et eux» lorsque nous avons eu deux petits anges à bercer de notre amour. Il est évident qu'alors ma femme et moi nous nous tenions moins par la main, car nous les avions, eux, les compléments de notre histoire de cœur. Il y avait certes les quatre saisons, les beaux jours, les mois sombres, les tempêtes, les accalmies, mais dès que le lilas se faisait sentir, nous avions l'âme en délire et le cœur... à l'envers.

Il y a quelques jours, je me promenais dans les rues de mon quartier pour voir, pour respirer. Dans un parc public, des amoureux sur un banc, des écureuils qui demandent l'aumône, des enfants qui, déjà, cherchent les balançoires, et des gens du troisième âge qui s'écrient avec joie: *«Enfin, c'est terminé! On va pouvoir vivre en santé!»* Comme si la saison froide les avait forcés à rester alités. Avec cœur et âme, je vois mon voisin d'en face faire peu à peu de sa pelouse le plus joli des tapis. Si beau et si vert qu'on se demande si... Mais seul son coiffeur le sait! D'ici quelques jours, je verrai régulièrement mon pharmacien à vélo, le sourire aux lèvres, parce qu'il a passé plus de trente-cinq ans derrière un comptoir, anticipant le jour de sa douce retraite. Quand je me rendrai au dépanneur, j'entendrai la dame de la première maison du coin jouer du piano. Du Mozart, du Chopin, du Ravel, de tout, quoi! Et un bon monsieur aux cheveux blancs que je ne nommerai pas reprendra son parcours quotidien avec son petit chihuahua, qui aboiera chaque fois qu'il apercevra un chat ou un moineau sur son terrain. Puis, comme j'habite tout près d'un hôpital, je me suis hasardé dans l'allée arrière pour voir, à leur fenêtre, quelques malades qui affichaient un sourire. Pas un rictus amer mais un doux sourire, comme si le soleil et le printemps leur donnaient l'espoir de jours meilleurs.

Comme chaque année, j'ai marché jusqu'à la grotte où la statue de la Vierge Marie nous accueille. D'habitude, je m'y rends avec l'un de mes petits-enfants, mais ne craignez pas: j'y retournerai avec le plus jeune lorsqu'il viendra me visiter. Et comme à tous les autres, je lui dirai qui est cette belle dame au voile bleu, les mains en prière, les yeux posés sur nous. Nostalgique et quelque peu mélancolique, je suis revenu à la maison pour dépoussiérer mes vieux disques et faire tourner *L'hymne au printemps,* du regretté Félix Leclerc. Un texte si beau, si près de la nature. Que d'émoi lorsqu'il termine avec *«Et les crapauds chantent la liberté».* Parce que, finalement, quand on a l'âme à la tendresse, c'est qu'on a le cœur libre et léger. Il est alors possible de savourer sa liberté et de remercier le Ciel à genoux… d'un si merveilleux bien-être.

Aimer sans l'avouer…

On le regarde, on l'observe, on aime être en sa compagnie, on ressent un certain sentiment, on chemine ensemble au travail, on a hâte qu'il se manifeste; il ne le fait pas. On compte les heures pour le retrouver le lendemain, on trouve des prétextes pour être en sa compagnie, on l'aime, on l'aime de plus en plus, mais on ne le lui avoue pas. Le plus désespérant, c'est que «l'autre» ne se rend pas compte du «tiraillement» qu'il inspire. Mon bref exposé peut aussi bien s'adresser à un homme qu'à une femme, mais comme les femmes sont plus subtiles, plus perspicaces…

Ce qu'il y a de plus douloureux dans un tel cas, c'est lorsque l'autre est libre de toute attache et qu'il ne suffirait que d'un mot, d'un geste, pour qu'il comprenne qu'il est aimé, désiré, apte à être conquis. Ce qu'il ignore ou que, parfois, il fait mine d'ignorer. Car, chaque personne est consciente de ce qu'elle dégage, de ce qu'elle inspire, de ce qu'elle peut obtenir d'un sourire, ou refuser dans une abstraite retenue. Aimer sans l'avouer, c'est, pour la personne en cause, le plus cruel tourment de ses plus ardents sentiments. Et fort souvent, l'autre faisant mine de ne rien comprendre, avait compris depuis le premier instant. Il le sait, mais il se tait, de peur de s'engager dans une histoire sans lendemain. Ou, qui sait, peut-être a-t-il peur de ne plus pouvoir se passer, à son tour, de cet époustouflant amour? Il arrive même que, dans un moment d'égarement – le vin aidant – l'autre le chuchote timidement. Faisant fi de l'aveu qui la fait sourire, la personne en cause n'en sera pas vexée. Au contraire, c'est avec une compréhension simulée qu'il rassurera l'autre qui lui avouera dès le lendemain: «*Tu sais, j'avais trop bu, je ne savais plus ce que je disais.*» Et, de là, un amour qui se poursuivra sans être vraiment déclaré.

Pourtant, celle ou celui qui feint de ne rien comprendre ne mettra pas pour autant une distance entre les soupirs et les regards entreprenants. Parce que ça lui plaît, parce que ce jeu rehausse de deux crans son ego; parce que cet amour non avoué lui permet de… s'évaluer. Et si l'autre, en silence, laisse moins paraître son engouement pour quelque temps, croyez-le ou non, c'est la personne délaissée qui tentera par tous les moyens de se rapprocher, ne serait-ce que pour entretenir… la flamme. Un jeu dangereux que celui-là, la roulette russe, quoi! Car, c'est parfois de l'amour que… naît l'amour. C'est lui ou elle qui, tôt ou tard, aura besoin, ne serait-ce que pour son aura, de ces sentiments qu'il feint d'ignorer. Mais peu à peu durant ce temps, l'autre risque de décrocher. Quand on aime aveuglément, on ne voit que les qualités, les yeux, les lèvres, le lit charnel. On voit, bien sûr, les travers et les torts de l'être aimé, mais on ferme les yeux parce que, bien souvent, l'instinct animal est plus fort que… la raison.

Il serait pourtant si facile d'aimer et de l'avouer à qui de droit. De sang-froid! Quitte à encaisser un rejet ou un rappel à l'ordre. Quitte à s'entendre répondre: «*Désolé, mais pas moi.*» Ne vaut-il pas mieux tout perdre que de s'accrocher, telle une bouée, à un sentiment réciproque… inexistant? Et qui sait si un tel aveu, une telle franchise, ne pourrait pas provoquer l'essai que vous espérez? Que de temps perdu dans les amours sans cesse à la première consonne d'un prologue. Dans un tel cas, mieux vaut se perdre de vue, changer de climat, regarder ailleurs et cesser d'attendre et de souffrir en silence. Et qui vous dit que, dès l'aube de la première nuit torride, ce ne sera pas la désillusion? Parce que, somme toute, ceux et celles qui aiment sans l'avouer, sont beaucoup plus sous l'effet de la chair… que du cœur. *«Je l'aime, je l'aime comme un fou!»* s'exclamait un type à l'un de ses amis. L'ami de lui répondre: *«Alors, pourquoi pas une invitation au restaurant ou un verre quelque part?»* Penaud, l'ami de répondre: *«C'est fait, ça s'est produit maintes fois…»* Et comme c'est encore de façon amicale que la drôle de relation se poursuit, mieux vaut en prendre son parti. Car il n'est pas dit que, sans qu'on le sache, l'autre n'a pas déjà quelqu'un dans sa vie. Sans l'avouer, bien sûr, pour ménager la chèvre et le chou. Ce qui est aussi bête que celui ou celle qui soupire sans oser dire *«je t'aime»*. C'est à n'y rien comprendre, n'est-ce pas? Serait-ce la peur de perdre ce qu'on entretient lèvres closes? Serait-ce l'espoir, qu'un jour, l'autre demande: *«Qu'attends-tu pour me dire que tu m'aimes?»* Oui, qu'attendent-ils tous deux de leurs rencontres fortuites? Que la lumière s'éteigne seule? Que la porte de la chambre se referme d'elle-même?

Le temps passe et ne revient plus. Et même si ce temps est un grand maître, jamais vous ne vous remettrez de ne pas avoir osé… avouer. L'un comme l'autre, joueurs invétérés du cœur et de la séduction. Puis, viendra le jour où le train de l'espoir sera loin, même plus en vue. Trop loin pour se dire: *«J'aurais donc dû…»*. Et c'est ainsi que certaines histoires d'amour n'ont ni commencement ni fin. Des histoires qui n'auront pour tout épilogue, que le triste regret de n'avoir pas osé trébucher sur la première virgule… du préambule.

Prendre les choses comme elles viennent

C'est souvent en faisant le ménage de sa paperasse, en regardant les pages froissées de son agenda, qu'on se rend compte qu'on s'en est souvent «fait»… pour rien! Avec juste un petit recul, en tournant une page du mois de mars ou de mai, on revoit un rendez-vous qui nous inquiétait, qui nous stressait, et dont on ne se souvient même plus… ou presque. C'est incroyable le «mauvais sang» qu'on peut se faire quand l'anxiété coule dans nos veines. On attend le jour qui nous tracasse en se rongeant les ongles et, dès le lendemain, c'est fini, oublié; on passe à autre chose.

Je vous parle tout d'abord, vous l'avez deviné, du milieu du travail dont je ne fais plus partie, Dieu merci, depuis quelques années. Quand vient l'accalmie, le repos du guerrier, on s'en veut, parfois, d'avoir tant sué, tant accéléré son rythme cardiaque. On se dit: *«Si c'était à refaire…»* mais, hélas! c'est fait, on n'y peut rien. Le plus étonnant, c'est qu'on ne se rend pas toujours compte de la banalité des choses au moment où elles surviennent. Quand on a tout à prouver, quand on veut friser sans cesse la perfection, tout devient gigantesque à nos yeux, même un dîner amical avec un supérieur. On veut impressionner, bien faire, bien paraître, alors qu'on aurait avantage à être soi-même et… décompresser. C'est un «lunch» parmi tant d'autres, une petite discussion qui n'aura plus d'effet le lendemain. Bref, c'est de la routine tout ça, mais faut-il vraiment avoir un tantinet de gris sur les tempes pour le comprendre? Je pense que oui et ça me désole, parce que je suis passé par là et que j'ai peut-être laissé, dans mon anxiété, de belles parcelles de ma santé. Et lorsque s'ajoute, à ces «ulcères passagers», le stress que l'on vit à la maison, dans son couple, dans ses relations, il faut être «fait fort en m...» comme disait ma mère, pour passer au travers et devenir... octogénaire!

Je reviens à l'agenda que tout être actif sur le plan travail possède. Regardez en arrière, revenez sur les pages périmées et je suis certain que vous allez sourire d'une situation qui avait eu don de vous alarmer. On relit le jour et l'heure d'un rendez-vous soi-disant «accablant» et l'on se dit: *«Bah! ce n'était qu'un mauvais moment à passer! Je m'en suis fait pour rien... Le lendemain, ça n'avait plus d'importance pour le genre humain...»* Avec raison, parce que depuis, la vie s'est poursuivie avec d'autres rendez-vous, d'autres anxiétés, d'autres malaises... Pourtant, à chaque jour suffit sa peine. On a beau vouloir ancrer cela dans le crâne des vingt-cinq à trente-neuf ans, rien ne s'imprègne. Et je les comprends, j'étais semblable à eux à leur âge, je tenais à foncer, percer, prouver... quitte à suer. Mais qui sait si, avec le temps, avec les emplois incertains et de moins longue durée, la relève n'a pas quelque peu compris avant d'avoir les cheveux gris? Qui sait si les jeunes, en donnant le meilleur d'eux-mêmes, en suivant le rythme normal des choses, en traversant plus calmement leur quotidien, ne vont pas s'éviter, à quarante-huit ans à peine, des accidents cardio-vasculaires? Parce que, selon moi, il est encore plus «anormal» de se donner à 150 % avec, suspendue sur la tête, l'épée de Damoclès. Ce qui ne veut pas dire de ne rien faire, d'être fainéant au cas où l'emploi ne serait que temporaire... Mais, de grâce, ne vous tuez pas à la tâche, ne vous stressez pas pour ce que vous ne pouvez changer, soyez seulement vous-même, soyez intègre, soyez entier, et vous verrez qu'il est possible de jouir d'une accalmie le soir venu. Et ce message s'adresse aussi aux aînés, aux personnes de cinquante ans et plus qui, encore en poste, s'inquiètent de leur rendement, de ce qu'on pense d'eux parce qu'ils… vieillissent. De là le stress, l'angoisse et les rides prématurées. Si ces personnes avaient la bonne idée de s'adresser à leurs collègues retraités, je suis certain que la plupart leur répondraient: *«Fais juste ce que tu peux, ne te fais pas crever, pense à ta santé, pense aux belles années qui s'en viennent…»* Pour ensuite ajouter comme je le fais souvent: *«Pis… arrête de t'morfondre, t'emporteras rien d'tout ça dans ta tombe!»*

Je n'aime pas me citer en exemple parce que j'ai mes forces et mes failles comme tout le monde, mais que voulez-vous, quand on a de l'eau dans le puits… Étant encore actif dans le domaine de l'écriture, ayant devant les yeux un horaire chargé, je me surprends à prendre les choses comme elles viennent. Autrefois, c'eût été un drame que d'avoir un agenda aussi rempli, mais là, dans ma sérénité, je me couche chaque soir en tournant gentiment la page. C'est sûr que j'ai vécu quelques moments d'anxiété, quelques angoisses… mais je les minimise au fur et à mesure qu'elles surviennent. Et lorsque le dimanche s'amène, je récapitule ma semaine et je me dis: *«Bon, tout ça est passé, tout est derrière moi…»,* avec un soupir de fierté, un autre de soulagement. Puis, d'un œil rassuré, je regarde ce qui s'en vient et je me dis: *«Bon, un autre coup de cœur à donner…»* et je me couche sans agitation, sachant que, qui que nous soyons, tant que le cœur battra, mieux vaut prendre la vie… comme elle se présentera.

Ces amours à sens unique...

Eh non! Il n'est pas facile, quand on aime, de sentir que le sentiment n'est que d'un seul coté, mais il en est hélas ainsi dans plusieurs cas. J'ai même eu vent ces derniers temps... Il est triste de ne pas pouvoir trouver le sommeil parce qu'un amour qui ne répond pas au nôtre nous garde le «cœur ouvert». J'aimerais tant leur dire qu'il y a toujours, quelque part, un autre espoir, un autre amour à vivre à deux et de bonne foi, cette fois. Mais, juste avant, il me faut prendre au moins la peine de me pencher sur le sujet et d'en extraire les émotions qu'il avive. Ce pauvre Pierre-Paul qui, à quarante-trois ans, séparé, croyant avoir trouvé l'âme sœur, se rend compte après quelques rencontres que la dame en question, également séparée, n'a nullement l'intention de «s'embarquer» dans une vie de couple comme il le souhaiterait. L'aime-t-elle seulement? Difficile à dire, mais sûrement pas aveuglément, si tel est le cas. Peut-être l'aime-t-elle bien, pas plus, même si lui l'aime d'un amour démesuré. Et c'est sans doute ce qui lui fait peur. On ne s'engage pas avec qui aime trop quand on n'aime pas assez. On craint que l'autre s'imagine qu'avec le temps tout va changer... Vous me suivez?

Moi, je persiste à dire que, lorsqu'on ne tombe pas amoureux à première vue ou presque, on ne le devient pas un tantinet à la fois, au gré des mois. Bien au contraire, l'ardeur de l'un peut même submerger peu à peu l'intérêt de l'autre. Alors, pendant que Pierre-Paul s'accroche encore à ses rêves et à son impossible amour, elle, de son côté, cherche à se distancier de lui sans trop lui faire de peine. Parce qu'elle le trouvait fort intéressant avant qu'il devienne trop entreprenant. Cette femme blessée par son passé se méfie sans doute des grands bouleversements. Puis, tout doucement, comme pour le lui faire comprendre, elle s'éloigne graduellement. Elle garde un certain lien par le biais d'une correspondance, mais les rencontres, les tête-à-tête, elle y renonce. Et Pierre-Paul finira peut-être par comprendre qu'aimer à sens unique, c'est gaspiller tous les sentiments qu'il pourrait garder au chaud… pour une autre. Mais comment dire à qui aime comme un fou: «*Oublie-la, tu perds ton temps, tu la déranges; elle ne t'aime pas*»? Pas facile, n'est-ce pas, quand l'autre croit encore, qu'un jour, à force de persévérance…

Dans de telles situations, mieux vaut prévenir que de tenter d'en guérir. Avec un bon discernement, juste avant que le cœur éclate un peu trop pour l'autre, il faut apprendre à faire son deuil… de ce qui n'a jamais vu le jour. En adulte averti, il faut se pencher sur son désarroi, l'analyser, en parler avec quelqu'un d'autre et savoir écouter, si les conseils s'avèrent utiles. Parce que, tendre l'oreille à qui veut aider et persister dans la mauvaise voie, c'est faire injure autant à l'ami ou à l'amie qu'à la personne aimée qui ne se montre pas intéressée. Bien sûr que ça fait mal d'aimer du fond de son cœur et de ne pas sentir la même flamme jaillir de celui de l'autre. Bien sûr que c'est un supplice quand on s'y accroche, quand on insiste, quand on persiste… Parce que, juste après, quand finalement on se rend compte du désintéressement, on subsiste. Mais, n'oublions pas pour autant que c'est aussi un drame pour l'autre qui ne peut rendre l'échange de la pièce. N'allez pas croire qu'il soit facile, pour celle ou celui qui n'aime pas, de vivre dans la quiétude. Ces êtres qui, en toute honnêteté, repoussent les avances et les bras tendus, ne le font pas avec bonheur et joie. Il n'est guère plaisant de savoir qu'on fait mal à quelqu'un; il est même troublant de se coucher et de trouver le sommeil, sachant que l'autre souffrira d'une nuit blanche. Oui, le temps est un grand maître; oui, il arrange tout quand on s'y fie, mais, encore faut-il décrocher de son point fixe quand on le sent à sens unique.

C'est malheureusement là que ça se gâte, que la douleur s'intensifie et que la peine s'installe. On a le chagrin d'aimer sans être aimé en retour. Et ce chagrin ne se dissipera que lorsque la plaie qu'on garde ouverte se fermera et que le rêve caressé fera place à l'oubli. Oui, on finit par oublier quand on s'en donne la peine. Et, du même coup, par retrouver le goût de vivre tout en libérant l'autre d'une passion dérangeante. Au point que les femmes comme les hommes qui sont aimés sans aimer en retour finissent par craindre les insistances. Ce qui n'est guère édifiant pour qui aime «trop» sans se rendre compte qu'il… dérange. Aimer à sens unique, c'est se meurtrir, se droguer d'illusions, s'attendre en vain à ce qui ne viendra pas. Alors qu'ailleurs, un autre cœur, une autre femme ou un autre homme… Et comme ce billet risque d'en atteindre plusieurs, je suggère humblement à tous ces cœurs pantois, de fermer les yeux et de baisser les bras, avant que l'abcès ne gonfle à n'en plus savoir… comment le crever!

Avec des mots et des gestes

Une dame me demandait récemment: «*Vous ne trouvez pas cela épuisant toutes ces rencontres, tous ces déplacements dans la province?*» J'aurais pu lui répondre que je ne suis pas friand des chambres d'hôtel, que je n'aime pas tellement les longs voyages en auto, que j'ai un peu moins d'énergie qu'avant, mais jamais je ne dirais à qui que ce soit, qu'une rencontre avec des lecteurs, c'est épuisant. Au contraire, ce sont là les moments les plus enrichissants de ma carrière. Dernièrement, la bibliothèque de Verchères m'a invité à une causerie, et ç'a été si agréable que je suis revenu le cœur comblé par toutes ces personnes qui, en l'espace de deux heures, ont fait le tour de mon jardin tout en m'ouvrant la grille du leur. Comment peut-on trouver épuisant de croiser des regards, de parler à des gens qui ont pris la peine de vous lire et qui, gentiment, viennent vous le dire?

Mon Dieu que le monde est fin! Depuis des années, je n'ai croisé sur ma route que des gens au cœur d'or. Yolande Fortin, de Sillery, qui vient me voir quand je me rends à Québec, Marie-Madeleine Galimard, qui m'inonde de gentilles cartes postales, Colette qui m'écrit pour me donner son opinion sur mes romans, Mme Gravel, Mme Labbé, Madeleine, Rose et Sylvie... Des lectrices depuis longtemps, des amies avec le temps... Mais il y a aussi ceux et celles que je rencontre pour la première fois et qui me disent en passant: «*J'aime beaucoup vos billets dans* Le Lundi. *Continuez, ça nous fait du bien!*» Autant de cris du cœur qui m'ont touché. Et que dire de Catherine et Éric, un jeune couple charmant qui, un vendredi soir de pluie, en pleine heure d'affluence, a pris la peine de partir de Deux-Montagnes pour venir me rencontrer chez Archambault à Brossard? Je croyais que c'était elle qui possédait tous mes romans, mais c'était lui. Le lendemain, ils sont revenus chez Archambault à Laval pour me faire dédicacer les volumes qu'Éric avait déjà à la maison. Il était comblé et moi…. honoré. Oui, honoré, car une telle démarche de la part d'un lecteur, c'est tout un hommage pour un auteur. D'autant plus que je l'imagine lisant chaque soir une page d'un recueil de mes billets. «Quand ça va moins bien», comme il me l'avouait. Parce que ces gens me confient aussi leurs joies et leurs déboires. Et cette ultime confiance honore, vous ne pouvez savoir à quel point, mon cœur de père et de… grand-père. D'autant plus que ce couple charmant m'a remis en partant la plus jolie des cartes… Comment oublier un tel geste?

Le lendemain, en dépouillant mon courrier, j'ai trouvé une très belle lettre conçue à l'ordinateur et ornée d'une rose rouge. Sous *Journée mondiale du livre*, on pouvait lire: «J'écris à… Denis Monette» et c'était suivi de trois appréciations de personnes œuvrant à la bibliothèque de la ville de Saint-Pierre où on m'avait invité l'an dernier. Quelle délicatesse! Non, ce n'est pas épuisant de se déplacer pour rencontrer ceux qui nous remettent sans cesse la plume entre les mains. Lors de ces rencontres, tout est permis, aucune question n'est indiscrète. On m'achète, on me lit, on a le droit de savoir qui je suis. On a même le droit de me dire, comme une certaine dame rencontrée lors d'une séance de signature: «*Votre Gilbert dans* Et Mathilde chantait, *je l'aime pas! Je lui aurais mis ma main dans la face!*» Oui, on a le droit de s'exprimer, même s'il ne s'agit que d'un roman. Ce qui importe, c'est qu'on «embarque» dans la vie de mes personnages. Une autre dame, plus âgée, m'a avoué avec timidité et humour: «*Votre Sam dans* L'Ermite, *Monsieur Monette, il m'a fait commettre des péchés!*»

Je revois encore son sourire en coin… Que d'innombrables surprises dans ces rencontres! Quand on me dit: «*Vous écrivez des billets depuis longtemps, n'est-ce pas? Ma grand-mère vous lisait*», j'éclate de rire. Ce n'est pas ma faute si j'ai survécu à quelques grands-mères, mais le «longtemps» de cette jeune femme m'a donné l'impression d'être… Mathusalem! La reconnaissance des gens fait parfois sourire, parfois pleurer, mais ne laisse pas indifférent.

Les mots et les gestes ne sont pas que pour les auteurs, les comédiens, les chanteurs. Ils doivent naître aussi pour ceux qu'on aime, ceux qu'on côtoie chaque jour, bref, ceux qui enjolivent notre vie. Un mot gentil ou un geste tendre qui veut dire… merci. Parce que finalement, c'est toujours un vibrant merci que je retiens de tous ces témoignages d'affection que je reçois. Je me demande parfois: «*Pourquoi me disent-ils merci? C'est moi qui devrais les remercier de tout cœur de leur appui, de leur ferveur.*» Mais il faut croire que chacun a besoin d'exprimer sa reconnaissance d'une manière ou d'une autre. Et lorsque je rentre et que mon épouse me demande comment ça s'est passé, je ne peux m'empêcher de lui dire, au risque de me répéter: «*Mon Dieu que le monde est fin!*»

Quand on remonte la pente

Il arrive que, dans la vie, les coups durs se succèdent. On aimerait bien que ce soit toujours les autres qui en héritent mais,
hélas! c'est chacun son tour. Dans la plupart des cas, ils ne
durent que le temps d'une violente tempête, puis l'accalmie
survient. Néanmoins, il y a ceux pour qui la tempête se transforme en pluie intermittente. Les jours sont gris, des nuages
de plus en plus lourds s'amoncellent au-dessus de leur tête, au
point qu'ils se demandent s'il ne cessera jamais de pleuvoir,
s'ils n'auront jamais le temps de… remonter la pente. Dans
ces moments où rien ne va, il ne faut pas se laisser couler
comme une roche au fond de l'eau. J'ai toujours dit que rien
n'était perdu tant qu'on pouvait garder la tête à la surface.

Une connaissance à moi a vécu pendant deux ans des déboires inimaginables sans jamais perdre courage. Son ciel se
couvrait parfois, mais elle a toujours cru qu'un jour un début
d'arc-en-ciel poindrait à l'horizon. Sans emploi, aux prises
avec des créanciers, elle s'est débattue comme un diable dans
l'eau bénite et a donné à chacun quelques miettes à la fois.
Puis, peu à peu, les nuages gris se sont dispersés. Je dis bien
peu à peu, car c'est de cette façon qu'on remonte la pente
après être tombé de haut sans s'y attendre. J'ai une admiration
sans borne pour cet être dont je vous parle. J'ai toujours eu un
faible pour les gens qui, dans le désarroi total, s'accrochent
encore à une bouée, dans l'espoir qu'un jour une main se
tende vers eux et les tire de ce remous. Et, foi de celui qui
vous parle, il m'est arrivé plus d'une fois de n'avoir que la

tête hors de l'eau. Remonter la pente, c'est saisir la première chance qui s'offre à soi. S'il s'agit de travail, qu'importe si celui qu'on nous offre enfin n'est pas aussi rémunérateur que celui qu'on avait avant de dévaler la côte. On n'a qu'à penser aux jours où ce qui rentrait ne suffisait même pas pour faire une épicerie convenable.

Quand on remonte la pente, on se rend compte que ses valeurs ne sont plus les mêmes et que, naguère, on nageait en eau beaucoup trop claire. Mais, remonter la pente ne s'applique pas qu'au travail. Il arrive que la maladie nous frappe sournoisement et que le Ciel nous garde en vie. Bien sûr qu'il n'est pas facile de se retrouver faible après avoir été fort. J'ai vu un père de famille dans la trentaine remonter la pente après avoir subi une grave intervention chirurgicale, avec comme seuls atouts sa volonté de guérir ainsi que l'amour qu'il éprouvait pour sa femme et ses enfants. Sa médication, bien qu'il la respectât, était pour lui très secondaire. Ce qui prouve que le vouloir est directement lié au pouvoir. L'échelle à gravir n'appartient qu'à nous. Les autres ne peuvent que nous encourager à poser le pied sur la première marche.

J'ai connu une dame qui, après une triste rupture, a dit à ses amies: «*Laissez-moi seule. Je vais ressasser ma vie et remonter cette pente sans l'aide de personne.*» Et croyez-le ou non, après six mois de chagrin, après avoir vidé son cœur de toute amertume, elle était de retour, prête à poursuivre sa vie… avec un autre. Une femme forte, me direz-vous? Certes oui, une femme qui comprenait qu'après l'orage viendrait le soleil. Pour son bien-être, pour celui de ses deux enfants, avec la certitude que l'avenir ne pouvait être plus sombre que le passé.

Nous recevons tous un jour ou l'autre une brique sur la tête. Pour certains, c'est le toit qui s'écroule. Je persiste à dire une «brique» parce que tout assommoir qui ne tue pas ne peut nous empêcher de reprendre conscience. Dans quel état? Dans celui qu'on choisit, selon ses convictions, selon son désir de retrouver dès que possible… la raison. La vie n'est qu'un fil, vous savez. Un fil qui peut se rompre à tout instant. Les journaux, les bulletins de nouvelles montrent des personnes jeunes, encore en pleine santé le matin, qui ne sont plus de ce monde le soir venu. Devant ces brusques départs, devant l'irréparable, je me dis: *«Qu'est-ce donc qu'une intempérie quand ceux qui ont perdu la vie auraient tout donné pour survivre?»* Et c'est en pensant de la sorte que j'ai toujours su remonter la pente quand survenait une avalanche. Je repense à celui dont je parlais au début de ce billet, je le vois, sourire aux lèvres, acharné, presque rendu à la rive après avoir réussi à garder la tête hors de l'eau. Je revois ce jeune père, trois ans plus tard, quelque peu handicapé à la suite de sa grave opération, poursuivre sa remontée. Je revois cette femme qui, d'elle-même, a remonté la pente de son cœur blessé et je me dis que seule la volonté ferme assaisonnée d'un brin de courage peut nous faire remonter la pente la plus abrupte. Il y a toujours un arbre quelque part qui nous offre une de ses branches pour qu'on s'y agrippe.

Par amour pour ses enfants...

Il y a quelques jours, alors que j'étais au dépanneur, j'ai vu un homme d'environ soixante-dix ans acheter des billets de loterie en grande quantité. La caissière lui a demandé: *«Qu'allez-vous faire avec tout cet argent si vous gagnez? La 6/49 est de cinq millions cette semaine.»* Et l'homme de lui répondre: *«Ah! vous savez, ce n'est pas pour moi que j'investis de la sorte. Je le fais pour mes enfants.»* Il lui confia en avoir six, ainsi que neuf petits-enfants. Puis il ajouta: *«Moi, je n'ai besoin de rien, mais cet argent serait une mine d'or pour eux.»* Moi aussi j'achète des billets en pensant à mes enfants. Vous savez, il y a un temps où le dépouillement vaut mieux que l'abondance. À mon âge, je suis loin d'être le consommateur que j'étais à trente-neuf ans. Bien sûr, je m'achète ce dont j'ai envie: livres, disques, vêtements, etc. Bref, je me procure ce dont j'ai besoin, pas plus. Et mon épouse fait comme moi depuis qu'elle n'est plus sur le marché du travail. Toutefois, elle dépense encore énormément; pas pour elle, mais pour... habiller nos petits-enfants. Lorsque je vérifie mes billets, je me dis que si je gagnais, Michel et Sylvie n'auraient plus de difficultés à boucler les fins de mois. C'est comme si je voulais leur éviter l'apparition prématurée de cheveux gris...

Peut-être suis-je ainsi parce que je n'ai pas eu de père pour me choyer et me venir en aide lors des durs moments? Parfois, des collègues me disent: *«Vous les gâtez trop! Il faut qu'ils apprennent d'eux-mêmes à se sortir du trou lorsque c'est nécessaire, comme vous l'avez fait naguère.»* Je ne suis pas d'accord:

ce n'est pas parce que nous avons été à la dure école qu'il faut que nos enfants y aillent aussi. Si on peut leur éviter les angoisses et les nuits blanches que nous avons vécues, pourquoi ne pas le faire? On ne met pas des enfants au monde pour qu'ils traversent les mêmes épreuves que nous à leur âge. On tente, avec les moyens dont on dispose, de les aider à ne pas trop s'en faire avec les tracas. On le fait par amour pour eux, à qui on a donné la vie et qu'on veut voir s'épanouir... heureux. J'irais même jusqu'à dire ceci: *«Ce n'est pas parce que nous avons mangé de la m... qu'il faut que nos enfants en mangent aussi.»*

Une connaissance me demandait encore récemment: *«Pourquoi ne changez-vous pas de voiture? Vous en avez les moyens...»* Bien sûr que je pourrais le faire, mais pourquoi irais-je m'embarrasser d'une auto flambant neuve quand celle que j'ai depuis quatre ans fonctionne à merveille? Et à quoi sert une voiture quand on travaille à la maison et qu'on ne l'utilise que pour faire les courses et aller chez son fils, qui habite à deux ou trois kilomètres de la maison? Moi, je préfère investir dans une fourgonnette qui servira à mon fils et ses trois enfants. On me reproche aussi de ne pas changer d'ordinateur, de me servir encore de celui que j'ai acquis en 1990, pas même en couleur. Je préfère de beaucoup utiliser cet argent pour offrir à mes enfants un nouveau téléviseur qui fera la joie de mes petits-enfants.

Ce que je ne peux, hélas! leur acheter, c'est la santé. Impuissant devant la bronchite d'un tout-petit, je ne peux que dire: *«Laissez-nous-le, on va s'en occuper»,* pendant que les parents, soulagés, pourront vaquer à leurs occupations. Lorsque l'argent ne peut venir en aide, c'est le cœur qui prend la relève. Par amour et avec joie, surtout lorsqu'un de mes petits-enfants qui tousse se blottit dans mes bras pour y trouver du réconfort. Tout comme ma mère et mes beaux-parents qui, jadis, n'avaient que ce seul don à offrir à nos enfants. Parce qu'un coup de main, ça ne coûte rien. Mais si je peux leur venir en aide financièrement, je délie rapidement les cordons de ma bourse afin que la leur ne soit pas à sec. Pour employer une expression qui m'est chère, je dirais que *«je suis riche des biens dont je sais me passer»*. Des gens me disent: *«Vous ne trouvez pas la maison grande avec trois étages à entretenir?»* Nous avons maintes fois songé à la vendre, mais toute réflexion faite, nous hésitons. Parce que cette demeure qui a vu nos enfants grandir sera leur héritage. Avec l'âge, qu'on le veuille ou non, on ne vit que pour ses enfants. Des enfants et des petits-enfants qui sont notre plus belle richesse. Et croyez-moi, ce n'est pas parce que nous leur offrons tout ce que nous pouvons qu'ils ont la vie plus facile pour autant. Ils ont leurs soucis et leurs inquiétudes, qu'ils nous taisent bien souvent. Et c'est par respect pour ce silence qu'on leur offre avec amour ce que seul un cœur de père ou de mère ressent, lorsque arrive le temps… des premiers cheveux blancs.

Apprendre à vivre dans l'attente...

Il était là, c'était merveilleux, il n'est plus là pour quelque temps, c'est aberrant, mais sachant d'avance que le lien est illégitime, il faut bien se résoudre, quand il retourne auprès de... sa légitime! Pas faciles ces amours que l'on vit entre parenthèses. Pour qui que ce soit! Parce que personne, à ce que je sache, n'a souhaité une relation entre... guillemets! Mais ainsi va la vie quand on la vit... doublement! Ainsi vont les jours, le bonheur, les nuits qu'on ne voudrait jamais voir prendre fin et le retour aux normes... pour l'un comme pour l'autre! C'est la triste rançon des amours interdites. Composer avec les faits? Possible! Quand on apprend à vivre dans l'attente.

Il serait certes agréable pour ceux qui s'aiment dans l'ombre de s'aimer au grand jour. Ils n'auraient qu'à délaisser «l'autre», espérant que vous en fassiez autant de votre côté. Mais la chose n'est pas toujours facile et parfois impossible. Il y a fort souvent des enfants en cause, les reproches à encourir, le tumulte à envisager... Pas aisés à vivre, les amours illicites. Mais, adulte, avec sa tête, on peut poursuivre à long terme cette forme de relation qui sied à ceux qui, par amour, s'appliquent à perdre la raison. De temps à autre seulement! Ce qui se veut élémentaire pour apprendre à vivre dans l'attente, c'est de meubler l'absence. Inutile de compter les jours, les heures; le temps n'a qu'une cadence. Inutile de vous morfondre et de mordre d'abstinence dans l'oreiller, les retrouvailles ne se feront que, lorsque tous deux, serez pour quelque temps...

[204]

libres! Comme pour tous les couples qui s'aiment dans la pénombre et dans la démesure, et qui se jurent que, la prochaine fois… Mais, en attendant, même si l'amour est plus fort que l'impatience, il n'est pas interdit d'aller vous détendre ailleurs, avec quelqu'un d'autre, sans pour autant renier vos sentiments… pour l'autre! Parce qu'il sera toujours impossible de savoir si, pendant que vous attendez sagement que le prochain écart de conduite se manifeste, l'autre n'en fait pas tout autant. Les amours de cette nature – ce que j'appelle amours à quatre lorsque les deux sont engagés depuis longtemps, alliances et enfants à l'appui – sont des amours de corps et non de cœur! On aime goulûment, on se donne l'un à l'autre sans la moindre pudeur, parce qu'on sait, au gré des heures, qu'on devra se quitter pour on ne sait combien de temps. Alors, comment aimer de toute son âme, de tout son cœur, passionnément, ce qui n'arrive que le temps… d'une fuite? D'où le risque de finir par se lasser et de chercher l'équilibre dans son propre couple. Quitte à faire son deuil de cette relation provisoire, quitte à en oublier tout le bien-être. Ce qui n'est pas facile quand on aime aimer sans déranger, sans s'engager. Drôles de couples que ceux qui apprennent à vivre dans l'attente et qui y parviennent, me direz-vous. Mais il existe, hélas! on me l'a dit, des êtres qui en valent la peine.

Ah! ces amants que Charles Aznavour a si bien décrits dans ses chansons. Ces amoureux qui vivent dans l'attente d'être libres l'un pour l'autre. Ces merveilleux amants qui peuvent dormir sur leurs pulsions et les secouer dans les bras de l'autre, le moment venu. Selon moi, toutes les formes d'amour sont belles. De la plus simple à la plus compliquée. De la plus sage à la plus saugrenue. De la plus positive à la plus abstraite. Parce que chaque cœur a le droit d'aimer à sa manière. Sans faire de mal à qui que ce soit, il va de soi, mais sans priver ses sens de se perdre, si tel est le cas, dans un… non-sens! Car, toute histoire d'amour à sa raison d'être. Bien sûr qu'on peut abandonner, baisser les bras devant cette forme d'amour entre… deux chaises! Mais si elle vous convient et que vous composez très bien avec «les temps morts», il est possible que vous soyez plus comblé que d'autres, quand survient, enfin… l'aurore! Apprendre à vivre dans l'attente, c'est savoir d'avance qu'il vous faudra patienter souvent au cours de cette relation que rien n'immobilisera, pas même les saisons. Parce que dans l'attente, pour qui n'a pas le droit, comme dans l'avènement pour qui le possède, la vie s'écoule au même rythme des heures. Reste à savoir quelle forme d'amour est la plus bénéfique. Bien sûr qu'il faut être fort devant ce qui n'est pas facile, mais il y a de ces gens pour qui cet enchevêtrement est un choix. Or, si tel est votre cas, ne vous en plaignez pas et faites en sorte que chaque rencontre vous comble, au point de ne plus avoir à apprendre… l'attente. Car vient un jour où les orages du corps deviennent des accalmies, les liens interdits, des ennuis… Alors, d'ici là, pourquoi ne pas faire du pire le meilleur, et attendre avec chaleur, les yeux fermés, vapeurs au cœur, sans angoisser… le prochain quart d'heure?

Les petits voyages du cœur

À la télévision, lors d'un reportage fait à Dorval, j'ai vu plein de voyageurs heureux qui s'envolaient vers des lieux où le soleil leur bronzerait la peau. J'étais content pour eux, car plusieurs de ces personnes avaient économisé pendant un an afin de s'offrir des vacances à Cuba, Miami ou en République dominicaine. Je n'ai rien contre ces gens qui désirent «couper» l'hiver en deux, pas plus que j'en veux à mon voisin de faire partie des *snowbirds* depuis quinze ans. À chacun ses goûts. Curieusement, le lendemain de ce reportage, une voisine m'a dit: *«Dites-moi pas que vous allez passer l'hiver ici! Vous avez sûrement les moyens de vous payer un beau voyage à Hawaii!»* Premièrement, la remarque m'a déçu. Non pas qu'elle était de mauvaise foi, cette dame, mais pourquoi affirmer que «j'ai» les moyens d'aller à Hawaii? Pourquoi pas avoir simplement dit: «des vacances au soleil»? Passant outre à la remarque, il y a pour moi, comme pour tant d'autres, des petits voyages du cœur qui valent, à mon humble avis, les Antilles, le Costa Rica ou même… le Pérou!

Depuis trois ou quatre ans, il m'arrive de donner des causeries dans des bibliothèques partout au Québec. Eh bien! croyez-le ou non, mais je me suis rendu compte que je n'avais jamais visité ma propre province, où il y a des petites merveilles à découvrir. Je me souviens d'avoir emprunté une petite route pour me rendre au village pittoresque de Saint-Anicet. J'ai entre autres visité Saint-Ours, Saint-Simon, Verchères, Sainte-Julienne, Varennes, Charlemagne… Combien de fois ai-je aperçu le panneau de Belœil, en passant sur l'autoroute 20, sans jamais y aller? Pourtant, c'est l'un des plus jolis coins de la province… et à seulement quelques pas de la métropole. J'avoue avoir été embarrassé de dire à la bibliothécaire qui m'accueillait: *«C'est la première fois que je viens ici…»*

J'ai fait ce que j'appelle des «voyages du cœur». Parce que sans être loin, j'ai rencontré des gens merveilleux et vu des sites aussi enchanteurs que j'aurais pu en voir à… Hawaii! J'ai douce souvenance aussi d'un charmant voyage à Ville-Marie, Témiscamingue, où je me suis fait des amis en plus de respirer l'air pur des grands espaces. Je me rappelle avec joie de Rouyn, Sept-Îles, Chicoutimi, Jonquière, Rimouski, Hull, Québec, Sherbrooke et Trois-Rivières. D'ailleurs, je visite régulièrement ces trois dernières villes. Chaque fois, je sens que c'est une partie de mon cœur qui voyage au gré des jours et des heures. Puis, il y a de ces voyages un peu plus éloignés mais si près de mes sentiments. Je parle des occasions où je me rends à Calgary, en avion, visiter ma fille, mon gendre et mes deux petits-enfants. Bien sûr que ce n'est pas le bout du monde et qu'il y a un hiver là-bas aussi, mais rien ne vaut la chaleur ressentie jusqu'au fond du cœur pour oublier toutes les intempéries. Et soit dit en passant, ça coûte aussi cher qu'un voyage à Miami! Ce n'est donc pas par souci d'économie que des parents troquent le soleil contre des régions plus froides où les attendent ceux qui les aiment. Voilà ce que j'aurais pu répondre à la dame qui me suggérait un voyage à Hawaii, mais avouez que ma «litanie» aurait fini par l'ennuyer.

À la lecture de ce billet, quelques personnes vont certes murmurer: *«Oui, mais quand on n'a pas un traître sou ou quand on est confiné dans un fauteuil avec un mal sournois qui nous empêche de sortir…»* Ne craignez rien, j'ai pensé à vous. Les «petits voyages du cœur» ne sont pas que ceux que nous faisons avec des valises, une voiture, un billet de train ou d'avion. Oh que non! Il m'arrive souvent de voyager tout doucement sur les nuages de mes plus beaux souvenirs, de mes sentiments les plus doux. Assis dans mon fauteuil, les yeux fermés, je revis les plus beaux jours de ma vie, ceux d'hier comme d'aujourd'hui, qui me font espérer les revivre demain. Oui, seul et silencieux dans ma méditation, je revis en images les plus beaux moments de ma jeunesse, ceux passés avec mes enfants, alors que mon épouse et moi n'avions aucun cheveu blanc. Dans une douce nostalgie, je nous revois partir, avec les enfants sur la banquette arrière de la voiture, pour un petit voyage en Nouvelle-Angleterre. Pas loin, juste assez pour trouver une petite auberge bon marché avec une piscine et un cinéma en plein air. Je me revois, adolescent, au chalet loué à Saint-Calixte ou encore dans celui d'un oncle à Saint-Émile. Que de la simplicité, que de la joie qui ne coûtait presque rien et qui nous embuait le cœur. C'est curieux, mais j'ai l'impression que plusieurs d'entre vous vont «valser» avec moi sur ce fil de mes pensées. Parce que les plus beaux voyages, qu'on soit sur ses deux jambes ou confiné dans une chambre, sont ceux qu'on s'offre… avec son âme.

Il n'est jamais trop tard

Un type que je nommerai Grégoire me disait récemment, alors que je lui reprochais gentiment de boire un peu trop: «*Ah! vous savez, à mon âge, le mal est fait. Réduire ou arrêter ne va pas me remettre le foie en santé...*» Grégoire a soixante-quatre ans, il boit depuis l'âge de dix-sept ans. Ce que je n'ai pas aimé de sa phrase, c'est «le mal est fait». Quel mal? Bien sûr qu'il ne doit plus avoir le foie aussi bien portant qu'à ses seize ou dix-sept ans, mais, à ce que je sache, il ne souffre de rien de grave pour le moment. Alors si, selon lui, le mal est fait, pourquoi ne pas profiter des belles années qu'il lui reste pour essayer de faire «le bien»? Pourquoi continuer à se «maganer» de la sorte quand on peut encore sauver sa peau? Il a ajouté que «l'occasion faisait le larron» et qu'il avait des «compagnons d'infortune». Ce à quoi je lui ai répondu de les mettre de côté, ou de poursuivre ses bonnes relations tout en ayant la force et le courage de dire «non» quand on insiste trop. Et comme je doute fort qu'on insiste trop, je dirais que Grégoire est le seul qui puisse encore retrousser ses manches et se prendre en main. En ne buvant plus ou en buvant moins. Selon la force de sa volonté. Parce que, je le répète, il n'est jamais trop tard pour faire un pas en avant, et toujours trop tôt pour sombrer davantage.

Pour certains, c'est l'embonpoint qui menace une bonne santé, pour d'autres, la cigarette, et pour plusieurs jeunes, les drogues les plus diversifiées qui soient. Il est évident que pour un jeune, il sera toujours «trop tôt» le moment de se regarder bien en face. Un jeune qui a l'intention de s'en sortir avant de subir des ravages, a toutes les chances de retrouver sa mine épanouie et un état de santé comme celui dont il jouissait juste avant que... Oui, les rechutes sont plus faciles quand on a dix-huit ou vingt ans. Oui, le sevrage est plus difficile parce qu'on n'a pas toujours envie d'arrêter de «triper» à cet âge. On se dit qu'on aura bien le temps un jour de régler le problème sans songer qu'on a peut-être moins de temps avec les drogues néfastes que Grégoire avec sa bière.

L'important, c'est de choisir le moment où l'on sent dans sa tête que «c'est le temps». Le moment où l'on a envie d'être en forme et de sourire à la vie. Il en va de même pour les personnes aux prises avec un excès de poids et qui s'écrient: «*J'en ai bien trop à perdre, j'ai trop attendu, il est trop tard, jamais je ne retrouverai ma taille.*» Non, il n'est pas trop tard. Si on a été capable de prendre tout ce poids, on est capable de le perdre. On s'est gavé pour en arriver là? Alors, avec de la détermination, on doit maintenant se priver pour redescendre l'escalier des kilos. Avec une bonne diète équilibrée, un suivi médical et de l'exercice, même si ça demande un réel effort. Oui, on a faim les premiers jours, très faim même. On se sent frustré et c'est normal; il n'existe pas de sevrage sans peine. Mais quand on voit, tout comme Julie, le pèse-personne s'alléger de plus en plus, on oublie vite les privations tout comme les désagréments d'une bicyclette stationnaire. Parce que la récompense est à quelques pas. Et dès lors, on peut se dire avec fierté: «*Dans le fond, il n'était pas trop tard, c'était juste un manque de courage...*» Je parle beaucoup de combats psychologiques parce que ce sont ceux qu'on doit livrer le plus souvent... avant qu'il soit trop tard. Le marasme, le désespoir, le défaitisme, le laisser-aller, que de synonymes pour les mêmes problèmes. L'important, c'est de ne jamais fermer les yeux sur les possibilités.

Dans ce «jamais trop tard» que je prône, il y a aussi l'idéal qu'on s'était fixé et qu'on semble laisser s'évaporer. Si on baisse les bras avant d'essayer, c'est sûr qu'il va finir par être trop tard, un jour, pour atteindre un objectif. Si on rêve constamment de devenir comédien ou médecin, on doit foncer et défoncer des portes pour y parvenir. Et ce, dès que la flamme jaillit. Et, croyez-moi, il n'est jamais trop tard pour aller au bout de soi, même si des gens autour de vous murmurent: *«Voyons, elle a passé l'âge...»* ou *«En a-t-il au moins le talent?»* Pour l'âge, vous vous devez d'en faire fi et, pour l'autre remarque, vous seul pouvez répondre de vos capacités. J'ai trop vu de gens passer à côté de leur sentier pour ne pas me sentir malheureux pour eux. J'ai également vu trop de gens mourir alors qu'ils auraient pu s'en sortir, faute de ne pas croire encore en ce «jamais trop tard» que je défends de toutes mes forces. Moi, ce n'est pas seulement ce qu'est une personne que j'admire, mais ce qu'elle devient au gré de son bon vouloir. J'ai une vive admiration pour l'effort, pour le dépassement de soi, quitte à trébucher parfois. Mais je suis offensé d'entendre quelqu'un me dire: *«Je ne serai jamais capable de...»* parce que, si je ferme les yeux avec eux sur leurs faiblesses, il est sûr que le temps finira par leur dire: *«Désolé, il est trop tard désormais.»* Ce qui me crève le cœur, bien sûr, mais vient un jour, une heure... Vous comprenez?

Quand le cœur s'en mêle...

C'est curieux comme on peut vivre de belles émotions à chaque jour, sans s'y attendre, au gré des rencontres, des conversations et, parfois, des regards. Dernièrement, invité à un échange avec le public à la bibliothèque de Saint-Hubert, où j'ai été reçu avec bienveillance, je parlais, on me questionnait, je répondais, et le dialogue allait bon train. Des gens venus de la région, bien sûr, des abonnés de la bibliothèque tout comme des personnes d'un cercle de lecture. Des gens de tous les âges, des femmes, quelques hommes, qui ont pris la peine de me consacrer leur soirée, car ces échanges se terminent d'ordinaire aux alentours de neuf heures, mais avec les signatures, le tirage de quelques exemplaires, on peut dire qu'ils rentrent chez eux plus tard que prévu. Je me surprends toujours à les voir rester jusqu'à la toute fin, la plupart ayant à se lever tôt le lendemain. Ce qui veut dire que le dialogue est intéressant et qu'ensemble on ne voit pas le temps passer. De plus, quand le cœur s'en mêle... Et j'ai pu m'en rendre compte ce soir-là!

J'ai rencontré de bonnes personnes, de charmantes lectrices, d'agréables lecteurs tout au long de cette «causerie» sous forme de dialogues. Et comme je ne regarde jamais ma montre, c'est la bibliothécaire qui, vers neuf heures, demanda à ce qu'on pose une dernière question afin de procéder au tirage des volumes que je leur offrais. Cela dit, je les ai remerciés, je leur ai promis un autre roman pour bientôt et j'ai pigé le premier billet gagnant. Puis, de l'un à un autre, on s'est rendus au cinquième volume, puis à la trilogie qui se voulait le «grand prix».

Les heureux gagnants ont attendu, bien sûr, pour que je leur dédicace leur roman avant de partir et, à la toute fin de cette petite séance, une bonne vieille dame s'est approchée avec le roman *Les bouquets de noces* qu'elle avait gagné pour me dire: «*Vous savez, j'ai quatre-vingt-trois ans, j'habite dans une résidence, c'est mon neveu qui m'a amenée ici, et là, j'ai enfin un beau livre qui m'appartient!*» Parce que les autres qu'elle avait lus venaient de la bibliothèque. Elle était si fière de son prix, de sa soirée, que j'en ai été ému. Imaginez! Une dame de cet âge qui se déplace et qui reste jusqu'à la fin pour me dire avec les yeux embués de tendresse qu'elle aimait tous mes romans et qu'elle n'avait pas été «scandalisée pantoute» par le langage assez cru de *Pauline Pinchaud, servante,* personnage central de ma trilogie. Voilà ce que je veux dire en insistant sur le *Quand le cœur s'en mêle* en guise de titre. Elle semblait si douce, si bonne, si aimable, cette personne dont je ne connaissais rien du vécu, que j'avais l'impression qu'elle avait dû être heureuse, parfois meurtrie, mais de nouveau heureuse d'être encore si belle et en vie! Elle rayonnait et, quoique fatigué après avoir tant parlé, je suis revenu à la maison ragaillardi par le sourire indescriptible de cette belle dame âgée.

Dans toutes les situations de la vie, les faciles comme les très ardues, il faut absolument que le cœur s'en mêle pour en sortir satisfait sinon vainqueur. Le courage, qu'on se le dise, a, de temps en temps, ses pertes d'équilibre. On a beau se targuer d'en avoir à revendre qu'on le sent défaillir quand on insiste trop sur les efforts. On ne peut pas prendre chacun de ses problèmes et les régler d'un claquement de doigts en se disant au suivant! Parce que vient un temps où le courage se fatigue d'être… courageux. C'est alors qu'il faut compter sur le cœur pour régénérer ses efforts. Il faut que le cœur s'en mêle quand on sent venir la tempête. Et ce, sans craindre de passer pour un émotif, un sensible, un être à fleur de peau.

Parce que ces états d'âme sont dignes d'admiration. Se faire dire qu'on est sensible et délicat, c'est un compliment, non un reproche. La force et la volonté de la vieille dame dont je vous relatais la beauté m'ont permis de comprendre qu'on pouvait être courageux à quatre-vingt-trois ans et défaitiste à vingt-huit ans. Alors, ce qu'il faut faire quand on traverse de mauvais moments, c'est s'arrêter, interroger son cœur, lui demander de l'aide, le supplier carrément de... s'en mêler! Et c'est dès lors, quand le cœur se remet à battre à un rythme normal, qu'on retrouve non seulement son équilibre, mais l'aplomb dont on avait besoin pour discerner... la solution! Si on peut, octogénaire, avec de la difficulté à se déplacer, se rendre dans une bibliothèque et y passer la soirée sans s'en plaindre, on peut certes, à vingt, trente, quarante, cinquante et soixante ans, s'arranger pour que le cœur se mêle de tout ce qu'on veut réussir. C'est la seule façon d'y parvenir... sans rendre l'âme!

Le pour et le contre de toute situation

C'est calmement, froidement, sans retenir son souffle, qu'il faut peser le pour et le contre de toute situation qui, au départ, apparaît comme une perte. J'avoue que j'ai mis beaucoup de temps à parvenir à cet équilibre et à regarder de près, dans tout différend, les deux côtés de la médaille. À trente ans, je n'avais guère cette expertise et, à quarante ans, je commençais à peine à me dire que, bien souvent, tout changement brusque dans la vie s'avère un «plus» et non un «moins», quand on en fait l'évaluation.

Au moment où je trace ces lignes, il y a, dans plusieurs secteurs du milieu de travail, des hommes et des femmes qui marchent sur des œufs. Des gens en pleine effervescence, parfois avec des postes cadre, qui se demandent jour après jour s'ils vont être remerciés et qui n'en dorment plus… nuit après nuit. Avouez que ce n'est guère «de santé» que de passer ses nuits les yeux grand ouverts, rongés par l'anxiété. Il est évident, qu'avec une maison à payer, des enfants à élever, une auto sur «la finance», un voyage en prévision, on n'a guère envie de se retrouver sans emploi du jour au lendemain avec une lettre de références en prime. C'est peut-être là qu'on se dit qu'on aurait dû prévenir, prévoir… Mais comme j'ai déjà abordé ce sujet dans un autre billet, je m'en tiens donc à la phase où le pire est à redouter, l'angoisse à proximité. Personne n'est à l'abri d'un tel sort ou d'une simple «démotion» qui, elle aussi, grève un budget. Mais ce qu'il faut se dire, ce qu'il faut s'entrer dans la tête à coups de masse s'il le faut, c'est que tout ce qui arrive de malencontreux dans la vie, c'est bien souvent pour du «plus». Je me souviens d'un certain recueil de poèmes que j'avais composé dans ma trentaine et qui n'a pas vu le jour parce que l'éditeur avait fait faillite juste au moment où les pages montées étaient en route pour l'imprimeur. J'ai eu peine à me remettre du choc, je blâmais le Ciel de mon malheur; j'étais découragé et j'ai foutu le dit recueil au fond d'un tiroir pour ne plus le voir. Et, Dieu merci, c'est pour du «plus» que ces écrits n'ont jamais été publiés. Quelque chose de plus grand m'attendait; vingt ans de journalisme et une carrière de romancier par la suite. Mais si quelqu'un m'avait dit jadis, que ça allait être pour du «plus», je l'aurais mis à la porte avec sa compassion démesurée. Il faut en mettre du temps avant d'en arriver à peser le pour et le contre de nos déboires. Je reviens à ceux qui perdent leur emploi ou qui craignent de le perdre et tout ce que je peux ajouter, c'est que, quoi qu'il arrive, ces gens doivent se dire, comme disait l'autre, qu'il y aura toujours un autre clou pour accrocher son chapeau. Un adage qui, naguère, m'a servi, croyez-moi.

Après avoir parlé de ce que craint la moitié des gens, je plonge dans un sujet que plusieurs considèrent comme catastrophique: les nombreuses ruptures de couples survenues récemment ou à survenir bientôt. Encore là, il faut peser le pour et le contre. Peut-être davantage puisque c'est parfois un déchirement auquel on fait face. Combien de couples ont mis fin à leur union depuis le début de l'année… Je n'ose les compter, je préférerais mille fois peser le pour et le contre de chacune de ces ruptures. Et lorsque, je parle de ruptures, je ne fais pas référence qu'aux couples mariés. Il y a aussi des conjoints de faits ou, tout simplement, des amoureux qui partagent ou non le même toit et qui arrivent au bout de leur soi-disant «toujours». Mais que perdent-ils au juste? Je pense à Janie, une jeune femme de trente ans qui a vu son union avec Marc péricliter brusquement et je me demande pourquoi elle est chagrine du fait d'en être séparée. Marc était un égoïste, un célibataire endurci de quarante ans qui a toujours vécu en fonction de lui-même et de ses amis. Janie a vécu de durs moments à ses côtés. Il a même été, certains jours, carrément exécrable avec elle. Loin de lui, délivrée de son joug, elle devrait se dire que, dans son cas, c'est du «plus» qui l'attend. Mais non, elle rumine, elle s'accroche... Si seulement elle pouvait mettre dans une balance ses joies et ses peines avec lui... D'autant plus qu'il ne se gêne guère pour lui laisser savoir qu'il ne l'aime plus. L'a-t-il seulement aimée? Mais Janie, à trente ans, n'en est pas à analyser calmement, froidement, la situation qui lui est pourtant, depuis longtemps, néfaste. Et Dieu sait qu'elle mérite beaucoup mieux...

J'en connais un autre qui, lui, plus mûr, plus averti, attend patiemment que la cour prononce son divorce et le délivre de celle qui ne fait plus partie de sa vie. Il est évident qu'à l'orée de la cinquantaine, la maturité et la sagesse entrent en ligne de compte et qu'on a depuis longtemps pesé le pour et le contre. Dans son cas, il est écrit noir sur blanc qu'il n'a pas à se questionner, qu'il a tout compris et qu'il attend sagement que tout se règle. Il n'est pas anxieux, il n'est pas nerveux... On est plus sérieux avec des cheveux poivre et sel et deux ruptures derrière soi. Mais, fort heureusement, il y a de ces couples qui ont traversé vents et marées pendant quarante ans et plus parce que la sérénité leur a fait comprendre les pour et les contre d'une vie à deux. Comme on n'a plus rien a leur apprendre, je préfère terminer ce billet en m'adressant aux moins «gradués» et leur suggérer d'emprunter ici et là dans ces lignes, quelques bribes qui leur permettront peut-être de comprendre et de régler en leur for intérieur, bien des situations, avant le temps... le jour ou l'heure.

L'amour avec des «a» minuscules

Je me demande qui a dit que l'amour sans un grand A n'était pas véritablement de l'amour. Je sais qu'on a fait plusieurs émissions sur ce thème, et je n'en veux pas à Janette Bertrand de nous l'avoir ancré dans la tête, mais vient un temps où, pour qu'on ne pense pas que ça ne va plus dans notre couple, il faut dire à qui veut l'entendre que notre amour est encore avec un grand A, même après quarante ans de mariage! N'est-ce pas assez bête? Récemment, une chauffeuse de taxi qui me conduisait à l'aéroport me disait: *«Vous n'emmenez pas votre femme avec vous?»* J'aurais certes pu lui demander de quoi elle se mêlait mais, poli, je lui ai dit que ma destination n'était pas dans les goûts de mon épouse, qui voyage en groupe, sans moi, parce que je ne suis pas attiré par ses destinations! J'ai senti la chauffeuse me regarder d'un drôle d'air. Elle semblait se demander si je lui disais la vérité ou si ma femme et moi n'étions pas tout simplement séparés. J'ai presque eu envie de lui dire que j'allais retrouver ma blonde, mais comme je suis quelque peu connu, j'ai eu peur des retombées. Ce que je tentais de lui dire, c'était que nos voyages séparés n'altèrent en rien la douce complicité qui nous unit depuis le premier jour. Pas nécessairement avec, toujours, un grand «A», mais avec plusieurs «a» minuscules qui se posent, tels des papillons, sur les joies de notre quotidien.

L'amour avec un grand A, j'avoue l'avoir vécu. Et ma femme aussi. C'était au temps où nous vivions l'un pour l'autre, où nous attendions d'un vingt-quatre heures à l'autre pour faire l'amour, nous dire que nous nous aimions, planifier des sorties, nous vêtir élégamment pour nous plaire mutuellement, etc. Lorsque nous sortions, je lui disais: *«Tu devrais porter telle robe, tel bijou...»,* parce que j'étais fier de l'image qu'elle projetait. De son côté, elle surveillait si mes souliers de cuir verni étaient impeccables, si mon nœud de cravate était bien fait et si je n'avais pas trop de *Brylcreem* dans les cheveux. C'était au temps où nous ne vivions que pour l'apparat, la fierté, les compliments et... le tape-à-l'œil! Nous étions jeunes, nous étions beaux, nous étions fous... l'un de l'autre. Amoureux avec un grand A... qui ne vaut peut-être pas tous les «a» minuscules qui l'ont remplacé par la suite. Mais un tel passage ne se fait pas du jour au lendemain. Nous avons eu des enfants, nous avons eu à partager notre amour en trois, puis en quatre, pour ensuite en déposer une plus grande partie sur nos chers petits. Mais malgré les enfants, il y avait encore de la place pour nous deux. Des sorties, des achats, des petits voyages...

Comme tous les couples, nous avons franchi les hauts et les bas de la vie à deux. Au fil des ans, notre amour s'est transformé graduellement. C'est avec tous ces petits «a» qui soutiennent nos sentiments que nous traversons la vie. On avance, on grandit dans l'épreuve, on s'appuie l'un sur l'autre et on poursuit notre route ensemble. On ne se dit pas «je t'aime» chaque jour comme à vingt ans, mais on ne s'aime pas moins pour autant. on est moins exubérants, on n'affiche plus nos sentiments comme avant, mais on se les manifeste encore avec... les mêmes gants blancs. À l'insu des autres, de mille et une manières, à notre façon particulière, discrète, en harmonie avec notre âge. Je crois que plusieurs couples de ma génération vont se reconnaître dans ce sentier dont je décris l'ampleur avec... circonspection.

Quelques rides – les archives du passé, dit-on – quelques cheveux gris qu'on camoufle ou qu'on accepte. Ma femme colore les siens, moi, non! Et voilà que je viens de commettre une indiscrétion, qui me fera sans doute perdre un «a» minuscule de son éventail... de sentiments. Il est évident qu'à trois fois vingt ans, on se demande moins si la robe verte lui va mieux que la bleue. Tout comme elle ne regarde plus si mon nœud de cravate est bien fait. Avec les ans, on apprend à se regarder davantage le cœur... que la carapace. On s'informe plus de la santé de sa douce moitié que de la teinte de son manteau de printemps. Il lui importe peu que, pour une soirée, je choisisse ma chemise grise au lieu de la blanche. On s'habille, on se regarde juste un peu, on se retrouve au restaurant, on parle du passé, du présent, de l'avenir; et on ressent de multiples petits «a» qui valent bien le grand A... d'antan. Parce que tout comme les couples de notre temps, les enfants sont partis, ils se sont mariés, ils ont eu des enfants à leur tour, et ils commencent aussi à troquer le grand A contre les mille et un petits «a» de leur histoire d'amour. Sans savoir encore, qu'après quarante ans, l'amour avec un grand A revient dans nos cœurs pour nos petits-enfants qui, tour à tour, vont nous combler... de gentils petits «a» minuscules!

Savoir se faire plaisir

Il est évident qu'en faisant plaisir aux autres, on se fait plaisir à soi-même. Personne n'a jamais contesté ce fait et pour cause. Si j'invite mon épouse au restaurant pour un souper arrosé d'un bon vin, c'est sûr que je me fais aussi plaisir. Tout comme elle, j'aime me détendre dans une belle atmosphère, me faire servir, prendre mon temps. J'ai beau régler l'addition, je me fais plaisir quand même, puisque je rentre de ma soirée aussi satisfait qu'elle. Le même partage s'applique lorsque je me rends en Alberta visiter ma fille, son mari et ses deux petits mousses. Il est indéniable que Sylvie est ravie de me voir, de me serrer dans ses bras, et que les petits sautent de joie sur mes genoux dès mon arrivée. Mais croyez-vous que ce plaisir n'est qu'à sens unique? Lorsque je monte à bord de l'avion, je ressens déjà la joie de prendre mon premier repas du soir avec un petit sur chaque genou. Donc, je ne me déplace pas que dans le but de leur faire plaisir puisque le summum de ce plaisir, c'est moi qui l'éprouve dès que j'achète mon billet. Or, se faire plaisir, c'est certes faire plaisir aux autres, mais il y a de ces plaisirs que l'on peut aussi s'accorder sans les partager avec qui que ce soit. Se faire plaisir à soi tout seul, ça arrive vous savez…

On a tous le cœur sur la main quand on est parent, qu'on a des enfants, des petits-enfants, des filleuls, etc. On donne, on provoque des sourires, des larmes de joie; on cumule les remerciements avec une certaine modestie, on est content, on a fait plaisir à quelqu'un d'autre tout en retirant sa part de bonheur de ces gestes gratuits. Mais, de temps en temps, il est permis de ne penser qu'à soi, sans se sentir égoïste pour autant. Se faire plaisir au singulier, c'est s'offrir un petit quelque chose qu'on n'a pas à partager. Une dame me disait récemment: «*Je suis allée magasiner; je me suis payé trois robes dont je n'avais pas réellement besoin. Somme toute, je me suis fait plaisir.*» Et pourquoi pas? Elle en avait envie, elle en avait les moyens et elle n'a pas attendu qu'une occasion se présente, elle est partie impulsivement pour s'acheter un petit bonheur en passant. Ne vous arrive-t-il pas, Madame, Monsieur, de vous rendre quelque part et de vous offrir quelque chose dans le seul but de vous faire plaisir? Bien sûr que oui! On revient toujours de quelque part avec un petit plaisir pour soi. Dernièrement, je suis revenu de ce qui se voulait une incursion dans un grand magasin avec des livres, des disques compacts et même un bibelot que mon épouse a regardé... de travers. Bien sûr que j'avais besoin de ces trois petites souris de grès comme d'un trou dans la tête. Mais ça m'a plu, ça m'a ravi et j'ai acheté le bibelot à gros prix. Parce que j'avais envie de me faire plaisir ce jour-là. J'ai acheté des livres que je ne lirai peut-être pas et un DC que j'écouterai sans doute une seule fois, mais quand l'envie nous prend, quand on a le goût de s'offrir des petits bonheurs, il est impossible de remonter la fermeture-éclair... de son cœur!

Il y aura toujours des gens pour dire: «*On sait bien, quand on a les moyens...*», mais le plus drôle, c'est que, plus jeune, je me suis souvent procuré des plaisirs coûteux sans savoir comment je les réglerais à la fin du moins. On a parfois de ces plaisir abusifs... Je n'oublierai jamais le jour où mon épouse m'avait demandé d'acheter un grille-pain, le nôtre étant brisé. Nous n'étions pas riches et le grille-pain qu'elle voulait, je ne l'avais pas trouvé. L'oubliant, je me suis retrouvé dans un autre rayon du grand magasin et je suis revenu à la maison avec une *Vénus de Milo* sous le bras. Je vous fais grâce de l'accueil, nous avions deux enfants et pas de grille-pain pour le lendemain. Mais je m'étais fait plaisir. Inconsciemment! Le grille-pain a fini par suivre, mais la statue de la Vénus… n'empêche que nous l'avons gardée trente ans! N'est-ce pas ce qui s'appelle un plaisir durable? Mais cette fois, je l'admets, mon petit plaisir n'avait pas été partagé. Impulsif, je l'avoue… J'étais jeune… Je ne pensais pas… Ah! Que d'excuses! Mais cela dit, il y a de ces petits plaisirs qui ne coûtent rien ou presque. Vous savez, chaque soir, mon épouse et moi faisons une promenade jusqu'au parc. C'est sûr que c'est bon pour la santé, mais c'est devenu un plaisir mutuel que nous nous offrons. D'autres font du jogging, sourire aux lèvres, les plus jeunes du patin à roues alignées… Moi, écouter du Mozart, c'est un plaisir immense dont je ne me lasse pas. Mon épouse se paye même des soirées à l'opéra, quitte à s'y rendre seule si personne ne veut la suivre. Les musées pas trop chers, le jardin botanique, le cinéma, la balade en voiture jusque dans les Laurentides, autant de menus plaisirs qui ne font que ravir le cœur.

Se faire plaisir, voilà mon thème, ma motivation, mais il ne faudrait pas vous servir de mon billet pour vous offrir tous les plaisirs… défendus! Un *sundae* au caramel, ça peut faire plaisir, mais si vous êtes à la diète, ne faites pas de ce plaisir un drame du lendemain, vous comprenez? Et vous, Monsieur, si votre plaisir est dans la découverte d'une aventure sans suite… Vous me suivez? N'allez pas croire que mes propos suggèrent de ne rien vous refuser surtout si, même avec un sourire, vous rentrez à la maison, la conscience chargée. Vous saisissez? Se faire plaisir, c'est le faire de façon honnête, sans contrarier qui que ce soit, à moins qu'il s'agisse de l'achat d'un bibelot en passant… Mais le plus grand plaisir que l'on pourra toujours se faire, c'est de partager celui-ci avec quelqu'un. Celui ou celle que vous aimez, vos parents, vos enfants, vos amis, bref, n'importe qui, à la condition que l'être soit cher au point de l'imbiber… du moindre des plaisirs de votre vie.

Quand le cœur bat en vain

Rien n'est impossible, pensez-vous? Pas toujours… Pas quand on parle d'amour et que le sentiment est à sens unique. Parfois la personne concernée se met à manipuler… On pourrait lui dire mille fois qu'elle perd son temps, qu'elle poursuivrait encore de ses avances celui qu'elle désire de tout son être. Mais voilà, il est marié! De plus, il a quinze ans de moins qu'elle et, même s'il se rend compte de l'intérêt soutenu de la jolie dame de cinquante-huit ans, le bel opportuniste de quarante-trois ans ne lui a pas encore pris la main, tout en lui rendant ses soupirs… par des sourires. Il sait qu'elle meurt d'envie de passer, à défaut d'une vie, une nuit avec lui… Une nuit, si elle est amèrement déçue par celui qui la chamboule par sa simple façon de marcher, ou plusieurs, si elle se rhabille comblée, heureuse, prête à recommencer.

On a beau lui dire qu'elle perd son temps, qu'il n'est pas de son âge, qu'il a une très belle femme, elle ne démord pas de son désir… charnel. Durant ce temps, la sentant éprise, lui s'amuse; il joue quelque peu le jeu, juste assez pour ne pas se compromettre. Parce qu'elle est sa patronne et que se montrer de bonne foi, ça peut toujours aider pour les promotions. Il n'ira jamais «jusqu'au» lit avec elle, il l'a dit à d'autres; il aurait peur de perdre tout ce qu'il manipule si bien. Il veut que le «désir» persiste, il veut qu'elle continue de le dévorer des yeux pour profiter davantage de certains privilèges. Comme celui d'être le seul qu'elle invite à dîner dans les grands restaurants pour parler «affaires»… devant deux bonnes bouteilles de vin.

La dame de mon premier exemple sait fort bien que l'homme de ses pensées ne sera jamais à elle. Du moins, pas entièrement. Elle se demande même si elle finira par l'attirer dans une chambre d'hôtel… avec l'aide du vin… Parce que, à ce jour, le Pisse Dru et tous les bons crus n'ont pas réussi à bouleverser celui pour qui elle arbore des décolletés plongeants. Le «vin aidant» ne le rend pas aussi sensuel qu'elle l'espérait. Pas même les soirs de… pleine lune! Le cœur bat en vain… Mais, dans le cas de cette «grande amoureuse», est-ce vraiment le cœur qui insiste?

Le cas d'une autre, Bérengère, illustre de manière plus authentique le cas d'un amour inatteignable. J'ai changé son prénom, vous vous en doutez bien, mais le fait n'en demeure pas moins vrai : elle n'a que vingt-deux ans, elle est mignonne et elle fréquente un garçon de son âge qu'elle aime bien… pour se rapprocher du frère aîné de ce dernier, qu'elle aime éperdument! Il a vingt-sept ans et est plus beau, plus sensuel, plus «son genre» que le cadet. Malheureusement, il fréquente une fille superbe. Pas mignonne, superbe! Au point que Bérengère sent que tout est perdu d'avance. Et puis, il n'a jamais manifesté la moindre attirance pour elle. Il est gentil, aimable, courtois avec elle, parce qu'elle fréquente son frère. Le cadet, lui, est épris de Bérengère. Il serait prêt à l'épouser demain si elle lui manifestait juste un peu plus d'amour et d'intérêt. Il sent qu'elle ne l'aime pas comme il l'aime. Toutefois, il ne se doute pas que le cœur de sa belle bat en vain pour son frère. En vain, parce que Bérengère n'intéressera jamais ce mâle dont plusieurs filles sont éprises. Et comme il semble vouloir être fidèle à celle qu'il a choisie… De toute façon, il n'est pas honnête de la part de Bérengère de se servir de l'un pour tenter d'avoir l'autre. Elle le sait; elle a même l'intention de rompre pour ne pas faire de mal au jeunet. Elle a décidé d'en finir avec ce rêve impossible et de chercher ailleurs lorsqu'une de ses amies, au courant de sa stratégie, lui a dit: «*Pourquoi pas Tom Cruise, un coup partie?*» Désarmée, bouche bée, Bérengère a compris.

Aimer sans l'être en retour, désirer en sachant qu'on n'obtiendra jamais rien, c'est se faire mal inutilement. C'est tourner soi-même le fer dans sa plaie. En amour, il faut être raisonnable et équilibré, et ne pas se faire trop d'idées sur ce que l'on cherche et sur ce que l'on inspire aux autres. La plupart du temps, quand le coup de foudre se fait sentir, l'amour est possible. Il est rare que les histoires d'amour, aussi éphémères soient-elles, soient à ce point abracadabrantes. Je connais des hommes qui fréquentent des femmes mariées, des femmes qui séduisent des gars qui ne sont pas libres et, la plupart du temps, ça marche… pour un temps! On sent quand une relation est possible, on le devine; on s'en rend compte, finalement, quand une main se glisse dans la nôtre… On ne pose pas de questions, on nage dans le bonheur; on atteint un jour la rive ou on poursuit en pleine mer mais, dans les deux cas, c'est sincère. Tout cela est loin du béguin à sens unique de la «patronne» ou du soupir de découragement de Bérengère.

En guise de conclusion, permettez-moi quelques conseils. Si vous ne voulez pas que votre cœur batte en vain, regardez, avant d'aimer, si le cœur de l'autre est libre et s'il répond à vos battements. Si c'est le cas, vous êtes peut-être sur la voie d'un grand amour, au cœur de la plus belle des saisons… Sinon, de grâce, ne tournez plus en rond!

La goutte qui fait déborder le vase

Dans tout conflit matrimonial, dans la moindre prise de bec entre collègues de travail et dans toute divergence d'opinions entre un père et son fils ou une mère et sa fille, finit toujours par tomber, inexorablement, la goutte qui fait déborder le vase. C'est sans doute ce que tout être équilibré devrait s'évertuer à éviter, mais il y a de ces situations où, hélas, les paroles dépassent de beaucoup la pensée. Vous savez, lors d'une querelle, avec la tension qui monte, le souffle qui devient court, on sort souvent d'un vieux tiroir ce qu'on avait à reprocher à l'autre depuis longtemps. Dans les «chicanes de ménage», pour employer le terme populaire, on n'y va pas avec le dos de la cuiller. Et lorsqu'on dépasse les bornes et que l'un des deux se prépare à faire ses valises, on voudrait, parfois, s'amender, s'excuser, mais il est trop tard. Parce qu'il est impossible de s'emporter contre l'autre, de l'invectiver de mots qui peuvent faire mal et tenter ensuite de tout régler à l'amiable. Quand on a déversé, sur celui ou celle avec qui l'on vit, tout ce qu'on a sur le cœur, il est impossible, quelques minutes plus tard, de lui dire que le doigt pointé était une erreur, puisque notre interlocuteur se reconnaît quelque part dans ces accusations. Ce que vous lui dites en haussant le ton, vous l'avez sûrement murmuré à maintes occasions. Et la goutte vient faire déborder le vase. On se quitte ou on s'amende, et on continue. Dans la plupart des cas, on se quitte, car il n'est pas facile, pour l'un comme pour l'autre, d'avouer ses torts, quand chacun est certain d'avoir… raison!

Il y a des situations désespérées, comme les graves conflits entre une femme et son mari alcoolique et brutal. Vient un temps où la goutte fait déborder le vase au point où la conjointe prend la porte, avec le soutien de la famille et au grand soulagement de tous. La coupe a aussi débordé, un jour, pour cet homme que sa femme trompait avec tous ses collègues de travail. Un type qui savait et qui se taisait. Un père qui endurait pour ses enfants… Jusqu'au jour où il trouva, accrochée à une chaise de la chambre, une cravate qui n'était pas la sienne. Une cravate oubliée… Cette fois, malgré les supplications, il est parti, définitivement parti. Il s'en est tiré sans avoir à payer de pension. Il a même obtenu la garde de ses enfants.

En milieu de travail, la goutte fait fréquemment déborder le vase. C'est pourquoi l'on voit tant d'employés quitter un bon travail et se retrouver au chômage, ou tout simplement demander un «transfert» dans un autre département pour ne plus subir celui ou celle qui lui rendait la vie infernale. Il y a des abus de pouvoir qui peuvent s'avérer plus tyranniques que certaines audaces à l'intérieur d'une vie de couple. Une personne qui décide de s'asseoir confortablement dans le siège de direction qu'on vient de lui offrir peut s'avérer un cobra royal si la promotion lui enfle la tête. L'œil aux aguets, il ou elle cherche un souffre-douleur. Alors, un jour ou l'autre, une goutte finit par faire déborder le vase. L'employé s'en va. Il n'a pas à vivre une situation inconfortable et à passer des nuits blanches pour quelqu'un qui n'en vaut pas la peine. Ce malaise, hélas, survient de plus en plus au sein des grandes entreprises. Là où la hiérarchie est plus importante que les valeurs humaines. On oublie qu'on a jadis été malmené et… on malmène. Et on oublie qu'un jour on peut se retrouver deux crans plus bas, à la merci d'un plus vilain tyran que soi.

La goutte qui fait déborder le vase peut faire encore plus mal lorsqu'elle provient du seau de l'amitié. Pas facile de se sentir trahi par l'ami à qui on a tout confié, l'ami qui, tout compte fait, n'était qu'opportuniste. Amère déception, n'est-ce pas? Et ce, même si on s'en relève. Parce que, lorsque la goutte qui fait déborder le vase renverse tous nos sentiments, c'est qu'il était grandement temps de s'éloigner. Pour son propre bien-être, pour sa survie, pour de meilleurs lendemains…

En arriver à cesser de comparer

Il m'arrive souvent de dire à mon fils: *«Quand tu avais leur âge, je ne te permettais pas…»* Et là, je m'arrête, parce que je m'aperçois que je suis en train de dire des sottises, car les enfants d'hier ne sont pas ceux d'aujourd'hui. Bien sûr, par respect, mon fils et sa femme ne me disent pas que j'ai tort, mais je sais bien que c'est le cas. On ne doit jamais comparer ses petits-enfants avec ses enfants, pas plus qu'on a le droit de comparer la façon de vivre des couples d'aujourd'hui avec celle que nous avions jadis.

Lorsque je me rends chez ma fille, je constate qu'il y a du gaspillage côté victuailles. Il lui arrive de jeter des brioches devenues sèches et ça m'exaspère… Je ne dis rien, je sais que c'est mon gendre qui en achète douze à la fois et qui n'en mange que deux ou trois. Si au moins il y avait autant d'oiseaux chez elle qu'il y en a dans ma cour! Mais non, pas un seul en vue: il n'y a pas d'arbres! Remarquez que nous aussi avons dû gaspiller dans le passé, ma femme et moi, mais avec l'âge, on dirait qu'on oublie ce qu'on a pu faire de «croche» et qu'on ne voit les failles que chez ceux qui nous succèdent. En plus de mes deux tout-petits dont je parle souvent, j'ai trois autres petits-enfants dont les âges varient entre neuf et douze ans. Il m'arrive souvent de les trouver trop gâtés: ils possèdent des Nintendo, des jeux pour l'ordinateur à n'en plus finir, et ils ont même accès à l'Internet! Il est donc évident que ces enfants ne sont pas comme les miens à leur âge. À dix ans, mon fils allait à l'école, regardait de bonnes émissions de télévision, mais il jouait aussi… dehors! Je dirais qu'en tant que père, j'étais un peu plus ferme qu'il ne l'est. Voilà que je compare encore! Vous voyez? On n'y échappe pas! Et pourtant, en me regardant choyer mes enfants, ma mère disait: *«Y'a pas à dire, ils sont gâtés en pas pour rire, ils ont tout ce qu'ils veulent…»* Ce à quoi je répondais: *«Bien non, maman, c'est parce que c'est différent aujourd'hui. Nous avons moins d'enfants que dans ton temps. Moi, avec deux, je peux leur en donner davantage…»* Et c'est exactement ce que je reproche à mon fils qui, pourtant, avec deux salaires qui rentrent à la maison, a certes plus les moyens de les choyer que j'en avais.

Je me souviens que, dans ma jeunesse, alors que nous jouions toujours dehors, faute de télévision, nous n'étions pas des anges. Dans la rue, nous apprenions beaucoup plus les vilenies qu'eux en regardant les… Pokemon! Nous devenions des adultes trop vite. Nous commencions à fumer avec notre premier bouton… d'acné! Il est clair que mes enfants ont eu une jeunesse plus saine que la mienne. Nous étions là pour les guider, les surveiller, sans omettre de les choyer. J'avais quasiment oublié que mon fiston avait réussi à obtenir une mobylette à quatorze ans! Et ma fille, qui était très «mode», très féminine, obtenait tout de moi dans les grands magasins. Alors, comment pourrais-je reprocher à mes petits-enfants d'avoir un ordinateur, des Nintendo et des centaines de films vidéo? La plus vieille, une grande sportive, est, je dirais, plus sage et plus compréhensive que ne l'a été… son père. Elle analyse, elle demande, mais elle accepte un «non» lorsque c'est trop cher. Ce que mon fils «avalait» de travers à son âge! Mon épouse dit souvent: *«Les couples d'aujourd'hui dépensent, je n'en reviens pas!»* Tout en oubliant que nous avons dépensé plus qu'eux dans notre fière trentaine. Les sorties dans les boîtes de nuit, les achats pour être du dernier cri, les changements de mobilier, etc. Je le redis, c'est quand on ne dépense plus qu'on se rend compte que les autres dépensent. Et ça, c'est très injuste pour la génération qui nous suit. Ça ne nous regarde pas. Ils vivent leur jeunesse comme nous avons vécu la nôtre. Autres temps, autres mœurs.

Nous sommes en l'an 2000, un siècle qui appartient à ceux qui le construisent et qui le veulent en «bonne santé». Et, entre nous, ceux qui ont mon âge, nous comptons plus d'années dans le siècle passé que nous n'en compterons jamais dans celui qui s'en vient. Alors? Il est certain qu'il va encore m'arriver de m'échapper de temps en temps et de dire à mes petits-fils: *«Allez jouer dehors, faites de l'exercice, sinon vous allez engraisser, écrasés devant la télé avec vos sacs de chips!»* Je ne peux pas dire qu'ils m'écoutent; en fait, je me demande même s'ils m'entendent, les yeux rivés sur leur fichu canal... Télétoon! Mais, somme toute, c'est en arrêtant de comparer et de leur remettre sans cesse sur le nez nos expériences passées, que la bonne entente peut régner. Nourrissons-nous des plus belles pages de notre passé. Regardons avec des yeux nouveaux l'album de famille du temps présent. Sourions, soyons bons joueurs, et l'harmonie n'aura plus qu'à se frayer un sentier dans ce qu'on appelle encore... le fossé des générations.

Quand l'un ou l'autre décroche

Après mûre réflexion, après une sérieuse remise en question, il arrive que, dans un couple, l'un ou l'autre décroche. Mais, pour celui qui aime encore, il n'est pas facile de dire: *«Ça va, je comprends...»*

Au moment où j'écris ces lignes, je sais que, quelque part, un homme ou une femme traverse, dans une solitude qui fait mal, ces durs moments qui surviennent juste après une séparation. Durs moments, certes, surtout lorsque la personne délaissée n'a rien vu venir... ou presque. En tout cas, rien qui pouvait laisser présager la fin d'une belle histoire... Mais, ainsi va la vie. Vient un temps où elle lui dit : *«Je ne sens plus la flamme entre nous, je voudrais qu'on se quitte, ça ne peut plus continuer ainsi...»* Lui-même aurait fort bien pu lui dire: *«Je regrette, mais je n'ai plus envie de notre vie à deux, j'étouffe, j'ai besoin d'air»,* à défaut d'avoir le cran de lui dire carrément: *«Je ne t'aime plus.»* Parce qu'il est évident que, lorsqu'on met fin à une relation, c'est parce que «l'amour» s'est éteint. La haine ne s'est pas nécessairement installée au sein du couple, mais, lentement l'indifférence a pris le dessus sur l'amour, jusqu'à ce que l'un ou l'autre veuille reprendre sa liberté. On ne se quitte pas toujours pour quelqu'un d'autre, on se quitte souvent parce que plus rien n'allume la flamme qui faisait qu'être deux, c'était merveilleux. De nos jours, on ne fait pas semblant d'être heureux. On est plus franc, plus loyal et plus «téméraire» que dans le temps... On se laisse avant de se lasser, avant de ne plus être capable de se voir. On en vient à ne plus espérer la moindre tendresse dans les bras l'un de l'autre. Je parle, bien sûr, de ces couples qui vivent à deux, sans enfants, sans avoir d'autre lien légal que celui de conjoints habitant sous le même toit, ou encore d'amoureux vivant chacun chez soi. Je parle de ces couples qui se fréquentent ou qui cohabitent depuis assez longtemps, de ces vies à deux qui finissent par sombrer dans la routine et dans la monotonie. Ces couples qui croient en l'amour, jusqu'au jour où l'un des deux, le regard fuyant, dit à l'autre: «*C'est fini, pars ou je quitte...*» Et ceci, en laissant en plein désarroi l'autre qui, sous le choc, n'avait rien vu venir, l'autre qui aime encore, qui veut poursuivre la relation et à qui je suggère de ne pas perdre sa fierté, de ne pas sombrer dans le désespoir, de vivre sa peine au jour le jour et de tout faire pour surmonter son chagrin. Il est sûr que ça fait mal, que ça donne un coup en plein cœur, mais il est bien certain aussi que le temps arrange les choses et réserve aussi quelque chose de meilleur… Ça ne vaut pas la peine de tenter de s'accrocher quand celui ou celle qui part a cessé d'aimer.

Malheureusement, ce n'est pas parce qu'on a deux ou trois enfants qu'on est à l'abri du cœur qui «décroche». Du fond de mon âme, je souhaiterais qu'une telle chose n'arrive jamais, ne serait-ce que pour le bien-être des enfants, de ces pauvres petits qui doivent, bien souvent, payer l'addition de la rupture de leurs parents. Ces tout-petits qui, désormais, auront à se partager entre papa et maman, tout en se demandant pourquoi «il» ne rentre plus à la maison le soir. Je dis «il» parce que, neuf fois sur dix, c'est la maman qui doit assumer la charge des enfants. Non pas que le père ne fasse pas sa part «financièrement», mais l'amour, la tendresse, les petits bras qui se tendent, c'est maman qui en bénéficiera le plus souvent. Là, je m'égare un peu, mais c'est plus fort que moi, j'ai encore de la «misère» à composer avec ce fait. Autrefois, les couples «s'enduraient» pour les enfants. Combien d'entre nous ne vieilliraient plus ensemble si les enfants n'avaient pas été notre raison première de passer au travers de nos différends. Et combien se sont séparés par la suite, juste avant d'être trop âgés pour oser y penser...

Au prix d'un dur effort, je me dois d'admettre qu'il est préférable, quand l'un des deux «décroche», de se quitter que de faire semblant d'être bien ensemble... et ce, même si le couple en question a des enfants! Parce qu'il sera plus bénéfique de les voir grandir, chacun de son côté, en se soutenant, plutôt qu'en étant ensemble et en s'invectivant. Les petits ont l'œil ouvert, n'en doutez pas. On n'a pas le droit de leur imposer des querelles, de les coucher en les sentant trembler d'effroi. Mieux vaut qu'ils s'endorment paisiblement, même en sachant que l'un des deux n'est plus là... Parce que, pour eux comme pour vous, le temps, ce grand maître, vous donnera sans doute raison d'avoir refermé tout doucement la porte de la maison. Dans toute rupture, quand l'un des deux décroche et que l'autre l'accepte avec tout le courage que ça demande, vient un moment où le ou la délaissée murmurera, à l'aube d'un bonheur naissant: *«C'était sans doute la meilleure chose qui pouvait nous arriver.»*

Avec une petite année de plus

Personne n'échappe au temps qui passe. C'est la seule justice, dit-on. Lorsque surviendra la fin de l'année, nous aurons tous, que ça nous plaise ou non, accusé une petite année de plus. Récemment, lors du Salon du livre de Rimouski, où les gens sont si chaleureux, une jeune femme est venue me voir en compagnie de ses deux enfants. M'adressant au plus jeune, je lui ai demandé son âge. Il m'a répondu en me montrant fièrement trois de ses doigts. Il avait trois ans, il en était content, d'autant plus que je lui disais qu'il était maintenant très... grand! À sa sœur, qui le dépassait de trois têtes, j'ai demandé si elle avait huit ou neuf ans. Elle m'a répondu d'un air mécontent : *«Non, j'ai dix ans! J'ai deux chiffres maintenant!»* Imaginez! Je l'avais rajeunie alors qu'elle, tout ce qu'elle voulait me signifier, c'est qu'elle n'était plus un bébé, qu'elle était en quatrième année et qu'elle savait lire et compter. J'ai souri; son petit air boudeur me rappelait mon enfance, quand j'avouais fièrement avoir douze ans alors que j'en avais encore... onze! Comme j'étais né en ce dernier mois de l'année, je trouvais que ça prenait bien du temps avant d'avoir un an de plus. Je commençais donc dès janvier à dire que j'avais un an de plus... que le mois précédent.

Quand on a vingt ans, on ne s'en fait pas avec l'âge; on n'y pense même pas, on savoure sa jeunesse, sa beauté, sa force et... chaque printemps que les années nous amènent! Je m'en souviens, c'est à vingt ans que je me suis marié par un beau jour de mai. Je regarde encore les photos et je revois cette élégance, cette «image» que j'entretenais. Parce qu'à vingt ans, on sait qu'on fait l'envie des plus jeunes qui souhaitent nous ressembler un jour, tout comme on est regardé avec une certaine nostalgie par ceux qui ont pris des années. La vingtaine, c'est le bonheur parfait, sans aucun souci, c'est la pleine forme, quoi! Puis vient la trentaine, qui agace. On prétend se sentir plus vieux, et pourtant, c'est à trente ans, comme le chante Ferland, que les femmes sont belles… et, j'ajouterais, que les hommes sont à leur meilleur. Et dire que certains d'entre eux sont blasés, ne sachant trop quoi faire de leur corps. Quand je les vois quelque peu déprimés, il m'arrive de leur dire : *«Prêtez-les moi, vos trente ans, si vous ne savez qu'en faire!»* Mon Dieu que j'aimerais les ravoir pour quelque temps… Ne serait-ce que pour revivre ce que je ne revivrai jamais. Mais la vie, hélas, ne se mène pas au gré d'une baguette magique!

Quand arrive la quarantaine, là, c'est sérieux! Aussi curieux que cela puisse paraître, ce sont les hommes qui composent le plus mal avec ce chiffre rond, qui met un terme à leur turbulente trentaine. Les femmes l'acceptent plus facilement. Pour elles, je l'ai noté, c'est la décennie suivante qui va secouer leur quiétude. Or, à quarante ans, c'est tout un coup de masse pour le type qui se croit jeune et invincible. Je me rappelle que ça m'avait dérangé; j'étais le premier de mon groupe d'amis à franchir ce cap et je me sentais vieux à côté de mes collègues. J'étais le précurseur et j'ai fini par admettre ma quarantaine le jour de mes quarante-trois ans… J'ai même été repris par l'un de mes camarades à qui je mentionnais en parlant de lui: *«Vous savez, à quarante-sept ans…»* Il m'a arrêté net pour me dire qu'il en avait quarante-six. Comme un enfant qui nous rappelle à l'ordre! Parce que, dans la quarantaine, les hommes deviennent une seconde fois adolescents!

Pour les femmes, je le disais, c'est la cinquantaine qui «fatigue». C'est le chiffre qui fait mal, celui qu'on regarde venir avec une certaine crainte. Elles sont pourtant jeunes d'apparence de nos jours, les femmes à cinquante ans! Malgré ce fait, quand elles nous disent leur âge, on sent dans le regard un regret, et dans la voix… un émoi! Serait-ce qu'elles refusent de passer dans un clan où les hommes les voient d'un autre œil? Est-ce parce qu'elles sentent, peu à peu, qu'elles sont en âge d'être grand-mères? Elles finissent par se faire à l'idée, mais avec une certaine difficulté. Pas toutes, bien sûr, mais la plupart. Puis vient le chiffre suivant qui nous fait tous sursauter, hommes ou femmes, celui qu'on refuse d'accuser pour un certain temps.

Un choc, quoi! Jusqu'à ce que la sérénité et la sagesse s'emparent de nos vies… Parce qu'avec le temps, on en arrive à déposer les armes tout doucement… Parce qu'à l'automne comme à l'hiver de la vie, on finit par comprendre, ne serait-ce qu'en guise de consolation, que l'âge de la joie, de la tendresse, de la raison, de l'amour et du bien-être, est l'âge de son cœur. Celui qui n'a pas de chiffre et qui nous entraîne sur des nuages remplis de petits bonheurs réels ou… fictifs!

Ces amours dont on rêve…

Hélas, on n'obtient pas toujours ce que l'on veut; et, entre le rêve et la réalité, il y a une marge. Ainsi va la vie… Il y a certes des histoires d'amour qui sont à notre portée et qui commencent par l'échange d'un sourire. Il y a aussi des romans qu'on vit avec l'être aimé depuis les premières pages et qui ne cessent de nous combler. Il y a celui ou celle, selon le cas, qu'on ne voudrait quitter pour tout l'or du monde, qu'on tient après un certain temps pour «acquis»…

Pas facile d'aimer secrètement, de côtoyer sans cesse la personne à qui l'on voudrait ouvrir son cœur tourmenté en même temps que ses bras. Pas aisé de se coucher le soir et de songer que, si la vie le voulait, l'autre serait là juste à côté, à recevoir et peut-être à donner en retour une infime part d'amour. Pour plusieurs femmes, dans bien des cas, il s'agit d'un homme marié, fidèle, heureux auprès de sa conjointe et de ses enfants, content de vous croiser chaque jour, mais qui ne s'aperçoit même pas que votre cœur soupire pour lui! Une jeune femme me confiait: *«Moi j'imagine les plus beaux scénarios. Je me dis que lui et moi, si j'en avais seulement la chance, ce serait merveilleux pour quelque temps…»* Désirant m'assurer que ce qu'elle éprouvait n'était pas que charnel, elle m'a avoué qu'elle a commencé à l'aimer parce qu'il était beau, qu'elle se sentait attirée par lui, mais, qu'avec le temps, le cœur a pris les devants. Elle le désirait; maintenant, elle le veut! Tout ça parce que dans ses «scénarios», elle l'a peut-être mis sur un piédestal, et ce, sans savoir s'il serait à la hauteur de ses attentes…

dans tous les sens du mot! Il se peut qu'elle soit amèrement déçue et qu'après un seul rendez-vous, elle réalise qu'elle a rêvé comme une... couventine! Mais, pour l'instant, elle l'aime. En silence. Sans le lui dire, même si elle en a envie. Parce qu'elle sent que ce sera à sens unique et qu'elle risque d'être rejetée, ce qu'elle veut éviter. Voilà ce qu'on appelle une «épreuve» de parcours, parce qu'aimer sans être aimé en retour, ça peut faire plus mal qu'une rupture. Ce qui ne commence jamais est plus angoissant que ce qui se consume, car on ne sait pas et on ne saura jamais où on en serait si...

Il y a de ces amours qui, malheureusement, ont le don de faire souffrir les «rêveurs». Un homme de cinquante-cinq ans qui voit «dans sa soupe» sa jolie collègue de travail de vingt-cinq ans, risque fort d'en rêver jusqu'au jour de sa retraite. Vous me suivez? Tout comme le comptable chauve et bedonnant de quarante-cinq ans qui reluque du coin de l'œil la jolie divorcée de vingt-huit ans qui, certes, cherche à se «caser», mais dont le genre d'homme s'avère être un gars musclé, grand, les cheveux longs et... de son âge! Donc, le dodu comptable devrait certainement se rendre compte que... «son chien est mort»! La même chose risque de se produire si une patronne de quarante-neuf ou cinquante ans se met en tête de conquérir l'un de ses employés, célibataire, beau à faire tomber toutes les filles, mais qui est âgé de seulement vingt-sept ans! Aucun titre, aucune fortune ne peuvent acheter l'amour dont on rêve, à moins que l'objet de cet amour soit un profiteur. Il est donc recommandé de ne pas se blesser en espérant que la personne convoitée finisse par nous tomber dans les bras. Cela va même plus loin. Je connais un homosexuel dont le drame est de toujours tomber amoureux d'un... hétérosexuel! Bien sûr, il passe des nuits blanches à vivre de lueurs, à espérer que l'autre, qui est marié et a deux enfants, ait envie de lui pour... tenter l'expérience! Et, en vingt ans d'espoir, il n'a réussi qu'une fois à attiser le désir d'un compagnon de travail hétéro pour se rendre compte, après les premiers pas, que l'autre n'avait pas répondu à son amour, mais passivement à quelques ébats, les mains derrière la nuque.

Somme toute, ces amours dont on rêve, ceux ou celles qu'on aime et dont on sent qu'ils n'éprouvent pas le même sentiment à notre égard, se doivent de rester... des rêves! Quand on constate, après plusieurs rencontres, qu'on n'en est même pas au prologue, il vaut mieux refermer le livre et tenter de vivre un bonheur réel et à sa mesure. Il vaut mieux faire une croix sur l'impossible que sourciller sans cesse, faute de voir s'illuminer un visage convoité. Parce que, si l'on vous aime bien, cela ne veut pas dire qu'on vous... aime! Nuance! Et avant de souffrir d'attendre et de ne rien voir venir, pourquoi ne pas fermer ses yeux et son cœur sur ce qui est à sens unique et emprunter sans tarder un chemin à deux voies où, quelqu'un d'autre, quelque part, a peut-être le béguin... pour nous!

Avec une parcelle de son cœur d'adolescent...

La sagesse, la sérénité, l'équilibre, que de belles étapes à franchir lorsque les cheveux, tout doucement, passent du brun au gris. On s'entend dire de tous côtés: *«Moi, j'ai hâte d'avoir votre âge; on ne fait plus de folies, on ne commet plus d'erreurs, on a la réelle maîtrise de sa vie.»* Que de grands mots, que de compliments quand les intéressés se défendent bien d'être devenus, avec le temps, des êtres pour qui tout est calculé, pesé et mesuré.

Je veux bien croire qu'il serait quelque peu marginal d'être, à soixante ans, l'audacieux personnage que nous étions à trente-huit ou quarante-trois ans. Non pas qu'on devienne de glace ou ennuyeux quand on atteint la soixantaine, mais, avec la sagesse et la maturité, il est évident qu'on n'a plus envie ni la force d'être «les téméraires» qu'on était il y a vingt ans. Vient un temps où l'on protège son nom, sa façon de vivre, sa famille, son éducation et son cheminement. Finies les folies, finies les ambitions démesurées, finies les escapades, les faux pas, les nuits blanches et les terribles... «lendemains de la veille». Le voudrait-on que le corps ne suivrait plus. Et puis, avec l'âge, avec les rides de réflexion, avec les enfants et les petits-enfants qui nous regardent, il serait grotesque de tenter de leur prouver qu'on a encore bon pied, bon œil. Moi, ce que j'aime de l'âge de la sagesse, c'est l'expérience que la vie nous concède en guise de témoignage. Bien sûr qu'on peut parler en connaissance de cause; on a traversé cinq décennies avant d'en arriver à être, à sa façon, un assez juste... roi Salomon!

C'est-à-dire qu'on peut aisément conseiller des jeunes de vingt, trente, quarante... et même cinquante ans. Parce qu'on ne sait pas tout ce qu'une décennie de plus peut apporter avant de l'avoir traversée. Je me souviens qu'à cinquante ans, je croyais n'avoir plus rien à apprendre des autres. Avec dix ou douze ans de plus sur les épaules, je me suis rendu compte que je venais de terminer ma maîtrise dans l'art de vivre... et laisser vivre. Les valeurs n'étaient plus les mêmes, la façon de voir avait changé, quelques objections étaient devenues de douces résignations, et ce, sans que je devienne morne pour autant. Bref, on retrouve un état de santé beaucoup plus sain et on sent son cœur battre à un rythme plus normal, quand on en vient à cesser de toujours s'accorder un... *last call!*

Nonobstant la sagesse, je le redis, il y a toujours en chaque individu un coin du cœur qui persiste à vouloir rester jeune. Ne serait-ce qu'une parcelle, il faut l'entretenir des dernières gouttes de sa sève de jeunesse. Récemment, lors d'une visite chez Archambault, j'ai découvert en passant, sans même la chercher, une compilation des plus grands succès de Rosemary Clooney. J'ai fermé les yeux et je me suis revu avec mes cheveux blonds, mes quinze ans, en train de chanter pour épater la galerie le *Mambo Italiano* de ma chanteuse préférée. Sans réfléchir, j'ai acheté le disque que j'ai écouté par la suite une ou deux fois, pas plus. Parce que, quarante ans plus tard, le tube dure moins longtemps au palmarès de ses... étourderies! Puis, furetant dans les films, j'ai trouvé une vidéocassette de *Qu'elle était verte ma vallée*, avec Walter Pidgeon et Maureen O'Hara. Si je ne m'abuse, c'était le premier film que j'étais allé voir dans un sous-sol d'église. Un film qui m'a marqué et que, naturellement, j'ai acheté. Alors, comme vous pouvez le constater, ce n'est pas parce qu'on a l'âge de la sagesse qu'on ne fait pas de grands pas en arrière. Et n'allez pas croire que ces gestes ne sont que nostalgiques. Bien sûr qu'ils sont reliés à des souvenirs et que les parcelles de mon cœur d'adolescent ne sont pas celles des gens de quarante ans. Il est donc normal que je sois porté à revivre à ma façon ce qui, naguère, a ébloui mes quinze comme mes dix-sept ans. Mais le seul fait d'avoir encore la capacité de se transporter vers son adolescence, c'est qu'on n'est pas que sage, serein et blanc comme neige… d'ennui.

Tout compte fait, ce qu'il faut retenir d'une philosophie de poche comme la mienne, c'est que rien n'est acquis, rien n'est perdu. On peut clamer que plus rien ne viendra nous embêter, qu'on est en âge de tout voir venir, qu'il est encore plaisant de fermer les yeux et de faire un pas ou deux en arrière. Pour mieux en faire un en avant le lendemain, bien entendu. Qu'on le veuille ou non, on sera toujours «entre deux âges», celui de la réalité et celui du rêve. Moi, quand on me dit: *«Mon Dieu que vous avez du plomb dans la tête!»,* ça me fait rire. Parce que je sais que j'ai mes jours d'adulte et mes journées… d'adolescent. Et c'est ainsi qu'on réussit, d'après moi, à trouver l'équilibre qui, inévitablement, nous apporte quelques brins de sérénité de plus, qu'avec sagesse on répand tout doucement… sur ses enfants.

Soudain, on s'aperçoit...

On a toujours peur devant les changements d'un quotidien que la vie, parfois, nous impose. On se dit, surtout après un long temps paisible, qu'on ne voudrait jamais que le destin nous amène ailleurs. On craint ce qui, souvent, n'est pas à craindre. Mais on n'est pas à l'abri d'un bon comme d'un mauvais pas et seul le temps nous permet de nous en rendre compte...

Il y a de ces changements qui bouleversent, parfois, surtout sur le plan du travail, parce qu'on n'a pas le choix d'accepter ou de refuser. Des changements qui s'opèrent, que l'on conteste, qu'on ne veut pas envisager, pour, malgré soi, se retrouver devant le fait accompli. Dès lors, on n'a pas d'autre choix que de s'armer de courage et de relever le défi qu'on nous impose. Le mieux, à mon avis, c'est de ne pas s'asseoir sur un autre siège avec une mine patibulaire. Bien sûr que ça ne fait pas toujours notre affaire, mais le seul fait d'avoir été choisi pour le poste est déjà une marque de confiance. Et l'important, c'est d'être là, encore sur un siège, à opérer, à donner le meilleur de soi-même et à se surprendre, avec le temps, d'être à l'aise et même content dans ce qu'on croyait le «pire» qui pouvait nous arriver. Soudain, on s'aperçoit... Oui, on s'aperçoit qu'on aime ce que l'on fait, qu'on compose allègrement avec ceux qui nous entourent et que, tout compte fait, ce n'était pas si bête d'avoir pensé à nous pour un «déménagement». Parce que tout renouveau relève de l'optimisme, ce qui n'est guère plus intéressant que d'en arriver à être collé à un poste et de voir peu à peu surgir, avec pessimisme, la routine.

Dans un autre ordre d'idées, sur un plan plus intime, il y a de ces décisions qui comportent un sérieux risque. Un exemple me vient à l'esprit, et c'est une connaissance qui me l'a inspiré. Mariée, pas malheureuse, pas heureuse, juste bien, un enfant d'âge scolaire, elle a songé, un jour, qu'elle serait mieux dans sa peau si elle était… seule. Seule avec son enfant, il va sans dire. Lui, ne s'attendant pas à un tel revirement, se montra peiné, bouleversé. Par respect pour elle, par amour pour son enfant, il accepta de s'éloigner, de la laisser «respirer», quitte à revenir si elle lui faisait signe. Mais voilà que le risque bien pesé de la dame s'est retourné contre elle. Une garde partagée, une liberté comme elle la voulait, des soirées avec des amies, son enfant juste à elle… ou presque. Un mois, deux, même trois, puis elle s'est lassée de cette vie qui, à la longue, ne lui apportait plus ce qu'elle avait tant souhaité. Elle s'en aperçut soudain… trop tard. Lui, pas malheureux, pas heureux avec elle, n'aurait jamais songé à s'en séparer. Pas après douze ans de vie à deux, avec des hauts et des bas comme tout le monde. Mais relégué au loin pour qu'elle puisse vivre «sa vie», il a croisé sans la chercher l'âme sœur qui souhaitait partager sa solitude. Sans le dire à celle qui croyait que, d'un claquement de doigt, il reviendrait se jeter à ses pieds. Alors, comme vous pouvez le constater, parfois on s'aperçoit qu'on n'a pas toujours fait le bon choix. Remarquez qu'il aurait pu en être autrement, mais quand un brusque changement vient de soi-même, il est peut-être sage d'y réfléchir plus d'une fois avant de poser le geste. Et ce, dans tous les domaines, même en affaires, quand on décide qu'on en a assez d'une situation alors qu'on est tout simplement fatigué et, qu'après deux ou trois semaines de vacances… Parce qu'il est plus souhaitable d'être heureux que d'être triste à en mourir quand, soudain, on s'aperçoit…

Il ne faudrait pas croire que ceux et celles qui sont aux prises avec un changement de vie ou de carrière ne vont vivre que des déboires. Vous savez, l'adage *«Qui ne risque rien... n'a rien»* est toujours valable. Qu'on vous pousse ou que vous empruntiez de vous-même un autre chemin, il est primordial d'y mettre le pied avec le sourire aux lèvres. Selon moi, on a plus de chances de ne pas être déçu en esquissant un sourire au départ plutôt qu'en fronçant les sourcils. Le sourire est la première arme du gagnant. Et ce, même si le défi ne semble pas alléchant ou que le prochain pas est à risque. Or, si on vous impose ce qui vous paraît inacceptable, dites-vous qu'il se peut qu'après un mois ou deux vous en arriviez à trouver plus de plaisir dans la nouvelle fonction que dans l'ancienne. Et si ce n'est pas le cas, si vous êtes incapable de soutenir le changement, si vous êtes encore «renversé» ou presque, quittez! Quelqu'un d'autre prendra avec joie la relève. On ne doit pas se faire souffrir si, soudain, on s'aperçoit qu'on a plus mal à être là qu'à ne pas y être. Parce qu'il y a toujours un «ailleurs» pour nous sortir de la torpeur. On n'a pas à s'imposer un malaise et on n'a pas à s'en laisser imposer un qui persiste. Mais si tel n'est pas le cas et que votre stupeur n'est due qu'à un changement de train, accordez-vous au moins la chance de le prendre sans redouter... un déraillement.

Quand ni l'un ni l'autre n'est libre

Ah! ces amours quasi impossibles Remarquez qu'on les vit quand même, qu'on ne passe à côté du bonheur quand il nous fait signe, Mais «on m'a dit» qu'il n'était pas toujours facile d'avoir à faire entre parenthèses ce qu'on souhaiterait, parfois, étaler au grand jour. C'est, malheureusement, la rançon de «l'interdit». Le prix à payer pour des nuits inoubliables qu'il faut, hélas, dès le lendemain, chaque fois, tenter... d'oublier!

On a, bien sûr, le cœur à la bonne place, on pense à ceux qu'on aime et qu'on pourrait blesser par cette sordide façon d'être. On se promet, «me dit-on», de ne rien laisser paraître de la liaison, de tout garder en soi... Parce qu'il serait navrant de perdre ce qu'on a, pour ce qu'on n'aura sans doute jamais... au complet! Pardonnez-moi de parler au «neutre» dans ce billet, mais la décence me l'impose, puisqu'il s'adresse tout aussi bien à ceux et celles qui sont dans la tourmente qu'à «on m'a dit», dont il est quelque peu question. Remarquez qu'il serait facile d'afficher son bonheur au grand jour, de ne plus s'inventer de codes pour se joindre, de ne plus avoir à frémir quand on entend claquer une porte par... un courant d'air! Parce que c'est ainsi que vivent les amants du silence, qui, parfois, s'essoufflent d'attendre. Parce qu'il est rare, dans de tels cas, que l'un comme l'autre puissent être libres le même jour, en proie au vif besoin d'amour. Mais comme un pacte établi se doit d'être respecté, on attend que le hasard soit favorable, et le destin, généreux. Pour la tranquillité des autres, pour que personne autour de soi ne souffre d'une telle liaison qui, n'en doutons pas, n'est pas vouée à l'éternité.

Quand «on m'a dit» m'a aussi demandé s'il était vraiment malhonnête d'agir de la sorte. C'est-à-dire d'aimer ailleurs sans l'avouer à qui l'on aime encore. Une question pas facile à répondre. L'avouer serait certes la fin de cette relation à long terme qui, bien souvent, implique aussi des enfants. Et comme le taire n'est pas synonyme de franchise... Réponse difficile. Il serait facile pour l'un comme pour l'autre de dire: *«J'ai besoin d'aller respirer, je veux réfléchir...»* et de se jeter pendant cinq jours et quatre nuits dans les bras de l'autre. Puis, de revenir avec le cœur et le corps rassasiés d'amour et de caresses, et de murmurer: *«Je pense qu'il est préférable de continuer ensemble...»* Une telle attitude serait-elle vraiment plus acceptable que, de temps en temps, se livrer l'un à l'autre, amoureusement, bestialement, se rhabiller, et attendre le prochain... moment? Sans avoir mis qui que ce soit dans l'embarras? Sans avoir mis son couple en péril par des doutes qui ne s'étioleraient pas? Vous savez, comme à «on m'a dit», je répète à qui veut l'entendre: *«Ce qu'on ne sait pas ne fait pas mal!»* Combien de couples ont vécu, l'un ou l'autre, des liaisons de la sorte depuis votre gand-père ou le mien. On doit même remonter plus loin que nos ancêtres pour se rendre compte que la plupart des relations interdites se vivaient en vase clos.

À écouter alors «qu'on» me disait qu'il n'était pas de tout repos de vivre une histoire d'amour de la sorte, j'ai eu envie de répondre d'arrêter de se faire mal, d'y mettre un terme, de ne pas poursuivre ce qui ne mènera nulle part, de ne pas risquer de se faire prendre... Je l'ai presque fait quand «on m'a dit» comme pour m'empêcher de revenir sur terre, que de tels élans étaient... incontrôlables. Que des baisers langoureux au compte-gouttes, c'était une torture pour les amants du «sans cesse». Voir partir l'un que l'autre voudrait retenir, ça fait très mal, selon ces… «incompris». Et savoir que, le soir même, c'est dans un lit légitime, sans passion ou presque, que se déroulera la scène si bien répétée le jour même, c'est… dérangeant. Mais n'est-ce pas là le prix à payer pour aimer sans en avoir le droit? Risquant le tout pour le tout? Dans les draps de l'un ou de l'autre? Alors, si tel est le cas, sans les juger, cherchant à les comprendre, je voudrais qu'ils sachent que, dans la vie, on ne peut pas tout avoir et risquer de ne rien perdre. Surtout quand on se «jette» dans le lit «conjugal», un verre de vin dans une main, l'autre se glissant sinueusement… Tout de même! Sans respect! Jouant avec le feu! Ah! si seulement tout était permis, mais puisque tel n'est pas le cas, il faudra à «on m'a dit», comme à tous les autres de cet acabit, faire un choix de vie. Ou, à défaut, de continuer à sursauter si la porte… claque! À moins de finir par comprendre qu'il existe des endroits discrets pour ceux qui, à leurs risques, préfèrent rester intoxiqués de leurs amours… démesurées!

Le cœur à la dérive

Une connaissance, un célibataire de trente-sept ans, m'avouait récemment: «*Je ne comprends rien à ce qui m'arrive. Depuis janvier, tout va bien dans mes affaires: j'ai eu une promotion et je fais plus d'argent. Pourtant, je n'ai personne dans ma vie. Et dire qu'au cours des deux dernières années, alors que j'en arrachais sur le plan financier, mon cœur était comblé par des histoires d'amour...*» Il en est toujours ainsi, lui ai-je répondu. Quand ça va bien d'un côté, rien ne va plus de l'autre. Voilà ce que vit présentement celui qui voudrait que ses amours le satisfassent autant que sa vie professionnelle. Ce qu'il oublie cependant, c'est qu'au moment où deux femmes comblaient sa vie, c'était son portefeuille qui était à la dérive. Il devrait pourtant s'en souvenir, lui qui a perdu la femme qu'il aimait pour une simple histoire d'argent, un petit montant qu'il lui avait emprunté et qu'il avait oublié de lui remettre. La belle s'est envolée de peur d'être tombée sur un type qui n'avait même pas un compte bancaire dans les trois chiffres.

On n'est jamais content de son sort. Au moment où tout va bien pour notre homme sur le plan financier, l'âme sœur ne semble pas être dans les parages. Il a bien sûr des amis ainsi qu'une copine pour les sorties, ce qui devrait suffire à meubler sa vie... Mais non! Le type en question voudrait rencontrer tout de suite la personne qu'il aimerait de tout son être. Il n'accepte pas d'avoir le cœur à la dérive au moment où tout va bien dans ses affaires. Ce qu'il ne faut pas oublier, c'est que nous sommes ce que nous sommes, peu importe si nous réussissons sur le plan financier ou non. C'est justement au moment où tout va bien, où le stress fait place à l'accalmie qu'il faut se regarder dans la glace. Le statut professionnel a changé, mais s'est-on donné la peine de faire un examen de conscience? Bien nanti ou non, on a tous ses habitudes, son caractère. Et ce n'est pas avec des meubles neufs et un condo qu'on attire une femme dans sa vie. À moins, évidemment, de tomber sur une opportuniste. Quand notre vie professionnelle s'améliore, quand la chance nous sourit, il faut certes apprendre à gérer nos finances mais, aussi, travailler sur notre personnalité. Une chose à la fois, lui ai-je dit, l'amour viendra par la suite. Mais tout d'abord, il lui faudra troquer sa mauvaise mine contre un sourire. Il lui faudra aussi changer d'attitude, car je doute que sa dernière flamme se soit éteinte simplement pour une question d'argent. On a beau avoir belle apparence, être disponible, avoir surmonté ses angoisses, ça ne fait pas de nous un bon parti pour autant. Mais qu'on se le dise, un cœur à la dérive n'est pas un cœur noyé. Et c'est au moment où on s'y attend le moins qu'il se remet à battre, qu'on se sent enfin prêt à vivre une grande histoire d'amour.

Je connais une femme qui, à la fin de la trentaine, cherche désespérément celui qui s'emparera de son cœur... à la dérive. Jolie, intelligente et occupant un bon emploi, elle serait certes une candidate de choix. Le hic, c'est que cette charmante célibataire cherche un homme qui serait prêt à l'épouser rapidement et à lui faire un enfant. Voilà de quoi faire peur au plus téméraire des candidats! Une femme qui se sent pressée par le temps et qui veut devenir mère à tout prix avec, bien sûr, la bague au doigt. Si au moins elle avait la sagesse de ne pas trop manifester son désir... Mais non! Elle veut un homme sur commande, prêt à combler son rêve. Et l'amour, dans tout ça? Peut-on chercher un bon parti sans même se demander si l'amour sera... de la partie? Un cœur à la dérive ne devrait pas s'accrocher à la première bouée qui se présente. On ne se met pas en ménage que pour avoir un enfant. On doit se fréquenter, apprendre à se connaître puis, si on s'aime, laisser la Providence faire le reste. Et si l'enfant ne vient pas, ça ne signifie pas que la femme ne sera pas heureuse dans les bras de l'élu de son cœur. Une histoire d'amour, ce n'est pas qu'un contrat, c'est un baluchon rempli de tous les sentiments qu'un cœur peut y enfouir.

Si j'analyse sérieusement les deux cas dont je viens de parler, je me rends compte qu'un bon emploi et l'aisance financière n'apportent pas le bonheur. Dans ma vie, j'ai vu de grandes histoires d'amour confrontées à des embûches. J'ai vu des couples se partager un croûton en se tenant la main tendrement. J'en ai vu d'autres traverser des marécages avant de trouver un ruisseau d'espoir. Des cœurs unis pour le meilleur comme pour le pire. Alors, si tout va bien sur le plan financier et qu'en plus on a la santé, comment peut-on se plaindre d'un petit vide passager? Avoir tout en même temps, ce serait le paradis sur terre. Je peux vous dire, moi qui suis à l'âge du repos, que le bonheur se construit une miette à la fois. Au printemps de ma vie, j'avais moi aussi le cœur à la dérive. Par bonheur, celle qui allait devenir ma femme m'a souri et m'a tendu les bras. Elle qui, en dépit des hauts et des bas, est encore là. Alors, cœurs à la dérive, ne désespérez pas, mais, de grâce, ne comptez pas que sur votre bonne fortune pour trouver l'âme sœur.

Avec ses qualités et ses défauts

Que de jérémiades! De vive voix, par le biais de la correspondance, dans les échanges lors de rencontres... Chacun voudrait me faire avaler que «l'autre» est celui ou celle qui a tous les torts, alors que soi... J'écoute, je lis, j'analyse, je tente d'être objectif, mais je ne peux me laisser berner par un côté de la médaille sans en voir le revers.

Je l'ai dit maintes fois, je le répète, et je crois que je ne le dirai jamais assez; dans une vie de couple, il y a deux personnes, deux être humains, avec chacun ses forces et ses faiblesses. Ce qu'il faut, au départ, c'est savoir s'accepter l'un l'autre. Autrefois, nous apprenions cette règle avant de nous marier. De nos jours, comme «l'union» n'est pas toujours devant Dieu, le même édit s'applique dans une toute autre forme. Dès qu'on envisage de vivre à deux, de partager le même toit, le même lit, amour au cœur, il faut aussi s'attendre à vivre avec les qualités et les défauts de l'autre. Et tenter de composer avec ces faits! Parce que cette joute se joue à deux et qu'il est évident que l'autre aura aussi à s'adapter à nos torts tout comme à nos bons côtés. Sinon, faites une croix sur la vie à deux! Parce que refuser cette concession, c'est tout simplement faire un faux pas. Donc, mieux vaut faire faux bond! Quand un type me dit: *«Ma femme a un défaut qui me rend hors de moi: elle est boudeuse!»,* j'admets que c'est là une manie détestable, mais quand je lui réplique: *«Oui, mais pourquoi boude-t-elle?»* et qu'il balbutie un tas d'excuses pour éviter d'avouer le moindre tort... *«Elle boude pour tout!»* J'ai souri:

«Pour tout... quoi?» Et j'ai finalement compris que la dame avait raison d'ignorer son conjoint durant des jours avec tout ce qu'il m'a avoué sans le lui dire... à elle! Elle a ce défaut? Et lui alors? Pauvre victime qui refuse d'admettre que ses rentrées tardives sont... des torts! Déjà, le ménage est compromis, ça ne tiendra pas le coup. Mais il y a de ces couples qui n'endurent pas la moindre faille de la part de l'autre. Des reproches à n'en plus finir parce qu'il oublie parfois de l'embrasser avant de sortir. Et des semonces de sa part à lui parce qu'elle se couche avant la fin du film et que, la retrouvant, elle dort déjà. Des petits «riens», bien entendu, mais qui, parfois, prennent des proportions. Des petites choses qu'on s'était juré de changer chez l'autre sans songer à tout ce qu'on avait, d'abord, à corriger chez soi. Comme si, aveuglément, on était toujours faits... l'un pour l'autre!

Accepter l'autre tel qu'il est, pour certains, c'est aimer avec son cœur, ses sens, son âme et ses... pulsions! Pour un bonheur perpétuel, quoi! Il est beau, elle est sublime, il a le corps d'un dieu grec, elle, de l'Olympe peinte par Manet. Bref, on n'a pas de défauts, que des qualités quand on est l'être «aimé» à ne pas vouloir se quitter lorsque le jour se lève. Hélas! ça ne s'arrête pas là. Les jours passent, le charme opère moins, les pulsions s'amenuisent, le corps s'évapore, et on découvre... la tête! Avec ce qu'elle comporte de bon et de mauvais. Avec ses manies, ses qualités, ses défauts, ses habitudes ancrées. Et c'est là qu'on doit apprendre à composer l'un avec l'autre si l'on veut perdurer... ensemble!

Parce qu'il y a, chez l'autre, des choses qui agacent et qui persisteront même si l'on mise sur le temps. Des défauts à vie, des manies imprégnées! Il parle trop fort, dites-vous? Il n'apprendra jamais à murmurer, croyez-moi. Elle n'est pas forte sur le ménage? Elle ne le deviendra pas avec le temps. Il y a certains angles de nous qui sont du ressort de «on est comme on est», et ce, malgré tous les efforts pour tenter de corriger... l'autre. On ne fera pas d'un pingre un dépensier et d'un «sorteux» un pantouflard. Tout comme on ne fera pas d'une *girl next door* une Sharon Stone ou d'une dévergondée une fille bien élevée. Ce qui ne veut pas dire qu'il n'est pas permis de «tenter» d'améliorer l'autre tout en s'améliorant soi-même, mais avec doigté, avec patience, avec amour, avec des mots qui portent à réfléchir et non des mots qui blessent. Il m'est arrivé maintes fois de voir des couples finir par se «rejoindre» et se noyer l'un dans l'autre, mais il m'est aussi arrivé d'en voir se quitter parce que tannés l'un de l'autre. «Écœuré!» comme disait un type, de subir sans cesse des reproches. Des couples qui, finalement, étaient faits pour être ensemble... un bout de temps! Mais pour que ça dure et perdure, il n'y a qu'une loi, celle de l'acceptation de l'autre comme de l'acceptation de soi par l'autre. Pour le meilleur et pour le pire, comme on disait autrefois. Et c'est sans doute pourquoi tant de couples de ma génération naviguent encore ensemble. Parce que, sachez-le, tout ce qui irrite les premiers temps devient quasiment amusant avec les ans. À la condition, bien sûr, d'y ajouter un grain de sel d'humour et un autre... de bonne volonté!

Il n'y a pas que dans les romans...

Il n'y a pas que dans les romans que les histoires d'amour nous font battre le cœur ou... rêver. Dans la vie de tous les jours, il y a de ces romans qui, bien souvent, se passent de mots. Récemment, alors que j'attendais mon gendre à l'aéroport de Dorval, je regardais les arrivants d'un avion précédent et mon regard s'est posé sur une jeune femme d'environ vingt-huit ans qui, regardant à gauche et à droite, semblait chercher quelqu'un. Soudain, surgissant de je ne sais où, un jeune homme en jeans et t-shirt, à peu près de son âge, s'est précipité au-devant d'elle pour l'enlacer et l'embrasser. Je me disais: «*Un couple qui se retrouve, un chum qui rejoint sa blonde après deux ou trois jours d'absence...*» Mais j'avais sans doute tort puisqu'ils sont restés blottis dans les bras l'un de l'autre durant – je ne mens pas – quatre minutes, comme s'ils ne s'étaient pas vus depuis une décennie. Ça faisait longtemps que j'avais vu une telle manifestation d'amour. Les amoureux se foutaient éperdument des gens qui les regardaient, y compris de moi, comme s'ils avaient été seuls dans cette aérogare, comme s'ils avaient été seuls... au monde! Et j'ai trouvé merveilleux de voir à quel point on pouvait s'aimer sans rien se dire. Non, il n'y a pas que dans les romans...

Il y a Chantal et François, qui, heureux, viennent de célébrer leur vingtième anniversaire de mariage. Ils m'ont avoué que le temps avait passé sans le moindre nuage gris, mis à part quelques petites inquiétudes causées par la santé d'un enfant. Mais je pouvais lire dans leurs yeux que leur amour semblait aussi fort… qu'au premier jour. Ce qui, avouons-le, est assez rare à notre époque. Il est vrai que les gens heureux n'ont pas d'histoire et que ce n'est pas avec une toile de fond rose qu'on pond un best-seller. Hélas! les romans qui se vendent le mieux sont toujours composés d'un doux prologue, de drames, de situations inattendues, de rebondissements. On veut être tenu en haleine jusqu'à la dernière page. Mais si les gens heureux ne constituent pas les sujets idéaux pour l'écriture d'un bon roman, il n'en demeure pas moins qu'ils peuvent être une source d'inspiration pour un bon billet.

Luc, un célibataire dans la trentaine, m'avouait avoir vécu dernièrement un roman d'amour de trois jours avec Jasmine. Que trois jours! Mais c'est un roman dont il se souviendra toujours, même si la vie ne leur a pas accordé d'autres chapitres. Trois jours à s'aimer, à ne pas se quitter. Trois jours qu'ils pourront se remémorer, ne jamais oublier. Le destin a voulu que leur belle histoire ne dure que ce que durent… les roses.

Et me voilà dans un grand restaurant dont une des salles est bondée de gens. Assis à la table d'honneur, un vieux couple aux cheveux blancs fête ses noces d'or. Je regardais leurs rides, leurs larmes de bonheur, la coupe de champagne qu'ils soulevaient avec peine, et j'ai saisi, dans cet émouvant portrait, que derrière cet amour qui avait traversé vents et marées, il y avait une grande histoire. On n'arrive pas à cet âge avancé, avec des enfants, des petits-enfants et quelques arrière-petits-enfants sans avoir, à travers les joies, surmonté bien des chagrins. Mais ils étaient si heureux, entourés de tous ceux qui les aimaient, que je sentais que leur très longue histoire était… sans histoire. Aussi curieux que cela puisse paraître, je vois chaque jour, de ma fenêtre, un vieux monsieur de quatre-vingts ans se promener avec son tout petit chien. Un chien minuscule qui ne le quitte pas d'une semelle. Ce veuf, dont les enfants vivent au loin, a pour seul amour fidèle, cette petite bête qui le suit partout. Un amour silencieux mais pas tout à fait, car lorsque le vieux monsieur parle à son petit animal, ce dernier, saisissant les mots tendres, répond d'un léger aboiement.

Je pense aussi à Maryse, une étudiante de dix-sept ans qui m'avouait dans une lettre avoir croisé sur sa route son... prince charmant. Un garçon de son âge qui partage ses goûts et que ses parents aiment. Son premier grand amour, quoi! Un amour dont on fera peut-être un roman au fil des ans, mais sans que rien ne se gâte. Tant pis pour les fervents de drames, car viendra un jour où les romans ne seront que des romans d'amour. Tout comme ceux des écrivains de naguère et comme les Harlequin qui ne vendent que du rêve. Mais qu'on se le dise, les histoires les plus simples, tout comme celles qui sont parsemées de quelques épines, ne se trouvent pas que dans les romans. Ce sont des histoires de tous les jours, des histoires de vie, la vôtre, la mienne. Et tout bon écrivain, dont l'art est de romancer, sait très bien qu'il s'inspire chaque fois, à cœur ouvert, d'un merveilleux tableau... de la réalité.

Quand on décide d'être heureux

On se lève un bon matin, on est en santé, on se regarde dans la glace, on n'est pas mal de sa personne, on prend une grande respiration et on se dit: *«Pour moi, ça suffit les jérémiades; je décide d'être heureux.»* Parce que vient un jour où on en a marre de se plaindre de tout et de rien, de s'apitoyer sur son sort, de dire à tour de bras qu'on n'est pas bien, de se chercher des poux, quoi! Et le premier signe négatif de ce qui nous empêche d'être heureux, c'est lorsqu'on dit: *«Moi, y a plus grand-chose qui m'intéresse.»* Que ça, et c'est déjà le moment de se regarder en pleine face et de se virer de bord... avant qu'il soit trop tard. Quand on décide d'être heureux, rien ne peut entraver cette belle marche à suivre. Parce que décider soi-même de son bonheur, ce n'est pas comme se le faire imposer... pour le bonheur des autres.

En cherchant ce qui nous intéresse, il serait de bon aloi de se rappeler ce qui nous a déjà intéressé. Quelqu'un m'a déjà dit: *«Vous savez, j'aimais beaucoup les chansons de Serge Lama. C'était mon idole. Là, c'est comme si j'avais décroché...»* Pas vrai! Désolé, mais ce n'est pas vrai! Vous n'avez pas décroché, vous n'avez pris qu'un temps d'arrêt, vous êtes passé à autre chose, mais vous aimez encore les chansons de Serge Lama. On ne peut pas ne plus aimer ce qu'on a aimé intensément. La preuve? Il s'agit de voir une compilation des plus grands succès de votre chanteur préféré pour l'acheter et revivre les doux moments passés. J'en sais quelque chose: j'ai passé une journée à écouter les grands succès de Dalida. Des succès que j'écoutais jadis et qui m'ont rendu aussi heureux à l'heure des retrouvailles. Donc, le seul fait de réinsérer dans notre vie ce qui nous rendait heureux hier peut grandement aider à nous rendre heureux aujourd'hui. Il y a toujours, derrière nous, un commutateur qui ne demande qu'à être «rallumé». Car, lorsqu'on décide d'être heureux, il faut partir de quelque chose, de n'importe quoi, pour avancer d'un pas. On peut, bien sûr, fermer les yeux sur le passé si rien de ce «naguère» ne nous inspire la joie de vivre, et puiser dans le contexte actuel tous les ingrédients d'une vie nouvelle. On peut, bien sûr, décider d'être heureux en effaçant plusieurs images et en prenant son pinceau pour en peindre d'autres. À chacun sa façon, en autant que le résultat soit de la même dimension.

Décider d'être heureux, c'est choisir de modifier sa vie. C'est-à-dire la simplifier au point de ne plus avoir à s'étirer les bras d'angoisse le matin. Décider d'être heureux, c'est prendre deux plateaux et déposer dans l'un ce qu'on désire garder et, dans l'autre, ce qu'on veut éliminer. On se défait ensuite de celui qui contient ce qui nous rend maussade et on ajoute dans l'autre tout ce qu'on souhaite voir s'y ajouter. Il est évident que ce n'est guère là un truc de magie: vous n'aurez pas instantanément un sourire aussi grand que celui d'un enfant devant un petit ourson blanc. C'est peu à peu que le bonheur grandit aux commissures des lèvres. Non pas qu'on ait un tas de choses à «enterrer» avant de dilater quelques rictus, mais on ne devient pas heureux du jour au lendemain juste parce qu'on le veut. Le bonheur se compose de tant de petites choses… Mais, avec un brin de patience et une pincée de sel de bon vouloir, je suis certain que ce goût d'être heureux ne se fera pas trop attendre.

Après avoir simplifié sa vie, après avoir fait le tri du blé et déchiqueté l'ivraie, il ne reste plus qu'à vivre... lentement. Car pour vraiment apprécier son bonheur, il faut le vivre au ralenti. Il faut prendre le temps de respirer, de voir, de sentir, d'apprécier la vie. Le temps de s'arrêter pour songer aux autres, de tendre la main lorsque nécessaire, de prêter l'oreille en guise de réconfort. Parce que, décider d'être heureux, c'est également décider de rendre les autres heureux. Et, pour ce faire, il faut prendre le temps. Le temps d'exposer à la vue de tous le baluchon de sa bonne volonté. Avec, évidemment, le sourire... du cœur. Parce que, décider d'être heureux, ce n'est pas qu'éblouir de ses dents, c'est sourire avec ses sentiments. Donc, au ralenti, ayant simplifié sa façon d'être, ayant fait fi d'un certain avoir pour se pencher sur l'essentiel, on rebâtit sa vie. Je ne dis pas qu'il faille faire tous les compromis qui nous seront imposés: il faut analyser et choisir. Parce qu'un bonheur que l'on construit ne doit pas être un château de cartes. On ne peut permettre à quiconque de souffler le feu de sa bougie ou de crever son ballon. Il faut être heureux dans le respect de soi et des autres. Et lorsque l'on parvient à être enfin heureux au gré de son courage, c'est avec grâce que les proches et le Ciel s'inclinent en guise d'hommage.

Les plus beaux moments de bonheur

Selon un ami de longue date, ses plus beaux moments de bonheur lui arrivent le samedi et le dimanche, lorsqu'il n'a pas à se lever pour aller travailler et qu'il peut se permettre la… grasse matinée! J'avoue que je m'attendais a une réponse plus longue lorsque je l'ai questionné sur le sujet, mais, à bien y penser, ce n'est pas bête. C'est un «bonheur» qu'il m'étalait avec joie parce que, pour lui, se lever tôt chaque matin… est un supplice! Et comme ça le met en maudit, j'avoue qu'on peut comprendre le sourire qu'il a les fins de semaines. Nous avons tous notre petite part de bonheur. Pour ceux qui travaillent et qui ont une routine bien établie, il est évident que les petits bonheurs ne peuvent pas toujours s'improviser. Moi, qui ne fait plus partie de ces «éligibles» du neuf à cinq, je me suis levé hier matin et, voyant qu'il faisait beau, je me suis dirigé au centre commercial pour voir ce qui s'y passait. Sur place, il est évident que j'ai fureté dans un magasin à rayons et que j'ai acheté, pour mes petits-enfants, un tas de choses qui vont leur faire plaisir. Alors, comme vous pouvez le constater, ma plus belle part de bonheur, je la reçois quand je donne et que ça fait plaisir.

On me dit souvent: «*Moi, le bonheur, ce serait de gagner au moins cinq millions à la loterie!*» Ce à quoi, je me suis permis de répondre: «*Vous croyez vraiment qu'un seul million ne pourrait suffire à votre bonheur? Pourquoi ne pas souhaiter que ce "gros montant", soit gagné par cinq personnes à la fois?*» Pour plusieurs, je m'en rends compte, la plus belle part de leur bonheur serait de l'argent. Non pas qu'ils soient démunis, loin de là, mais ils en veulent plus, beaucoup plus. Pour s'acheter une «grosse cabane», le «char» le plus cher de l'année et s'offrir un voyage au bout du monde. Quand on me demande: *«Vous, quand vous aviez trente ans, ne souhaitiez-vous pas ne plus avoir à gagner votre vie?»* je réponds: *«Non».* À trente ans, j'arrivais à peine dans le vrai milieu du travail, je n'avais aucune expérience et, de ce fait, rien accompli encore. Je préférais davantage «m'accomplir», me trouver, m'élever graduellement, que de me sentir riche comme Crésus, avec des millions dans ma poche gauche et aucun but dans la droite. Aujourd'hui, j'avoue que j'aimerais être plus riche pour pouvoir en donner à mes enfants. J'achète même des billets de loterie dans ce seul but. Parce que les temps sont durs et que les parents doivent trimer davantage pour joindre les deux bouts. Oui, ça me ferait plaisir de dire à mon fils: *«Tiens, voilà, tu n'as plus besoin de travailler. Tu l'as assez fait...»* De même pour ma fille qui, tout en travaillant autant que son époux, élève deux enfants en bas âge. Bien sûr qu'on aimerait alléger leur fardeau, mais je me demande s'ils ne trouvent pas leur part de bonheur dans les gestes du quotidien. Quand mon fils conduit sa fille à la ringuette et ses deux garçons à leurs cours de natation, je suis sûr qu'il est heureux de les sentir... heureux. Et j'ai remarqué, lors d'une visite chez ma fille, que son bonheur avait été de regarder son aîné de trois ans participer à une séance paroissiale, en incarnant un ange avec son auréole sur sa tête. Son bonheur, c'était aussi de voir son petit de quinze mois dire ses premiers mots, faire ses premières «finesses» tout comme ses premiers coups! Si vous saviez comme je l'ai vue, sa belle part de bonheur, lorsque ses deux petits prenaient place sur ses genoux pour le temps d'un conte. J'en étais presque... jaloux! Moi qui ai pourtant eu cette même joie lorsque mes enfants avaient cet âge. Il y a de ces bonheurs qu'on voudrait vivre... éternellement.

Pour d'autres, le seul fait de se promener dans un parc par un beau matin ensoleillé, c'est le bonheur total. Il y a ceux qui qualifient de grand bonheur ces merveilleux repas en tête-à-tête au restaurant. Certaines personnes ne jurent que par les petits voyages, les balades en auto, la découverte de jolis coins de la province. D'autres sont férus de théâtre ou de cinéma. Ils ne sont heureux qu'avec… un spectacle devant les yeux. Pour une certaine Claudine, c'est la musique – elle écoute ses CD à longueur de soirée – et, pour Denise et Paul, c'est la lecture. Chacun dans son fauteuil préféré, un roman à la main avec Chopin ou Malher en sourdine. Ce dont je me rends compte, c'est que la plupart de ces petits bonheurs ne coûtent rien ou presque. Bien sûr, les grands rêveurs sont arrivés avec des bonheurs qui ne sont guère à la portée de la main, mais on ne peut leur en vouloir, car le rêve même peut-être un «bonheur» si on sait le cultiver.

Mais, la plus belle réponse à «sa part de bonheur», c'est une douce grand-maman qui me l'a donnée. Timidement, gentiment, elle m'a presque murmuré: *«Moi, vous savez, mon plus grand bonheur quotidien, c'est de me lever et de me coucher… en bonne santé.»* Que pouvais-je donc ajouter de plus? N'est-ce pas ce bonheur qui nous mène à tous les autres? Car sans la santé, je ne serais certes pas allé fureter dans les magasins pour mes petits-enfants. Tiens! Il neige aujourd'hui! Il va neiger toute la journée. Je n'irai pas loin, c'est sûr, et je n'attends personne. Alors, mon petit bonheur, ce sera quoi? Mais je l'ai déjà eu, voyons! Très tôt ce matin, en déblayant la terrasse, j'ai donné du pain aux oiseaux et des biscuits aux écureuils. J'ai même vu ces derniers sauter des arbres et arriver au pas de course… Vous voyez? Sans même s'en rendre compte, il y a de ces bonheurs qui s'imprègnent en plein cœur, au gré des jours et des heures.

Quand l'un des deux s'en va...

Non, je ne parle pas d'une rupture sentimentale, mais bien de ce qu'on appelle le grand départ au mitan tout comme à l'hiver de la vie. Depuis quelques mois, il m'est arrivé de recevoir des lettres remplies de chagrin et d'un quelconque désespoir. Des femmes dans la soixantaine, l'une septuagénaire, qui me narraient leur désarroi après le décès inattendu de leur mari. Je dis inattendu parce qu'on espère toujours que la fin sera loin, même si, dans la plupart des cas, la maladie laissait présager que l'un des deux allait quitter l'autre dans un au revoir pour l'au-delà. J'ai ressenti la tristesse de Madeleine, je l'ai même encouragée du mieux que j'ai pu à surmonter l'épreuve, mais je sais qu'une séparation à tout jamais, après avoir vécu ensemble durant plus de quarante ans, ce n'est guère facile à surmonter.

Après le départ de l'autre, on se retrouve devant une solitude non choisie. On a beau avoir déployé tous les efforts pour l'accepter en la voyant venir, on ne réussit pas toujours à l'apprivoiser. Vous savez, on ne vit pas trente ou cinquante ans avec un conjoint, sans ressentir un vide immense quand la porte se referme sur le silence. Au moment du décès, on est entouré, tous se penchent pour nous soutenir, nous épauler, les enfants inclus, mais quand on revient chez soi et que l'autre n'est plus là, c'est alors qu'on ressent pour la première fois certaines peurs. La peur de cette maison sans vie, la peur du vide, la peur du noir et de la solitude. Il faut s'armer de courage pour combattre ces peurs. Remarquez que, dans un tel cas, les hommes étalent moins leur désespoir. Ils sont introvertis, ils gardent tout pour eux et, pourtant, les hommes d'hier, dépendants, se demandent déjà comment ils vont préparer le prochain repas; comment va se faire la lessive, comment... tant d'autres choses. Les enfants leur disent de ne pas s'inquiéter et, petit à petit, la vie reprend son cours normal et, le ou la survivante, se retrouve seul(e) entre ses quatre murs.

Vous savez, j'entends souvent dire par les gens qui offrent doucereusement leurs condoléances: *«Ils ne formaient pas un très bon couple; il était devenu absent pour elle, il bricolait, il regardait ses sports à la télévision, etc.»* Et puis? Ce qu'il faut retenir d'une longue union, aussi banale devient-elle, c'est que l'un comme l'autre ne se sente pas seul dans le chaos de la situation. À deux, il y a de la vie dans la maison, on se sent protégé, on a moins peur du bruit, du vent, des tempêtes. Bien sûr qu'on s'obstine davantage en prenant de l'âge, surtout quand vient le temps de commenter le bulletin de nouvelles, mais ça fait partie du compagnonnage à l'hiver de la vie. On a beau rager parfois l'un contre l'autre, on n'envisage pas pour autant de se retrouver à parler seul dans une maison vide. Au mitan de la vie, quand le drame survient, la peine est extrême, la souffrance pénible, parce qu'on ne s'y attend pas et qu'il y a souvent des enfants en cause. Là aussi, c'est la solitude qui s'installe une fois l'épreuve surmontée. Mais à quarante ans, on peut toujours songer à «refaire» sa vie, à ne pas vivre seul, à ne pas attendre que la déprime devienne un obstacle aux possibilités qui s'offrent. Ce qui n'est guère le cas des couples de soixante ans et plus. À cet âge, on ne pense plus à «refaire» quoi que ce soit, on veut juste être capable de poursuivre avec l'aide du bon Dieu.

Il est évident que les dames qui avancent murmurent sans le dire tout haut: *«Moi, si je survis à mon mari, je n'ai pas l'intention d'aller vivre avec un de mes enfants. Ils ont tous leur famille, je ne veux pas déranger, etc.»* Vous connaissez la rengaine, non? Et les hommes pensent la même chose quand vient le temps d'envisager le jour de la «grande séparation». On ne veut pas déranger ses enfants pas plus qu'on ne désire se retrouver en foyer d'accueil. Alors, on fait tout pour garder sa santé et être autonome dans son petit univers. Malheureusement, quand la santé ne suit pas…

Mais je tiens à parler de ceux et celles qui jouissent d'une autonomie complète et qui ont à survivre à l'épreuve. Moimême, j'avance lentement en âge et je me demande ce que je ferais. Sans doute vendre cette grande maison, à moins de trouver un colocataire pour la partager tout comme pour combler la solitude. Remarquez que je compose assez bien avec la solitude, que je peux être seul sans jamais me sentir seul, mais ce privilège n'est pas donné à tous. Il y a des gens qui se retrouvent complètement démunis quand l'un des deux s'en va. Pour ces personnes, le plus important est de garder le moral et de s'armer d'un bon vouloir. Après le chagrin, il faut peu à peu retrouver une joie de vivre, ne serait-ce que pour les enfants et les petits-enfants. Sa peine, on la ressent sur son oreiller, le soir, mais on ne la traîne pas à longueur de journée sur une mine défaite. Voilà qui risquerait de faire fuir l'entourage. Les solutions? Il y a, bien sûr, la colocation, une cousine ou une amie qu'on déniche et qui rêve de combler elle aussi le vide. Il y a la location d'un petit logis sans grand entretien à proximité de l'un de vos enfants au cas où… Enfin, on peut s'entourer d'amis, voyager, participer à plein d'activités, sortir souvent, d'inviter chez soi, etc. Donc, à chacun son «après» quand l'un des deux s'en va mais, chose certaine, on ne surmontera rien, on n'arrivera nulle part et on n'ira pas loin si, constamment, au fur et à mesure des mois et des ans, on s'évertue à n'entretenir que…. la peine et le souvenir.

Sans tout changer du jour au lendemain...

Bien sûr que ce serait merveilleux si le Ciel nous donnait, d'une bénédiction, la force de tout changer dès notre prochain réveil! Changer ce que l'on n'aime pas de soi, changer aussi ce qui déplaît aux autres, être à la hauteur de toutes les attentes, celles de l'être aimé comme celles de ses enfants...

Une femme au début de la quarantaine, mère de deux grands enfants, souhaiterait arrêter de boire d'un coup. Mais cesser de boire quand l'alcool est devenu un problème, ça ne se fait pas en vidant tout simplement sa dernière bouteille de vin dans l'évier. Pour relever un tel défi, il lui faut de la volonté, du courage et, au départ, un «vouloir» que personne d'autre ne peut vouloir pour elle. À tort ou à raison, j'ai toujours été pour la modération. Si le problème n'est pas, à ce qu'on dit, devenu grave, si les écarts de conduite ne sont qu'occasionnels, pourquoi ne pas tenter, en tout premier lieu, de diminuer sa consommation, de boire en calculant les onces et d'arrêter quand on sent venir le verre de trop. Si on essayait juste une fois d'éviter l'excès dévastateur, je suis certain que, la prochaine fois, la personne en cause, fière d'elle-même, persévérera dans ses bonnes intentions. Et qui sait si, même après une ou deux petites rechutes, cette femme ne finira pas par apprendre à boire raisonnablement et à ne plus troubler la quiétude de son entourage. Qui sait si, au lieu de la fuir, les gens ne seront pas portés à l'inviter, sachant qu'elle saura dire : «*Non, merci!*» quand viendra le verre qui pourrait lui faire perdre sa dignité. Sans tout changer du jour au lendemain, je prierais cette femme de faire un essai, une tentative; je suis sûr que, si ça ne fonctionne pas, c'est d'un pas décidé qu'elle ira chercher l'aide dont elle a besoin. Pour le bonheur de son conjoint, de ses enfants et de tous ceux qui déplorent son triste cheminement.

Je vous ai cité un exemple, mais il n'est pas dit que le sujet ne s'adresse qu'à ceux et celles qui ont des problèmes de dépendance. Vous savez, nous avons tous nos forces et nos faiblesses, nos qualités et nos défauts. Parfois, ce que nous voudrions changer ne demande qu'une simple amélioration de notre part. Un type qui s'emporte facilement, qui ne laisse pas sa conjointe placer un mot quand il est anxieux, sombre seul, hélas, dans «l'hypertension» de son angoisse. S'il tentait, juste une fois, de se lever du bon pied, de ne pas empêcher sa femme de digérer son petit déjeuner, ce serait déjà un grand pas d'accompli. S'il se disait: *«Bon, à partir d'aujourd'hui, il ne faut plus qu'elle soit le souffre-douleur de ma mauvaise humeur»,* ce serait, pour elle, le paradis. Il est évident que le lion qui rugit sans cesse ne devient pas, du jour au lendemain, l'agneau qui bêle; mais si, entre les deux, il existe une autre «bête» moins bête, que cet homme tente au moins d'entrer dans sa peau. Et qui sait si, à force d'améliorations répétées, le mauvais sujet ne parviendra pas à «contrôler» ses excès avant que sa femme ne laisse sur la table d'un chirurgien… sa vésicule biliaire! Oui, parce que, le mal qu'on se fait en ne tentant jamais de s'améliorer, détériore lentement les autres. Le saviez-vous? Faut-il vraiment avoir atteint l'âge de «sa» sagesse pour se rendre compte que, vivre et laisser vivre, c'est d'abord tenter de se corriger de ce qui dérange, à défaut de ne pouvoir subito presto… changer? S'amender, s'épurer, se ré-former tranquillement, c'est peut-être le moyen le plus sûr d'en arriver à cesser de se détériorer et d'aggraver la qualité de sa relation avec les autres.

Non, il n'est pas facile de changer du jour au lendemain. Quoi qu'on fasse, on trébuche et on finit pas envisager sérieusement une thérapie. Ce qui, dans certains cas, est l'ultime solution pour retrouver une raison de vivre. Mais, en ayant du cœur au ventre, de la détermination dans les tripes et du respect pour ceux qui nous sont chers, il est possible de tenter de modifier ce qui perturbe notre existence. Et celle des autres, évidemment! Même les enfants ont des prises de conscience aptes à les améliorer. Alors, si on peut, en bas âge, prendre ses petites manies en main, il serait déplorable de constater qu'à l'âge adulte, on n'en ait pas le courage. Parce que, pour vous et ceux qui vous côtoient, chaque jour qui passe peut être positif... ou négatif. Les gens peuvent en venir à se dire en parlant de vous: «*C'est peine perdue... Mieux vaut l'écarter du groupe; sa famille ne lui parle même plus...*» Vous saisissez? Or, juste avant que ce cruel «diagnostic» ne soit prononcé, songez que, quoi que vous souhaiteriez changer pour être mieux dans votre peau, il est peut-être possible de commencer par l'améliorer en vous levant un matin, souriant, avec le goût de repartir lentement... à zéro!

Devant une mauvaise photo…

Il arrive à tout le monde de recevoir une leçon d'humilité. Je n'échappe pas à la règle et je vous avoue avoir eu honte de moi un certain samedi, le samedi suivant les attentats perpétrés à New York et à Washington. Le jour quatre, comme on le désignait dans les médias. Je venais d'ouvrir le journal auquel j'avais accordé une entrevue qui occupait une page entière et je maugréais devant la photo de moi, que je trouvais affreuse. C'était une photo prise en contre-plongée. Le genre de photo qu'on ne devrait jamais prendre de qui que ce soit, parce qu'elle vous donne quinze livres de plus à la taille… et une tête de poussin! Aujourd'hui, j'en souris, mais, ce jour-là, j'étais vraiment contrarié, même si l'entrevue était excellente et servait très bien la promotion de mon dernier roman, *Le rejeton*. Donc, je maugréais, j'espérais que mes proches ne la voient pas quand, d'un seul coup, j'ai reçu un dard d'humilité en plein cœur. Parce que, au moment où je m'en faisais avec une mauvaise photo, on faisait défiler à la télévision les visages en larmes de personnes touchées par l'attentat et qui montraient la photo d'un parent, d'un époux, d'un frère, d'une amie… Bref, des photos de gens qui avaient disparu lors de l'effondrement des deux tours et qu'on espérait retrouver vivants. Devant ce déluge de douleur, devant ces visages crispés, j'ai vraiment eu honte d'avoir osé m'élever… contre ma mauvaise photo dans le journal. Moi qui étais en santé, loin de ce qui venait de se produire, je m'en faisais pour un «portrait» sur lequel on éplucherait sans doute les pommes de terre le lendemain…

J'ai donc laissé le journal de côté, j'ai demandé au ciel de me pardonner et je me suis penché sur les véritables drames dont je m'étais, pour un instant, éloigné. Parce que je n'étais pas insensible à ce qui était arrivé. J'étais même devant mon téléviseur lorsque la seconde tour a été la cible des terroristes. Quatre jours plus tard, j'étais encore consterné. Et je le suis toujours. Jamais je n'aurais imaginé qu'un jour on puisse, de plein gré, détruire plus de quatre mille vies dans l'espace d'une heure. Des innocents qui n'avaient rien fait de mal: des pères de famille, des mères, des jeunes à qui l'avenir souriait, tout comme des gens qui étaient sans doute à quelques années d'une douce retraite. Plus de quatre mille âmes envolées d'un seul coup vers «un monde meilleur», dit-on. J'ai été révolté, je l'admets. On n'a pas le droit, au nom d'opinions politiques, de faire payer d'innocentes victimes. Et surtout pas d'une façon aussi cruelle, aussi barbare.

Parce que, même si on ne l'a pas trop répété pour ne pas engendrer davantage de colère, il y avait aussi des enfants dans cet univers de grands. De tout petits enfants qui, sans doute, souriaient en regardant le soleil ce jour-là. Il y avait même, à bord d'un des avions, une petite fille de trois ans dans les bras de sa maman. Une toute petite fille qui se demandait sans doute pourquoi les «messieurs» étaient si méchants. Une enfant innocente, qu'on n'a pas épargnée. Un petit ange qui n'a pas réussi à faire fléchir, avec son regard embué de larmes, les terroristes qui avaient oublié qu'ils avaient jadis été des enfants. En brassant toutes ces pensées, révolté, sous le choc, impuissant et ne pouvant rien changer au mal qui venait de se faire, j'ai, comme tout le monde, prié. Et j'ai demandé à Dieu de ne pas laisser souffrir les mourants sous les décombres. J'ai prié pour qu'ils partent, qu'ils soient délivrés de la frayeur. Avec ces images de terreur en tête, avec les visages de ces enfants en mémoire, comment avais-je osé m'en faire pour une photo ratée qui n'était qu'un grain de sable dans l'immensité de mon triste état d'âme?

On a dit au peuple américain, tout comme on le suggérait à tous: «*Il faut que la vie continue. Allez travailler, reprenez vos activités...*» Il est vrai que c'est ce qu'il faut faire, il est vrai que c'est la seule solution pour pouvoir continuer à vivre, mais il n'est sûrement pas facile pour les survivants de chercher, d'attendre, d'espérer, pour finalement ne jamais revoir celui ou celle qu'ils aimaient. Il est très difficile de vivre sa peine lorsque le corps de l'être aimé n'est jamais retrouvé, parce qu'on persiste à croire que celui-ci... reviendra. Et ce, sans parler des enfants qui, dans leur candeur, se demandent jour après jour pourquoi maman ou papa ne revient pas. J'écris, je pense à tous ces petits, et je vous assure que j'en ai le cœur meurtri. Parce que, une fois de plus, ce sont des grands qui les ont trahis. De grandes personnes ayant l'âge de raison qui ont anéanti ce qu'ils avaient de plus cher dans leur petite vie. J'y pense et j'en tremble... Et jamais plus, je vous le jure, en de pareils moments, je n'aurai le moindre sursaut d'ego, devant... une mauvaise photo.

Quand l'amour ne nous réussit pas

L'amour ne sied pas comme un gant à qui lui tend la main. Il y a de ces hommes et de ces femmes à qui l'amour fait toujours faux bond au moment où ils ne s'y attendent pas. Ils se grattent la tête, haussent les épaules et font semblant de ne pas s'étonner de cette succession de ruptures. Ils sont au-dessus de tout cela. Moi, je crois pourtant qu'au fond ils s'interrogent, qu'ils se demandent pourquoi l'amour ne leur réussit pas. Et la plupart du temps, ils blâment l'autre à défaut d'avoir le courage et l'honnêteté de se pencher sur eux-mêmes pour trouver la cause de ce grave malaise. Non, ce n'est pas toujours l'autre, et non, ce n'est pas parce qu'on est incompris que, chaque fois, l'amour s'en va… ailleurs.

C'est peut-être avant de s'engager qu'il faudrait prendre le temps de s'étudier l'un l'autre. Suzanne a épousé l'an dernier celui qu'elle croyait être l'homme de sa vie, un type de belle allure, professionnel de surcroît, mais qui avait derrière lui deux mariages ratés et trois enfants à charge. Je me souviens de lui avoir demandé: *«Es-tu bien certaine que c'est l'homme idéal pour toi, que ta passion ne te rend pas aveugle?»* Elle en était assurée. Son prince charmant n'avait que des qualités, aucun défaut. Selon elle, c'était elles, ses ex-femmes, qui lui avaient rendu la vie impossible. Sans vouloir la décourager, j'avoue être resté sceptique, ce dont elle s'est rendu compte. Et, paternel à souhait, j'ai insisté: *«Deux sur deux? Les deux femmes avaient tous les torts, selon toi? Et si c'était lui le responsable de ses déboires?»* Spontanément, elle m'a répondu:

«Non, c'étaient elles! Je connais toute l'histoire...» Ne voulant m'avancer davantage, sentant que je risquais de crever sa bulle, je me suis tu. Parce que je savais que Suzanne avait, tout comme lui, plusieurs liaisons derrière elle. Et j'ai fini par me dire, pour me donner bonne conscience: *«Qui se ressemble s'assemble...»* Aujourd'hui, un an plus tard, ça fonctionne moins bien, ça marche au ralenti, ça risque de s'éteindre. Peu à peu, Suzanne a vu le revers de la médaille. Son prince charmant n'avait pas qu'un cheval blanc, il en avait aussi un noir qu'il dissimulait et qui, lentement, est sorti de... l'écurie. Elle commence à comprendre des choses, elle ne me parle plus de ses ex, comme naguère. Elle est sur ses gardes, elle se pose des questions, elle se demande si c'est elle ou lui qui dérange la quiétude, qui rompt l'harmonie. Parce que tous deux font partie de ces personnes à qui l'amour ne réussit guère. Une histoire à suivre, des chapitres à vivre, parce que le prologue n'a pas été pris en considération.

Il y a aussi ce type à la fin de la trentaine qui se plaint de n'avoir jamais de relations à long terme. Jean-Yves, célibataire, de belle apparence, a six ou sept histoires d'amour derrière lui. Et, chaque fois, au bout d'un certain temps, on le quitte. Il se demande ce qu'il a pu faire au bon Dieu pour que l'amour le serve si mal. Il se demande, il ne comprend pas, mais il n'a jamais fait, à mon avis, le moindre examen de conscience. Il est pourtant aimable, il est prêt à se marier et à fonder une famille. Il avoue faire des compromis, ne pas être envahissant mais, ne l'ayant jamais vu vivre à deux, ne l'ayant jamais étudié, je cherche encore le hic qui fait que ça ne fonctionne pas. Il se remet difficilement de ses déceptions. Les bons partis sont denrée rare à son âge, les femmes les recherchent, alors, pourquoi pas lui? Est-il trop accaparant? Tient-il sa relation pour acquise dès le début? Et qui sait si le romantisme, quelques fleurs en passant, ne lui auraient pas évité toutes ces ruptures.

L'amour ne lui réussit pas et, pire encore, on le quitte chaque fois sans lui dire… pourquoi. Et je parierais ma chemise que la cause de ces échecs est toujours la même. Comment imputer les torts à ses dulcinées quand la dernière en lice vient de rompre? Un sérieux problème à résoudre, un cas difficile, parce qu'aucune d'entre elles ne lui a donné l'heure juste.

On prétend que le dialogue est très pratiqué au sein des couples d'aujourd'hui, mais j'en doute. J'en doute au point de me demander si, tout comme les nôtres, jadis, ils ne se referment pas sur eux sans s'avouer les «vraies choses». Est-ce donc héréditaire que de se taire? A-t-on toujours peur de cette vérité crue qui aurait pu sauver tant de relations? On craint sans doute de blesser l'autre, et on oublie qu'à toute blessure, il y a un baume. Ce baume si chaud, si profond, capable d'apaiser le cœur quand on l'applique en toute confiance. Car, selon moi, il est impossible que l'amour ne nous réussisse pas, au moins une fois. La rose ne peut éclore si les épines la transpercent. Et c'est justement ces épines qu'il faut retirer une à une de la tige dès que le bourgeon de l'amour nous fait un clin d'œil. Et c'est ainsi, d'après moi, que l'amour peut nous réussir et se poursuivre… dans une infinie tendresse.

Ces trop nombreuses ruptures

Je ne sais trop ce qui se passe, mais depuis la parution de mon roman *Et Mathilde chantait,* dans lequel il est question d'une rupture, je rencontre tellement de personnes séparées que ça m'effraie. Je suis peut-être d'une autre époque, celle où les couples ne se quittaient pas aussi facilement, mais je ne suis pas né de la dernière pluie; je suis fort au courant de l'évolution de la vie. Je sais que depuis les années 70, il y davantage de ruptures et que plus rien n'empêche les conjoints de se quitter, pas même les enfants! Je sais que depuis que la femme s'est libérée, les hommes n'ont qu'à bien se tenir s'ils ne veulent pas prendre la porte. Et je dirais que la femme libérée a également «libéré» l'homme qui, bien souvent, est celui qui prend la porte, au grand désespoir de sa conjointe. Loin de moi l'idée de jeter le blâme sur l'un ou l'autre, car chaque cas est unique. Ce qui me tracasse, c'est qu'on se quitte si rapidement après s'être promis de s'aimer longtemps.

Lors d'une causerie, une femme dans la trentaine me disait: *«Moi, j'en suis à mon troisième conjoint et, celui-là, je ne l'ai pas épousé. J'ai bien fait, car je suis à la veille de le mettre à la porte. Je ne suis vraiment pas chanceuse, je tombe toujours sur le mauvais numéro!»* J'avoue être resté quelque peu sceptique: qui me dit que ce n'est pas elle le mauvais numéro? Est-il possible de rencontrer trois «pas bons» de suite sans jamais se rendre compte de son mauvais choix? C'est comme ce type qui m'avouait: *«Moi, désormais, c'est la liberté. Après deux femmes, deux divorces et une rupture avec ma blonde le mois dernier, c'est fini, j'm'embarque plus!»* Juste à l'entendre, j'ai compris que c'était lui le «drame», et non celles qui l'avaient, selon ses dires, rendu à bout de nerfs! Il y a toujours deux côtés à une médaille, mais on ne m'en présente qu'un seul. Alors je suis obligé de m'incliner, et ce, même quand on consulte mes cheveux gris sur le geste posé. Que voulez-vous que je leur dise? Je n'ai pas d'autre choix que de leur donner raison tout en m'informant, à voix basse, si de tout petits cœurs ne souffrent pas en silence. Une dame m'a avoué son chagrin de voir ses enfants grandir partagés entre leur père et leur mère. Elle avait connu une telle jeunesse et aurait souhaité de tout son être éviter le même sort à ses enfants. Et comme il faut s'attendre à tout dans la vie, je n'ai jamais compris qu'une autre femme, plus déterminée, puisse me dire: *«Les enfants? Ça ne les marquera pas; nous n'étions même pas mariés, lui et moi.»* Comme si un certificat pouvait faire la différence aux yeux d'un enfant! J'avoue être resté bouche bée face à une telle réponse, mais je n'ai rien ajouté: je n'étais pas là pour faire des remontrances. Devant un aveu fait de bonne foi, il faut savoir être… circonspect.

Je parle plus des femmes que des hommes, car ce sont elles que je rencontre la plupart du temps dans mes causeries. Des femmes charmantes qui, face au romancier réaliste que je suis, n'ont pas peur d'étaler leur vie. Je prête l'oreille sans juger, j'analyse… et ça m'angoisse. Ce qui m'attriste, c'est que j'ai rarement vu un couple s'accorder une seconde chance. Serait-ce par orgueil? Une jeune femme m'a déjà murmuré: *«C'est à lui de faire le premier pas…»* Et je suis sûr que l'homme qu'elle a quitté se dit la même chose. Ce qui me peine, c'est qu'à cause d'une telle situation, un petit gars prénommé Guillaume ne voit son papa qu'une fin de semaine sur deux.

De nos jours, les couples se quittent pour une simple égratignure. Je me demande même s'ils se consultent avant de déposer leurs alliances sur la table de chevet. Parfois, lorsqu'on me parle des raisons qui ont provoqué la rupture, je manque m'évanouir. C'est si banal que j'ai l'impression qu'on se quitte comme on «cassait» avec sa blonde «dans l'temps». Je remarque qu'on ne fait plus de concessions, que les compromis sont démodés et que mettre de l'eau dans son vin, c'était pour nous et nos grands-parents, jadis. Quand j'entends: *«Vous savez, on ne s'aime plus... »*, je titube. Comme s'il fallait s'aimer autant qu'au premier jour toute sa vie pour rester ensemble! Comme si l'amour de la rose rouge ne pouvait pas, avec le temps, céder la place à la tendresse de la rose rose et, beaucoup plus tard, à la constance de la rose blanche. Je pourrais écrire encore longtemps sur le sujet tellement il me préoccupe, mais qu'y puis-je, si ce n'est de demander aux couples de réfléchir avant de refermer la porte. Surtout si de pauvres enfants sont en cause! Qu'ils ne prennent aucune décision hâtive, du moins pas avant les fêtes, au cas où ils auraient une ultime chance de sauver leur couple du «bogue»... de l'inconscience.

Avoir quelqu'un dans sa vie

Pour d'autres, c'est assez important, et pour la plupart, c'est agréable. Pour ma part, je suis d'accord avec le fait de partager sa vie avec quelqu'un, mais avec cette réserve qu'il ne faut pas le faire à n'importe quel prix. Je crois qu'il est nettement plus agréable, en se levant le matin, de partager son déjeuner avec quelqu'un que de manger seul devant son téléviseur. Il n'est pas toujours facile de vivre seul, de regarder ses murs, de passer sa vie à monologuer. Vous savez, être deux à partager les joies comme les peines, ça double le bonheur, tout comme le courage. Parce qu'à deux, on est plus forts pour s'encourager et se remonter le moral dans les moments difficiles. Il n'est pas facile de tout absorber seul et de chercher, par la suite, une oreille à laquelle livrer le trop-plein d'amertume. Bien sûr, il y a les amis, mais, dans le quotidien, rien ne vaut le réconfort de l'âme sœur, lorsqu'elle est près du cœur.

Et si, en plus, l'amour réside encore dans cette vie à deux dont je parle, le partage n'en sera que plus fort. Ce qui ne veut pas dire que deux êtres qui vivent depuis longtemps ensemble sans cette passion qui vous brûle au début d'une relation ne sont pas aussi heureux. Il y a des sentiments qui se développent avec le temps grâce à l'attachement que l'on éprouve l'un pour l'autre. Le seul fait de pouvoir tendre la main à l'autre lorsqu'il demande de l'aide et d'être à l'écoute de ses besoins ne fait qu'augmenter le bonheur d'être à deux. Avoir quelqu'un dans sa vie, c'est peut-être le plus beau présent que le cœur puisse s'offrir.

Une jeune femme fin trentaine me laissait connaître sa joie à l'idée d'emménager avec l'être aimé. Elle avait même quitté son travail pour aller vivre avec lui dans un autre coin de ciel bleu. Parce que, seule depuis toujours, elle rêvait depuis longtemps d'avoir quelqu'un dans sa vie. Quelqu'un qu'elle aimerait véritablement. Elle a finalement trouvé cette personne dont elle rêvait… Je connais aussi une femme d'un âge plus que certain qui, à la suite d'un mariage qui ne l'a pas rendue heureuse, a vécu seule en se jurant que jamais, plus jamais elle ne vivrait avec quelqu'un… jusqu'au jour où un monsieur de sa génération s'est présenté avec sa douceur, sa tendresse, bref, tout ce qu'elle avait souhaité toute sa vie de la part d'un homme. Elle n'a pas hésité; elle l'a même épousé, parce que, sans l'avouer publiquement, elle espérait un jour partager sa vie avec quelqu'un. Ce qui veut dire qu'il n'est pas facile de vivre seul après avoir vécu à deux durant des années. Toutes les personnes divorcées que je croise me jurent que «vivre seul» leur est salutaire, que c'est là la plus grande joie de leur vie. Curieusement, quelques mois plus tard, la plupart se retrouvent engagés dans une relation. Étrange, non?

Oui, je suis pour le fait d'avoir quelqu'un dans sa vie, je l'ai dit, je le répète, mais pas à n'importe quel prix et pas… n'importe qui! Il ne faut pas meubler sa solitude avec le premier venu. Il vaut mieux prendre le temps de se connaître, de s'étudier, de se fréquenter… avant de s'engager. Avoir «quelqu'un» n'est pas qu'une histoire charnelle. Nuance! On parle de vie à deux et non de lit à deux. Lorsque j'entends dire qu'une femme s'engage avec un homme qui a déjà vécu deux divorces, je m'interroge. Y a-t-il vraiment eu deux «mégères» d'impliquées dans les échecs du prétendant? Ne vaudrait-il pas mieux chercher à savoir pourquoi deux femmes n'ont pas été capables de vivre en harmonie avec lui? Ce qui revient à dire qu'on ne laisse pas entrer quelqu'un dans sa vie sans faire preuve de prudence; après quoi, si la situation est belle, on ouvre gentiment sa porte. Trouver quelqu'un pour partager sa vie n'est pas un jeu, et trouver l'âme sœur n'est pas facile. Il est bien sûr agréable et tentant de se lever et de partager son petit-déjeuner avec la personne aimée. Mais il ne faut pas pour autant meubler sa vie avec le mauvais numéro. Et puis, quelqu'un qui boit seul son café peut compenser sa solitude en côtoyant ses amis, ses collègues de travail. Et comme je me plais à le dire, «on est aussi seul... qu'on veut bien l'être», parce qu'il y a toujours moyen de multiplier les occasions de faire des rencontres ou d'avoir de douces aventures dans lesquelles beaucoup se complaisent. Le champ est vaste... Je prône le bonheur d'avoir quelqu'un dans sa vie pour l'accalmie du cœur, mais je ne voudrais pas, pour autant, clore brusquement les volets sur ceux et celles qui ont choisi d'être à deux... autrement. Parce que, finalement, toute façon de vivre est honorable lorsqu'elle nous convient et qu'elle correspond à notre bien-être.

Ces rencontres sans lendemain

Lorsqu'on est jeune, on ne comprend pas toujours ce qui se passe, mais j'en connais qui ne comprendront jamais… C'est le cas d'une jolie femme de trente-six ans qui, depuis qu'elle en a vingt, cherche l'âme sœur dans les bars de rencontres! Après avoir fait le tour de la question avec plusieurs personnes, on m'a dit que, dans ces bars, on ne se côtoie que pour… des aventures d'un soir. Une femme m'a avoué avoir jadis rencontré un garçon et l'avait fréquenté pendant un mois avant de s'apercevoir qu'il était marié. Non seulement l'a-t-il leurrée, mais il en a leurré deux autres en même temps! Un bonhomme avec du souffle, quoi! Or, la femme dont je vous parle, une vraie célibataire, se pavane encore dans les bars au cas où, un certain soir, elle ne croiserait pas le prince charmant. Comme si les princes en quête de princesses fréquentaient ces endroits pour ériger leur petit royaume! Toujours est-il que celle que je prénommerai Nicole n'a pas encore trouvé l'homme de sa vie. Elle en a rencontré des beaux, des grands, des gars de tous les âges, mais des gars d'un soir, des rencontres sans lendemain. Elle sait que ce n'est pas dans de tels lieux qu'elle trouvera celui qui lui demandera sa main, mais comme elle n'est plus tellement à la recherche d'une vie à deux de longue durée… C'est comme si elle avait attrapé les «péchés capitaux» des hommes qui fréquentent ce genre d'endroits. Parfois, je me demande si ce n'est pas elle qui, maintenant, cherche une proie pour ensuite lui refiler un faux numéro de téléphone.

Les rencontres sans lendemain sont de plus en plus nombreuses et les moyens de les faire, de plus en plus variés. Il y a ces annonces dans les journaux où on peut lire: «Homme cherche femme», et vice versa. La plupart de ceux qui les écrivent et de ceux qui y répondent ne sont pas sérieux. Il y a même des annonces «spécialisées» où on dit carrément ce qu'on veut. D'un côté, c'est nettement moins hypocrite, car on sait à quoi s'attendre. Avec le progrès, cependant, un autre danger guette celles qui veulent vraiment se bâtir un avenir. Celles… et ceux, devrais-je dire, car la fumisterie se joue des deux côtés. Je parle bien sûr d'Internet! On fait ce qu'on appelle du *chatting,* m'a-t-on dit. On s'écrit, on s'invente un prénom, on se décrit faussement et on se rencontre pour ensuite se dire «bonsoir» et non pas «à demain». Il y a même des types qui se servent de ce babillard électronique pour se trouver une «p'tite vite» pendant que leur conjointe est en voyage. Et ça s'applique aux deux sexes! Car il ne faut pas attribuer ces méfaits qu'aux hommes. J'ai même entendu dire qu'un homosexuel, beau gars, fin trentaine, se servait d'Internet pour recruter de jeunes amants. Sauf qu'au moment de la rencontre, il ne se gêne pas pour dire au «p'tit jeune», si c'est le cas, qu'il n'est pas son genre et pour carrément rebrousser chemin. De telles rencontres sont dénuées de sentiments. Ce n'est que physique, purement *body,* comme diraient les adeptes des muscles gonflés.

Je trouve dommage tout ce que j'entends, parce que plusieurs personnes aimeraient réellement s'engager, construire un nid à deux, parler d'amour et d'avenir. Des gens dans la trentaine qui, maintes fois échaudés, se demandent s'il existe sur terre un être de cet acabit. À cette question, je réponds «oui». Bien sûr qu'il y a des hommes sérieux, des femmes honnêtes, mais ce n'est pas dans un bar de rencontres ni par le biais de l'Internet qu'on trouve ces perles rares. Marielle, une jolie fille au début de la trentaine, a rencontré son mari dans une ligue de quilles! Eh oui! Elle qui n'avait jamais pensé se retrouver un jour dans une allée, elle a accepté de se joindre à une équipe dans laquelle jouaient son cousin et sa femme. Or, il a suffi de quelques soirs pour qu'elle se rende compte que Patrick, trente-quatre ans, n'avait jamais rencontré l'âme sœur avant que… leurs regards se croisent. Ni l'un ni l'autre ne cherchait, et voilà: une allée de quilles, une boisson gazeuse… et une rencontre avec lendemains venait d'avoir lieu. Tout comme jadis, quand un type présentait sa sœur à un collègue de travail, ou qu'une fille rencontrait son futur époux en se rendant seule aux noces d'une cousine. Il est évident qu'on rencontre plus souvent des divorcés que des célibataires, mais qu'importe, si la rencontre semble avoir un but, un lendemain. Faut-il seulement comprendre que c'est l'endroit qu'on fréquente qui détermine le facteur chance. J'espère de tout cœur que les Nicole comme les Lucie, les François comme les Stéphane, emprunteront d'autres voies que les bars et l'Internet pour se trancher une part de bonheur avec de beaux lendemains, avant d'avoir les deux pieds ancrés, tristement cimentés, dans la… quarantaine avancée.

Les séquelles de nos amours

Rien ne meurt tout à fait puisque le souvenir entretient la mémoire du cœur. N'allez pas croire que je tente de poétiser; je veux tout simplement dire que les séquelles d'une histoire d'amour ont encore… quelque chose à dire. Au moment où j'écris, je pense à une femme, que je nommerai Diane, qui m'avouait récemment: *«Vous savez, ça fait deux ans qu'on s'est quittés, Paul et moi, mais il m'arrive d'avoir envie de sa main dans la mienne, de mes doigts furetant dans sa crinière.»* Ils se sont laissés bons amis, et ils se revoient encore souvent à cause de la petite. J'ai donc rétorqué à Diane: *«Et vous n'avez jamais osé le faire?»* Pensive, elle m'a répondu: *«Non, parce que j'ai peur que tout recommence, que ce doux contact nous entraîne plus loin et qu'après je m'en sente repentante…»*

Ce qu'elle tentait de me dire, c'est qu'elle aurait souhaité une seule «reprise» et non une réconciliation. Elle sentait qu'elle avait encore quelques séquelles sur la braise, mais elle ne désirait pas pour autant rallumer la flamme de peur d'avoir, tout comme lui. envie de revivre ce qui les avait graduellement détruits. J'ai saisi qu'elle n'avait que l'envie d'un moment, le désir de combler un… manque. Peut-être en aurait-il été ainsi pour lui? Mais voilà, c'était le risque à prendre, et Diane ne voulait surtout pas jouer de… malchance. Elle a donc fermé les yeux et, le lendemain, le sursaut de la séquelle de la veille s'était évanoui. Comme un rêve qu'on veut rendre réalité et qu'on garde à l'état de rêve. Si seulement Diane rencontrait celui qui lui ferait oublier l'autre…

Pour Yvon, les séquelles sont plus sordides. Il n'a pas oublié celle qu'il a évincée gentiment en ne lui donnant plus signe de vie, mais voilà qu'après deux mois de silence, il en est à s'ennuyer du son de sa voix, de leurs échanges et de son… savoir-faire. Il n'ose lui téléphoner, de peur qu'elle veuille le revoir, ne serait-ce que pour la «bagatelle». Il ne l'aime plus et ne l'a jamais vraiment aimée. Mais seul, sans femme dans sa vie, Yvon ne peut résister à l'envie de savoir ce qu'elle pense encore de lui. Prétentieux, il s'imagine qu'à part lui, personne d'autre n'existe. Il hésite, il finit par oser l'appeler et, par malheur, elle lui dit n'avoir rencontré personne. Elle lui avoue même s'ennuyer de leur vie «intime». Bref, elle est heureuse de ce retour soudain et insiste pour le revoir le plus tôt possible. Yvon, ayant agi sur les séquelles de ses pulsions, est une fois de plus mal pris.

On voit chaque jour des cas comme ceux-ci. On a, qu'on le veuille ou non, à écouter les «séquelles» de ceux qui nous entourent, qui comparent, qui cherchent et qui ne trouvent pas. Je ne dénigre pas pour autant la blonde d'Yvon de s'ennuyer de ses caresses, pas plus que Diane qui ne voudrait, en somme, que revivre quelques moments de tendresse. Mais il existe de par le monde de grandes séquelles d'amour desquelles on ne sait rien. Des séquelles sur lesquelles on souffle de son cœur afin de ne jamais les voir s'éteindre. Il y a partout des femmes et des hommes qui vivent des peines d'amour. Et pour ces cœurs, Dieu qu'elles doivent être lourdes ces séquelles encore brûlantes, sur le feu de la… tristesse. Bien sûr que le temps va atténuer la flamme, que ça fera moins mal, mais il restera toujours les séquelles… d'avoir aimé. Aussi minimes soient-elles, elles seront encore là dans dix ou vingt ans, telles des poussières collées au cœur. Et sans cesse «remuées» si l'être qu'on a quitté est encore en vue de temps en temps. Parce qu'on ne peut avoir aimé en s'empoignant le cœur à deux mains et en venir à ne plus aimer. Vous n'en êtes peut-être pas là, vous à qui je m'adresse, mais avec le temps, croyez-moi, vous en arriverez à mieux dormir sur l'oreiller... des dernières cendres.

Il est possible que vous me disiez: «*Moi, les séquelles, je les ai éparpillées! Je n'ai qu'à songer aux mauvais moments.*» Mais on a beau tenter d'effacer de sa mémoire les plus mauvais souvenirs, les bons survivront toujours. On ne peut visionner de son cœur que les intempéries quand on a connu des rayons de soleil. Je connais une dame qui a perdu son mari il y a quelques années. Un homme qu'elle aimait plus ou moins mais auquel elle s'était «habituée». Un homme qu'elle avait épousé à dix-huit ans sans l'aimer. Or, son époux est sous terre depuis cinq ans, et elle ne parle plus que de ses qualités, de ses bons côtés, de leurs merveilleux moments ensemble. Elle narre même, avec un certain humour, leurs querelles pourtant orageuses de son vivant. Tout cela pour vous dire que, de la terre à l'au-delà, les séquelles se font aussi ardentes que celles des amants qui ont rompu un certain soir entre les draps. Parce que toute forme d'amour a ses cendres et ses poussières lorsque le feu s'éteint. Et ce, à tout jamais. Des souvenances, des images et des séquelles quasi... immortelles!

TROISIÈME PARTIE

Droit devant moi,

j'ai vu le chemin

... de mes plus beaux lendemains!

Tout comme un vase de porcelaine

La santé, l'amour, la vie elle-même, tout est fragile et doit être traité avec délicatesse, comme s'il s'agissait d'un vase de porcelaine. Je me souviendrai toujours de la jeune fille qui, apercevant la couverture de mon roman *Un purgatoire*, m'avait demandé: *«Pourquoi ce petit oiseau blessé dans la main d'un homme?»* Je lui avais répondu: *«C'est la symbolique de mon roman, Mademoiselle. Cet oisillon tombé du nid représente la fragilité de la vie; il incarne également la fragilité de l'amour...»* Nous avons ensuite poursuivi un charmant dialogue sur la thématique de mon roman qui l'avait quelque peu bouleversée. Elle m'avait dit: *«J'ai beaucoup pleuré en le lisant.»* Parce que ce roman des plus réalistes était pour elle à deux pas du fait vécu. Quatre ans plus tard, au moment de tracer ces lignes, je me rends compte que la vie, tout comme ce qu'elle nous offre, est d'une extrême fragilité. À nous de prendre soin de ne pas échapper le vase, à nous de ne pas confondre le marbre avec la porcelaine.

Nous avons certes fêté la venue de l'an 2000 dans les réjouissances, nous avons même omis de parler de nos malaises et de nos ennuis pour ne pas être des rabat-joie. Cependant, alors que le soleil se lève chaque matin, il y a des gens qui luttent contre la maladie. Remarquez que, parfois, nous ne pouvons rien contre les maux sournois. La santé est fragile, c'est un don du ciel... Mais parce qu'elle est fragile et qu'elle nous est prêtée dans le but d'en prendre grand soin, je déplore que plusieurs personnes «jouent» avec elle comme on le fait sur le carton des serpents et des échelles. La santé, ça s'entretient. Il n'est pas nécessaire de mesurer la teneur en sucre de chaque pois vert qu'on avale, mais il y a des excès bien pires: mal se nourrir, boire sans calculer les capacités de sa vésicule, fumer comme une cheminée et finir par se dire: *«Il faut bien mourir de quelque chose, non?»* Oui, nous allons tous mourir de quelque chose, d'une façon ou d'une autre; ce n'est pas ce qui m'inquiète. Ce qui m'alarme, c'est la maladie, la souffrance, la longue agonie que, parfois, on s'occasionne soi-même en haussant les épaules devant la fragilité de la santé. Et lorsque cette dernière se déchire telle une rose de soie, il n'est pas dit qu'on pourra en rapiécer les morceaux. Surtout pas si les abus l'ont mise en... lambeaux.

Au moment de tracer ces lignes, je suis certain que, quelque part, il y a un couple qui se déchire. Un couple qui, hier encore, croyait que son union était sans doute «à la vie, à la mort». Un couple qui n'a rien vu venir et dont les sentiments sont tombés par terre pour se briser en mille miettes. Soudainement! L'amour est fragile et ne manifeste pas toujours sa teneur et sa durée. La plupart du temps, on sent que la relation s'effrite, que la force n'est plus la même, que l'intensité diminue... Mais il y a de ces amours qui meurent aussi subitement qu'elles sont nées. L'important, c'est que l'amour ne s'écroule pas avec fracas, car le bris d'une relation est très souvent suivi d'une incommensurable peine. Quand l'amour succombe subitement, c'est qu'aucun des partenaires n'a voulu blesser l'autre. C'est peut-être élégant, mais quel tourment lorsque la page se déchire. Page blanche! Lettre morte! Quel désarroi de ne pas avoir vu venir une fin soudaine! Ce qui, pour moi, est pire que la fin qui se trame et qu'on sent venir, la mort dans l'âme, ou... telle une délivrance. Nonobstant la fragilité du sentiment dont je parle, il y a de ces fins qui se veulent un commencement pour l'un comme pour l'autre. Il y a de ces bris qui, même avec bruit, laissent derrière eux… une accalmie. Parce qu'il y a de ces vases de porcelaine qu'on se doit de faire tomber de leur piédestal, sans envie d'en recoller les morceaux. Mais si tel n'est pas le cas et que votre couple se porte bien, faites en sorte qu'il se porte mieux. Réanimez vos sentiments jour après jour, ne laissez pas votre cœur voguer sans parfois tituber. Assurez-vous que l'autre se rende compte que rien n'est acquis, que tout est fragile et qu'il faut parfois pousser le vase tout contre le mur, de peur qu'il ne glisse… Vous saisissez?

Et comme nous parlons de tout ce qui se veut de faible constitution, n'oublions pas que l'amitié fait aussi partie de ces éléments très fragiles. Voilà pourquoi on dit qu'il faut sans cesse la cultiver et, bien souvent, la remettre en question. Parce que perdre un ou une amie, ça peut aussi faire très mal. On voudrait parfois renouer et on ne se retrouve, hélas! qu'avec les fragments de ce noble sentiment. Alors, à l'aube de vos plus douces résolutions, pourquoi ne pas discerner tout ce qui se veut de verre ou de porcelaine autour de vous, et l'envelopper de votre cœur? Pourquoi ne pas solidifier les nœuds et entourer de ses bras ceux qu'on aime? Et pourquoi ne pas regarder ses enfants «pousser» droit, en leur tenant la main, tout comme l'arbuste qu'on protège? Ainsi s'écoulent les jours, ainsi se poursuit la vie. Fragile mais heureuse, si on a la bonne idée d'en solidifier plusieurs angles… de nos doux états d'âme.

D'une génération à l'autre

Dernièrement, une dame m'a dit: *«J'ai adoré votre billet* "Quand on a l'âme à la tendresse". *C'était purement poétique.»* Une autre dame, une mère dans la quarantaine, m'a fait remarquer que j'écris beaucoup sur les petits-enfants, mais rarement sur les adolescents. Avec le sourire aux lèvres, je lui ai répondu: *«Soyez patiente, ça va venir. Pour le moment, c'est une génération qui m'échappe...»* Voyant qu'elle ne saisissait pas trop ce que je voulais dire, je lui ai demandé de lire mon prochain billet – c'est-à-dire celui-ci – pour mieux me comprendre.

Saviez-vous que ça fait presque vingt-cinq ans que j'écris des billets pour *Le Lundi?* Eh, oui! L'an prochain, je célébrerai mes «noces d'argent» avec mes lecteurs et lectrices. Lorsque j'ai commencé, j'allais avoir trente-neuf ou quarante ans. Je me rappelle très bien que mes billets d'antan parlaient beaucoup de la vie de couple, de ses hauts et ses bas, de la façon de composer avec les divergences d'opinion et de mettre de l'eau dans son vin... Et cetera! J'étais justement à l'âge où l'on vit ces situations, une période de notre vie où, bien souvent, on remet tout en question. Dans ce temps-là, un sujet n'attendait pas l'autre, parce qu'à quarante ans, on est fougueux; on fait souvent une montagne d'un rien. J'étais aussi à l'âge où nous avions, ma femme et moi, à composer avec deux adolescents de seize et dix-huit ans. Nous avions traversé la phase des quatorze ans, celle où le jeune monte sur ses grands chevaux et où l'on doit tirer sur la bride d'un coup sec. À l'époque, plusieurs de mes billets concernaient les adolescents, les parents, les couples mariés depuis quinze ou vingt ans, le démon du midi, le féminisme, le «masculinisme», bref, tout ce qui se dégageait de mon entourage de ce temps-là. J'écrivais rarement sur les tout-petits, étant donné qu'il n'y en avait pas dans les parages. Cette génération m'échappait. Quand mes enfants étaient petits, je les aimais, mais j'étais ferme, car mon devoir était de les élever. je ne leur passais guère ce que mes cinq petits-enfants obtiennent de moi aujourd'hui.

De plus, j'avais un regard tendre, compatissant même, pour les aînés, ceux et celles qui avaient tant donné. Ma mère – qui vivait en appartement – et ses voisines de palier, m'inspiraient les plus beaux billets de «famille» qui soient. Je les regardais et je me sentais loin de tout cela. Je pensais que mon tour ne viendrait jamais… Les aînés m'ont grandement inspiré, jusqu'au jour où j'ai perdu ma mère. Dès lors, la génération du troisième âge m'a échappé… jusqu'à ce que, peu à peu, on y arrive tout doucement, ma femme et moi. Nous étions juste au seuil de ce troisième âge lorsque mon fils a déposé notre premier petit-enfant dans nos bras. Une petite-fille, la seule fille parmi la flopée, qui fit notre joie et qui m'a fait réaliser que j'allais me mettre à écrire sur les bébés et les grands-parents, les deux pieds dans le chariot du «grand» tournant. Des petits-enfants qui naissent à tour de rôle, ça meuble bien des pages mais, hélas, ça m'a fait perdre contact avec une génération, celle des adolescents. Qu'on le veuille ou non – tous les couples seront d'accord –, il y a toujours une génération qui nous échappe. À moins d'avoir quatre-vingts ans et de regarder les quatre générations qui nous suivent lorsque s'amènent les arrière-petits-enfants. Mais si tel est mon cas un jour, je doute fort d'en être encore à écrire… un billet hebdomadaire.

Avec tendresse, on se bouscule d'une génération à l'autre, sachant que l'on pose un pied dans l'une et que ceux qui suivent s'emparent de la main de celle que l'on quitte. Actuellement, je n'ai pas d'adolescents en vue. Ma petite-fille vient d'avoir douze ans. Et si Dieu me prête vie, dans un an ou deux je pourrai vous parler des ados, puisque les trois plus vieux de mes petits-enfants s'y acheminent à grands pas. Je pourrai alors vous dire pourquoi ils portent des pantalons de velours côtelé avec la taille sous le nombril et les bords trop longs, qui les font s'enfarger. Je pourrai également vous dire pourquoi ils portent leur casquette à l'envers, pourquoi ils mâchent de la gomme en classe, pourquoi, pourquoi... J'en aurai tellement à vous dire juste à les observer! Je plains d'avance mon fils et son épouse qui, eux, auront à vivre chaque jour avec ce qui leur tombera bien souvent sur les nerfs. Comme les enfants auront grandi, je ne serai plus en mesure de parler des bébés qu'on endort sur son cœur de grand-père. Viendra le jour où, je le déplore, la génération des tout-petits va m'échapper. Et ce sera, je le pressens, le plus grand chagrin de... ma plume!

Pour que la vie reprenne son cours

Partout, ici comme ailleurs dans le monde, on sent l'inquiétude, l'insécurité, l'anxiété et la peur dans le regard des gens. Depuis les terribles attentats du 11 septembre 2001 contre New York et Washington, depuis que les tours sont tombées et qu'il s'en est fallu de peu que la Maison-Blanche n'existe plus, on ne peut que ressentir de l'effroi. De l'effroi face à tout ce qu'on croyait impossible il n'y a pas si longtemps et qui, désormais, fait partie des plus grands drames de l'Histoire. Au moment où j'écris ces lignes, ce sont les États-Unis qui, appuyés par de nombreux autres pays, donnent la riposte aux terroristes. D'un côté comme de l'autre, ce sont des innocents qui vont payer la note: des femmes, des enfants, des vieillards… Comme ce fut le cas pour les victimes qui se trouvaient à bord des avions détournés, pour celles des deux tours du World Trade Center et celles du Pentagone.

Comme le disait si bien un jeune homme qu'on interviewait à New York: *«Chacun va vouloir se venger à son tour, ça ne va pas finir, ça va se poursuivre jusqu'à ce que le monde se détruise…»* Un jeune homme d'environ vingt ans qui, alors qu'il a la vie devant lui, fronçait amèrement les sourcils. Il est évident que dans ce cas, le précepte «Si vous recevez une gifle, tendez l'autre joue…» n'est que… foutaise! Il est normal de vouloir se défendre contre l'attaquant, surtout quand on songe à tous ceux qui ont payé de leur sang ce carnage gratuit. Des gens comme vous et moi qui, sans la moindre malice contre qui que ce soit, se rendaient au travail pour gagner leur pain à la sueur de leur front et qui ont explosé en plein ciel ou au centième étage, sans avoir su pourquoi! Je ne vais pas m'étendre sur le sujet et vous faire revivre ce qui vous a déjà perturbés au point de ne plus dormir... Je ne veux pas être alarmiste, je veux juste tenter d'être optimiste et de vous entraîner avec moi sur le chemin de l'espoir. Parce que la vie, tout comme un ruisseau, se doit de reprendre son cours, même après le plus vil des barrages.

Il est évident qu'on ne sait pas où on s'en va, mais on sait au moins où on est. Au moment où vous lirez ces lignes, il y a de fortes chances que vous soyez dans un endroit où vous vous sentez bien, même si une certaine crainte vous envahit encore. Mais personne ne sait ce que demain réserve, pas plus qu'on ne savait en l'an 2000 ce qui se passerait durant l'année 2001. Alors, inutile d'appréhender le pire. Ce qu'il faut, c'est reprendre le cours de sa vie, avec la meilleure volonté du monde. Le président Bush disait à son peuple de dépenser, de faire marcher l'économie, de reprendre l'avion, de se déplacer, bref, de ne pas rester devant son téléviseur qui, entre vous et moi, ne fait qu'entretenir... la peur. Je suis d'accord avec le président, mais je dirais qu'on ne dépense que ce que l'on a. Ce n'est pas parce que l'économie est en danger que je vais aller emprunter pour m'acheter une Jaguar... Et je ne pense pas que c'est ce qu'il a voulu dire. Ce qu'il faut faire, c'est reprendre ses activités, sortir, aller au restaurant et au cinéma comme avant, reprendre ses bonnes vieilles habitudes. Reprendre, en quelque sorte, le cours normal de sa vie. Les couples âgés ont maintenant peur d'aller passer l'hiver à Miami, et c'est regrettable, parce qu'ils vont être malheureux ici, tout l'hiver, enfermés à cause du froid à regarder les bulletins de nouvelles. L'avion? Bien sûr que je vais le reprendre! Je ne me priverai pas d'aller visiter mes petits-enfants au cas où... Non, sûrement pas! Et je ne me priverai pas d'aller à Vancouver au printemps, comme je prévoyais le faire. Je n'ai rien annulé de ce que j'avais inscrit à mon agenda. Quand on me demande: *«Vous n'avez pas peur de prendre l'avion?»,* je souris. Bien sûr, j'ai peur! J'ai d'ailleurs toujours eu peur de l'avion. Depuis mon tout premier vol! Je ne suis pas à l'aise, mais je le prends quand même. J'ai peur de l'altitude, des hauteurs... Mais la vie doit reprendre son cours, et on doit apprendre à vivre en ne se laissant pas arrêter par les phobies que l'on peut avoir. En autant qu'on se reprenne en main, qu'on ne devienne pas des statues de plâtre prêtes à casser au moindre choc. On a tous un destin, on est tous entre les mains de Dieu et, si on a la foi, c'est Lui qui viendra nous chercher en temps et lieu... J'ai grandi et je vieillis avec cette croyance.

Malgré tout, je me rends compte que ces malheurs ont fait grandir ceux qui se sont sentis touchés. Une dame me disait que sa fille, qui était en instance de séparation, avait repris la main de son conjoint en lui disant: *«Restons unis, regarde ce qui vient de se passer, nos querelles ne sont que des grains de sel...»* Les agences de rencontre ont reçu deux fois plus de demandes... Dans les centres commerciaux, dans la rue, les gens se parlent davantage, ils se sourient, ils ont compris que l'union fait la force. Ils ont mis de côté leurs prises de position politique «paroissiales», leurs petites convictions de soldats de plomb, ils regardent vers l'avenir avec espoir. Ils ont surtout compris que rien n'était plus grand que la vie.

Les bons et les mauvais côtés
de la solitude

Je me suis toujours demandé quels étaient les avantages et les désavantages de la solitude. J'ai longtemps cru qu'il était aisé de vivre seul, de n'avoir de comptes à rendre à personne. Il m'aura fallu en faire l'expérience pour comprendre que la solitude a ses bons et ses moins bons côtés, quand la «déprime» se manifeste au fil des jours. Récemment, mon épouse s'est absentée pendant un long mois afin d'être auprès de notre fille, en Alberta, qui allait accoucher d'un deuxième enfant. Étant autonome et autosuffisant, je me disais que ce long mois, seul, entre mes murs, allait me donner la chance de méditer, de faire le point sur ma vie, de décompresser, de suivre mon propre horaire sans être dérangé par le bruit, celui du téléviseur inclus. La première semaine, tout s'est déroulé tel que prévu. Je me levais, j'écoutais la musique de mon choix, je travaillais dans le silence le plus total, je mangeais lorsque j'avais faim et je me couchais après une journée bien remplie. Je me disais même: *«Voilà qui va être bon pour notre couple. Elle sans moi à ses trousses avec, parfois, mes jérémiades, et moi sans ses téléromans, son ménage quotidien, les "Que désires-tu manger ce soir?" et le bruit de la vaisselle.»*

Mais dès la deuxième semaine, neurones au repos, silence apprivoisé, les jours de pluie sont arrivés, le mauvais temps s'est installé. C'était novembre… Le travail étant accompli, j'ai commencé à sentir que la solitude pouvait devenir lourde. Je dirais que c'est au réveil qu'elle est le plus difficile à supporter. Se lever dans une maison sans vie, déjeuner seul, écouter la radio pour avoir de la compagnie, c'est le premier symptôme du «manque de l'autre». On fait sa toilette, on s'habille, on tourne en rond et on espère que le téléphone sonnera afin de nous éviter de parler... seul! On a beau se dire que c'est «reposant» d'être livré à soi-même, on en vient à trouver le temps long. On lit, on écoute Mozart ou Schubert, on se prépare des repas légers, on se demande où aller pour voir du monde et la journée passe sans qu'on trouve la réponse. Bien sûr qu'on peut inviter des amis. Pourtant, je ne l'ai fait qu'une seule fois en un mois. Je ne sais trop pourquoi, mais tout ce que je m'étais promis de faire pour profiter de cette «liberté provisoire» est resté dans le tiroir de mes pensées, sous clef! Le soir venu, on téléphone à sa douce moitié, on s'informe de son bien-être sans oser lui dire, par orgueil, qu'on se sent seul... sans elle. Fort heureusement, j'avais des déplacements prévus à mon agenda: des conférences, des salons du livre. Mais, nonobstant ces trouées dans les nuages de mon isolement, je ressentais un malaise lorsque je rentrais dans une maison... vide! Je suis donc allé chez mon fils plus souvent que d'habitude, afin que les petits-enfants me tirent de ma léthargie. Ce qui me manquait, c'était un «morceau» de ma vie, l'autre, celui avec le bruit de son lave-vaisselle et du téléviseur. Et dire qu'on croit que les gens en vue tel que moi sont entourés au point de ne plus s'appartenir! C'est là que j'ai compris cet artiste que j'avais interviewé jadis et qui me disait: «Après le spectacle, rideau tombé, lorsque je rentre chez moi, je suis plus seul que le hibou sur sa branche.» J'en doutais, je l'avoue. Je viens à peine de comprendre que vivre seul sans que ce soit un choix, c'est presque... l'enterrement.

J'imagine qu'on finit par apprivoiser la solitude. Et c'est sans doute plus facile si on a toujours vécu seul, si on le fait de plein gré, si cela correspond à notre nature profonde. J'ai pensé à ces couples que le destin sépare à tout jamais. Je me suis mis dans la peau d'un homme qui, du jour au lendemain, perd sa femme. Et vice versa, naturellement. J'ai songé à ces gens et j'avoue avoir ressenti leur désarroi, leur souffrance, leurs états d'âme. Moi, au moins, je savais que mon épouse allait revenir dans quelques jours, mais eux... J'ai apprécié les hauts, je l'admets, mais pendant quelques jours seulement. Quinze jours plus tard, j'ai compris que mon «école buissonnière» avait fait son temps lorsque, me réveillant au seul bruit du tic tac de l'horloge, je me suis senti seul. Terriblement seul! J'ai aussi compris que la vie à deux, avec ses hauts et ses bas, n'était guère une entrave à mon bien-être, avec juste un peu d'eau... dans mon vin. À moins, bien sûr, de vivre ce qu'on appelle la solitude... à deux. Il aura suffi d'un mois, de trente jours, pas plus, pour nous rendre compte, ma femme et moi, que ce n'était pas notre cas. Une période de solitude inattendue, même morose, peut être bénéfique. Ne serait-ce que pour se rendre compte que la vie n'a plus le même visage sans l'autre. À moins que... À chacun sa vie de couple, n'est-ce pas?

Quand les cœurs se tutoient...

Il me semble qu'on vient à peine de dégarnir le sapin, et voici qu'on en est déjà à fureter dans les multiples cartes où les cœurs sont à l'honneur. Je fais référence, bien sûr, à la Saint-Valentin, qui, chaque année, nous invite à nous dire: Je t'aime. Comme elles étaient superbes ces boîtes de satin en forme de cœur qu'on offrait, jadis, à celle qu'on aimait quand arrivait le 14 février... Ce n'était pas pour les chocolats à la vanille ou aux amandes qu'on les donnait, mais pour le satin rouge que les belles d'antan caressaient des doigts. Des boîtes qu'on conservait, par la suite, pour y ranger des lettres d'amour, des poèmes ou des mots tendres. De nos jours, même si l'on est moins fleur bleue dans les gestes qu'on pose, il n'en demeure pas moins que les sentiments ont autant d'importance que ceux d'hier. On achète encore une carte dans laquelle on souligne les plus tendres aveux et on signe encore son nom suivi de plusieurs X en guise de baisers. Des *«Je t'aime de tout mon être»* ou *«Toi et moi, à la vie à la mort»*, c'est avec éloquence qu'on en écrit, mais c'est avec un peu moins d'aisance qu'on en murmure quand on se regarde dans les yeux. Parce que c'est toujours avec une part de timidité qu'on déclare son amour dans les moments d'intimité. Et puis, comme les paroles s'envolent et que les écrits restent...

Je parle d'amour, je parle de tous ceux qui, à l'âge des ébats amoureux, semblent seuls à s'aimer ici-bas; mais il y a aussi ceux et celles pour qui le cœur bat et s'ouvre avec tendresse et avec une rose rouge éclose en février. Le second mois de l'année peut être froid, il ne le sera jamais pour le cœur, puisque c'est lui qu'on a choisi pour y déposer un baume de chaleur. Il y a aussi ces cœurs qui se tutoient, le cœur d'une mère qui s'ouvre à son fils, celui d'une fille à son père, d'un tout-petit à une grand-mère, et tous ces cœurs qui se vouent un amour infini ou… interdit. Étaler ses sentiments, nouer ses émotions en un bouquet, déposer sa sensibilité entre les mains d'un être aimé, c'est vraiment faire preuve de sincérité. Et ce, même si le cœur nous chuchote qu'on n'a peut-être pas le droit… On n'a qu'à le laisser battre au rythme de ce qu'on ressent. Il n'y a pas d'amour interdit, il n'y a pas de rêve impossible, il n'y a pas de gestes osés, il n'y a que l'amour qui, aveuglément, se développe intensément. Cupidon n'a jamais dit que ses flèches n'étaient pas à la portée de toute forme d'amour, même insensée. Parce que, fort souvent, ce qu'on ne pardonne guère s'avère être un roman démesuré de… sentiments! L'amour, n'en déplaise à quelques boîtes de satin blanc, c'est aussi pour les amants.

Ce verbe aimer, sans doute le plus beau du dictionnaire, il nous est offert dès qu'on ouvre les yeux sur la vie. On ne parle pas encore qu'on a déjà ses sentiments. On en est à ses premiers pas que, déjà, on se jette dans des bras. Parce qu'un tout petit enfant, même un bébé de quelques mois, a dans les yeux une lueur d'amour quand il voit ses parents. Et que dire de son sourire lorsqu'il tend les bras pour se blottir contre un autre cœur? Que ce soit la Saint-Valentin ou pas, évidemment! Car c'est tous les jours qu'un enfant vous donne de l'amour et c'est aussi tous les jours qu'on ressent de l'amour pour un tout-petit. Alors, quand une mère le serre contre sa poitrine, imaginez l'amour qui se dégage d'une âme à l'autre, d'une main potelée à la paume de celle de sa maman. Imaginez la scène et tentez de trouver plus belle image pour illustrer l'amour à part entière. Et que dire du portrait d'un bébé endormi dans les bras musclés de son père! N'est-ce pas là le plus rassurant des moments d'amour que la vie nous donne?

J'ai la vague impression d'avoir parlé d'amour comme on le voit dans un rêve et, pourtant, j'avais les yeux grands ouverts. Parce que l'amour, c'est grandiose! Ça peut même se passer de mots quand ça se vit à fleur de peau. Mais il y a aussi tous ces amours qu'il ne faut pas oublier. Ceux et celles qu'on a aimés, qu'on aime encore et qui ne sont plus parmi nous. Ceux et celles pour qui on dépose une rose sur le coin d'une petite urne, ou un bouquet d'œillets sur une plaque de marbre, enneigée ou pas. Ceux et celles qui ne sont plus là mais à qui le cœur parle encore d'amour, à genoux, les yeux embués, le souvenir à tout jamais gravé. Puis il y a le genre humain qu'on voudrait atteindre de la main, retenir de ses méfaits, à qui on voudrait dire en le tutoyant qu'on est tous sur la même terre, qu'on a tous les mêmes sentiments, le même cœur... Hélas! ils n'ont pas tous compris que le 14 février est la journée de l'amour... Un jour, peut-être? Ce qui n'empêche pas, toutefois, d'inonder de ses plus doux aveux des beaux-parents, des gens âgés qu'on respecte et qu'on aime, des personnes qu'on admire et pour lesquelles le cœur a aussi ses battements. Et ce, avec autant d'élan, dans un plus que suave... vouvoiement.

Avoir à gagner sa vie

Nos parents ont eu à le faire avant nous, nous l'avons fait avant nos enfants, et voilà que c'est à leur tour de gagner leur vie «à la sueur de leur front», comme on disait «dans l'temps». Une roue qui tourne sans cesse...

Mieux vaut se consoler d'avoir à le faire, parce que personne n'y échappe. On doit tous gagner sa vie... le temps d'une vie ou presque. Peu encourageant, n'est-ce pas? Mais vient un temps où le repos du guerrier s'impose, un temps où l'on peut enfin s'asseoir... Un ami me disait lors d'un souper: «*Si tu savais comme j'en ai marre de me lever chaque matin et de me rendre comme un robot au bureau!*» Il aurait certes intérêt à prendre la chose avec un peu plus d'engouement; il n'a que quarante-cinq ans! Encore heureux, il a un emploi à long terme. Il y a des gens dans la quarantaine qui, en quête d'emploi, se font souvent répondre qu'on mise sur des plus jeunes. Déjà! Oui, déjà, alors que, naguère, il n'y a pas si longtemps, on commençait à les «écarter» à partir de cinquante-cinq ans. Mais je n'ai pas réglé son sort en lui parlant de la sorte; il enviait les retraités, ceux et celles qui, rendus au bout de la corde, bénéficiaient, enfin, d'un repos bien mérité. Il enviait leur statut, sans penser que, pour en être là, il fallait avoir aussi... leur âge!

D'un autre côté, il y a ceux et celles qui s'accommodent très bien d'avoir à gagner leur vie et celle de leurs enfants. Une mère de famille qui craignait d'être remerciée lors d'une fusion me disait: «*Ouf! Je l'ai échappé belle! Imaginez! Nous*

avons trois enfants et nous avons besoin de nos deux salaires,
mon mari et moi!» Elle était ravie d'avoir conservé son emploi, de se lever à six heures chaque matin. Elle avait même le
sourire en me disant qu'elle allait profiter, bientôt, de ses deux
semaines de vacances annuelles. Elle semblait heureuse, en
dépit du fait qu'elle aurait à gagner sa vie encore longtemps;
elle n'a que trente-six ans! Je ne sais trop pourquoi, mais à
écouter, à gauche et à droite, les doléances des gens, j'en dé-
duis que les femmes ont beaucoup plus de courage devant les
efforts de la vie que les hommes. Parce que, chaque fois que
j'entendais de longues jérémiades, de vives complaintes, ça
venait presque toujours d'un homme qui, de surcroît, était
célibataire! Imaginez! Des hommes qui n'ont à penser qu'à
leur petit confort, à leur doux bien-être, alors que des mères
m'annoncent, avec un sourire, qu'elles auront «enfin» des
«vacances reposantes»… avec la marmaille!

Nous avons tous eu à gagner notre vie à la sueur de notre
front, nos pères en tout premier. À l'époque de nos mères tout
comme à celle de nos épouses, les femmes ne travaillaient
pas. Elles élevaient les enfants, et les pères, dans bien des cas,
se devaient d'avoir deux ou trois jobs à la fois pour joindre les
deux bouts. Ça, c'était vraiment «gagner sa vie à la sueur de
son front»! On ne pouvait même pas se permettre d'être malade, en ces temps-là… Et puis, à quoi bon! Autres temps,
autres mœurs, n'est-ce pas? Et comme les travailleurs d'aujourd'hui n'aiment pas être comparés à ceux d'hier… N'empêche que les trop «fatigués» d'avoir à gagner leur vie n'ont
rien inventé. D'autres avant eux ont bûché.

Mais j'avoue qu'il n'est pas facile d'avoir à gagner son pain
toute sa vie, ou presque. Je l'ai souvent dit, j'ai même crié à
l'injustice face à la nature qui avait fait qu'il en soit ainsi. Si seulement on pouvait se prélasser à partir de cinquante ans… Mais

non! La vie nous use jusqu'à ce qu'on souffre d'arthrite, d'angine ou de malaises nerveux qu'on soulage d'une pilule. Il serait souhaitable qu'avec le temps il en soit autrement... Mais viendra-t-il, ce jour où l'homme, tout comme la femme, pourra se payer un peu de bon temps avant de prendre un billet pour le néant? En regardant vers l'avenir, peut-être? En donnant aux retraités de demain la chance de profiter de leurs économies avant d'avoir les cheveux gris? Je le souhaite de tout cœur, je l'espère pour ceux et celles qui prendront la relève, mais comme, d'ici là, il faut encore gagner sa vie pour un bout de temps, mieux vaut le faire avec le sourire et non avec un soupir de... découragement! Mieux vaut se dire: *«Oui, je travaille, je me lève chaque matin, j'ai un bon emploi, je suis jeune, j'ai de l'ambition...»* que de souhaiter être à la place de ceux qui, retirés de la circulation, souhaiteraient peut-être prendre votre place, avec votre santé et votre jeunesse, évidemment. Parce qu'il n'est pas toujours facile de se dire: *«Moi, j'ai fini d'avoir à gagner ma vie...»*, alors qu'on a le dos courbé, un mal de reins constant, de l'angine, de l'arthrose et un début de sénilité mêlé à la sérénité. Alors, avant d'envier qui que ce soit et de vous plaindre d'avoir à gagner votre pain quotidien, allez donc faire un tour dans le jardin de votre «vieux» voisin. Une seule fois, le temps d'un: *«Ça va?»*... Juste pour voir si chez lui les fleurs ont une meilleure odeur!

Les visages du printemps

«Nous n'avons pas eu d'hiver», clament, heureux, les ennemis de la neige, mais l'arrivée du printemps a été plus tardive que de coutume, puis il y a eu des soubresauts. De la neige, début avril, alors qu'on attendait de la pluie, des journées très chaudes, puis du temps plus frais. Quoi qu'il en soit, en ce joli mois de mai, voilà la belle saison bien établie.

Je me souviens de la première journée clémente du printemps. J'avais du travail à faire ce jour-là, mais je n'ai pu résister à l'appel du ciel bleu et je suis sorti afin de faire une marche de santé. En plein après-midi! Moi qui ai rêvé naguère de pouvoir me promener en après-midi, alors que je regardais le printemps de la fenêtre de mon bureau, rue Lajeunesse. Or, en plein après-midi, on voit tout, on voit la vie, on voit la ville, on voit l'animation dans les rues, sur les trottoirs, dans les parcs, etc. J'avais des vêtements à déposer chez le nettoyeur du coin et j'ai été surpris d'y croiser des dames y laissant leurs manteaux d'hiver à faire nettoyer pour l'année prochaine... L'une disait: *«Je dois nettoyer le terrain, puis j'ai des fleurs à planter et des retouches de peinture à faire sur le patio ... »* Une autre répondait: *«Moi, je laisse tout ça à mon mari qui est retraité depuis peu; ça va l'occuper.»* Deux visages qui, le printemps venu, semblaient avoir retrouvé leur sourire.

Plus loin, sur la terrasse d'un casse-croûte, deux jeunes amoureux se regardaient les yeux dans les yeux tout en dégustant une boisson gazeuse. Lui, en camisole et en jeans, affichait sur ses biceps des tatouages abstraits. Elle, un peu plus frileuse, avait jeté une petite veste de laine sur son chandail noir qui la moulait généreusement. Une belle fille aux yeux verts, blonde comme les blés, qui, en plein après-midi, se payait le luxe de prendre un peu de soleil avec son amoureux.

En passant sur la rue suivant la mienne, j'ai vu des femmes affairées à laver les vitres de leur logis tout en écoutant la radio. Les autos étouffaient le son avec leur moteur qui grondait. Une dame âgée étendait son linge sur la corde, un monsieur était penché au-dessus de ses arbustes, sa femme travaillait dans un carré de fleurs et, plus loin, un jeune père tentait d'endormir un bébé dans ses bras tout en surveillant un bambin qui roulait sur le trottoir avec son tricycle. Sans doute un papa qui restait à la maison pendant que maman travaillait… C'est ce que j'ai imaginé, car jamais je n'aurais osé le lui demander, même s'il m'a adressé un très gentil sourire.

C'est fou ce que le printemps peut rendre les gens heureux. C'est sans doute pourquoi on qualifie cette saison de bénéfique pour le moral. Et ça se comprend, car, après le printemps vient l'été! Me voici au parc où des grands-parents qui gardent leurs petits-enfants jasent assis sur les bancs publics, alors que les enfants s'amusent dans les balançoires ou le carré de sable. De gros poupons aux joues roses dorment dans leurs landaus, de jeunes femmes causent entre elles et, plus loin, à l'écart, une jeune mère est plongée dans un bouquin pendant que son petit, dans sa poussette, s'agite à la vue d'un écureuil. Parce qu'en ce beau mois de mai, les écureuils sont revenus dans les parcs quémander des noix, des croustilles… Et dans les étangs, les canards sont déjà en rangs afin d'attraper, de leurs becs, les croûtes de pain et le maïs soufflé lancés par les enfants. Ils en arrivent même à se chamailler entre eux pour un grain de maïs, mais, fait curieux, je pourrais jurer que ces habitués des rivières et des parcs sont aussi heureux du retour du beau temps que… les enfants!

Jusqu'à présent, je ne vous ai parlé que des heureux élus du printemps qui jouissent d'une entière liberté. Des retraités, des chômeurs, des vacanciers, des jeunes mères à la maison, des étudiants sans doute en congé, mais je n'oublie pas pour autant, parmi tous ces visages épanouis, ceux des travailleurs que j'ai pu croiser durant leur heure de dîner. Des infirmières et infirmiers qui cassaient la croûte sur une table de pique-nique du terrain de l'hôpital, des préposés qui se joignaient à eux et des malades en fauteuil roulant qui se laissaient pousser par un parent, contents de respirer enfin une bouffée d'air du printemps.

Plus loin, des employés d'une manufacture profitaient d'une pause pour siroter un jus ou une limonade tout en grillant une cigarette. Car il doit être plus agréable de griller sa cigarette dehors, en plein soleil de mai, que par un froid humide de février. Donc, qu'on le veuille ou non, le printemps a le pouvoir d'accrocher des sourires, d'effacer des rictus, d'inspirer la paix et de contrer la violence. Puisse cette dernière émanation de l'âme s'avérer vraie, pour s'assurer ainsi d'un printemps de bonheur… en plein cœur!

Le temps d'un acte de contrition...

Il est évident que la plupart des jeunes ne savent pas ce qu'est la semaine sainte. À moins, bien sûr, que les parents leur aient véhiculé des valeurs traditionnelles et une spiritualité qui les honorent encore. Parce qu'il arrive de voir des jeunes couples avec des enfants aller à la messe le dimanche et des parents dans la quarantaine inculquer encore à leur progéniture l'enseignement reçu au fil des jours et des années derrière eux. Sans vouloir emprunter une phrase qui appartient à Aznavour, oui, *«je vous parle d'un temps...»* où la semaine sainte avait une telle valeur à nos yeux que nos parents nous empêchaient presque de nous amuser de ce Lundi au Samedi saint. Il était impensable de rire et de jouer comme des fous, alors que le Christ était à quelques jours d'être crucifié après avoir été condamné par Hérode, au su de Ponce Pilate qui s'en lava les mains. On nous expliquait qu'Il était mort pour nous, rien que pour nous et que, sans ce sacrifice, le genre humain n'aurait jamais été sauvé. Nous avions plus ou moins respecté le carême, sauf que le Vendredi saint, c'était d'office... le macaroni. Mais, la semaine sainte, c'était aussi le temps de faire un acte de contrition, d'ouvrir un peu son cœur, de demander pardon, de prier pour la rémission de ses péchés... Vous vous souvenez? Et c'était avec la conscience en paix que nous pouvions jeûner, le vendredi venu, d'une simple brioche aux raisins.

Il est indéniable que je parle des années 40, 50 et 60 lorsque je me réfère à ces pratiques qui se voulaient si chères pour l'âme et le cœur. Après, peu à peu, ça s'est détérioré...

C'est presque devenu périmé que d'avoir une pensée et de prier en cette semaine qui vient, où, pourtant, tout devrait nous inciter à la bonne conscience. Remarquez que je n'ai pas le mandat de faire revivre ce qui n'existe plus ou presque dans la pratique courante, mais ce n'est pas parce qu'on ne traîne plus ses pieds dans les églises qu'il faut fermer les yeux sur les pages du calendrier. Le Vendredi saint y est toujours souligné, et c'est celui juste avant Pâques, au cas où vous en seriez à un tout premier cours d'histoire sainte. Je m'adresse ici à ces jeunes qui peuvent vous décrire un Nintendo sans pour autant vous dire ce qu'est un chapelet… Parce que, hélas, on ne leur apprend plus à l'école, et guère à la maison, qu'un rosaire, c'est l'équivalent de trois chapelets et que l'homme crucifié qu'on voit dans la chambre de grand-mère, c'est le fils de Dieu, Jésus, venu sur terre pour nous racheter il y a 2 000 ans… Mais, trêve d'histoire, soyons de nos jours.

Sérieusement, en 2003 tout comme en 1950, je crois qu'il est tout à fait normal et bénéfique pour tout être qui désire s'améliorer de faire un sérieux examen de conscience, suivi d'un acte de contrition. On a tous, quelque part au fond du cœur, un accroc à se faire pardonner. Si on se donne la peine de méditer quelques heures, de revivre les pages des derniers mois, je suis sûr et certain qu'on trouvera, quelque part, un acte, un geste, des mots ou des écrits à se faire pardonner. On a peut-être fait mal à quelqu'un sans se douter qu'il en souffre encore. Le temps a passé, c'était un fait banal mais, avec le recul et en toute conscience, je crois qu'on peut se rendre compte qu'on a sans doute fait mal, très mal, en ne pensant que blesser un peu. Dans ce tourbillon de nos erreurs, pourquoi ne pas tout simplement s'amender en demandant au Ciel de nous pardonner d'avoir péché. Et ce, même dans le doute d'avoir commis une faute grave ou non. Juste au cas où, fautifs, nous n'en détections pas l'ampleur. Est-ce si difficile de se mettre à genoux et de demander pardon à Dieu du mal que nous avons fait en toute conscience ou non à d'autres? Est-ce si ardu, si l'on croit en la survie de l'âme, de prier le Seigneur d'offrir nos regrets à qui l'on a blessé, à défaut de le faire soi-même? Dieu n'est-il pas l'intervenant de tous les repentants de la terre? Le dicton clame *«Aide-toi, le ciel d'aidera...»*, mais il y a de ces actes posés qu'on regrette mais dont on est incapable de s'excuser. Bien sûr qu'il serait préférable de dire à la personne concernée: *«Je suis navré de t'avoir fait de la peine, je regrette de t'avoir blessée, j'ai agi sans penser, je n'avais aucune raison de t'offenser...»* Et c'est pourquoi la semaine sainte a encore son importance. Pour se pencher sur ses fautes et demander au Christ de nous les pardonner pour que, dès lors, le cœur soit soulagé.

Je revois encore ces images où les enfants priaient à genoux au pied du lit, les mains jointes, les yeux baissés. Je les revois parce que ce sont des images qui, jadis, s'animaient en noir et blanc, alors que j'étais confiné dans un orphelinat. Bref, un souvenir, un doux rappel, afin que la semaine dont je vous parle ne soit pas qu'une semaine comme les autres. S'il était possible de faire à l'unisson dans nos âmes et seul dans son cœur un acte de contrition, je suis convaincu que le Christ, du haut de sa croix, saurait encore une fois nous laver de tout péché. Comme jadis, couronne d'épines sur le front, au faîte du mont des Oliviers.

Quand le cœur est à la joie

Bien sûr que les raisons sont nombreuses pour que le sourire soit contagieux. C'est le printemps, c'est le soleil, c'est l'amour des uns des autres et… c'est Pâques! Qui donc n'a pas fait de provisions pour les distribuer en cette belle journée? Moi, je m'en confesse, j'ai déjà acheté des confiseries. Je n'ai pas pu résister; je magasinais des légumes et des fruits et ma petite-fille qui m'accompagnait m'a désigné, du bout du doigt, un gros œuf de plastique rempli de chocolats qu'elle désirait. J'ai donc acheté l'œuf et, poussant l'audace, je me suis procuré d'un coup ce que je tenais à offrir à ceux et celles qui me tenaient à cœur. Au point que j'ai finalement oublié la laitue et les oranges. De retour à la maison, je me demandais où cacher tous ces achats à base de chocolat sans les retrouver fondus le temps venu. Je pense avoir été guidé non seulement par le désir de ma petite-fille, mais aussi par l'anxiété. Pâques n'allait venir que dans un mois et déjà… Vous voyez? J'en avais assez de l'hiver que j'aimais tant, pourtant. Cette année, je n'en pouvais plus des neiges tombées, du déblayage quotidien de ma voiture et des tonnes de sel versées pour ne pas se retrouver avec une jambe dans un plâtre. Pressé de sourire et d'être heureux, j'ai acheté tout ce qui pouvait s'avérer pas trop recommandé… pour la santé.

Cette semaine, les magasins étaient remplis de consommateurs. On aurait pu jurer que c'était le temps des fêtes! À bien y penser, Pâques est une très grande fête. En plus de ses lapins et de ses gourmandises, c'est aussi le dimanche de la résurrection du Seigneur. Je n'irai pas jusqu'à vous proposer de vous jeter à genoux, je l'ai fait la semaine dernière dans mon précédent billet. Cette fois, je veux m'en tenir au «pendant» et à l'«après» du joyeux événement. Je dis «joyeux» pour ne pas dire «heureux» et pour éviter de dire tout simplement «pieux», puisque c'est l'adjectif qui, le premier, se devrait de nous envahir le cœur. Mais je sais qu'on le sait et j'ai envie de faire place à la joie qui, tout comme jadis, s'est manifestée après le don de soi. La résurrection après la mort, quoi! Un peu comme le printemps après l'hiver, comme le sourire après l'épreuve. Le dimanche de Pâques, comme tant de pères et mères, nous recevons nos enfants. Du moins, ceux qui n'habitent pas loin de chez nous, car nous avons tous, ou presque, des enfants qui vivent ailleurs tout en étant près du cœur. Pendant que s'écoule la fête, c'est l'euphorie, les retrouvailles, les étreintes, le jambon qu'on dévore, les chocolats dont on se gave… et le cholestérol qu'on oublie. L'après, c'est ce qui suit dès que la nuit nous ferme les yeux pour les rouvrir au petit jour. Parce que, le lendemain, l'estomac quelque peu malmené, on avale un cachet, on en sourit gentiment, c'est le printemps.

Les arbres ont déjà des feuilles, mon lilas me prédit ses fleurs, ma pelouse encore jaune me promet de verdir; c'est fini, l'hiver est parti et la douce saison nous propose sa chanson. Dormir la fenêtre entrouverte, quel bonheur! Entendre dès le matin les oiseaux chanter et voir les écureuils se battre pour une noix trouvée, c'est féerique, magique. Pour la plupart, le lundi de Pâques, c'est encore congé. Pour d'autres, c'est le retour au travail. Bien sûr qu'on aimerait s'étirer paresseusement quand vient le printemps. On se dit même qu'on travaille depuis si longtemps qu'il serait presque temps… Mais, ne comptez pas les ans, de grâce! Il viendra bien assez tôt le jour où, retraité, vous regretterez peut-être certains matins où, avec les collègues, avec le patron, les défis étaient à l'horaire. Non pas qu'il soit déshonorant d'être à l'heure du «repos du guerrier», mais encore faut-il l'avoir bien planifié et non seulement anticipé dans le but de ne rien faire. Parce que l'«après» du travail, c'est comme l'«après» de l'hiver et qu'il faut, à tout prix, l'accueillir avec non seulement un soupir de soulagement, mais aussi de… contentement.

C'est fou comme tout va vite quand on a le cœur à la joie. Les bonheurs seraient-ils plus brefs que les épreuves? Non, certes pas! C'est tout simplement qu'on les savoure avec avidité, tandis que les épreuves… Avoir le cœur à la joie, c'est se lever du bon pied, respirer d'aise, sentir qu'on jouit d'une bonne santé, regarder par la fenêtre tout ce que le bon Dieu a fait de beau et Le remercier de ne pas nous avoir abandonnés il y a deux mille ans. Or, pour que l'épilogue soit de bon augure, permettez-moi de vous souhaiter un jardin de Pâques pour des mois à venir, afin que l'«avant», le «pendant» et l'«après» de vos ébats s'écoulent… avec le cœur à la joie.

Durant quatre jours de pluie

Mais qu'est-ce que nous pouvons faire quand la nature est maussade et que nous sommes enfermés durant quatre jours à cause de la pluie? Bien sûr, ça ne remonte pas le moral de ne pas voir le soleil au petit jour, surtout lorsqu'on ne se sent pas bien physiquement ou qu'on éprouve un cafard pour mille et une raisons…

Ce drôle de temps s'est manifesté à quelques reprises au cours d'un certain mois qui, lentement, s'est éteint. Non seulement il avait plu, mais nous avions eu des vents assez forts, de gros nuages constants et une baisse du mercure qui nous forçaient, à certains moments, à chauffer nos maisons pour enrayer, du moins, l'humidité. Bien, voilà! Nous n'y pouvions rien et, entre vous et moi, c'était tout de même mieux que de connaître les inondations subies par certains pays, les feux de forêt de l'Ouest, ou les ouragans qui ont commencé à déferler sur les États-Unis. Mon quatrième voisin de droite, un charmant monsieur de mon âge, m'avait dit: *«Ça va être bon pour les pelouses! Mon gazon était en train de jaunir avec le manque de pluie de la fin de mai!»* De l'autre côté de la rue, une dame craignait de voir geler les fleurs qu'elle venait de planter, à cause des froids inattendus. Elle me disait: *«Vous avez été sage, vous avez attendu, vous, pour planter les vôtres!»* Ce qui n'était pas le cas puisque, cette fois, j'avais décidé de ne rien planter «d'annuel». J'ai laissé les vivaces se «réincarner»; je n'avais ni le goût ni le temps de me mettre à genoux et de planter des fleurs qui meurent aussi vite qu'elles s'épanouissent.

Il y a des jours où on n'a envie de rien, pas même d'aller au cinéma, même si des amis nous disaient: «Pearl Harbor *est un très bon film! Ne te fie pas aux critiques, va le voir!*» J'y serais bien allé, tout comme j'aurais souhaité voir *Moulin Rouge*, avec Nicole Kidman, mais, les fins de semaine, avec la foule, les cinémas remplis à capacité, non merci. Je réserve les sorties au cinéma pour les jours de semaine, en matinée; à ce moment-là, on peut prendre un banc sur le côté, sans risquer d'avoir des coups de pied sur son dossier.

Si, pour certaines personnes, le cinéma a contré le mauvais temps, pour d'autres, ce fut, malgré les nuages et la bruine, le temps du jardinage ou des rénovations autour de la maison. Les golfeurs n'ont sans doute pas été servis, mais quelques bricoleurs semblent avoir été ravis. J'avoue avoir été peiné pour les jeunes lorsque le temps était vilain les fins de semaine. Et leur malheur faisait aussi celui de leurs parents, qui les avaient dans «les jambes» à longueur de journée. Pas facile d'avoir toute la marmaille sous le même toit en même temps. Surtout quand elle se bat pour l'ordinateur ou les émissions de télévision. Et des enfants confinés à la maison, ça mange tout le temps. Je m'en souviens, il n'y a pas si longtemps… «*N'est-ce pas, Monsieur, Madame, qui avez "enfin" marié vos enfants?*» Prendre le bon côté des choses, c'est retenir son souffle et tenter de saisir sa petite part de bonheur à travers celle des autres.

Mon épouse et moi avons lu chacun une grosse brique. Elle, un roman volumineux, moi, un récit historique intitulé *Marie-Antoinette, la mal-aimée*. Comme nous, des amis, des voisins ont opté pour la lecture et, fait cocasse, nous les retrouvions au restaurant le soir venu. Parce que, par ces jours gris, nous sommes allés souper au restaurant pour sortir un peu d'entre nos quatre murs, voir du monde, entendre un peu de bruit. Les plus jeunes, ceux de trente-cinq ou quarante ans, en ont profité pour dormir le plus possible. Ils ont apprécié les siestes qu'ils ont faites et qui leur ont permis de se remettre de leur dur labeur quotidien. Vous savez, quand on a une famille à nourrir, des vêtements à acheter, des taxes à payer... Ce fameux temps de la vie où tout nous tombe dessus. Ce temps plus gris parfois que les nuages qui se suivent en rang d'oignons dans le ciel. Et ce n'est pas parce qu'on n'est plus dans «le jus», comme on dit, qu'on a oublié. Il n'y a pas si longtemps, c'était vous, moi, nous autres...

Puis, le soleil est revenu, les parasols se sont rouverts, on a même fêté les pères, les natifs des signes de Gémeaux et du premier décan du Cancer. Tout était revenu à la norme, comme on se complaisait à le penser. Comme si la pluie et son temps frais avait été la pire des intempéries. Et là, il fallait voir, les gens allaient se plaindre de la chaleur, de l'humidité, de la canicule de juillet qu'on nous promettait. Trop chaud, trop froid, trop humide, trop venteux... et quand, pour le bonheur de tous, il fait un temps superbe, idéal, sans rien à lui reprocher... personne n'en parle! Parce que, tout compte fait, il est aussi naturel de profiter des joies de la vie en silence que de se plaindre à tue-tête de quatre jours de pluie, de temps frais, de vent... Mieux vaut en sourire que d'en soupirer... à défaut de pouvoir y changer quelque chose.

Se pencher sur le temps présent...

Moi, quand un type me dit: «*Vous savez, il y a cinq ans, je fai-sais huit mille dollars de plus par année*», je lui réponds: «*Oui, mais c'était naguère. Ce qui compte c'est de composer avec le temps présent.*» Remarquez que j'aurais pu poursuivre le dialogue longtemps car, lorsqu'un pépin survient ou qu'une situation n'est plus ce qu'elle était, on a souvent la fâcheuse manie de regarder hier ou d'espérer demain, sans même s'arrêter sur son aujourd'hui. Autres temps autres mœurs, dit-on, et cette maxime s'applique dans tout, À la fin de l'été, j'ai vu ma pelouse devenir du foin à cause du manque de pluie et je ne me suis pas dit: «*Il y a trois ans, elle était si verte...*» Non! J'ai tenté de lui redonner vie et quand je me suis rendu compte que le boyau ne suffisait pas, que les arbres buvaient à mesure, je l'ai laissée aux soins de la nature, conscient d'avoir donné un bon coup de main. Ce qui veut dire qu'en s'arran-geant pour vivre au temps présent, planifiant à peine un jour ou deux en avant, on peut se permettre d'inscrire ceux der-rière dans son journal intime. Non sans, pour autant, garder un bon souvenir des joies antérieures et en espérer de semblables pour l'avenir.

Se pencher sur le temps présent, c'est déployer tous ses efforts pour que l'air qu'on respire nous soit profitable. «*Les temps sont durs*», disent les uns. «*Quand on perd un em-ploi, on n'en trouve pas un autre le lendemain.*» Et c'est vrai! Mais je recule lorsque j'entends: «*Je vais être bien avec ma quarantaine de semaines d'assurance-chômage!*» Si c'est, pour quelques-uns, une façon de planifier l'avenir, je dirais que ce n'est guère la solution pour envisager les jours qui passent. Parce que viendra le temps, pour ceux qui ne pensent qu'à demain, où l'aujourd'hui auquel ils feront face ne sera guère plus garni que celui qu'ils traversent en ce moment. Alors, pourquoi ne pas s'attaquer maintenant au temps présent, à tout faire pour améliorer son sort? Pourquoi se plaindre des salaires moindres qu'on nous offre quand, plus tard, ils risquent d'être encore plus bas? Pourquoi ne pas prendre n'importe quoi en attendant, juste pour ne pas perdre le goût d'être... vaillant? Parce qu'il est trop facile de tomber dans l'amertume quand on regarde ce qu'on a été, ce qu'on voudrait être, et qu'on oublie de s'arrêter sur ce qu'on est.

Je pourrais donner le même conseil à cette très charmante femme croisée récemment qui se plaignait de n'avoir personne dans sa vie, alors qu'il y a quelques années, les prétendants étaient plus que nombreux. C'est comme ça! Les années grasses, les années maigres! En amour également! À quoi bon regarder en arrière? À quoi bon quand, tout près, au moment actuel, il y a peut-être un être qui ne demande qu'à aimer et être aimé? Mais non, elle se dit qu'elle traverse un «temps mort» et qu'avec l'hiver et la nouvelle année elle sera plus favorisée. Si je fais le bilan, cette femme ne vit qu'en fonction d'hier et des prochaines saisons. Sans même se pencher sur le temps présent et regarder s'il n'y aurait pas pour elle, actuellement, quelque part, ce qu'elle n'entrevoit que pour plus tard. Et pendant qu'on s'étire d'aise et de paresse en regrettant le passé et en misant sur l'avenir, il y a des vieillards, des enfants, des personnes de tous les âges qui, au jour le jour, livrent un ardent combat contre la maladie pour tenter de rester... en vie! Comme le petit Émile qui se battait d'une heure à l'autre pour ne pas mourir en attendant un donneur. Ce dont le ciel l'a gratifié en lui offrant enfin un petit cœur pour, de là, envisager des jours meilleurs. Brave petit bonhomme! Comment peut-on se plaindre d'avoir jadis été plus choyé et espérer l'être davantage, après une telle leçon de vie de la part d'un enfant de trois ans? C'est comme cet homme de quatre-vingt-seize ans qui, d'un lit d'hôpital, disait: *«J'aimerais bien faire de la place pour les autres, mais comme le bon Dieu ne veut pas encore de moi, je fais mes mots croisés et je vis heureux d'un jour à l'autre.»* Oui, j'admets que les temps sont durs, les salaires moins élevés, les emplois plus rares; les entreprises ne cessent de compresser. Et je suis conscient que les prétendants sont moins nombreux. Il y a, dit on, dix femmes pour un homme en quête de partenaire, mais, permettez-moi de vous dire que, jadis ce n'était pas plus rose. Nous avions aussi nos déboires et l'avenir n'était pas nécessairement prometteur. Mais c'est à vivre au temps présent, quand il était «actuel», que nous avons traversé comme vous tous pouvez le faire, si vous vous y mettez, les pires entraves, les plus gros orages en ne tournant, je m'en souviens, du livre de la vie, qu'une page à la fois!

Au nom des travailleurs de la santé

Récemment, j'apprenais le nombre de cas dans les diverses urgences des hôpitaux et j'en étais… atterré! En pensant, bien sûr, aux malades qui se retrouvent sur des civières jusqu'à ce que leur dos devienne aussi rigide qu'une planche, mais aussi au personnel infirmier, aux médecins. Bref, à tous ces travailleurs de la santé qui, chaque jour, voient arriver en grand nombre des cas urgents, des «moins pressés» et des désespérés.

Oui, il faut «être fait fort» pour travailler dans ce milieu et ne pas se frapper la tête contre les murs à certains moments. Les gens arrivent de tous côtés, avec divers malaises et, bien souvent, avec toute la parenté… des deux côtés! Et ce, sans parler des gens de toutes les nationalités qui ne peuvent s'exprimer ni en anglais ni en français. Imaginez! Les médecins, tout comme les infirmières, doivent deviner de quel mal souffre une personne qui gesticule. Je veux bien croire qu'il se peut qu'elle ignore ces deux langues si elle vient tout juste d'arriver d'un pays étranger. Mais, de grâce, il faut trouver dans son entourage une personne de la même nationalité avec, au moins, des connaissances suffisantes en anglais ou en français. Bref, aider les soignants à soigner les malades. C'est comme si on pensait que, dans une urgence d'hôpital, on avait des interprètes pour toutes les nationalités.

Je sais, pour l'avoir expérimenté, qu'il n'est guère plaisant de se retrouver sur une civière dans un corridor durant une nuit entière. Mais, ce que je sais aussi, c'est que les médecins, tout comme les infirmières et infirmiers, font tout ce qu'ils peuvent pour aller d'un malade à un autre et pour répondre aux questions posées de tous côtés. Cela les empêche, bien souvent, d'approfondir le dossier de chacun. Et ce qu'il faut retenir, c'est que ces gens, des êtres humains comme vous et moi, doivent se relayer sans cesse. C'est pourquoi il ne faut pas leur dire, comme je l'ai déjà entendu, *«Pas encore des questions?»* sans se rendre compte que l'infirmière qui s'intéresse à son «cas» vient de prendre la relève pour la nuit. La tolérance n'est pas ce qu'il y a de plus développé chez les malades. Parfois, je les comprends: ils sont malades, ils souffrent, ils n'ont pas envie d'afficher un sourire lorsqu'ils ont un dos en compote, une aiguille dans le bras et un tube… ailleurs! Bien sûr, on est intolérant quand on n'est pas en forme et qu'on se retrouve dans un corridor où l'on entend les plaintes de tout un chacun. Mais, au moins, qu'on ne s'attende pas à ce que les médecins, tout comme le personnel infirmier, affichent constamment un sourire. Surtout lorsqu'ils ont trente cas de trop sur les bras, des salaires inadéquats, des patients impatients qui se défoulent sur eux au moindre… courant d'air! Tout ça dans un contexte où il y a pénurie de professionnels de la santé. Comme si, dans une salle d'urgence, on était dans une auberge du Nord, avec petits soins et massages inclus.

Quand on regarde ce qui se passe, quand on voit «comment» ça se passe, on ne peut souhaiter à personne de se retrouver dans une urgence d'hôpital. Pas plus que je ne souhaite à personne d'y «œuvrer» le temps d'une vie. Parce que moi, et je ne suis sans doute pas le seul, je serais incapable d'assumer une telle vocation. Il me serait impossible de côtoyer des malades à longueur de journée et d'avoir la patience d'ange… d'un curé d'Ars. De la compassion, bien sûr, le cœur sur la main, évidemment, mais la vertu de ne jamais laisser échapper un soupir de découragement, non! Parce qu'il n'est pas louable de se dévouer de la sorte et de ne recevoir que les plaintes des patients, rarement les remerciements. À ne souhaiter à personne? Non, je le redis, quoique je ne serais pas désolé de voir deux ou trois ministres de nos chers gouvernements sur une civière d'un corridor pour un bout de temps. Juste pour qu'ils se rendent compte du malaise des patients tout comme de «la misère» des soignants. Mais je sais que je parle dans le vide, puisque ces «dignitaires» n'auront jamais l'occasion d'être un tantinet… mal à l'aise. Pas quand on entre à l'hôpital par la grande porte et qu'on se retrouve dans une chambre privée. Le statut, vous comprenez… Or, au nom de tous ces travailleurs de la santé, je m'élève contre ce qui les empêche de travailler dans le respect et la dignité. Je prône aussi la tolérance à leur endroit et je demande aux patients d'être quelque peu «patients» avec ceux et celles qui ont leur état de santé à cœur. Et à tous ces disciples de notre bien-être devant lesquels je m'incline, je demande aussi de faire preuve, parfois, après un long soupir, de tolérance auprès d'une vieille grand-maman qui, ne sachant pas qu'ils sont à bout de nerfs, leur demande timidement un peu d'eau dans un verre. Parce que toute médaille a son revers… Vous comprenez?

Paris ne vaut pas mes arbres et mes oiseaux

J'ai fait un beau voyage: je suis allé dans ce qu'on appelle la Ville lumière. Après sept heures de vol, Paris m'a ouvert ses bras avec son euphorie, son vacarme, ses klaxons et son vent frisquet et incessant. De prime abord, j'ai ressenti la pollution: il y a trop de voitures et trop de fumeurs – je n'ai jamais vu un endroit où l'on fume autant! Et ne cherchez pas de section non-fumeurs dans les restaurants, car ceux qui ne fument pas sont minoritaires dans cette ville où, fort heureusement, les grands boulevards sont assez larges pour qu'on ne se pile pas sur les pieds. Non, Paris ne vaut pas mes arbres et mes oiseaux, puisqu'à mon retour j'étais heureux de revoir mon sapin, d'entendre les oisillons babiller dans les nids et de me promener dans ma rue avec – je n'en croyais pas mes yeux – personne en vue!

J'y suis allé pour participer au Salon du livre. Ça s'est bien déroulé et les Parisiens, contrairement à ce qu'on en dit, ont été fort charmants. Les plus jeunes surtout. Mais il y a encore, hélas, de vieux serveurs rabougris dans certains restaurants. Et puis, avant que j'oublie, petit désagrément: dans un restaurant du boulevard des Italiens, j'ai vu trois petites souris brunes se dandiner sur le plancher. Ça m'a fait sourire, mais je dois avouer que ça coupe un peu... l'appétit! Il y a aussi l'histoire de France: ses guerres, ses victoires, ses révolutions. J'ai visité Versailles ainsi que le cachot de Marie-Antoinette à la Conciergerie. Je me suis aussi rendu au Louvre, où les sculptures, les toiles et les nouveaux pavillons sont superbes. Les

Asiatiques sont figés, évidemment, devant les «attractions» les plus populaires: la Joconde et le David de Michel-Ange. J'ai également vu le bel hôtel offert jadis à Madame de Pompadour par le bien-aimé roi Louis XV. J'ai visité les Champs-Élysées, j'ai acheté des parfums rares à l'Eden et j'ai bouquiné dans une grande librairie de Montmartre. J'ai même vu Roch Voisine, immortalisé en statue de cire au musée Grévin. Mais, malgré l'euphorie, le *Paris by night* et les autocars qui nous conduisent là où on veut moyennant trois cents francs, je m'ennuyais de mon sapin bleu, de mes oiseaux, de ma terrasse et de mes petits-enfants.

Je ne me sentais pas triste à bord de l'avion du retour. Un autre sept heures de vol au-dessus de l'océan pour quelqu'un qui n'aime pas l'avion, ce n'est guère recommandé pour… l'anxiété! Mais j'étais calme. J'ai même réussi à dormir, parce que je savais que je revenais vers les personnes que j'aime. Je songeais à mes cinq petits anges et m'assurais que j'avais bien, dans mes bagages, un souvenir pour chacun. Choisir un présent pour un enfant, c'est voir son doux visage, sentir son petit cœur battre et savoir d'avance que la main se tendra pour s'emparer du souvenir… avec un doux sourire. J'étais heureux de ce voyage, mais quand on a trois fois vingt ans, il y a de ces petits bonheurs qu'on trouve, Dieu merci, à quelques pas de chez soi. C'est pourquoi je dis souvent aux jeunes de trente ans: «*Voyagez pendant que vous en avez l'envie et la force. N'attendez pas d'être à la retraite…*» Vous savez, vient un temps où les pantoufles, le café matinal, le journal ou un bon livre, la musique de fond, le visage des enfants, les chats, les écureuils, le soleil et les ballons, se veulent les plus beaux voyages des saisons calmes de la vie.

N'allez pas croire que je vous tiens ces propos avec le cœur d'un homme qui entrouvre à peine son rideau. J'ai voyagé comme jamais je n'aurais pensé le faire dans ma vie. J'ai eu trente et quarante ans avant d'en avoir dix et vingt de plus. Cela dit, j'ai encore le cœur jeune; je parle beaucoup plus des tout-petits que des personnes du troisième âge. Non pas que je nie ce qui s'en vient pour moi ni que je m'en méfie, car ce sera sans doute une belle accalmie. Mais d'ici là, actif, encore alerte avec un roman à terminer et des billets à rédiger, comprenez que j'étais fort aise de troquer Paris contre la tour d'ivoire de mes activités. Là, je songe à l'Égypte. Je rêve d'une croisière sur le Nil. J'irai, je ne sais quand, mais j'irai! Car il est interdit, quel que soit notre âge, de ne pas tenter de réaliser nos rêves. M'étant remis d'un second décalage horaire, permettez-moi de vous répéter que, Paris, malgré sa tour Eiffel et son arc de triomphe, ne vaut pas mes arbres, mes oiseaux, mes ratons laveurs le soir et mon oreiller, avec mille et un petits bonheurs... dans le cœur.

Une façon comme une autre...

Chacun voit la vie à sa manière, chacun l'envisage à sa façon, au gré de ses ambitions, au rythme de ses émotions. J'ai toujours prôné que le travail ne faisait pas mourir, mais, à la lueur d'une conversation, j'ai découvert une autre façon de voir les choses...

Non, il n'est pas amorphe ni blasé celui dont je vais vous parler. C'est un jeune homme au début de la trentaine qui, un jour, a décidé de vivre à son rythme, en harmonie avec lui-même. Il partage un logement avec deux autres personnes. Il peut utiliser la cuisine quand il en a besoin et une partie du frigo lui est réservée pour y placer ses victuailles. Il a une belle grande chambre avec un divan-lit, un téléviseur et un balcon. *«Je n'ai besoin de rien de plus... J'suis bien comme ça!»* dit-il. Il a décidé, il y a quelques années, de travailler trois jours par semaine seulement, pas davantage. Il en avait assez de ne pas vivre comme il l'aurait voulu, de payer des impôts à n'en plus finir et de toujours tenter, sans réussir, de mettre de l'argent de côté. Son train de vie était élevé, il travaillait beaucoup et ne pouvait se permettre de prendre des congés. Il a donc décidé de couper dans ses dépenses et a changé son style de vie.

Bien sûr, il gagne moins d'argent en travaillant trois jours par semaine mais, selon lui, il en épargne à tout instant. Il a quitté l'appartement dispendieux, qu'il payait seul, pour devenir coloc, ce qui lui plaît grandement. Il a vendu sa voiture et emprunte, à l'occasion, le transport en commun. Il paye le minimum d'impôts, il fait partie des salariés… sur le seuil de la pauvreté. Il mange bien, il dort bien, il n'a aucun stress, parce que quatre jours sur sept lui appartiennent. Il a développé un «art» dont il a maintenant la maîtrise: celui d'avoir le plus de plaisir et d'agrément possible sans avoir à payer cher de sa poche. Fait-il du sport? Certainement! Il fait du jogging, de la marche accélérée et de la bicyclette. Des sports qui ne lui coûtent rien. L'été, il se rend à la piscine publique et, l'hiver, il va dans les centres communautaires où il peut s'entraîner sans débourser le moindre sou. De plus, avec ses colocs, il se divertit gratuitement en assistant aux nombreux spectacles donnés dans les maisons de la culture ainsi que dans le cadre des festivals en plein air, l'été.

J'ai pensé un moment qu'on pouvait devenir pingre à ce régime, mais il m'a repris et m'a dit: «*Pas pingre, mais économe. Il faut penser aux fins de mois, à son loyer, à sa part pour le téléphone, etc.*» Et le cinéma? Ça lui manque? Pas du tout, il ne s'en prive pas. Il regarde des films à la télévision, il en loue et, une fois toutes les deux semaines, il se rend au cinéma, le mardi après-midi, lorsque l'entrée est à bon compte. Et il ajoute: «*Vous voyez? Pendant que les autres se crèvent au travail, moi, je vais aux vues avec les retraités!*» Très en forme, il avoue ne pas avoir besoin de beaucoup de vêtements; il est toujours en jeans et n'a gardé qu'un complet pour les grandes occasions. «*Et lorsque j'achète quelque chose, c'est dans un marché aux puces ou en vente à un bon prix.*» Qu'en est-il des sorties entre gars? «*On va à la brasserie de temps en temps, quand il y a un deux pour un; mais, la plupart du temps, la bière, on l'achète en gang et on la boit ici en regardant un film.*» Et les filles dans tout ça? Le type en question n'est pas du genre à les faire fuir, loin de là. Il en fréquente de temps en temps, et celles avec qui il sort payent leurs dépenses. Mais il ne s'engage jamais sérieusement, ne veut pas d'une relation suivie. À la question sur la durée de ses histoires de cœur, il répond: «*Ça peut aller jusqu'à un mois car, dès qu'une fille s'aperçoit que je ne tiens pas à "m'enchaîner", elle cherche ailleurs.*» Et, à ce rythme-là, il n'a jamais souffert… d'une peine d'amour.

À l'écouter parler, j'en suis venu à déduire que ce type n'avait aucun but précis dans la vie. Effectivement, il a choisi de vivre «au jour le jour», comme il dit. Il ne tient plus au luxe et au confort dont il bénéficiait quand il faisait de gros salaires. Il achète cependant, une fois par année, un forfait pas cher, en train ou en autobus, pour une destination assez proche. Il faut quand même en avoir les moyens, non? Il m'avoue faire, de temps en temps, de petits travaux chez les gens du voisinage, payés en dessous de la table, bien entendu. Il est évident que ce type n'a pas d'ambition, et il ne le cache pas. Il préfère vivre à son rythme plutôt que de se payer un infarctus à 48 ans. J'ose lui parler de moi, de mon acharnement au travail depuis des années, et il me dit: «*C'est pas pareil, vous aviez une famille, vous n'aviez pas le choix…*» Et c'est vrai! Que pouvais-je donc répliquer? Remarquez que je préfère les gens ambitieux, ceux qui ont des buts et qui les atteignent, ceux qui travaillent sans relâche pour faire de leurs rêves des réalités. Mais je ne peux pour autant condamner ceux et celles qui ont choisi de vivre modestement, sainement, sans s'engager, en espérant se rendre jusqu'à… cent ans! Parce que c'est une façon comme une autre d'entrevoir sa vie et son bonheur. Et puisque, dans un cas comme dans l'autre, chacun y trouve son bien-être, je m'incline avec autant de respect devant le choix des uns… comme celui des autres.

Avec amour, à toutes les mères

Une rose, un mouchoir de dentelle, un livre, des friandises, une carte contenant des mots empreints de tendresse, un flacon de parfum, un souper dans un bon restaurant, un foulard de soie, voilà quelques façons de dire à une mère «je t'aime», tout en lui offrant, de son cœur, les plus doux sentiments.

«C'est aujourd'hui dimanche...» Vous vous souvenez de la belle chanson *Les roses blanches* qui commence par ces paroles? Elle faisait pleurer nos mères jadis et, encore aujourd'hui, elle fait verser des larmes à celles qui ont plus de soixante-dix ans. J'entends encore ma mère la fredonner avec Berthe Sylva qui l'interprétait sur disque. Puis, il y a *Maman, la plus belle du monde,* que Luis Mariano chantait avec tant de douceur... Combien de mères d'antan ont fredonné ces couplets avec, sur leurs genoux, un bébé à qui elles donnaient le sein et cinq autres enfants accrochés à leur jupe. Que de courage! Que de patience! Quel merveilleux don de soi! Elles ne s'en vantent guère, elles sont humbles, les mamans d'hier, mais je sais qu'elles sont nostalgiques et que plusieurs d'entre elles troqueraient volontiers leurs cheveux blancs contre les cheveux blonds ou bruns de leurs vingt ans... pour tout recommencer. Oui, ça va jusque-là, cette fibre maternelle qui, au fil du temps, ne s'étiole pas. Avec le meilleur et le pire, je pense que nombre d'entre elles aimeraient se retrouver en train de fredonner les dernières rimes de *Ferme tes jolis yeux* pour endormir l'enfant sommeillant sur leur cœur. C'est pourquoi, devenues grands-mamans, elles se penchent avec le même amour, la même tendresse, sur

le berceau de leurs petits-enfants. Bien sûr, c'est à elles que nous pensons en premier en ce jour de la fête des Mères. Bien sûr, ce sont elles que les enfants et les petits-enfants combleront d'affection en ce très beau dimanche du mois de mai.

Ayant pris soin de gratifier ces mamans d'autrefois, il ne faudrait pas négliger pour autant celles qui, au mitan de leur vie, effectuent avec le même courage, le même cœur, le périple le plus «essoufflant» de leur existence. Je parle de ces mères dans la quarantaine ou au début de la cinquantaine qui, aux prises avec des adolescents, tentent de composer avec les idées, les contestations et les revendications de ceux-ci. Pas facile, cette étape, mais combien méritoire pour une mère dont le plus grand désir est de «réussir pleinement» ses enfants. Les mères de la décennie précédente pourraient fort bien le leur dire, mais c'est dans la pratique qu'on se rend compte de ce que ce «parcours» implique. Et je les admire doublement car, de nos jours, les mères ont à se partager entre un travail à l'extérieur et la maison pour réussir leur mandat. Ce qui me fait m'incliner bien bas devant ce savoir-faire. Et ce, sans oublier, évidemment, celles que je serre contre mon cœur avec une vive émotion. Ces mères sans conjoint qui, seules avec deux ou trois enfants, doivent faire preuve de sang-froid et de force pour deux afin de s'acquitter de toutes leurs tâches tout en conservant, malgré les embûches, l'amour de leurs enfants. Parce qu'un cœur de mère, après une rupture, demeure un cœur de mère et que, neuf fois sur dix, c'est contre ce cœur que se blottissent les enfants, malgré le choix qui leur est imposé. Et comme une mère a les bras grands ouverts...

On aurait pu croire qu'avec le temps, avec l'expérience des aînées, les jeunes femmes de l'ère nouvelle seraient moins portées vers le rôle maternel. Mais il n'en est rien, la fibre est aussi intense qu'au temps de nos... arrière-grands-mères! Qu'elles aient vingt-cinq ou trente-cinq ans, les femmes veulent donner la vie, tenir un bébé dans leurs bras, le voir grandir, s'épanouir, et lui donner un frère, une sœur… J'ai même croisé une jeune femme dans la vingtaine qui avait déjà quatre enfants à ses trousses. Ce qui veut dire que les jeunes femmes d'aujourd'hui ont, en dépit du coût de la vie, la maternité dans les tripes. On en est même à souhaiter un premier enfant à… quarante ans! C'est fort le désir d'être mère, non? Si fort que ça fait même fermer les yeux sur tous les embâcles à surmonter au cours des années.

Une fois de plus en ce deuxième dimanche de mai, les lilas nous suggèrent de souffler leur arôme dans le cœur de toutes ces mères. Avec respect et gratitude, je souhaiterais que tous les enfants de la terre ouvrent leur cœur pour les combler, chacun à leur manière. Car, pour une mère, le plus beau présent est le sourire de son enfant, et le plus grand drame, son absence. Ai-je besoin d'aller plus loin? Tout comme il sera toujours édifiant de voir, en ce jour ensoleillé, des enfants déposer avec délicatesse un bouquet sur une pierre tombale. Mille et un mots, mille et un gestes de mille et une façons, qu'importe…

À ce père qu'on aime

Rares sont les citations qu'on a pu créer pour un père. J'ai certes trouvé *«Où un enfant dormirait-il mieux que dans la chambre de son père?»* et j'entends déjà des femmes me répondre: *«Bien, dans celle de sa mère, voyons!»* Il est évident que cet adage qui date de plusieurs siècles prônait la protection du père, mais, de nos jours, avec des mères aussi fortes que «leur homme»... Et comme, depuis quelques années, tout est revendiqué, laissons donc le moindre débat de côté afin de nous pencher en toute sincérité, sur les innombrables qualités... d'un cœur de père.

À ce père qu'on aime, à ce père qu'on respecte et qu'on a hâte de voir rentrer le soir, disons: *«Merci papa, d'être là, d'être toi.»* Bien sûr que c'est gênant de lui dire de tels mots «n'importe quand». De toute façon, un cœur de père, aussi tendre soit-il, souffre et souffrira toujours de... timidité. Les jeunes pères, ceux de l'ère nouvelle, ceux de trente ou trente-cinq ans, n'ont plus cette gêne qu'ils ont tant reprochée au leur. Ils sont d'une autre décennie, de plusieurs décennies plus loin, de celle d'aujourd'hui, et ils ont appris, grâce à «l'égalité» des sentiments, à donner et à recevoir sans en être gênés. Ils ont aussi appris à dire *«je t'aime»*, à câliner, à embrasser sans avoir peur d'être vus; ils ont appris ce que les autres, leurs aînés, n'ont pas appris parce qu'ils n'étaient pas de la même école. Alors, c'est bien simple, ne forcez pas la note et allez-y avec «l'air du temps». Si papa a déjà les cheveux gris, soyez plus discrets, respectez-le tel qu'il est, mais dites-lui que vous l'aimez de la façon qu'il aimera l'entendre. S'il est plus jeune, plus dans le vent, sautez-lui dans les bras, embrassez-le dix fois, mais dans un cas comme dans l'autre, ne laissez pas ce jour des pères s'écouler sans vous manifester.

En lisant ces lignes, plusieurs songeront avec tristesse; *«Oui, mais le mien est décédé. Il n'est plus là depuis plusieurs années...»* Vous n'êtes pas seuls, j'ai perdu le mien lorsque j'avais à peine vingt ans, et plusieurs jeunes enfants, qu'on y pense, n'ont déjà plus de père à entourer de leurs petits bras. Mais ce n'est pas parce qu'ils sont dans l'au-delà qu'on ne peut leur dire *«je t'aime, papa»* avec quelques fleurs pour sa pierre et une douce prière. Vous savez, où qu'ils soient, je suis certain qu'ils ne sont pas sourds quand on leur parle... d'amour. Un type dans la trentaine me disait: *«Moi, c'est spécial, mes parents sont divorcés, alors on ne peut se réunir en famille...»* *«So what!* lui ai-je répliqué. *Tu as honoré ta mère sans lui? Honore-le à son tour sans elle! Elle comprendra, tu sais!»* Ce n'est pas parce que nos parents ne vivent plus ensemble qu'on ne peut leur dire, chacun leur tour, *«je t'aime»*, avec un présent pour souligner l'événement. Bien sûr que la famille est écorchée, mais ce n'est pas une déchirure qui empêche les émotions de s'en faire la parure. Il y a tellement de couples éclatés de nos jours... Mais unis ou pas, une mère sera toujours une mère et... vice versa. Et à ce père qu'on aime, à ce père qu'on n'aura pas toujours, voilà que juin vous suggère de lui faire part de votre amour.

Jeune, je m'en souviens, quand arrivait la fête des Pères, j'achetais une boîte de 50 cigarettes à mon père. Vous vous souvenez de ces boîtes en métal? Nous étions loin de l'époque où la cigarette allait devenir un poison. Et dans mon jeune temps, on en vendait même aux enfants. Je le sais, j'allais acheter chaque jour un paquet de *Turret* pour la voisine, madame Maisonneuve. Or, c'est ce que j'offrais à mon père et il en était heureux. Il me répondait: «*T'es gentil…*» pas plus. Parce qu'il était gêné quand arrivait cette journée. Mais je sentais qu'il était content et c'était important pour mon cœur d'enfant. Devenu père, mes enfants me dessinaient des cartes avec l'aide de leur mère et, plus tard, des professeurs. Aujourd'hui, ils viennent me voir, m'offrent un cadeau de choix, et laissent mes petits-enfants me dessiner les cartes qu'ils m'offraient naguère. J'ai beau dire à mes enfants de ne rien m'acheter, de ne pas dépenser, qu'ils ont une famille… Je parle comme tous les pères, je parle comme les pères «gênés» d'être fêtés. Mais je sais qu'ils viendront avec un livre, de la musique classique, un bon vin rouge ou de la papeterie. Ils n'ont plus à se casser la tête, ils connaissent mes goûts et savent très bien que je ne suis pas du genre à qui offrir… un coffre à outils. Trêve de plaisanterie, je m'égare, je fais de l'humour, parce que je sais que c'est la seule façon pour un homme de contrer sa timidité quand on s'apprête à le fêter. Mais je sentirai dans leurs gestes comme dans le moindre de leurs regards, tout l'amour que j'ai su leur donner. Je sentirai qu'ils me remettent au centuple ce que j'ai encore l'impression de leur avoir donné au compte-gouttes. Parce que les pères de mon époque n'ont pas de mémoire face à leur dévouement envers leurs enfants. Ils ont plutôt tendance à se reprocher de n'avoir pas été assez présents, à les bercer de leur tendresse. Et pourtant…

Et pourtant, ce sont ces enfants devenus grands qui viennent les rassurer sur le parcours dont ils doutent parfois. Ce sont ces enfants qui leur murmurent tendrement: «Merci, papa. Merci… pour tout.» Ce qui veut dire que les pères d'autrefois n'ont pas été aussi éloignés du cœur de leurs enfants qu'ils le croient. Moi, c'est en lisant les mots soulignés dans une carte que je comprends qu'ils m'aiment autant que je les aime. Et c'est cette grâce, cette douce joie, que je souhaite à tous les pères, de la part de ces enfants qu'ils chérissent… de tout leur être.

Ne serait-ce que le temps d'un été...

Non, il n'est pas facile de se retrouver du jour au lendemain sans emploi, et ce, même si l'on voyait venir la fin d'un sursis, même si on s'y attendait. Il est encore moins agréable lorsque cette mise à pied survient au début de l'été... Paul-Émile a perdu son poste de représentant pour une firme littéraire à la fin de juin. Au moment le plus crucial pour lui et au moment le plus profitable pour... ses employeurs! Parce que, l'été, il y a relâche dans le monde littéraire et que la compagnie en question pourra se passer d'un représentant jusqu'à ce que revienne l'automne. En sauvant des sous, bien entendu. Pour le «remercié», ce n'est guère la même histoire. Il sait fort bien que toutes les portes lui seront fermées dans son domaine, ne serait-ce que le temps d'un été. Situation ingrate, n'est-ce pas? Durant la belle saison, celle qu'on qualifie de «temps des vacances», le voilà confiné entre ses murs à tenter par tous les moyens de boucler ses fins de mois; l'assurance-chômage, dans certains cas, ne couvre que le loyer, le téléphone et l'électricité. Bien sûr qu'il trouvera un autre emploi. Plus tard! Beaucoup plus tard!

Paul-Émile va survivre, car il n'a que trente-six ans, il est célibataire, il n'a que lui... à défendre. Mais, pour Nicole, le couplet de la chanson n'est pas le même. Pour cette divorcée âgée de cinquante-deux ans et dont les trois enfants sont mariés, la bataille sera plus dure. Parce que, pour les cinquante ans et plus, les chances de trouver de l'emploi deviennent de plus en plus minimes. Surtout dans les domaines où l'on «avait» de l'expérience. Je dis «avait» parce que, pour les employeurs, l'expérience des aînés, vous savez... Tout évolue, et on veut du monde jeune, du sang neuf, des employés à long terme. Comme si, à cinquante-deux ans, on était au seuil de la retraite, qu'il nous restait sept ou huit ans avant de toucher le minimum... du régime de rentes! Alors, on accepte n'importe quoi, ou presque, on se doit de travailler pour sa survie, et c'est triste; on en arrive à souhaiter être vieux pour ne plus s'en faire avec ses fins de mois. Comprenez-vous cela, vous? Avoir hâte d'avoir soixante ou soixante-cinq ans pour dormir sur ses deux oreilles? C'est incroyable, mais vrai! J'ai même entendu un chômeur de quarante ans dire à un retraité: *«Je vous envie: vous n'avez plus à vous chercher de job, vous!»* Et, lorsque je parle «d'autres cas plus inquiétants», je fais référence, bien sûr, à tous les pères de famille, à toutes les mères de famille monoparentale, ou encore à tous les couples qui doivent unir leurs deux salaires pour vivre, qui se retrouvent «le bec à l'eau», que ce soit le temps d'un été ou pour un terme illimité.

Des cas comme ceux dont je parle, il y en a mille et un dans tous les milieux. Chaque jour, quelqu'un perd son emploi quelque part. Bien sûr qu'avec de la patience et de la persévérance on peut arriver à trouver autre chose. Évidemment qu'avec le temps les affaires reprendront et que les bons candidats seront rappelés dans les rangs. Mais, que fait-on en attendant? Paul-Émile, pour sa part, s'est départi de l'Internet, de son cellulaire, de sa boîte vocale, bref, de tout ce «luxe» auquel il reviendra en temps et lieu. Nicole utilise ses économies et travaille à temps partiel. Pour le moment, elle joint les deux bouts; ses factures ne traînent pas encore... Elle a renoncé au voyage qu'elle se promettait, elle ne regarde pas les vitrines des boutiques, elle se détend avec un livre et de la musique. En attendant! Tout comme les pères et les mères qui, privés d'un revenu, ont mis un frein à certaines dépenses. Les leurs d'abord, pour ensuite faire comprendre à leurs enfants que telle chose sera reportée à plus tard. Il n'est certes pas facile d'expliquer à un enfant de six ans qu'il n'aura pas de patins à roues alignées cette année. Mais, avec du doigté et de l'amour, on peut lui faire comprendre que, dans la vie, parfois, le temps d'un été… Sans lui promettre pour autant mer et monde si le travail reprend et que l'argent recommence à rentrer. On doit cependant leur suggérer, pour quelque temps, beaucoup de joies et d'agréments qui ne coûteront presque rien, afin qu'ils deviennent, en quelque sorte, les complices et non les victimes de cet inconvénient, ne serait-ce que temporairement… Car vient le jour où, finalement, on voit la lumière au bout du tunnel. Ça peut sembler long parce qu'on se prive d'un tas de choses, mais ça comporte, chaque fois, une certaine leçon – même si la perte d'emploi, tout comme la maladie, n'est souhaitable à personne. Nous avons tous, à tour de rôle, dormi dans l'inquiétude, pour ensuite nous réveiller sur une note d'espoir, et qui sait si ce n'est pas durant ce temps, où rien ou presque ne nous était permis, que nous avons le plus appris de la vie?

Cher Henri Dès...

Ça vous dit quelque chose le Far West? Sans doute, puisque vous en avez fait une chanson que mes deux petits-fils adorent. Savez-vous pourquoi? Parce que Matthew, qui aura bientôt 4 ans et son petit frère Sacha, qui aura, lui, 2 ans, sont deux petits cow-boys du Far West, puisqu'ils habitent la ville de Calgary en Alberta, où se tient chaque année un gros rodéo avec des Indiens, des cow-boys, des totems et des lassos. Pour leur anniversaire, en octobre, (ils sont nés le même mois), leur maman – ma fille – a décidé de leur offrir en cadeau... votre spectacle! Rien de trop beau pour ces deux petits garçons qui vous aiment et qui fredonnent toutes vos chansons. Ils vous diront *J'ai pris l'avion* et, avec maman et grand-père – moi –, ils iront au théâtre Saint-Denis le 27 octobre pour voir prendre vie, sur scène, la magie qu'ils découvrent sur leurs CD et leurs vidéocassettes. Vous savez, Monsieur Dès, lors de mon passage à Paris en mars dernier, j'ai déniché les vidéos *Mes chansons Z'animées* et *Le père Noël était en avance,* que je ne trouvais pas ici. Maintenant, mes tout-petits possèdent toute votre œuvre. Sauf qu'ils n'ont jamais eu le bonheur de vous voir... en chair et en os. Je sens que Matthew aura les yeux grands ouverts et que son petit frère, Sacha, qui ne prononce pas encore les *r* et qui vous appelle «Hen'ni», sera bouche bée en vous regardant chanter *Y'a y'a un poisson* et *La sorcière de minuit,* ses deux chansons préférées. Matthew, pour sa part, aime beaucoup *Le beau tambour* (ça m'en a coûté un!) ainsi que *Les coupables sous la table* et *Les loups* qu'il vient de découvrir sur votre dernière cassette. Et j'en passe puisqu'à chacune de mes visites à Calgary j'en ai pour dix jours à écouter, durant des heures, tous vos albums, *Les trésors de notre enfance* inclus. C'est tout dire! Fort heureusement, tout comme eux, je ne me lasse pas de vous entendre. Parce que, Dieu merci, vous avez une très jolie voix et, qu'avec vous, mes tout-petits apprennent un bon français. Le matin, c'est une tartine que Matthew réclame à présent et, lorsqu'il sort, l'hiver, il enfile son anorak. La Suisse en Alberta, quoi!

Vous savez, Monsieur Dès, je ne viens pas de vous découvrir avec mes deux petits-fils qui habitent au loin; j'ai également trois autres petits-enfants qui vivent ici, à Montréal. Une petite-fille prénommée Corinne et deux petits-fils qui ont pour noms Carl et Christian. L'aînée, âgée de douze ans, raffolait de vous à l'époque de la vidéocassette *Cache-Cache* avec Albert Le Vert. Avec elle je suis allé vous applaudir en 1992 et, le lendemain du spectacle, je lui ai acheté les albums *Flagada, L'âne blanc* et combien d'autres par la suite. Je me souviens que sa chanson préférée était *Salut les filles, salut les gars,* mais combien de fois ai-je écouté avec elle *Lisette, La mélasse, C'est le printemps, Mon gros loup, mon p'tit loup,* etc. À tel point que moi, le grand-père, je les connaissais par cœur. Je me surprenais même à fredonner en son absence *Un moineau sur ton dos.* Vous m'aviez eu, non? Et je vous en sais gré, Monsieur, parce que vous avez gardé intact mon cœur d'enfant pour que je puisse en souffler la candeur dans ceux de mes petits-enfants.

Et voilà que d'un communiqué à l'autre, je découvre que nous avons beaucoup de points en commun, Monsieur Dès. J'ai appris que, tout comme moi, vous êtes natif du Sagittaire. Eh, oui! Nous sommes tous deux nés en décembre, vous le 14 de 1940, moi le 6 de… quatre hivers plus tôt. Marie-Josée et vous avez eu deux enfants, Pierrick et Camille, âgés aujourd'hui de trente et vingt-cinq ans. Micheline et moi avons également eu un garçon et une fille, Michel et Sylvie, mais ils devancent vos enfants d'une décennie. Ce qui veut dire que nous sommes devenus parents en bas âge et vous… un peu plus tard. Ce qui veut dire aussi que j'étais déjà fourmi alors que vous étiez… cigale! Et voilà que vous êtes à votre tour grand-père d'une petite-fille de quatre ans prénommée Danaé que vous aimez beaucoup. J'ai su qu'elle était la fille de Pierrick qui, m'a-t-on dit, sera à la batterie lors des spectacles que vous donnerez à Montréal, à Québec et à Sherbrooke prochainement. Et je me suis laissé dire que les billets s'envolaient comme des petits pains chauds. Bravo!

Il est évident que j'aurais aimé vous poser plusieurs questions de vive voix, mais comme le temps presse et que tous les enfants de votre fan club se précipitent déjà aux guichets, je m'en tiens donc à ce que j'ai pu lire et qui m'a fortement impressionné. Imaginez! Chacun de vos albums vendu à 350 000 copies et, à ce jour, trois millions de disques compacts se sont écoulés dans tous les pays où votre nom s'étale en lettres majuscules… Fallait le faire, non? Nous sommes loin du temps où votre mère, de regrettée mémoire, se rendait dans les magasins afin de mousser les ventes de vos albums en les disposant en évidence devant les autres. Mais, ce qui me touche le plus, Monsieur Dès, c'est cet amour incommensurable que vous avez toujours eu pour les enfants. Avec, au fil du temps, ce même baluchon débordant d'affection. Et lorsque les plus grands se dispersent en vous soufflant une bise, de tout-petits s'amènent pour vous tendre les bras. Ce qui veut dire qu'il y aura sans cesse des pétales de roses dans la paume de votre main tendresse. Et c'est en guise d'hommage que je vous consacre aujourd'hui cette page. Scellée de gros câlins de la part de Corinne, Carl, Christian, Matthew, Sacha, Eugénie, Sandrine, Louis-Victor et combien d'autres petits cœurs… encore. Puisse Dieu vous garder longtemps, cher Henri Dès, doux ménestrel des plus beaux contes en chansons, pour ces «bourgeons» de la vie qui, sans cesse… fleuriront.

L'art de planifier ses vacances…

La belle saison est à nos portes, on voit venir l'été avec joie, on pense à s'évader… Bref, on a tous besoin de quelques semaines de vacances. On a beau dire qu'il ne faut pas se priver, mais faut-il seulement en avoir les moyens pour se permettre… des vacances de rêve! Il n'est pas donné à tous de sauter dans un avion et de se diriger vers la Californie, nonobstant ce que le dollar vaut présentement. Que ceux qui le peuvent ne s'en privent pas, mais, si tel n'est pas votre cas, sachez que des vacances à bon compte, par ici, ça peut valoir San Francisco ou Paris. Il est possible de planifier des vacances qui sauront enchanter les parents comme les enfants. Nous avons dix provinces où une piastre vaut… une piastre! À nous d'être judicieux et de choisir un endroit qui saura nous plaire, sans s'endetter jusqu'au cou. Parce que des vacances bien planifiées, ça commence avec une calculatrice entre les mains. Pas si vous êtes seuls ou deux, ou parmi les bien nantis, mais si vous avez deux ou trois enfants, un budget limité et que vous vous demandez où aller. Je n'ai certes pas d'endroit précis à vous indiquer; l'important, c'est de changer d'air et de revenir avec des photos et des souvenirs dans le cœur. Moi, je me rends compte que les vacances dont mes enfants se souviennent le plus, sont celles qui m'ont coûté le moins cher. Un motel avec une piscine, un cinéma en plein air, des visites aux musées rencontrés, un autre motel avec un parc d'attractions, bref, un tour d'auto à n'en plus finir de l'autre côté des lignes, pas loin, parce que dans ce temps-là, mon dollar valait quasiment… un dollar!

Figurez-vous que moi aussi, je planifie. Je ne sais trop où aller; j'ai déjà visité de beaux coins du Québec avec mes déplacements professionnels. Et j'ai découvert du bonheur tout près, comme très loin de chez moi. Je planifie ici, dans ma province pour l'instant, mais il est possible d'aller plus loin. Via Rail offre des voyages superbes à peu de frais. Les aînés peuvent même emmener un compagnon gratuitement dans le cadre des «belles évasions». Ne serait-ce qu'en Ontario, quelle joie pour les enfants d'emprunter le train et de l'entendre siffler à travers champs. Puis, il y a le Nouveau-Brunswick, des villes comme Caraquet, Saint-Jacques, Moncton, Edmundston. Que dire de l'Alberta, du lac Louise, de Banff, des Rocheuses, de la splendeur de ces sites? J'ai déjà songé à Vancouver, mais c'est assez loin, passablement cher pour une famille. J'ai visité la Saskatchewan, mais je n'ai pas vu le Manitoba. J'ai eu la joie de voir l'Île-du-Prince-Édouard, mais pas la Nouvelle-Écosse. De plus, je viens d'apprendre que, dans le cadre des vacances magiques de Via Rail, les enfants voyagent gratuitement. N'est-ce pas avantageux? Et n'allez pas croire que je fais la promotion des voyages par train; vous pouvez aussi bien profiter de rabais en avion, ou tout simplement sillonner les routes avec votre voiture. Ce que j'ai fait bien souvent, faute d'argent… «dans l'temps!»

Il est évident que, même si un dollar vaut un dollar chez soi, il faut quand même en avoir pour se permettre des vacances comme celles que j'ai énumérées. Il y a des personnes seules, tout comme des familles, dont le budget est vraiment limité. Soyez rassurés, il y a encore du plaisir à avoir en restant autour de chez soi. L'important, c'est de s'informer de tout ce qui s'offre gratuitement, de faire venir des brochures, de consulter les journaux, de s'enquérir des musées, des parcs, des piscines publiques, de tout ce que la ville vous offre pour que les enfants rentrent le soir avec le sourire aux lèvres, sans vous avoir vidé les poches. Moi, jadis, dans les années maigres, je partais avec les enfants et je passais une belle journée au flanc de la montagne, au Jardin botanique ou au parc Lafontaine. Et ce, en autobus, n'ayant pas encore de voiture. Et je ne me souviens pas d'un seul été où les enfants, soleil ou pluie, n'avaient pas le cœur à la joie, alors que mon épouse et moi avions le cœur gros de ne pouvoir leur offrir davantage. Aujourd'hui, avec le recul, je me rends compte que des enfants, ce n'est pas exigeant. Ce sont les parents qui s'en font pour eux, qui se culpabilisent... Mais, faute d'argent... Or, soyez à l'aise si tel est votre cas et faites en sorte que vos enfants aient les yeux grands ouverts sur tout ce que vous leur ferez voir... gratuitement. Je connais des familles qui ont misé tout leur avoir sur une piscine hors-terre et une table de pique-nique sur leur terrain. Une idée fantastique quand on pense aux ébats des petits et au bel été que vous passerez avec les sandwichs, les hot-dogs et les épis de blé d'Inde lorsque le temps viendra. Donc, que ce soit fastueux ou modeste et chaleureux selon le cas, faites en sorte de planifier des vacances que vous et vos enfants n'oublierez pas. Et que le soleil soit de la partie avec, de temps en temps, un peu de pluie pour les pelouses et les brises du soir.

Des petits enfants m'ont dit...

Dans ma rue, un petit garçon prénommé Gabriel était très heureux de me montrer sa trottinette nouvellement acquise. Il me disait: *«Regarde, je suis capable de la faire marcher...»* Il était heureux, fier de lui, et je lui ai demandé s'il allait à l'école, quel âge avait son frère, Nicolas... Des choses que je savais, bien entendu, mais qu'il était fier de... m'apprendre. Tout ça alors qu'aux États-Unis et en Afghanistan, les soldats, aussi bien que les civils, marchaient sur des œufs! L'univers des grands n'est pas, hélas, celui des enfants. Et c'est peut-être de ces tout-petits qu'on devrait apprendre ce qu'est... la vie!

Je me souviens d'avoir vécu des jours dans l'inquiétude. Inquiet en raison de tout ce qui se passait dans le monde, bien sûr, mais aussi parce que ma fille, son mari et leurs deux enfants étaient à Disneyland, en Californie, une semaine après les terribles attentats du 11 septembre. J'avais hâte qu'ils reviennent, qu'ils retrouvent la quiétude de leur maison, de leur environnement. Et pourtant, je suis de ceux qui disent aux autres: *«Ne vous privez pas de faire le voyage que vous aviez planifié; la vie continue...»* Il faut croire qu'on devient moins «philosophe» quand il s'agit de sa petite famille. Ma fille m'a avoué avoir éprouvé un certain malaise pendant son voyage, payé depuis longtemps. Elle sentait que les Américains qu'elle croisait étaient aux aguets, qu'ils vivaient dans la crainte. Elle ne se sentait pas libre comme elle aurait dû se sentir au royaume de Mickey et de Cendrillon. Mais, même si elle avait le cœur empreint d'inquiétude, elle n'a pas entravé la joie de ses petits, qui attendaient ce beau voyage en comptant… les dodos! Parce que des enfants de deux et de quatre ans n'ont pas à souffrir «psychologiquement» des bêtises des grands. L'âge de raison viendra bien assez tôt. Je n'ai qu'à regarder mes autres petits-enfants de douze à treize ans pour me rendre compte qu'ils comprennent la situation et qu'ils se demandent ce qui se passe dans le monde pour qu'une telle violence éclate… Je les sens perplexes, médusés, se retenant de trop nous questionner, de peur d'être encore plus effrayés.

On a beau vouloir se comporter comme avant, comme si de rien n'était, c'est plus fort que nous, il est impossible de fermer les yeux et le cœur sur ce qui s'est passé et sur ce qui risque de se produire. On est anxieux, et c'est normal. On ne peut pas être souriant quand on ne sait pas ce qui nous attend. On compose avec l'instant présent, au jour le jour, en faisant de son mieux afin d'afficher un air heureux pour l'entourage et les voisins. Un air heureux qu'ils nous rendent avec un sourire empreint d'un léger rictus. Parce que personne ne peut être exactement comme «avant», pour un certain temps en tout cas… On souhaiterait que tout se règle rapidement et que la paix revienne, mais il faut du temps pour régler un conflit d'une telle envergure, et ça se fait au prix de bien des tourments et des pertes de vie… C'est désolant! Au temps de la Seconde Guerre, lorsque j'avais neuf ans et que j'étais confiné dans un orphelinat, des religieuses nous disaient: *«Priez, les Allemands s'en viennent, ça va être notre tour! Et mangez moins, ménagez, car au loin, on n'a même pas une croûte de pain…»* Nous étions tous, je me le rappelle, plongés dans une angoisse perpétuelle. De jour en jour, nous vivions dans la peur, au milieu des menaces et de la guerre des nerfs. Ah! ces bonnes sœurs d'antan…

Malgré un certain inconfort d'être aux États-Unis, cible préférée des commandos d'Oussama ben Laden, ma fille m'a écrit à son retour: «*Je suis bien contente de ne pas avoir annulé ce voyage, car j'aurais manqué la chance incroyable de voir mes fils vivre la magie de Disney.*» Et, lorsque j'ai parlé à Sacha, le plus petit des deux, il m'a dit au bout du fil: «*J'ai vu Minnie et Mickey.*» Quant au plus grand, il m'a assuré qu'ils n'étaient pas allés dans la maison hantée, parce qu'on la préparait pour l'Halloween... Une peur de moins pour lui! Et, tout innocemment, quand il regarde les photos de son voyage, le plus jeune veut retourner à Disneyland, comme si c'était de l'autre côté de la rue. Il veut revivre ses joies, son plaisir, sans se méfier, avec son cœur d'enfant, des «méchants» qui veulent détruire son bonheur de tout-petit. Et ce, au nom de Dieu, par-dessus le marché! Une guerre sainte! Une autre guerre de religion!

Mais, avec sérénité, avec ce qu'on a dans l'âme et dans le cœur, il nous faut continuer et vaincre cet enfer sur terre... par la prière. C'est la seule arme capable de venir à bout de ces barbaries de l'an 1001 en... 2001! Et, pour ressentir une certaine paix, pour que la vie soit plus douce, rien de mieux que de se mêler gentiment au monde des petits enfants qui, dans leur candeur, leur ingénuité, nous indiquent du doigt un jouet qu'ils désirent nous prêter. Et c'est peut-être en se couchant par terre avec eux, un camion dans une main, un ourson de peluche dans l'autre, qu'on dissipera peu à peu, de son cœur meurtri, l'anxiété de ces vilenies. Parce qu'il n'y a rien de plus salutaire, de plus bénéfique et de plus apaisant que la pureté et le sourire d'un... tout petit enfant.

Les avares ne sont pas que de…
Molière!

L'indulgence! Si ma mémoire m'est fidèle, c'est une qualité que je mets en pratique depuis que j'ai vingt ans. Indulgent pour ci et pour ça, compréhensif, altruiste, etc. Ne faut-il pas toujours voir le bon côté de la médaille? Force est d'admettre que je réussis assez bien quand je m'y applique. Mais il y a un de ces défauts, un péché capital en outre, que j'ai beaucoup de difficulté à comprendre, l'avarice! J'aimerais préciser que je fais la nette différence entre l'économie et la pure avarice. Du temps de Molière, on parlait d'avares, il s'est même inspiré de l'un d'eux pour sa célèbre pièce en vers. Mais, depuis Molière et Claude-Henri Grignon qui avait créé, lui, ce cher Séraphin Poudrier, il ne faudrait pas croire que cette race s'est éteinte. On peut les appeler avares, pingres, radins, ils ont tous le même défaut: ils sont près de leurs sous au détriment de ceux des autres. Et ce jeu vilain les éloigne à tout coup de ceux et celles qu'ils croyaient acquis. Parce que les amis, victimes de leur «pingrerie», finissent par détecter le jeu de ces opportunistes!

Il n'est pas nécessaire d'aller loin pour trouver un être affligé de ce vice qui ne sera jamais vertu. On en a tous un ou une à portée de la main, que ce soit dans la famille ou parmi ses fréquentations. Moi, comblé, j'en ai déniché trois dans mon entourage! Trois «amis» dont le plus grand talent est d'être… sur mon bras! Au restaurant surtout, invitation ou non. Certains, habiles, ont toujours envie de pisser au moment où la serveuse s'approche avec l'addition. D'autres, plus sournois, vous regardent payer pour ensuite vous dire: «*J'aurais aimé contribuer, mais j'ai oublié ma carte de crédit*». Et s'ils ajoutent: «*La prochaine fois, ce sera moi…*», n'en croyez rien. J'en ai fait l'expérience et j'ai encore payé; l'autre n'ayant pas encore encaissé son chèque de paye. Ce qu'il m'a avoué juste au moment de terminer sa dernière tasse de café. C'est curieux, mais depuis quelque temps, je les détecte ces radins, comme le *Raid* le fait des insectes nuisibles. Pour faire un peu d'humour, juste un peu avec le sujet, laissez-moi vous raconter quelques anecdotes concernant ces chers… «près de leurs sous».

Un copain me parlait d'un proche qui, quand il lui rend visite, repart de chez lui avec une bouteille d'eau remplie de son gallon d'eau fraîche. Imaginez! De plus, en groupe dans les restaurants, il règle l'addition avec sa carte et collecte ensuite chaque convive. Pourquoi ce manège? Parce que c'est lui qui, avec sa carte, obtient les… *Air Miles!* Pas bête, hein? Invité à un souper où chacun doit apporter sa part du repas, il se charge… du pain croûté! J'en connais un autre dont le plaisir est de se faire inviter au restaurant et de choisir tout ce qui est offert à la carte. Il va même jusqu'à commander un digestif avant qu'on le lui offre. Bref, il s'offre des repas gargantuesques en regardant toujours au plafond quand arrive l'addition, et n'invite jamais à son tour, pas même à la maison. Pas surprenant qu'il règle son hypothèque à vive allure! À fréquenter des radins, des pingres, sommes-nous *suckers* comme on dit en anglais, ou tout simplement des gens trop généreux? Je me demande encore où est le juste milieu. C'est curieux, je le trouve dans tout, sauf avec ceux et celles aux prises avec l'un des pires péchés capitaux. J'ai croisé plus de radins que de radines, mais il y a aussi des femmes qui nagent dans le bocal où nombreux sont… les poissons! Il m'est même arrivé de croiser une libraire à qui j'avais offert mes livres et qui, après m'avoir vendu des albums pour mes tout-petits m'a demandé si j'avais les trois «cennes noires» que le montant indiquait. Quand je lui ai répondu que je n'avais qu'un vingt dollars, elle a souri et m'a remis la somme de trois dollars et quatre vingt dix sept sous! Je n'en croyais pas mes yeux! Au point que j'ai avalé «croche» le café qu'elle m'a ensuite offert, jusqu'à ce qu'elle m'avoue qu'il était une gracieuseté du restaurant voisin.

Il n'est pas dans mes habitudes de juger les gens; j'ai plutôt tendance à les comprendre. Mais il y a de ces cas qui se veulent si «choquants», que je ne trouve plus mon missel d'indulgence. Toutefois, il faut savoir faire la différence: certains sont près de leur avoir parce qu'ils sont dans le besoin. Ils ne peuvent dépenser ce qu'ils n'ont et deviennent «pingres» malgré eux. Prudents, ils bouclent avec peine les fins de mois. Je comprends et je sympathise avec eux grandement. Des gens que j'invite au restaurant ou chez moi, avec le cœur aussi ouvert que la bourse. Parce que ce n'est ni un vice ni un péché que d'être près de ses sous quand on en a juste assez pour sa propre survie. Mais ceux qui, dans l'aisance, se complaisent à afficher l'économie en prônant l'insécurité, avec deux maisons, des voyages en vue, de l'argent à la banque, le «char» de l'année… ceux-là, je le déplore, ne sont que de vils profiteurs. Alors, si vous avez dans votre entourage un avare qui descend tout droit du célèbre auteur, de grâce, ne soyez pas dupe au point d'en devenir la cible. Pensez à vous, jouez le même jeu une seule fois, protégez-vous, et je vous jure que le «pingre» ou la «radine» ne vous talonnera plus. Avec Molière, du haut du ciel… pour en rire!

Les belles réconciliations

Je ne sais trop pourquoi, mais depuis quelques années, on n'entend parler que de ruptures entre les couples, jamais de… réconciliations. Pourtant, il est clair et prouvé que plusieurs de ces couples se réconcilient et en viennent à trouver l'harmonie la plus totale au sein de leur union. Un jeune comédien qui se livrait en entrevue déclarait récemment que ses parents s'étaient réconciliés après une rupture de douze ans. Imaginez! Douze ans loin l'un de l'autre, à tenter de trouver, chacun de leur côté, le bonheur ailleurs, pour finalement se rendre compte qu'ils étaient «faits l'un pour l'autre». Oui, il y a de ces couples indissolubles malgré les tempêtes et les avaries du destin. On a beau se dire que ça ne va plus, parfois c'est vrai, on se quitte, on respire d'aise, mais on cherche en vain à trouver le bonheur… ailleurs. Et ce, jusqu'au jour où l'on se rend compte que, malgré tout, on n'était pas si mal ensemble. On fait, dès lors, un sérieux examen de conscience et on en arrive à contrer ce que, hier encore, on ne pouvait tolérer. Il faut, parfois, être en dehors du bain, pour se rendre compte que l'eau n'était pas aussi bouillante qu'on pouvait l'imaginer. Dans toute rupture, il y a du pour et du contre et c'est, parfois, après avoir disséqué ces deux prépositions, qu'on peut envisager une réconciliation.

Jeune, je m'en souviens, la mode était de «casser» avec son «chum» ou sa «blonde», selon le cas, pour un certain temps. Juste pour voir si nous étions vraiment en amour ou seulement habitués… À cette époque, les fréquentations étaient longues, la cohabitation n'existait pas, le mariage à l'essai non plus. Et comme le but était de bâtir une vie ensemble, de fonder une famille, il était normal d'être plus sûr de soi avant de... «s'embarquer». Je n'ai pas échappé à la règle. Celle que j'aimais et que je fréquentais depuis l'âge de quinze ans avait aussi ses doutes face à l'avenir. Pour une bagatelle, je ne sais plus laquelle, nous nous sommes quittés, nous avons «cassé» pour mieux nous pencher sur cette relation à long terme. Mais six mois plus tard, nous étions de nouveau ensemble. Un amour d'adolescent, certes, mais avec autant de force que ces amours de gens plus mûrs, plus réfléchis. Je me souviens que ma mère m'avait dit, face à notre réconciliation: *«Tu vois bien que vous êtes faits l'un pour l'autre! Tu as eu des blondes avant, une qui te courait après, et vois, tu es revenu avec elle. Rien n'entrave le destin, mon p'tit gars!»* Elle ne parlait que de moi, bien sûr. Une mère de «garçons», à cette époque, ne s'arrêtait guère sur les sentiments de celles qui allaient lui ravir ses «mâles». Cette belle réconciliation a fait que nous avons uni nos deux cœurs dans cette vie à deux que nous envisagions. Nous étions sûrs l'un de l'autre, amoureux l'un de l'autre, et prêts à vivre ensemble les hauts et les bas que nous aurions à traverser. Il faut croire que les réconciliations ne sont pas toujours de faux pas, puisque nous sommes encore ensemble après... quarante-six ans.

Les belles réconciliations, ce sont celles que nous planifions de notre cœur et de nos émotions. Ce qui ne veut pas dire que tous les couples qui se séparent devraient se retrouver. Il y a de ces ruptures qui libèrent, qui invitent à chercher le bonheur ailleurs, à ne pas tomber deux fois dans le même piège. Mais si la séparation n'a été que l'effet d'un malentendu ou d'une banale histoire, pourquoi ne pas y réfléchir, peser le pour et le contre, et s'accorder une seconde chance? Trop de couples se quittent de nos jours, pour ce que j'appelle «un ongle incarné». Et comme les feux d'antan ne deviennent que des étincelles avec le temps…

Une dame d'un certain âge m'a avoué, lors d'une causerie: *«Moi, j'ai quitté mon mari pour un rien. À vrai dire, je l'ai quitté… pour rien.»* Poursuivant la conversation, elle m'a dit: *«Si j'avais été moins orgueilleuse, si j'avais eu plus de cran, après avoir réfléchi je lui aurais demandé de revenir. Mais, à vingt-cinq ans, je n'avais pas la tête que j'ai aujourd'hui sur les épaules.»* Pas facile d'avouer ses torts et de se mettre à nu en public, mais elle l'a fait et ça lui a valu l'admiration de l'assistance. Son «homme» comme elle l'appelait, a refait sa vie avec une autre et elle, malgré tous ses efforts, n'a jamais réussi à dénicher le bonheur ailleurs. Parce que c'est lui qu'elle aimait; parce que c'est celui qu'elle avait rejeté «pour rien», qu'elle désirait encore. *«Et ce sont les enfants qui en ont souffert…»* a-t-elle murmuré en guise de mea culpa. Depuis l'an dernier, plusieurs exemples m'ont été cités. Madeleine a repris avec Pierre après deux ans d'éloignement, Annie a retrouvé Étienne après douze mois de chagrin de part et d'autre, et François est revenu auprès de Sylvie après qu'ils se soient parlé dans les yeux tous les deux. Des couples dans la trentaine et la quarantaine qui, après mûres réflexions, ont compris qu'ils ne pouvaient pas vivre l'un sans l'autre. On a tous droit à l'erreur, à moins que ce soit irrévocable, bien entendu. Mais, pendant qu'on nous assomme avec toutes les ruptures dont on fait grand état, personne ne songe à nous parler des réconciliations dont on ne fait aucune mention. Voilà pourquoi j'en parle. Juste au cas où un, deux ou trois couples en proie au point d'interrogation, songeraient à reprendre le dialogue vaguement laissé sur… trois points de suspension.

On ne comprendra donc jamais

Chaque matin, lorsque j'ouvre mon téléviseur pour le bulletin de nouvelles, j'anticipe, j'ose espérer que la nuit qui vient de s'écouler n'aura pas été aussi noire, aussi tragique que la précédente. Et pourtant…

Nous avons tous suivi, le cœur en boule, les funérailles du petit Kevin Lavallée, happé par un chauffard ivre. À l'instar de son oncle qui se promettait de distribuer des affiches avec les photos de tous les pauvres enfants victimes de ces chauffeurs en état d'ébriété, je me disais: *«Voilà qui devrait enfin mettre un frein à ce carnage…»* Je me disais, aussi, qu'avec la médiatisation de la mort de ce jeune garçon les habitués du volant avec du «carburant» dans les veines allaient se poser de sérieuses questions. Je croyais qu'avec sa mort violente, le «petit ange» allait mettre un frein définitif à cette rage de boire et de conduire. Et je me trompais… Le lendemain matin, Gilles Mailloux, lecteur de nouvelles à LCN, aussi consterné que je pouvais l'être, nous annonçait qu'un cycliste avait été happé par un conducteur ivre. Cette même nuit, si je ne m'abuse, cinq jeunes avaient été victimes d'un terrible accident de la route, parce que le conducteur de la voiture dans laquelle ils prenaient place avait une alcoolémie plus élevée que ne le permet la norme. Bien sûr que ces chauffards ont tous la mort dans l'âme, le remords dans le cœur, quand revient la sobriété. Ils ont beau afficher, parfois, une assez bonne maîtrise d'eux-mêmes, on sent qu'ils sont à deux doigts de craquer. Il ne doit pas être facile d'aller ainsi, rempli de regrets, coupable d'un crime involontaire, prêt à tout donner pour revenir en arrière, refuser le verre ou rentrer à pied... Mais c'est encore moins facile pour une mère qui regardait son enfant jouer en toute sécurité et qui, soudain, pleure de le voir les yeux fermés, les mains jointes, parce qu'un adulte «averti» n'a pas su dire: *«Appelez-moi un taxi...»*

Pourtant, qui n'a pas entendu parler des conséquences de l'état d'ébriété au volant? Ils ont beau être prévenus, les habitués, savoir qu'ils risquent de perdre leur permis pour plusieurs années, se faire suggérer de ne jamais prendre le volant, se faire dire que l'expérience des autres, vous savez... Je ne peux concevoir que le simple fait de se retrouver avec un dossier criminel ne puisse engendrer une certaine crainte. Personne n'est en mesure d'évaluer son taux d'alcool, pas plus que ses capacités. Et, comme on en est à descendre la limite de 0,8 à 0,5, aussi bien dire tolérance zéro, ou presque! Parce que, selon moi, pour ne pas avoir plus de 0,5, on ne doit avoir consommé qu'une seule bière ou qu'un verre et demi de vin, pas plus. Ce qui veut dire que, si vous avez envie de fêter et de ne pas compter vos verres, faites-le, mais... à pied! Prenez un taxi pour l'aller, un autre pour le retour et, dites-vous bien que, vingt-cinq ou quarante dollars, c'est peu à côté d'un accident de la route dont vous serez responsable, et rien, moins que rien à côté... d'une vie!

Je crois honnêtement que, face à ce problème sans cesse grandissant, nous avons tous un rôle à jouer. Parce que le fléau des chauffards ivres n'est pas composé que de jeunes à qui il faut apprendre le respect de la vie, mais aussi de gens en âge d'être grands-parents ou, du moins, parents. Des adultes empreints de maturité à qui la «dive bouteille» enlève toutes les facultés. Bien sûr qu'il y a aussi des jeunes. Des gars et des filles de dix-neuf ou vingt ans qui ne mesurent pas encore leurs capacités. Des jeunes que je n'excuse pas pour autant mais, comme les prévenus des derniers mois étaient, pour la majorité, d'âge plus mûr, je ne comprends pas que ces hommes et femmes, surtout des hommes, ne... comprennent pas! Tout le monde a droit à l'erreur, mais il y a de ces erreurs qui ne pardonnent pas, qui sont à éviter. Et que dire de ces nombreuses récidives? N'est-il pas aberrant d'entendre qu'une personne arrêtée en est à sa quatrième offense du genre? Qu'attend-elle donc pour comprendre? De tuer un enfant qui joue avec sa balle? Ou une jeune mère qui traverse au feu vert pour rentrer chez elle? Ce qu'on peut faire? C'est simple. Au point où l'on en est, il faut absolument empêcher les chauffeurs ivres de prendre le volant. Qu'il s'agisse d'un ami, d'un parent, de son propre frère, il faut agir, aller au-delà. Il faudrait même lui retirer ses clefs ou, s'il prend la route malgré tous vos efforts, menacer de le dénoncer... et le faire. Pour lui rendre service, pour sa propre sécurité. Oui, appeler la police et le faire arrêter avant qu'il ne tue un enfant quelque part. Lui mettre un cran d'arrêt pour qu'il cesse de se foutre de l'humanité. Au risque qu'il ne vous parle plus, qu'importe! Parce que vous ne saurez jamais si, en agissant de la sorte, vous n'aurez pas sauvé une vie et... sa réputation. Parce qu'un permis, avec un amendement, de la bonne volonté et du temps, ça se reprend. Ce qui n'est pas le cas du souffle de vie d'un jeune enfant. Alors, une fois pour toutes, de grâce...

Les ailes d'un... grand père!

Entre ciel et terre, assis dans l'une des dernières rangées d'un avion d'Air Canada, j'avoue que je n'en menais pas large. Que voulez-vous! Je me dois de l'admettre, je ne suis pas friand de ces engins ni de l'altitude. Bref, je n'aime pas me promener dans le ciel, sentir que «ça brasse», entendre dire que l'on traverse une zone de turbulence... J'ai beau jouer les indifférents, si on remarque mes mains crispées, on peut aisément constater que je suis mal à l'aise, pour ne pas dire que... j'ai peur! Pas une peur bleue, mais une certaine crainte... Ma mère disait: *«Les oiseaux dans le ciel, les poissons dans l'eau, les humains sur terre.»* Elle n'a jamais pris un avion ni un bateau de sa vie. Alors, avec une mère qui avait même peur des orages électriques, j'ai eu maintes peurs à surmonter. Des peurs... héréditaires! Mais, comme je m'en allais voir mes petits-fils en Alberta, j'ai oublié d'avoir «peur» pour me sentir, tel un aigle, avec une paire d'ailes à toute épreuve. Les ailes d'un grand-père! Ces ailes qui protègent les petits-enfants, après avoir entouré d'amour ses propres enfants. J'ai été chanceux, une charmante dame, agent de bord, qui avait lu tous mes romans, me parlait de *L'ermite* qu'elle venait tout juste de terminer. Avec beaucoup d'éloges et d'amabilité. Ce qui m'a valu de lui signer un petit mot ainsi que pour une amie, Ghislaine, qui, ironie du sort, avait été le professeur de ma fille au primaire. Dieu que le monde est petit! Même à 35 000 pieds d'altitude! Et cette charmante personne était l'épouse d'un ex-propriétaire de taverne où, naguère, j'allais prendre mes grosses Molson... tablette!

Mais, l'aigle que j'étais et qui voyageait de ses ailes dans le ciel, n'oubliait pas pour autant le bonheur qui l'attendait lorsqu'il toucherait le sol. Comment craindre l'avion quand on sait qu'à l'aéroport, sitôt arrivé, de beaux sourires d'enfants m'acccueilleront. En plus d'étreindre contre mon cœur ma fille que je n'avais pas vue depuis six mois. Que ne ferait pas un père et un grand-père pour de tels moments d'amour. De son cœur et de ses ailes, même si j'ai dû, pour me blottir dans cette affection, subir deux décollages et deux atterrissages, car il y avait escale à Toronto. Moi qui ai pourtant horreur des «ascensions» à moteurs ouverts de ces gros bolides. Mais, en haut, les yeux enfin rouverts, je respirais d'aise et je voyais les visages de Matthew et Sacha, les deux petits anges qui se blottiraient sous les ailes protectrices de… grand-père. Bien sûr que j'ai d'autres petits-enfants, trois autres de mon fils, une fille et deux garçons. Mais ces derniers habitent à quelques pas de moi et je les encercle de mes bras fréquemment. De plus, ils ont douze, dix et neuf ans. Ce sont déjà de grands… petits-enfants. Mais je n'ai pas oublié tout ce que je leur ai donné. Que de tendresse, que d'amour, chacun… leur tour. Des marques d'affection qu'ils me rendent bien. Ma petite-fille, l'aînée, prône déjà que, lorsque je serai vieux, c'est elle qui prendra soin de moi.

Là-bas, mes tout-petits, les deux plus jeunes, n'ont pas la chance de nous voir fréquemment, ma femme et moi. C'est pourquoi nous y allons chacun notre tour. De cette façon, ils ont de «la visite» plus souvent, plus longtemps. Nous avons fini par atterrir et après avoir remercié les agents de bord, j'ai marché en direction des bagages, j'ai vu mon gendre, ma fille, mon petit Matthew, trois ans, et, caché derrière lui, timide, mon tout petit Sacha, un gentil bébé de quinze mois. Ils me regardaient tous deux, gênés, mais pas… pour longtemps. Matthew ne m'avait certes pas oublié mais, le petit, à qui je semblais familier, devait sûrement se dire: *«Je l'ai déjà vu, celui-là... Mais où?»* N'ayez crainte, dès le soir même, il était sur mes genoux tout autant que son grand frère. Il avait senti, tout comme l'autre, que mes bras étaient des ailes et que je pouvais les y blottir tous les deux à la fois. Puis, comme je le fais chaque fois, je leur ai raconté des histoires et j'ai regardé, avec le tout-petit, pas moins de cinquante-deux... *télétubbies!* Avec le plus grand, c'était *Caillou, Cornemuse* ou les concerts de Henri Dès. Le plus vieux parle tellement bien le français, surtout avec Henri Dès chaque jour, qu'il enfile, comme je l'ai déjà dit, son anorak. Son quoi? Moi, je disais un «parka» dans le temps. De plus, il a repris sa mère qui voulait lui mettre une bavette, Pour lui, c'est un bavoir. Comme le dit la mère de Caillou!

Le lendemain, nous sommes allés dans le quartier chinois; nous avons visité Calgary l'hiver, le *Heritage Park,* les centres commerciaux, mais la plus belle partie de ce voyage s'écoulait sous leur toit, ma fille à mes côtés, mes deux petits anges sur les genoux. Plusieurs diront sûrement: *«Il les aime bien ses petits-enfants, lui! Il en parle souvent...»* C'est vrai, comme vous aimez les vôtres dont vous m'envoyez les photos. Et je les aime au point de vaincre vents et marées pour les avoir, collés contre mon cœur. De la plus grande au plus petit. Les plus beaux cadeaux de ma vie! Seraient-ils tous au bout du monde, que grand-père trouverait une autre paire d'ailes encore plus grande, pour les combler, qu'importe la distance, de son... incommensurable amour.

Ne pas laisser la peur nous envahir

Le juste milieu? Pas toujours facile! Surtout quand on a certaines phobies ancrées dans le système nerveux, et que les médias n'arrêtent pas de nous faire peur avec tout ce qui peut nous empêcher de dormir comme de… manger! Il faut manger pour vivre, je ne vous apprends rien. Néanmoins, il y a des gens qui, depuis quelque temps, ne mangent plus rien ou presque, parce qu'ils se sont laissé gagner par la peur. Remarquez que je les comprends et que je respecte les mises en garde. Mais il est dommage de se rendre compte que ces personnes qui vivaient si gaiement il n'y a pas si longtemps existent maintenant dans la peur constante d'une bactérie ou d'un pesticide. Un ami qui raffolait des restaurants français, qui commandait de la cervelle, des rognons, du foie de veau, a fini par me faire comprendre qu'il avait «attrapé» la phobie de la vache folle et de la fièvre aphteuse, en me demandant constamment, depuis quelque temps, d'aller toujours au même restaurant où l'on ne sert que des fondues. Obtempérant, je me suis rendu compte que, pendant que je mangeais ma fondue chinoise au bœuf, il commandait celle au fromage. Toujours la même. J'étais surpris de cet engouement soudain, mais c'est lorsque je l'ai invité chez moi que j'ai compris son désarroi. J'avais des pâtes, avec deux choix de sauces. L'une à la viande (maison), l'autre Alfredo (de l'épicier). Il a choisi, à mon grand étonnement, la sauce en pot, et c'est là que j'ai compris que la viande hachée de ma sauce lui faisait aussi peur que la vache malade de la télévision. Calmement, il a fini par m'avouer ses peurs…

Il est sûr qu'à l'instar de plusieurs je consomme moins de viande qu'avant, mais pas au point de devenir végétarien. Du moins, pas par peur! Si jamais je le deviens, ce sera parce que ma santé me défendra de consommer autant de protéines animales au détriment de mon… cholestérol! Or, quand on pense à tout ce qu'on semble vouloir peu à peu nous interdire, j'ai compté le jambon que j'aime tant parce qu'il vient du porc qui a la fièvre partout, sauf ici pour l'instant. Récemment, c'était les melons qui étaient sur la sellette. Le cantaloup, celui que ma femme préfère. On a donc passé tout droit, mais on ne s'est pas privés d'un melon miel. Au retour, nous avions dans notre boîte vocale deux messages d'amis nous avisant que *«tous les melons…»* Vous voyez l'impact? Et la crainte, ça ne s'étiole pas. Ça reste, ça résiste, ça s'imprègne… À quand le prochain melon pour eux? Sait pas! Et voilà qu'on parle de la «tremblette» des moutons maintenant. Moi qui raffole des filets d'agneau!

Et, comme ça, d'une peur à l'autre, on en vient à avoir peur… d'avoir peur. C'est dommage, mais c'est dans la nature humaine. Surtout quand on prend de l'âge et qu'on n'ose plus faire preuve d'audace, comme au temps de nos biceps et de notre fierté. Là, c'est la peur de la rage au volant qui a gagné peu à peu la population. Il y a cinq ou six ans, quand on se faisait klaxonner effrontément, on arrêtait, on baissait la vitre et on demandait : *«C'est quoi, l'problème?»* Aujourd'hui, on se tasse, on se tait. On n'ose même pas le regarder quand il dépasse. Et, pour notre sécurité, on préfère le voir à tout prix s'éloigner. Et ce, bien souvent, biceps ou pas, parce que de nos jours… C'est bête, n'est-ce pas?

On m'a souvent demandé lorsque j'abordais le sujet: *«Oui, mais quoi faire? Où et quand? Doit-on toujours se laisser influencer ou se laisser piler sur les pieds?»* Pas toujours, mais plus souvent qu'avant. Comme plusieurs, je ne suis pas friand des foules. Comme plusieurs, je suis porté à me tenir assez près de la sortie lorsque le cas se produit. L'agoraphobie? Non, pas encore, peut-être, qui sait… Car, avec tout ce qui se passe dans les estrades publiques et les manifestations, on ne tient pas à être, malgré soi, coincé, incapable de bouger et de s'en aller. On ne tient pas à être roué de coups parce que, poussé par la foule, on se retrouve au premier rang sans être manifestant. Et, lorsque j'ai vu le plancher de la salle défoncer sous les pieds des invités de la noce en Israël, j'ai compris que la vie ne tenait qu'à un fil. Tous ces visages souriants et, quelques instants plus tard, vingt-cinq morts. Comprenez-vous pourquoi plusieurs choisissent les tables près des issues? Alors, où et quand peut-on cesser d'avoir peur? Remarquez que prudence est mère de sûreté, mais qu'il est possible d'atteindre un juste milieu qui nous permette de vivre sans craindre, à tout moment, le pire. Les vaches ne sont pas toutes folles, la fièvre n'est pas chez tous les animaux et les fous du volant ne sont pas dans chaque voiture. Or, ce qu'il faut faire, c'est analyser chaque situation, ne pas être impulsif et, selon chaque déduction, y aller ou pas, en manger ou non, et refuser de tomber dans l'exagération. Ne pas en arriver au : *«Moi, j'sors plus. Chez nous, y peut rien m'arriver!»* Parce que, séquestré, on commence à craindre le feu, les inondations, le vol… Alors, avant que la peur nous envahisse au point de craindre notre ombre, vivons! Afin d'éviter de finir par croire… qu'on est tous des morts en sursis!

À chaque âge, ses plaisirs...

Étant jeune, je n'aurais jamais cru que les plaisirs de la vie avaient un âge et que les sexagénaires, dans le temps, étaient moins friands des boîtes de nuit que je l'étais... De toute façon, je ne le remarquais même pas. Avec les ans, peu à peu, je me suis cependant rendu compte qu'il était vrai qu'on décrochait en cours de route, de ce qui avait fait notre bonheur jadis. Là, plus âgé que je ne l'étais il y a dix ans, je le remarque davantage. On se départit de ses plaisirs d'antan avec la même sagesse qu'on se démunit de ce qui nous encombre avec le temps. Moi qui étais un collectionneur de disques anciens, j'ai fini par me dire: «*À quoi bon! Quand donc aurai-je le temps d'écouter cela? Qui, après moi s'y intéressera?*» J'ai mis un frein à cette collection qui dort avec celle de mes vieux films dans un coffre au sous-sol. Parce qu'avec le temps, ce qui fait plaisir n'est plus ce qui nous excitait autrefois.

Il ne faudrait quand même pas se méprendre sur la teneur de mes propos. Ne plus s'intéresser à ce qui nous amusait naguère, ne veut pas dire «vieillir» pour autant. C'est plutôt qu'on mesure ses goûts, qu'on fait abstraction de ceux qui ne nous conviennent plus et qu'on découvre ceux qui nous apportent un renouveau. Récemment, je suis allé au cinéma voir le film *Gladiateur* avec Russell Crowe. J'ai toujours aimé les films bibliques depuis ceux qu'on faisait avec Charlton Heston ou Stewart Granger. Donc, ravi de constater qu'on revenait à ce genre de film, je me suis hasardé au cinéma un mardi soir, sans savoir que c'était le soir «à rabais» et sans savoir que c'était surtout les jeunes qui se «garrochaient» sur ces aubaines. Avec le résultat que j'étais le plus «vieux» de l'assistance! J'avoue que ça m'a un peu gêné; j'ai même eu peur de passer pour un débile, assis parmi ces spectateurs dont la moyenne d'âge était de vingt-cinq ans. Et j'ai regretté mon déplacement puisque je suis sorti du cinéma, effets sonores aidant, presque sourd. J'aime encore les films bibliques mais, désormais, je vais les visionner dans mon salon. Parce que je n'aime pas friser le ridicule. Parce que, lorsque je vais voir un film comme *Les enfants du siècle* avec Juliette Binoche, il y a des gens de ma génération et même des plus âgés dans l'assistance. Donc, à chacun son acquis, à chacun sa part... de la vie. Le Festival du jazz attire de plus en plus de jeunes. C'est d'ailleurs ce qu'on désire, le directeur de la promotion le disait à Marius Brisson à la télévision. Donc, les fervents de cinquante ans et plus, cédez la place. Bientôt, on va vous regarder de travers, passion ou non. On veut rajeunir l'image, on veut tout rajeunir, on veut que les plaisirs du temps présent s'adressent surtout à ceux qui ont entre dix-huit et trente-neuf ans. Même la télévision nous éloigne en nous servant des talk-shows avec de jeunes animateurs et des prises d'images «croches», parce que ça fait plus «in» et parce que moi, «out», je décroche! C'est d'ailleurs ce que l'on souhaite. Comme si je n'avais plus l'âge d'appeler chez... Saint-Hub!

Vous savez, je ne tiens pas à dire, par ces mots, que les mordus du jazz ou du festival *Juste pour rire* doivent s'en priver parce qu'ils ont les cheveux gris. Chacun a droit à son billet d'entrée, chacun paye le même prix. Ce que je veux éclaircir et que je découvre à peine, c'est que le temps est le seul facteur qui, peu à peu, nous fait changer d'attitude. Ce qui veut dire que si les clubs de nuit avec leur *Showtime* existaient encore, je ne serais plus dans un *ring side*. Pourquoi?

Tout simplement parce que ce n'est plus de mon âge d'aller boire des *rye* avec Seven up et, pour ma femme, des *Singapore Sling.* Ce qu'on ne sert même plus, de toute façon. Et le temps, ce grand maître, m'a fait découvrir des plaisirs nouveaux, plus propices à mon âge, plus en harmonie avec ma sérénité et ma santé. Vous savez, la vie est une école de laquelle on ne sort jamais. J'ai croisé je ne sais combien de personnes de cinquante ans et plus qui, face à leurs plaisirs d'antan, me disent: *«J'aimais ça avant, mais là, l'engouement est passé.»* Des gens qui, «bons vivants» naguère, deviennent peu à peu des assagis en étant «bons vivants» autrement. Et pour vous prouver que la vie ouvre sans cesse d'autres portes, j'ai acheté à mon fils de quarante ans, croyant lui faire plaisir, une compilation d'un groupe qu'il aimait il y a vingt ans. Il a fait mine d'apprécier, il m'a remercié, mais j'ai senti qu'avec vingt ans de plus sur les épaules, les «succès» de son groupe préféré... étaient périmés. Je le voyais encore avec ses jeans troués, ses cheveux longs, le temps de l'achat du disque en question et, pendant ce temps, mon fils venait de découvrir les plaisirs de l'horticulture.

Les plaisirs les plus courants au gré du temps? Les voyages, la lecture, les restaurants, la marche à pied, la bicyclette stationnaire, le jardinage, etc. Bref, tout ce qu'on ne pouvait songer à faire étant jeune, soit par manque d'argent ou pour ne pas déroger des «in» de l'époque. Et, d'une journée à l'autre, pendant que les aînés s'amusent avec ce qu'ils découvrent et qui leur convient, les plus jeunes s'en donnent à cœur joie sur leur Nintendo ou avec leur collection de Pokemon. Les vingt ans et plus sont devenus accros de leur «ordi», comme ils l'appellent, et les trente ans et des poussières font tout en leur pouvoir pour être des «branchés» des rues Saint-Denis ou Saint-Laurent. Avec du vin pas trop cher ou une bière importée, le jazz ou le blues dans la tête, discutant du même coup

du dernier «show» de Daniel Lemire ou de François Massi-
cotte qu'ils ont aimé ou pas. Ainsi va la vie, chaque âge a ses
plaisirs, chaque plaisir, son âge. On peut certes se permettre
de danser le tango à quatre-vingts ans tout comme jouer au
bridge à quatorze ans, mais la vie, avec son bon sens, son cheminement, finira par vous indiquer ce qui, à un certain moment, est «trop» ou «pas assez». Vous saisissez?

Des enfants sur le tard...

Je ne sais trop si c'est une mode, mais je croise beaucoup de futurs parents qui attendent leur premier enfant sur ce que j'appelle «le tard», soit entre trente-six et quarante ans. Récemment, je parlais avec une de ces futures mères, âgée de trente-huit ans, qui me disait: *«Vous savez, il a fallu nous décider. Mon horloge biologique me faisait sentir qu'il n'y avait plus de temps à perdre et je voulais absolument connaître les joies de la maternité.»* Son époux, qui a quarante-trois ans, occupe un bon emploi, et ils ont un peu de sous de côté. La dame ajoutait *«Vous, vous avez eu vos enfants trop jeune. On ne peut pas être des parents responsables à vingt-deux ans.»* Il est peut-être vrai qu'on a un peu plus de tête sur les épaules à la fin de la trentaine qu'au début de la vingtaine, mais être un bon parent, c'est plus que simplement changer des couches ou voir à la bonne alimentation et aux premiers pas de ses petits. Ma femme et moi sommes devenus parents à vingt-deux ans, et Micheline a très bien su se tirer d'affaire avec les coliques et les couches... de coton! Et je crois sincèrement que malgré notre jeune âge, l'éducation de nos enfants n'a pas été déficiente.

La future mère me disait: *«Nous, on a vécu pleinement, on a voyagé et profité de la vie avant de concevoir un enfant...»* Bien sûr! Ils ont presque fait le tour du monde alors que nous, jeunes parents, avions peine à nous rendre au Vermont pour des vacances en famille. Mais si les parents sur le tard disent avoir vécu pleinement, il ne faut pas oublier que nous, à défaut d'avoir pu profiter de la vie avant, en avons profité… après. Et durant cet «après», nous étions dans la force de l'âge, encore jeunes et pleins de vitalité. À trente-sept ans, nous étions les parents d'adolescents, la période la plus difficile dans l'éducation d'un enfant. Je me demande si, à cinquante-trois ans, les parents sur le tard auront la même énergie avec un ado de quinze ans, souvent capricieux et impulsif. Et quand l'enfant aura l'âge d'entamer des études universitaires, ses parents, arrivés au seuil de la retraite, auront-ils encore l'emploi qu'ils occupent actuellement ainsi que les revenus nécessaires pour faire face à des coûts exorbitants? Avec leurs pensions de retraite et leurs REÉR, pourront-ils assumer les frais d'une instruction universitaire tout en maintenant un bon train de vie? Auront-ils fini de payer la maison qu'ils avaient achetée au moment où l'enfant allait naître? Je n'en sais rien, car nous ne saurons que dans vingt ans si les parents sur le tard auront eu raison de faire ce que nous faisions… sur le tôt! On a beau mener des études sur la maternité tardive, élaborer des hypothèses, seul l'avenir répondra à nos questions. Je ne suis pas contre le fait d'avoir des enfants avant qu'il ne soit trop tard; j'ai toujours dit qu'ils étaient la plus belle richesse qui soit.

Mais je me demande s'ils ont raison d'attendre si tard ou si c'est nous qui avons eu tort d'avoir nos enfants si jeunes. Nous n'avons peut-être pas joui de la vie «avant», mais je sais ce qu'est la vie «après». Et c'est peut-être parce que, d'expérience, je connais le parcours d'un parent que je m'inquiète quelque peu pour ce futur père de quarante-trois ans. À cet âge, j'avais déjà un fils de vingt et un ans! Je me demande si la décision de devenir parent à un âge avancé est aussi réfléchie qu'on veut bien le laisser croire. Et je me demande si la nôtre, parfois irréfléchie, ne valait pas son pesant d'or. Ce qui me dépasse, c'est que cette future mère a insisté sur le fait qu'elle et son mari désiraient avoir au moins… deux enfants!

On ne se marie plus à vingt ans comme dans mon temps, c'est évident. On fait sa vie, on amorce une carrière, ce qui n'était guère notre cas, même si mon épouse a travaillé autant que moi. Quand je vois ma fille, qui va donner naissance à son second enfant à trente-six ans, j'avoue que je fronce les sourcils. Je songe à l'inflation, au coût de la vie dans vingt ans... et je m'inquiète pour elle. Bien sûr qu'elle et son mari vont se débrouiller, qu'ils vont surmonter les obstacles comme nous l'avons fait jadis, avec quinze ans de moins qu'eux sur les épaules. Mais ça m'inquiète quand même. Je pense à leur santé et à leurs ados, qui se sentiront à trois générations de leurs parents. Je pense aussi aux concessions, aux compromis à venir. D'autant plus que moi, à trente-sept ans, j'étais déjà «vieux jeu» aux yeux de mes jeunes de treize et quinze ans!

Je ne sais trop s'ils ont raison ou tort de fonder une famille sur le tard. Et je ne sais pas ce que les spécialistes qui se penchent sur la question diront quand ils verront ces jeunes adultes, enfants de parents... déjà âgés. Mais, face à l'inconnu, je ne regrette pas – et ma femme non plus – d'avoir eu des enfants «sur le tôt». J'espère de tout cœur que les parents sur le tard auront autant de joie dans leur nouveau rôle que nous en avons eu, nous, qui avons goûté plus tôt qu'eux au grand bonheur d'élever avec amour ces chers enfants... devenus grands.

Se pencher sur ce qui se passe ailleurs

Au début du mois, je causais avec un voisin, qui m'a dit : *«Croyez-vous qu'on va avoir la pluie qu'on nous prédit pour demain?»* Ce à quoi j'ai répondu: *«Je n'en sais rien, j'ai plu-tôt entendu dire qu'il allait faire froid et qu'on allait avoir de la neige.»* Avec un soupir de soulagement, il m'a alors rétor-qué: *«J'aime mieux ça! Moi, la pluie, ça me fait penser au verglas et ça peut s'infiltrer dans mon sous-sol; il y a une fissure je ne sais trop où…»* J'ai mis un terme à la conversa-tion en lui disant: *«De toute façon, quoi qu'il arrive, ce sera un grain de sable à côté de ce qui se passe en Inde.»*

Le temps est un grand maître, mais il ne peut nous faire ou-blier ces catastrophes qui frappent certaines parties du monde. Le Salvador avec ses deux mille morts et ses milliers de disparus, l'Inde avec plus de vingt mille morts qu'on incinérait aussitôt sortis des décombres, par crainte d'une épidémie de peste, c'est vraiment ce que j'appelle de grands fléaux. La terre est-elle à ce point en colère? Si oui, pourquoi se venge-t-elle sur les pays les plus pauvres, sur les êtres les plus démunis? Je sais qu'aucun endroit n'est à l'abri des tremblements de terre, qu'on habite San Francisco ou Rimouski, mais comme ils sur-viennent souvent dans les pays défavorisés, je me dis qu'on devrait avoir honte de se plaindre des tempêtes de neige ou du verglas, aussi dommageables soient-ils à l'occasion. Nous avons la chance de vivre dans un pays riche et prospère qui a la capacité de se remettre des pires intempéries. Nous avons l'argent et les outils nécessaires, et nous ne risquons pas d'être privés d'eau potable ni de vivres. Ce n'est pas le cas pour les démunis du Tiers-Monde, du Salvador, du Chili ou de l'Inde. Et malgré tout, quand tout va bien, ces gens sont ceux qui se plaignent le moins de leur sort, ce qui est loin d'être notre cas, nous qui vociférons depuis des mois contre l'idée d'être une île… une ville! Loin de moi le désir de faire de la politique, dont je ne suis pas féru d'ailleurs. Je mentionne ce sujet à titre d'exemple seulement. Devant la désolation en Inde, les pleurs des mères, les cris des enfants, j'aurais aussi bien pu dire: *«Pendant ce temps, ici, on n'a rien d'autre à faire que de parler du bébé de Céline ou de réclamer, par habitude, la souveraineté!»* Vous voyez ce que je veux dire? Quand on est «gras dur», comme disait ma mère, ce n'est pas facile d'ouvrir son cœur à la misère.

Nous pencher sur ce qui se passe ailleurs peut nous donner une des plus belles leçons de vie qui soient. Je me souviens qu'au matin du tremblement de terre en Inde, je venais de recevoir mon compte de taxes municipales et mes brochures pour mes déclarations d'impôts. D'habitude, ça me choque d'avoir cela dans ma boîte aux lettres. Mais ce jour-là, au gré de ma conscience et le cœur en boule devant les visages ravagés par la douleur, j'aurais eu honte de froncer les sourcils devant des impôts à payer, même si nous sommes la province la plus taxée. (Pardonnez-moi, mais il me fallait la glisser, celle-là!) Toujours est-il que, au gré de ma conscience, je me suis penché sur le sort de ceux qui vivaient un enfer et, comme pour les en sortir, j'ai fait au Ciel une prière.

Ma mère disait souvent, en parlant d'un grognon: *«Lui, prends-le pas en pitié, y s'plaint le ventre plein!»* Et elle avait raison, parce que l'homme dont elle parlait avait trois maisons, des chalets à louer, deux voitures, et effectuait quatre voyages par année. Celui-ci se plaignait lorsque ses taxes augmentaient ou que son compte d'électricité montait de quelques… fusibles! Vous voyez le genre? Je sais que certains vont se dire: *«Oui, mais il ne faut pas toujours regarder les plus malheureux.»* Bien non! Regardez les plus heureux juste pour voir, et je vous jure que bon nombre d'entre eux vous envient d'être tels que vous êtes. Or, comme on n'est jamais content, il est peut-être temps de regarder ce qui se passe dans le reste du monde. Après avoir vu un enfant perdre une jambe dans un bombardement, on peut être gêné de dire à son entourage qu'on s'est foulé le pied. J'ai un ami dont j'aime bien la philosophie. Quand je le sens anxieux, stressé, et que je lui dis: *«Somme toute, ça pourrait aller mieux…»,* il me répond: *«Non, ça pourrait être pire.»* Finalement, quand on se penche sur ce qui se passe ailleurs, on oublie vite ses petits malaises. Et dire que pendant qu'on attendait «la décision» d'un ministre comme si c'était la fin du monde, les enfants d'une école en Inde, ensevelis, tentaient de leurs petites mains de soulever une pierre qui, pour eux, marquait la fin d'une vie.

Quand l'espérance se manifeste

La page est tournée. Le siècle dernier s'est éteint avec ses souvenirs que plusieurs garderont dans leur cœur. Présentement, nous ne sommes même pas aux balbutiements de ce troisième millénaire, puisque c'est dans un an qu'il fera, tout comme un enfant, ses premiers pas. Pour l'instant, ce siècle nouveau ouvre les yeux, regarde autour de lui, et se rendort d'aise. Tout comme un bébé qui fait de bien jolis rêves, c'est-à-dire avec un sourire en direction du soleil et les deux bras tendus vers... l'espérance.

Quand je lis Chamfort, qui dit que *«l'espérance est un charlatan qui nous trompe sans cesse»,* je ne suis pas d'accord. Pas plus qu'avec Lamartine qui, lui, sans doute frustré, s'était écrié: *«Mon cœur lassé de tout, même de l'espérance, n'ira plus de ses vœux importuner le sort.»* Pauvre poète! Fallait-il qu'il se sente démuni, abandonné, trahi. Oui, fallait-il qu'il soit malheureux pour ne plus croire en rien. Mais c'était jadis. Je ne veux pas dire que de nos jours on peut tout atteindre en fermant les yeux et en espérant de tout son cœur. L'espérance n'est ni une baguette magique ni une illusion. L'espérance, c'est une essence dont on imbibe son âme quand le temps est à la prière. On prie, on souhaite, on espère. On espère que le siècle qui débute nous offre un peu de ses magnifiques couleurs. On ne souhaite pas la lune ni le Pérou, mais on espère de tout cœur qu'avec de la bonne volonté on pourra améliorer son sort et alléger quelque peu ses tourments. Vous savez, ce n'est pas parce qu'on est à l'aube d'une année nouvelle et qu'on a pris des résolutions que tout va nous tomber du ciel. Ce serait trop beau, trop facile. On se disait: *«C'est l'an 2000 qui vient; tout va changer.»* Ou, comme moi, on craignait peut-être que le premier lever du soleil soit plus gris qu'orangé... Or, je me rends compte qu'aujourd'hui, c'est comme hier: la neige est aussi blanche que l'année dernière et les tout-petits, emmitouflés, dorment à poings fermés dans leur poussette comme le mois dernier.

Il y a un jour ou deux, un ami m'avouait avoir repris le travail sans enthousiasme. Ça se comprend: ça faisait deux semaines qu'il fêtait le siècle agonisant et l'embryon de l'autre! Je n'ai rien contre les festivités, au contraire, mais après les beuveries, l'euphorie, la dinde farcie, il faut bien retrouver ses esprits! Bien sûr qu'on aimerait que, les jours de congé se poursuivent sans trêve... Mais, n'en déplaise aux poètes, voilà qui serait vaine espérance. Car on ne peut espérer gagner sa vie en étant toujours en congé. Le plus bel espoir qui soit, c'est de garder cet emploi qui nous permet de vivre et de voir au bien-être des personnes qui nous tiennent à cœur. Si vous croyez, comme vous me le dites souvent, que les cheveux gris sont le reflet de l'expérience, laissez-moi vous dire que j'ai espéré toute ma vie, et jamais en vain. Il m'est certes arrivé, plus jeune, de rêver d'une corne d'étoiles et de n'en décrocher qu'une seule, mais l'espoir n'était pas inutile. J'avais quand même cette étoile sur laquelle miser. Plus tard, dans les moments les plus sombres de mon existence, j'ai gardé l'espérance, j'ai cru, j'ai prié... et j'ai fini par vaincre tous mes ennuis. Un à un, les tracas se sont envolés; une à une, les joies les ont remplacés. Et, depuis, j'ai toujours su que d'autres bonheurs allaient suivre. Et plusieurs ont effectivement suivi. Je n'ai jamais espéré quoi que ce soit de plus grand que ce que le cœur pouvait prendre. Chaque fois que l'espérance s'est manifestée, je n'ai toujours demandé qu'une toute petite part de ce que la vie pouvait me donner. Et je me suis rendu compte que, en n'étant guère exigeant, la manne tombait abondamment. Lorsque je dis «manne», je ne parle pas nécessairement d'argent. La manne, pour moi, c'est tout ce qui nous tombe du ciel, telle une pluie de joie, après l'avoir espéré de tout son être. C'est l'amour de la personne qui partage notre vie, la tendresse des enfants, l'affection des parents, la fidélité des amis… La manne, c'est aussi ce qu'on reçoit après avoir donné. La plus grande offense qu'on puise faire à l'espérance, c'est de clore les yeux sur elle. Et comment lui faire un tel affront quand la nouvelle année, encore dans ses langes, ouvre à peine les paupières… Quand l'espérance se manifeste, et que son frère, l'espoir, l'appuie et la soutient, de grâce, ne fermez pas votre cœur. Foi de celui qui vous écrit, sans être poète, je peux vous assurer que tout désir rempli d'espoir et d'allégresse se veut… une promesse.

Par la grande porte de l'école

«Dans mon temps...», s'écrie souvent l'un de mes petits-fils dans le but de se moquer de son grand-père. Parce qu'il est vrai que, pour prouver à mes petits-fils la chance qu'ils ont et leur grande liberté d'être, je leur dis souvent: *«Vous savez, dans mon temps...»* et je pars sur une longue tirade qui les intrigue et les amuse.

Mais il est vrai, ne vous en déplaise, mes petits chenapans, que *«dans mon temps»* nous n'étions pas gâtés pourris comme vous l'êtes et que la discipline, à la maison comme à l'école, ça existait! Voilà, c'est dit, et je leur ai si souvent parlé de l'orphelinat qu'ils ont fini par en avoir peur. Ils ont fini par croire que les sœurs grises arpentaient encore les dortoirs et qu'on pouvait les leur confier pour un... «bout d'temps!» Mais, sans être extrémiste, je me souviens de la cour d'école de nos premières années scolaires, où nous devions prendre notre rang, deux par deux et en silence, les plus petits en avant, les plus grands derrière, avec rien dans les poches! Pas de «gomme balloune», pas même un petit outil en chocolat; on risquait de se le faire confisquer. C'était peut-être plus rigide, mais combien plus profitable aux professeurs qui, tout en nous imposant leur haute stature, se faisaient appeler monsieur Sauvé ou mademoiselle Gagné... avec respect. Sachant fort bien qu'on ne fera pas des années 2000 les années 1940, j'avoue que, à regarder évoluer les parents d'aujourd'hui, ils sont beaucoup plus permissifs que nos parents l'étaient et que les professeurs ont maintenant un peu plus de misère à corder les enfants en rang d'oignons. Jadis et aujourd'hui, ce sont deux époques différentes. La première était plus favorable aux enseignants, et la seconde est de l'or en barre... pour les enfants.

Or, toujours est-il que, nonobstant ce tantinet de mélancolie, les enfants viennent de réintégrer leur classe, leur banc d'école, tout en tentant de s'adapter à leurs nouveaux professeurs. Pendant ce temps, les enseignants doivent faire preuve de discernement pour distinguer le plus tôt possible les brebis des louves et les moutons des loups. Parce que chaque enfant dont ils écopent a son caractère, sa façon à lui de se manifester, et il traîne dans son sac d'école l'éducation qu'il a reçue à la maison. Ce n'est donc pas facile pour les «profs», comme on les appelle maintenant, de se retrouver dans leur classe avec un enfant discipliné et quatre fortes têtes. Pas surprenant qu'ils souffrent de *burnout* après sept mois d'enseignement.

Les parents savent fort bien que ce ne sont pas les professeurs qui vont faire des anges de leurs petits démons, lorsque c'est le cas. Les enfants auront toutefois acquis un bagage d'instruction qui ne pourra que leur servir. Parce que les jeunes d'aujourd'hui, qu'on le sache, ont de l'ambition et des buts dans la vie. Les jeunes de treize ans qui, au secondaire, affirment qu'ils veulent être médecins, il faut les prendre au sérieux. À cet âge, on commence à savoir davantage ce que l'on veut. Au primaire, il est évident que les petits garçons veulent être des «polices» ou des pompiers, les petites filles, des ballerines ou des... mamans. Je le sais, je les ai questionnés, ces enfants. Mais si, plus haut, j'ai parlé des petits «démons» de certaines classes, il ne faut pas oublier qu'il y a aussi des enfants sages et bien élevés. *«Tout ce qu'il faut espérer, me disait un professeur, c'est que le blé l'emporte sur l'ivraie dans une classe de trente élèves.»* Ce qui n'est pas toujours évident!

Moi, ce qui m'émeut le plus, c'est de voir un tout-petit se diriger vers l'école pour la première fois. Bien sûr qu'il a hâte, il en parle depuis qu'il a trois ans. Mais là, devant le fait accompli, séparé de sa maman pour une journée entière, c'est loin d'être les quelques heures de la maternelle. Il y en a qui ont la larme à l'œil, d'autres qui foncent et qui prennent vite leur place; il y en a même qui, dès le premier jour, apportent une pomme à l'institutrice dans le but d'obtenir un premier sourire. Mais, je l'avoue et je le redis chaque année, ça m'a toujours touché droit au cœur de me séparer de l'un de mes enfants lorsque venait le temps pour eux d'entrer en première année. Je voyais le petit partir avec son sac et j'aurais voulu le garder près de moi; je voyais la petite s'en aller tête baissée, peu heureuse de son sort, et je me retenais pour ne pas la prendre dans mes bras. Et ça me touche encore, même si ce ne sont plus les miens, parce que, un tout-petit, c'est un ange à protéger… Mais le temps est arrivé : les enfants sont déjà installés, de bon ou de mauvais gré, au petit pupitre qu'on leur a désigné; et les plus grands étendent leurs longues jambes sous les tables des cégeps et des universités. À tous, je souhaite de trouver du plaisir à relever le moindre défi. Tout en m'inclinant devant les professeurs pour leur mérite… indescriptible!

Le mois des morts? Voyons donc!

Encore hier, parce qu'il pleuvait et que des feuilles mortes étaient collées au sol, une dame de ma rue, ouvrant son parapluie, s'exclamait: *«Quel sale temps! Mais, que voulez-vous, c'est le mois des morts…»* J'ai souri et j'ai poursuivi ma route en pensant: *«Le mois des morts? Voyons donc! Pourquoi disent-ils toujours que novembre est le mois des morts quand il est si vivant pour tant de gens?»* Je me suis rendu compte qu'on confondait souvent la Toussaint, fête de tous les saints qui a lieu le 1ᵉʳ novembre, avec le jour des Morts, qui a lieu le lendemain. Ce qui fait que les saints du Ciel sont fêtés dans la tristesse et que les morts sont presque ignorés le jour suivant. Il est vrai, qu'en novembre, il pleut plus qu'en octobre. C'est le milieu de l'automne, le mercure monte et redescend sans cesse. Que les grincheux s'estiment chanceux que la pluie qui les dérange ne soit pas une rafale… de neige! Car j'ai vu des mois de novembre non pas gris mais blancs – plus joyeux direz-vous –, avec de la neige qui nous arrivait jusqu'aux genoux! Mais malgré tout, les gens se plaignaient, comme si tout le monde avait prix le onzième mois de l'année en grippe. Comme si novembre était le mois des sorcières, des chats noirs, des chagrins, des mauvais sorts et du… caquet bas! Et pourtant…

Pour moi, novembre est un mois comme les autres. Il nous avertit que l'hiver est proche. Serait-ce ce qui nous met en rogne? Serait-ce pourquoi on l'appelle le mois des morts? Moi, à ce moment de l'année, je pense à tous ceux que j'aime et qui ne sont plus là. J'ai une prière pour ma mère et mes frères, je leur souhaite beaucoup de joie là où ils sont, jusqu'à ce que je les… retrouve. Entre vous et moi, ça ne doit pas être si terrible, puisque aucun disparu n'est revenu pour nous dire que c'était «plate à mort» de l'autre côté. J'ai toujours en mémoire cette belle citation de Félix Leclerc: *«C'est beau la mort, c'est plein de vie dedans.»* Le poète a sans doute voulu dire que, avec tous ceux qui s'y trouvent, c'est loin d'être le néant.

Vociférer contre le mois de novembre, n'est-ce pas faire injure à tous ceux qui sont nés entre le 1er et le 30, c'est-à-dire les natifs du Scorpion et ceux du Sagittaire du premier décan? Ces gens pleins de vie sont-ils pour vous des morts en sursis? Mon père est né un vendredi 13 novembre, de quoi faire peur aux superstitieux… Pourtant, je me souviens de lui comme d'un bon vivant; d'ailleurs, il était beaucoup plus rieur que tous ses enfants. Mon fils a vu le jour un 5 novembre, et je le trouve tout à fait agréable. Bon caractère, jamais un mot déplacé, généreux de sa personne, il traverse ce mois qui l'a vu naître avec le même sourire qu'en juillet. Mon gendre Christopher et un bon ami, Germain Monté, sont tous deux du 22 novembre. Des types tout à fait charmants! On chuchote que les natifs du Scorpion sont des êtres… sexuels! Il doit y avoir du vrai là-dedans, puisque mon fils a fait trois enfants d'affilée! Pardonnez mon ironie… Mais je ne plaisante pas quand je dis que les Scorpions sont de bons vivants. J'en connais bien sûr un ou deux qui grognent tout le temps, mais eux, même s'ils étaient nés au mois d'août, ils seraient tout aussi marabouts! Il y a quand même l'hérédité, non? Et puis pourquoi appelle-t-on novembre le mois des morts? Les jours de pluie, on est au lit plus tôt, et pas nécessairement pour dormir… Parlez-en à ceux qui sont dans la force de l'âge! La pluie nous confine à l'intérieur, la pluie nous rapproche. Moi, personnellement, j'aime beaucoup le mois de novembre, car c'est celui qui me permet d'écrire, d'écrire et d'écrire encore, sans déposer la plume. Parce que rien ne m'attire à l'extérieur, que je me sens inspiré et que ceux que j'aime et qui sont là-haut me donnent peut-être une petite poussée dans le dos...

Par un jour de pluie, j'ai pris le temps d'aller magasiner avec mon épouse. Le mois des morts? Voyons donc! Je n'ai jamais vu les magasins aussi vivants qu'en ce temps de l'an-née! Partout, on nous parle des festivités qui approchent et les sourires abondent... Dans une allée de jouets, j'ai vu des Pokemons qui attendaient les petits gars et des poupées qui semblaient tendre les bras à toutes les fillettes qui passaient. Pendant que ma femme regardait des vêtements, une vendeuse faisait tout ce qu'elle pouvait pour m'attirer à son comptoir de parfums; j'avais commis l'erreur de m'arrêter devant une publicité de Nina Ricci. J'ai discuté avec elle, j'ai humé des arômes et j'ai... éternué, parce que je suis allergique à certaines fragrances! Mais je n'ai pas eu le courage de lui dire que, cette année, mon épouse avait davantage besoin d'un... grille-pain que d'un parfum! Je plaisante, mais n'est-ce pas là la meilleure façon d'oublier tout ce qu'on raconte sur le mois des morts, de faire fi de la pluie et d'aller gaiement vers le bonheur qui nous attend?

Quand on connaît son état de santé

Non, il n'est pas possible de se connaître de la tête aux pieds. On a beau se faire suivre par son généraliste, il y a toujours des «impromptus» qui s'amènent au fil des ans et qui nous font chercher davantage ce qui ne fonctionne pas avec notre corps, cette fichue machine! Néanmoins, avec un tantinet de connaissances et un assez bon jugement, je crois qu'il est possible d'en arriver à connaître à 80 %… son état de santé. Pas quand on a vingt ans, bien sûr, puisque c'est l'âge des découvertes, l'âge où, jour après jour, on est à la merci de tout ce qui peut arriver et où on enregistre les choses au fur et à mesure sur un fichier du disque dur… de sa santé. Il est évident qu'à trente ans, surtout autrefois, on ne se souciait guère de son taux de cholestérol ni de sa «haute pression»! D'autant plus que les visites médicales étaient plutôt rares; on se débrouillait avec les moyens du bord! Donc, on vivait avec les inconvénients sans savoir ce qu'il fallait et ce qu'il ne fallait pas faire pour préserver sa vésicule biliaire. Avec le résultat qu'en ce temps-là nous étions en rang d'oignons pour… l'ablation! De nos jours, avec les progrès de la science, les articles qu'on peut lire, je dirais que la prévention nous évite maintes… opérations!

Malheureusement, aujourd'hui, les recherches, les diététistes, les médecins et les naturopathes se contredisent tellement qu'on se demande qui croire ou ne pas croire, quoi prendre ou éviter. Une naturopathe vante les mérites de la betterave, une autre parle des bienfaits du chou – pas facile à digérer pour autant – et j'ai lu quelque part que les pâtes fraîches valaient celles des étalages. Pourtant, les unes comme les autres gonflent les intestins, à moins de se contenter de trois rigatonis dans son assiette. On m'a toujours dit que la consommation d'œufs provoquait un taux élevé de cholestérol, et voilà qu'après m'en être privé un certain temps, j'entends dire qu'ils ne sont plus en cause si on en mange modérément. Maintenant, ce sont les mérites du chocolat que l'on vante. Voilà que ça nous prend du sucre, allez savoir pourquoi! Pourtant, je me sens beaucoup mieux depuis que j'ai troqué le sucre contre un édulcorant. Là encore, on disait que l'aspartame était poison et, dernièrement, la «recherche» lui a donné sa bénédiction. J'ai finalement compris que pour être en forme…

Oui, j'ai compris comme bien d'autres, je parle surtout des gens de ma génération, que pour être en forme il faut évaluer soi-même son… mécanisme! Sans consulter mon médecin, trois fois par année, je sais exactement ce qui peut nuire à ma santé et ce qui peut la maintenir. Quand il m'arrive de faire des abus de table, je sais fort bien que je vais payer la note la nuit venue. Parce qu'il est normal de «rechuter» de temps à autre. On ne peut quand même pas passer le reste de sa vie à manger des graines de sésame et à boire du jus de carottes! Il y a certains plaisirs qui sont à risque, mais, entre vous et moi, sans plonger tête première dans les abus, un petit écart de conduite, ça remonte parfois le moral. Parce qu'il ne faut pas oublier que l'anxiété, le stress et l'angoisse ont des liens directs avec… l'angine. On a même découvert récemment que le stress pouvait provoquer le diabète. Mais comment ne pas être stressé de nos jours? On n'a pas d'autre choix que de vivre avec une certaine dose de stress toute son existence. À nous de faire en sorte que ça ne tourne pas en maladie! Ce qui est fort souvent le cas… Donc, si je résume jusqu'ici ce que je sais de ma santé, je suis en mesure de dire que je peux la protéger ou la malmener, selon mon humeur, le jour et l'heure.

Quand on connaît son état de santé, quand on sait ce qui peut l'aggraver ou «l'apaiser», il faut chercher à trouver l'équilibre au gré de sa bonne volonté. La pire chose à faire, c'est de s'en foutre dès que l'on entend dire: «*Moi, mon grand-père, il chiquait du tabac, il mangeait du lard salé, puis il est mort à quatre-vingt-dix ans!*» Peut-être bien, mais pas le mien! Donc, on ne peut se fier à tous ceux qui nous ont précédés pour se permettre la moindre négligence. On a beau parler d'hérédité, d'arbre familial, on a quand même un héritage des deux côtés. Et ce n'est pas parce que, par exemple, on a perdu son père alors qu'il était passablement jeune qu'on doit se surveiller sur toute la ligne. Non! Il faut y aller au gré de sa santé. Tout comme devrait le faire une personne dont le grand-père chiquait… Parce que, de nos jours, avec l'incertitude, l'insécurité, l'anxiété et l'angoisse… peut-on jurer qu'on va chiquer jusqu'à cent ans? Remarquez qu'il y aura toujours des centenaires! Mais, quand on connaît assez bien son état de santé, pourquoi ne pas le respecter, le protéger? Pourquoi ne pas tenter d'éviter le plus possible ce qui pourrait… le rendre malade?

Pour contrer sa mauvaise humeur...

Il vous arrive sûrement, parfois, tout comme moi, de vous lever du mauvais pied. Surtout lorsque vous dormez encore et qu'on vous réveille à coups de sonnettes répétitifs. Je descends l'escalier en maugréant, bien sûr, pour me retrouver face à face avec le type qui vient répandre un insecticide sur ma pelouse. On nous avait prévenu qu'on ferait cela un jour de pluie. Or, malgré le ciel gris, il ne pleuvait pas. Mécontent, j'ai dit au type ma façon de penser, et il m'a rétorqué que je n'avais qu'à arroser abondamment si les nuages ne s'en chargeaient pas. J'ai téléphoné à la compagnie en «beau maudit», le gérant devait me rappeler, il ne l'a pas encore fait... Je suis de mauvaise humeur parce que mes petits-enfants arrivent demain et qu'ils ne pourront pas jouer sur le terrain à cause de... J'aime mieux ne pas y penser, je sens ma pression monter. Et je vous jure que si le ciel ne fait pas tomber des averses, ce sont eux qui vont venir arroser, pas moi! Et l'année prochaine, je les attends avec leur contrat! Voilà ce qui peut gâcher une matinée, ce qui peut rendre irritable pour le reste de la journée à moins que... Oui, à moins de contrer sa mauvaise humeur par des joies à venir, ou le souvenir de bonheurs ressentis. Car, que ce soit à cause d'un insecticide, d'un coup de téléphone déplaisant, d'un argument avec son conjoint ou de tout autre petit détail de la sorte, il nous arrive à tous de nous lever de «force» et de mauvaise humeur certains matins.

Bon, on s'apaise, on respire par le nez, on s'asseoit, on écoute une musique de circonstance et... on décompresse.

Voilà la première étape à franchir pour retrouver quelque peu le sourire. Je me rappelle de la dernière fonte des neiges après la tempête inattendue, je revois les premiers bourgeons de mes lilas, je revis Pâques et le bonheur d'avoir ma petite famille à table. Je dis «je», ce qui, pour moi, veut dire «nous», mais il se peut que, pour vous, ces joies aient été ressenties autrement. De toute façon, en suivant les bonheurs encore chauds dont je parle, vous n'aurez qu'à y appliquer les vôtres et l'accalmie sera la même. Nous avons tous, à notre façon, célébré le merveilleux dimanche des mères. Je suis même allé saluer la mienne dans sa petite urne de la petite niche. J'en ai profité, aussi, pour «m'entretenir» avec mes deux frères et une nièce qui reposent avec elle. À la maison, je revois les jolies fleurs qui ornaient la table de la salle à manger. Dieu que ça sent bon, un printemps! Puis, j'ai souvenance de cette journée d'anniversaire de mariage que nous avons discrètement soulignée, mon épouse et moi. Vous savez, après plus de quarante ans…. Mais je nous revoyais en 1957 avec nos vingt ans, sur le parvis de l'église, un vent frisquet et des nuages à surveiller. Le mois de mai n'a pas la même couleur chaque année. En 1957, il nous avait fort contrarié. Mais, quarante et quelques années plus tard, après toutes les tempêtes de la vie et ma «mauvaise humeur» de ce matin, j'avoue que j'en souris quand je revois nos deux enfants naître tour à tour pour notre plus grande joie. Puis, afin d'oublier qu'on s'est levé du mauvais pied, il suffit de penser à une joie, une seule joie personnelle ressentie ces derniers temps. Pour vous, c'est peut-être un amour qui s'éveille, un enfant qui a vu le jour? Pour moi, ce fut la «naissance» sur papier de mon huitième roman que j'ai enfin terminé. Pas encore peaufiné, pas encore habillé, mais sorti de mes neurones avec l'inspiration que m'a soufflé le bon Dieu. Déjà, je vous l'avoue, je me sens mieux, j'oublie peu à peu «l'insecticide», mais j'attends encore le coup de fil du gérant, avec un certain «ton» que je garde… pour lui!

Au moment où je trace ces lignes, je n'ai pas encore assisté à la première communion de l'un de mes petits-fils qui aura lieu dans quelques jours. Au moment où vous me lirez, ce sera fait, mais là, dans l'attente, je revis la joie ressentie pour les deux autres qui ont communié avant lui. Cette fois, j'ai fait des mains et des pieds pour lui trouver, comme dans mon temps, un crucifix avec un Christ quasi réel – non symbolique – sur une croix quasi réelle… et j'ai trouvé. Un Jésus en croix avec un soldat à ses pieds. Un objet de toute beauté qu'il gardera en souvenir de ce jour… et de son grand-père. Eh oui! mon petit Christian communiera tout comme l'ont fait Carl et Corinne avant lui. Et ce sera une belle grande fête de famille encore une fois. Voilà de quoi me faire oublier «l'insecticide», non? Ça s'en vient, un souffle à la fois, mais j'attends encore… le coup de fil du gérant!

Ce qui est bête, c'est que demain, tout ça, n'aura plus d'importance. À l'aube, je vais me lever de bon cœur pour mes tout-petits de Calgary qui m'attendront à l'aéroport. Et comme grand-mère a tout préparé en vertu de leur confort… Alors, pourquoi risquer de faire de l'hypertension pour un insecticide? Mais, vous comprenez pourquoi j'étais en furie à ce point, n'est-ce pas? Mes petits arrivent, c'est leur pelouse, ils vont vouloir y jouer… Tiens! ça recommence! Je vais encore m'emporter! La journée s'est écoulée, j'ai reçu un appel de mon éditeur qui a le don de me remettre de bonne humeur, j'ai parlé à des amis, j'ai fait des emplettes, j'ai lu deux chapitre de *Fouché* par Stefan Zweig, j'ai feuilleté le dernier numéro du *Lundi* que je viens de recevoir et, mon humeur a retrouvé toute sa vigueur… ou presque. Car le fameux gérant n'a pas encore retourné mon appel… À un de ces jours, lui!

Au-delà de la vie...

Quand Irène parle de Jean, c'est un cœur qui bat et qui s'ouvre avec tendresse sur le souvenir d'une âme envolée pour l'éternité. C'est un cri d'amour qu'une mère lance à ses enfants; une façon de leur dire avec affection que, si lui, le paternel, n'est plus là pour leur prêter une oreille attentive, elle est encore à deux pas d'eux et qu'elle leur offre assez de dévouement et de sérénité... pour deux. Dernièrement, un lecteur me faisait parvenir une très belle lettre que sa mère avait rédigée pour ses enfants. Une missive dans laquelle elle leur avouait tout l'amour qu'elle avait ressenti pour leur père durant toutes les années où ils avaient vécu côte à côte, et combien elle espérait pouvoir être pour eux, désormais, plus présente que jamais pour leur ouvrir les bras.

Irène a attendu un an avant de s'adresser avec tendresse à ses enfants. Un an durant lequel elle a vécu son deuil, surmonté son chagrin et retrouvé ses forces, pour enfin prendre la plume et leur parler... de lui. J'avoue avoir été grandement touché par cette missive de laquelle je vais extraire les plus beaux passages. Cet écrit plus que mûri, c'est à ses enfants et à ses petits-enfants qu'elle en fait don. Jean est mort octogénaire, après une belle vie à deux comme on la vivait naguère, dans la discrétion. C'est sans doute pourquoi Irène dit à ses enfants: *«On s'est aimés à notre façon, et le plus petit bonheur valait une grande richesse...»* En remontant les lignes de cette lettre, je peux lire : *«Il me semble que son départ est toujours récent; il occupe une grande place dans mes pensées de tous les jours...»* La veuve a surmonté sa peine, on le sent, mais elle garde au fond du cœur le moindre souvenir de cet amour qu'elle a vécu avec son mari depuis le premier jour. Et ce, en dépit de leurs différends, puisqu'elle a la franchise de dire à ses enfants: *«Il y a eu certainement des erreurs au long de ces années, car notre amour était basé sur le respect de nos goûts très différents...»* Et elle ajoute, comme pour l'excuser, qu'il était peu ouvert sur ses émotions. Comme la plupart des hommes de ce temps qui laissaient leur sensibilité à l'abri des regards.

Irène peut sembler une femme forte quand on lit ses propos fermes et pesés, mais on devine, derrière les mots de cette maman privée de son conjoint, toute sa détresse à devoir assumer seule le dernier bout de chemin... Quand elle dit à ses enfants: *«Mais n'oubliez pas que, sans votre présence, ce serait un deuil plus douloureux...»*, on sent qu'elle a besoin d'eux. Parce qu'il est normal pour une mère qui a tant donné de s'attendre à recevoir à son tour, de vouloir se sentir protégée, aimée, entourée, dans la solitude de son quotidien... sans lui, elle qui s'est dévouée à son bien-aimé jusqu'à la fin pour qu'il ne se sente pas délaissé. Les derniers jours, tout en se rendant compte que Jean sentait qu'il n'y avait plus d'espoir, elle l'encourageait encore, et ce, sans faire montre de son chagrin. Il se voyait diminuer, et elle le remontait sans cesse, avec son cœur d'épouse et de mère. Et elle ajoute dans sa missive cette phrase qui m'a vivement ému: *«Il m'a laissé la plus belle preuve de son amour en partant sans vouloir me surcharger de travail, sachant tous les soins que j'avais à lui prodiguer...»* Et Irène termine en écrivant, comme si elle le murmurait: *«Alors, il a attendu que je sois près de lui, c'est ce qui me console le plus.»*

Oui, elle a attendu un an avant d'ouvrir son cœur de la sorte à ses enfants. Elle a laissé le temps, ce grand maître, cicatriser toutes les plaies que ce départ avait pu causer dans son cœur comme dans celui de ses enfants, de leurs conjoints et de ses petits-enfants. Et c'est avec une infinie tendresse que cette mère et grand-mère, privée de celui qui la soutenait, termine en disant à toute sa maisonnée: *«Un gros merci à vous tous pour votre appui et vos bontés.»* Parce qu'elle sait qu'ils ont tous été là pour la soutenir dans cette pénible épreuve qu'elle traversait; elle sait aussi qu'ils ont souffert autant qu'elle de la perte de cet être cher. Plus que généreuse, dans un dernier sursaut de sa plume, Irène ajoute, comme si elle n'avait pas assez donné d'elle-même au cours des années: *«Sachez que je serai toujours disponible et que ma porte vous sera toujours ouverte, aussi longtemps que ma santé le permettra...»* N'est-ce pas là faire don de sa vie entière? Un beau message sur un papier en forme de parchemin, signé tout simplement... *Maman.* Une lettre que ses enfants conserveront jusqu'à la fin des temps. Cette dame, cette chère Irène, n'a, selon son fils, qu'une quatrième année scolaire. Mais pour écrire à ses enfants une telle missive, on n'a besoin de rien d'autre que d'un cœur de mère. Puisse Dieu la combler de ses bénédictions et la garder sur terre longtemps. Pour le bien-être de ses enfants, bien sûr, mais aussi pour toutes les fleurs du printemps qui, une à une, tomberont sur elle... de la main de Jean.

Masques, perruques et mascara...

Il y a belle lurette que les citrouilles, les costumes, les masques et les bonbons sont sur les tablettes. À la mi-septembre, je m'en souviens, alors que j'arpentais avec mon épouse les allées d'un grand magasin, nous avons vu un étalage à n'en plus finir de tout ce qui se vend pour l'Halloween. Je me souviens lui avoir dit: *«Pas déjà! Nous n'avons même pas rangé le parasol, les enfants se baignent encore dans leur piscine...»* Ce qui ne m'avait pas empêché d'acheter des bonbons, des croustilles, des chocolats, bref, une panoplie de friandises pour les jeunes qui allaient venir sonner à notre porte, un mois et quelques semaines plus tard. Or, voilà que sans qu'on y pense, le temps passe à une vitesse vertigineuse. Oui, voilà que dans quelques jours, quelques heures, ce sera la soirée des masques, des perruques, du mascara... et des bonbons.

Des tout-petits viendront à l'heure du souper quémander quelques surprises pour leur petite citrouille. Ils sont toujours les premiers arrivés, les premiers au lit. De jolies princesses, des petites sirènes, des petits James Bond, et même un petit Tarzan que nous avons eu l'an dernier. Sur les balcons où les lumières sont allumées en signe d'accueil, on verra, comme de coutume, des sorcières, des crânes de morts, des pierres tombales, des fantômes, etc. Ce que je déplore, parce que j'ai la nette impression que ça fait peur aux enfants. Pourquoi pas une citrouille ou une fée avec le sourire au lieu de tous ces monstres dans des toiles d'araignée? Faut-il vraiment que les tout-petits qui viennent chercher quelques bonbons se couchent, avec en tête, des images de cauchemar? Pourquoi leur faire peur quand on peut tout simplement leur faire plaisir?

L'Halloween a pris tellement d'ampleur depuis ces dernières années que ce n'est plus une fête «gratuite». Loin de là, mon fils doit maintenant aller creux dans sa poche pour acheter les costumes de ses trois enfants. Jadis, on se déguisait avec les vieilles robes de sa mère ou le feutre mou de son père. On se dessinait une moustache avec un morceau de charbon mais, aujourd'hui, ça leur prend tout le «kit», maquillage quasi professionnel inclus. Donc, l'Halloween qui, naguère, consistait à un bon échange de friandises, fait maintenant partie du budget. Et n'allez pas croire que les enfants vont revêtir le costume de l'an dernier. Ça prend du neuf, il faut que ce soit encore plus original que celui de l'an passé, ce qui veut dire, plus cher! Et dire que dans «not'temps», un vieux paletot du père, un chapeau usé de la mère, un sac à magasiner, et le tour était joué. Je préfère me taire, les jeunes vont encore «chialer» et me traiter de… rabat-joie! Ce que je ne veux surtout pas!

Parce que, dans le fond, j'aime l'Halloween avec tout ce que ça comporte. Ça coûte les yeux de la tête? Tant pis! Les «p'tits» de l'an 2000 n'ont pas à savoir que «dans l'temps», avec de vieilles pantoufles, un foulard troué… Tiens! Voilà que je recommence! Mon fils va encore me crier que «dans l'temps» c'est pas «maintenant»! Et avec raison puisque c'est lui qui, bon gré, mal gré, en règle l'addition. Pas facile de s'habituer à l'évolution quand on a été un enfant de la Seconde Guerre. Nous, c'était une pomme, un bout de réglisse… Non, j'arrête… Mes petits-enfants vont finir par me haïr! Remarquez que les déguisements n'ont pas été «inventés» que pour le soir du 31 octobre. En lisant l'Histoire de France, on se rend compte que les rois et reines étaient friands des bals masqués. De Louis XIV à Marie-Antoinette, les déguisements étaient si recherchés que les jeunes comtesses s'en servaient pour tromper leur vieux mari avec un bel amant d'occasion. Comme si, les yeux cachés par un loup, un jeune Baron de… ne pouvait pas se rendre compte qu'il s'agissait de la Marquise de… Mais c'était là un jeu et pas pour récolter que des… bonbons! Il y avait aussi les bals du Mardi Gras et les bals masqués dans les boîtes de nuit des années 50, mais, de nos jours, je dirais qu'il ne reste que l'Halloween pour emprunter une autre tête et, parfois, une autre identité. Ce qui doit être fort amusant quand on ne jouit d'aucune notoriété. Donc, pendant que les petits passent de porte en porte avec leur petite citrouille sous le bras, il y a les grands qui, la nuit venue, se lancent à la recherche de «bars spécialisés» pour étaler leur robe moulante, leurs talons aiguilles ou leur allure à la… George Sand. Ce qui importe, c'est le plaisir, l'agrément, car, dès le lendemain, bien souvent, c'est… la grisaille.

Moi, je me souviens des lendemains de cette belle veille. Levé de bonne heure, je comptais mes bonbons, ma mère s'emparait des pommes pour ses tartes, j'échangeais une tire sainte Catherine contre une lune de miel que mon frère avait en double et, la plupart du temps, il pleuvait dehors. C'était comme si la nature nous offrait une dernière chance de nous amuser avant que novembre nous couvre de nuages. Ce qui n'était qu'une impression, bien sûr, puisque je me souviens avoir gelé comme un rat un soir d'Halloween, alors que j'allais d'une porte à l'autre avec mes enfants. J'ai aussi eu droit à des soirs de pluie, à des orages et, parfois, à des soirées chaudes où les petits suaient sous leur masque. Mais ce qui importait et qui importe encore, c'est la joie ressentie par les petits comme par les grands en cette soirée unique de l'année. Tout est allumé, tout est invitant, tout est scintillant, sorcière ou citrouille à l'avant. Et comme je vis encore cette magie avec un cœur d'enfant, j'anticipe avec bonheur les premières petites mains qui viendront se poser sur ma sonnette. Des petites mains dodues de p'tits bout d'choux qui, me regardant timidement, n'oseront rien dire avant que je leur dépose un sac dans leur petit panier. Ces petits anges qui repartiront avec le sourire, alors qu'une fois de plus je vais me payer un bon rhume, en gelant dans mon portique, la porte… grande ouverte!

Se retirer avec élégance

Lors d'une discussion de groupe, j'entendais une dame d'environ soixante-dix ans blâmer un artiste du même âge qui avait décidé de prendre sa retraite. *«Il est encore jeune, il a tout à donner, il n'a pas le droit de laisser tomber quand des gens l'aiment encore!»* s'écriait-elle. Il était évident qu'elle ne voulait pas accepter qu'à un certain âge, on puisse songer à décrocher. Je la comprenais de vouloir, elle, poursuivre ses activités aussi longtemps que possible, mais je comprenais aussi celui qui, ayant tout donné, avait décidé de fermer ses cahiers pour ouvrir ses bras à ses petits-enfants. D'autant plus qu'il est nettement plus élégant de se retirer que d'attendre qu'on nous fasse signe de le faire. Vous savez, il n'est pas nécessaire d'avoir les cheveux blancs pour prendre une telle décision. Je me souviens d'avoir abandonné mes voyages à Hollywood alors que j'étais dans la force de l'âge. Je m'y rendais depuis dix ans et j'avais fait beaucoup d'efforts pour que les fruits de ces périples soient à la hauteur de mes ambitions. Je me souviens de mon premier voyage, d'où j'étais revenu avec quatre petites entrevues, et du dernier, à la fin duquel je m'étais dit, à bord de l'avion, alors que je revenais avec quarante-cinq entrevues sur cassettes: *«C'est mon dernier voyage, je n'y retourne plus.»*

J'avais encore la force de continuer, mais ça ne me passionnait plus. Une fois ma décision prise, je l'ai maintenue, même si on a tenté de m'en dissuader. Je me souviens également du jour où, après une longue entrevue avec Enrico Macias, je me suis dit en montant à bord de ma voiture: «*C'est la dernière, j'arrête là!*» La directrice du magazine croyait que je blaguais, mais j'étais sérieux. Je n'ai plus fait d'entrevues depuis ce jour. Il était temps pour moi de me consacrer à l'écriture de romans. J'en avais déjà publié deux; j'avais le goût, l'ambition et la passion de poursuivre.

Dans tous les domaines, quoi qu'on fasse, vient un jour où l'on doit tirer sa révérence. Attention! Il ne faut pas se tromper et cesser une activité juste parce qu'on est… fatigué! On ne dépose pas les armes pour en prendre d'autres quand on a tout simplement besoin de vacances. Se retirer est un geste que l'on pose après réflexion et non par caprice! On ne passe pas à autre chose sans être sûr de réussir ou, du moins, d'avoir des chances d'y parvenir. J'ai vu des gens se retirer et le regretter amèrement. Et dans le milieu artistique, les retraits dits temporaires sont plutôt risqués. Les gens oublient vite… Si vous saviez comme il est facile de ne plus faire parler de soi!

«*Bien, voyons donc! Cela n'a aucun sens! Il pouvait continuer…*» s'écrie-t-on en parlant de la personne qui se retire. Il faut savoir respecter la décision d'autrui. On peut bien continuer à bûcher, mais à quoi cela sert-il si on risque d'y laisser sa santé ou si on n'a plus envie de franchir la porte de notre lieu de travail? N'est-il pas plus honnête, pour soi comme pour les autres, de se retirer avec élégance plutôt que de poursuivre dans l'indifférence? On peut même risquer un faux pas si c'est pour relever un nouveau défi. Alors que j'étais journaliste, j'ai réalisé pas moins de mille entrevues. J'ai tout laissé tomber, et la Terre a continué de tourner. Parce qu'il y a toujours quelqu'un pour prendre la relève. Et c'est souvent de cette façon, sans même y penser, qu'on donne leur chance à d'autres personnes. Aux gens qui prennent de l'âge et qui hésitent à prendre leur retraite, je dirais: «*Allez-y, retirez-vous avec grâce et sur la pointe des pieds. Vous serez, je vous l'assure, beaucoup plus respecté que si vous attendez qu'on vous offre gentiment une prime de départ et un dîner au restaurant.»* Parce que se retirer, ça ne veut pas dire cesser d'exister. Loin de là!

La triste perte d'un enfant

Que de courage, que de foi il faut avoir lorsque le Ciel nous ravit un enfant à qui on a donné la vie! Je me revois, étant jeune avec mes petits dans les bras, les protégeant de ma tendresse. Je me demande ce que j'aurais fait s'il avait fallu... Je n'ose y penser; je crois que je ne m'en serais jamais remis. Et pourtant, la vie continue... Sans doute qu'à l'instar de tous les parents éprouvés, j'aurais fini par surmonter l'épreuve, mais avec, à tout jamais, le visage de mon enfant gravé dans le cœur.

Dernièrement, j'ai croisé la mère d'un collègue décédé il y a quelques années. Cette dame que je n'avais jamais vue s'est mise à me parler de son fils, un grand ami, parti dans la quarantaine. Elle m'a dit: *«Vous savez, je m'en remets lentement, mais j'y pense souvent.»* Forte quoique émue, elle n'a pas versé une larme devant moi, mais je sentais que son cœur était encore à quelques pas de l'épreuve. Car, perdre un enfant, quel que soit son âge, c'est le drame le plus intense que puisse vivre une mère. Un père aussi, bien entendu. Mais je ne sais trop pourquoi, sans doute parce que c'est elle qui l'a porté, une mère reste mère jusqu'à la fin de ses jours, même si l'enfant qu'elle adorait lui est enlevé. Et, au risque de me répéter, ma mère, qui avait perdu un enfant en bas âge, me disait souvent: *«Ce n'est pas normal pour une mère d'enterrer son enfant.»*

Comme la plupart d'entre vous, je regarde le bulletin de nouvelles quotidiennement. Et, chaque début de semaine, je frémis davantage lorsque j'apprends que de jeunes enfants, des adolescents, de jeunes adultes ou des femmes enceintes ont perdu la vie dans des accidents de la route. Je frémis parce que je sais que, derrière chaque cas, il y a une famille éprouvée, un père et une mère éplorés. Chaque fois, je me dis: *«Merci, mon Dieu, de m'avoir épargné une telle souffrance!»* Parce que je sais qu'il doit être épouvantable pour des parents d'apprendre la triste nouvelle alors que, la veille encore, leur fils ou leur fille leur disait qu'il ou qu'elle reviendrait vite. Imaginez! En un instant ou presque, c'est la fin d'une vie! Exactement comme si on tirait sur une ficelle! Dans le cas d'une mort naturelle chez une personne âgée, je comprends que toute bonne chose se doit d'avoir une fin, même la vie. Mais, lorsqu'il s'agit d'une jeune femme de vingt-huit ans qui laisse non seulement des parents en larmes, mais aussi un époux consterné et deux enfants en bas âge qui vont la chercher sans comprendre, il y a de quoi… fendre l'âme.

Je parle d'accident parce que c'est inattendu, que c'est le coup de masse en plein cœur, mais j'imagine qu'il doit être aussi éprouvant, sinon plus, de perdre un enfant au bout d'un long combat. Parce que, durant des années, on lui tient la main, on prie pour que la mort l'épargne et, à bout de bras, on le voit s'envoler au-dessus des nuages. Bien sûr que les proches diront: *«Il a fini de souffrir. Dieu rappelle à Lui ceux dont il a besoin dans son paradis.»* Et cetera! Mais le cœur n'accepte pas facilement cette «prise» d'un enfant, même si on se dit souvent de son vivant: *«Les enfants ne nous sont que prêtés…»* Devant la douleur que j'ai pu lire dans les yeux de cette vieille maman croisée récemment, je ne peux que penser que, quand on donne la vie, on veut la voir vibrer jusqu'à la fin de ses jours. On sait qu'on va les retrouver, ces enfants dont le Ciel nous sépare, mais d'ici là, on ne peut empêcher un cœur de saigner. Et, malgré tout ce que l'on peut dire ou faire de bonne foi pour consoler les parents éplorés, ce n'est pas nous qui avons enterré un bébé ou un fils bien-aimé.

On dit que ce sont ceux qui restent qui sont à plaindre et non ceux qui s'en vont. Il est évident que, parti à la droite de Dieu ou ailleurs, on n'a plus à s'en faire avec la vie: on l'a quittée. C'est triste de mourir à dix-sept ans; mais c'est encore plus triste quand on apprend que son enfant s'est enlevé la vie. Parce que la douleur de ceux qui restent doit être indescriptible lorsque celui ou celle qui s'en va le fait de son propre choix. On a beau dire ce qu'on voudra, on en arrive toujours à se culpabiliser pour le geste posé. On a beau savoir que le jeune s'est enlevé la vie à la suite d'une peine d'amour, on va se dire: «*J'ai été fautif; j'aurais dû lui apprendre à surmonter les déboires...*» Finalement, quand on perd un enfant, on porte toujours le poids de la faute. Alors, avec grâce, avec admiration, je m'incline devant le courage des proches d'un disparu. Le temps est certes un grand maître, je l'ai toujours dit et je lui fais encore confiance, mais encore faut-il avoir l'énergie et la fermeté de donner du temps... au temps. Ce qui ne veut pas dire, pour autant, que perdre un être qu'on aime, que ce soit un père, une mère, un frère, une sœur, un conjoint, une amie ou un confrère, n'est pas une douleur amère. Fort heureusement, la vie nous inculque chaque jour la foi et le courage, Dieu merci! Et comme je crois du fond de mon âme en la prière...

Prendre de l'âge avec le sourire

Remarquez qu'on n'a guère le choix, on en sourit ou on en pleure. Prendre de l'âge, accuser un an de plus chaque année, personne n'y échappe, c'est la règle du jeu… de l'horloge de la vie. Il est évident qu'avoir vingt ans, c'est merveilleux. On peut même en rire de ses trente-deux dents blanches, aucune ride ne viendra déranger le «portrait». Mais quand on accuse trois fois vingt ans ou, deux fois trente ans comme je préfère dire… Trêve de coquetterie et de calcul, je viens tout juste de célébrer un autre anniversaire et je vous avoue que celui-là ne m'a fait ni chaud ni froid. Parce que lorsqu'on dépasse de deux ou trois ans ce que j'appelle le choc du chiffre rond, on accepte plus aisément de faire partie de la décennie qu'on cherchait à combattre… en vain!

Ce que je trouve de plus curieux, c'est qu'il y a dix ans, alors que je ne voulais pas dévoiler mon âge, tout le monde me le demandait. Aujourd'hui, parce que ça ne me dérange plus de dire que je suis sexagénaire, par pudeur ou retenue, on ne me le demande plus. On joue plutôt de subtilité avec ce menu détail. Récemment, en lisant une entrevue accordée à une journaliste, j'ai souri en apercevant au milieu d'un paragraphe: *«En 1957, alors qu'il avait vingt ans…»* Quelle jolie façon d'afficher mon âge en invitant les lecteurs à en faire le calcul. Mais, j'avoue que ça m'a plu, ça faisait moins radical que de dévoiler mon âge… en chiffres! C'était moins brusque, vous comprenez? Bien sûr qu'il est préférable de prendre de l'âge et d'en sourire mais, entre vous et moi, voyez comme je «patine» autour du sujet, pour ne pas dire que je préfère qu'on ne souligne pas trop les anniversaires depuis que…

Comme tous ceux de ma génération, j'ai eu vingt, trente, puis quarante ans. Je me souviens qu'à l'aube de la quarantaine, alors que la sagesse n'était pas encore au rendez-vous, je me trouvais déjà… fort vieux! Et, par malheur, j'étais le plus âgé de l'équipe que je dirigeais; j'avais même dix ans de plus que le grand patron. Alors, imaginez quand venait le temps des réunions et que, jeune dans mon cœur et dans ma tête, j'avais la malchance d'être le doyen de la table ronde. Honnêtement, je pense que je me suis senti plus âgé en ce temps-là qu'aujourd'hui. Parce que maintenant, seul avec ma plume, retraité ou presque, je croise un tas d'aînés quand je sors faire une promenade. Et je me sens comme le benjamin de la rue ou presque avec, pourtant, un lourd bagage d'expérience sur les épaules.

Bon, revenons sur terre et laissez-moi vous dire que ce n'est pas avec le nombre d'années accumulées qu'on sent qu'on prend de l'âge. Et, par cette affirmation, je crois être en mesure d'atteindre plusieurs lecteurs. Prendre de l'âge, ce n'est pas un chiffre, c'est une question d'attitude. C'est pourquoi j'ai toujours dit qu'il y avait des vieux de vingt-neuf ans et des jeunes de cinquante-neuf ans. L'âge, c'est ce que le miroir nous rend quand… Et là, je ne parle pas de cheveux gris ni de rides qui se veulent inévitables avec le temps. Je parle du reflet qu'il nous renvoie selon ce que l'on fait de son corps et de la façon dont on prend soin de sa santé. Sortir tous les soirs, boire sans compter les verres, fumer comme une cheminée, manger à des heures indues, se coucher tard, se lever avec le mal de bloc causé par la veille, voilà ce que j'appelle prendre de l'âge sans en sourire. Et pour cause! Parce que c'est à trente ou quarante ans que se dessinent les profils des «vieux» avant leur temps. Au revers de la médaille, il y a ceux et celles qui, sans être «granola» – j'ai horreur des excès –, prennent un soin précieux de leur bien-être et de leur santé. Ils ont «écrasé» depuis un certain temps, ils boivent modérément, ils font de l'exercice, ils mangent plutôt bien et se couchent à des heures normales en vue de se lever du bon pied. Des gens qui ne se laissent pas influencer par les larrons en foire et qui choisissent de vieillir tout doucement, sans bedon, sans lard aux mauvais endroits et sans les affreux cernes sous les yeux qui trahissent les écarts. Ils ne sont pas de ceux et celles qui, pour survivre se gavent de comprimés pour l'estomac, le foie, les intestins et… les nerfs! Ils vont plutôt s'offrir un surplus de vitamines, juste ce qu'il faut pour être à l'abri des rhumes et de la fatigue, pas toujours… chronique!

Récemment, une dame, regardant une de mes photos d'antan me disait: «*Vous êtes encore aussi beau, vous savez!*» J'ai souri. Elle se voulait franche, je la sentais polie, et du «haut de ma sérénité» je lui ai répondu gentiment: «*Autrefois, oui, j'étais beau, Madame, que cela, mais là, permettez-moi de vous dire que je suis devenu… charmant.*» Nous avons bien ri de cette boutade, elle et moi, car j'ai compris qu'elle avait saisi que j'acceptais son compliment, tout en la rappelant à l'ordre… doucereusement. Comme si, avec la sagesse et le long sentier parcouru, on ne pouvait faire la différence entre ce qui a été et ce qui est. Comme si, avec des cheveux gris et quelques rides en guise d'archives du passé, on ne savait pas qu'on affichait plus d'aisance devant l'objectif d'une caméra… jadis! Mais, chaque âge a son sourire et, le plus important, c'est que ce sourire en soit un de bonheur. Alors, comme nous avons tous hérité d'un an de plus au cours de l'année, acceptons-le avec joie et remercions le Ciel de nous garder en vie. Doublement si, de surcroît, nous jouissons d'une bonne santé. Et ce, qu'on ait 27, 47, 67 ou 87 ans! Ou encore, un de ces «chiffres ronds» qui causent un choc… pour un tout petit bout de temps.

Un prologue du temps des fêtes

Est-ce pour se changer les idées? Est-ce pour oublier les actualités qui nous parlent de terreur, de vengeance ou de guerre? Est-ce pour ces raisons qu'on a hâte de se retrouver au temps des fêtes, pour laisser un peu plus derrière soi ce qui nous a si grandement perturbés? Sans doute. Et je ne suis pas le seul à penser de la sorte si je me fie aux mines réjouies qui, au beau milieu des rayons où l'on vend des sapins, des couronnes, des anges et des lumières scintillantes, tentaient de trouver, dans cette magie des fêtes, une certaine accalmie. On nous a dit : «*Continuez, sortez, dépensez, faites rouler l'économie...*» Mais oui, bien sûr, je vous l'ai déjà dit et je le répète: dépensez, mais à la mesure de vos moyens. Ce n'est pas parce qu'on a le cœur tourmenté qu'on doit emprunter... pour dépenser! Il faut agir comme on l'aurait fait si les événements que l'on connaît n'étaient pas survenus.

En quittant la maison ce matin-là, je savais que lorsque je regarderais le bulletin du soir, les nouvelles ne seraient pas réjouissantes. Je me suis rendu au centre commercial le plus près et j'ai oublié, le temps d'une demi-journée, les vilenies du genre humain, pour me plonger dans l'euphorie du temps des fêtes. J'ai donc magasiné, j'ai acheté des cartes de souhaits, du papier d'emballage et quelques boules neuves pour mon vieux sapin... artificiel! J'en ai aussi profité pour choisir le cadeau de mon épouse et deux ou trois babioles pour les tout-petits, qui s'ajouteront à ce qu'ils recevront. Je n'ai pas dépensé beaucoup au rayon des joies de Noël, mais cette atmosphère de paix que j'ai observée a été ma plus belle raison de vivre de cette journée.

Mon Dieu, pourquoi n'ai-je pas vu cela dans mon jeune temps? Pourquoi n'ai-je pas remarqué, comme je le fais maintenant, tous ces sourires d'enfants devant la féerie ou devant la magie d'un lutin qui penche la tête en leur faisant un signe de la main? C'est incroyable tout ce que j'ai pu voir de mes yeux de grand-père que je n'avais pas vu lorsque j'étais jeune père et que j'avais deux boulots pour joindre les deux bouts… J'aime mieux ne pas y repenser; j'ai l'impression d'avoir été négligent, ce qui n'était pourtant pas le cas… quand on regarde en arrière et qu'on se rappelle le courage dont on a fait preuve. On a tendance à oublier ce qu'on a fait de bien, pour se rappeler le moindre petit laisser-aller… justifiable! Mais revenons au présent: les plus beaux moments de cette journée, c'est lorsque je voyais ces sourires d'enfants devant tout ce qui s'animait. Et j'ai été saisi d'une forte émotion en voyant un bébé d'à peine huit mois me regarder avec un sourire comme je n'en ai jamais vu, comme s'il voulait me dire: *«Regarde, c'est beau, hein? Pourquoi tu ne ris pas?»* J'étais sérieux, je vérifiais une facture et, en l'apercevant, je lui ai rendu mon plus beau sourire dans le but de partager ce qu'il ressentait dans son cœur d'enfant. Plus loin, un petit bonhomme d'environ trois ans voulait un ballon rouge qui, très haut sur un étalage, servait de décoration. Sa mère s'évertuait à lui dire qu'elle en prendrait un qu'elle gonflerait… Peine perdue, le petit voulait celui que la fée des étoiles tenait dans sa main. Et là, j'ai ri de bon cœur! Sa mère aussi! Plus loin, une petite fille avait dans les bras une poupée de chiffon qu'elle ne voulait pas remettre à sa place dans un panier d'osier. Sa maman ne voulait pas la lui acheter, et la petite, tapant du pied, ne voulait pas la lui remettre.

Cette fois, c'était moins drôle et, devant les hurlements de la bambine, j'ai quitté tout doucement le rayon des jouets pour emprunter vivement… l'escalier mobile.

J'ai fureté dans le rayon des parfums, puis j'ai mangé dans un petit resto-minute. J'ai causé avec une dame qui avait lu tous mes romans et qui lisait aussi mes billets dans *Le Lundi*. Un jeune homme est venu me dire que sa compagne lisait actuellement *Le rejeton,* et il m'a demandé si je voulais apposer mon autographe sur un signet qu'il voulait lui remettre. Je suis allé fureter au magasin de disques, j'ai acheté des vidéos pour les petits et le nouveau DC de Kevin Parent pour ma fille. Puis, après avoir fait le tour de toutes les allées, j'ai décidé de rentrer. Mais j'avais oublié que c'était l'heure du retour à la maison des travailleurs. J'ai donc été pris dans un embouteillage sur le boulevard Laurentien et j'ai encore vu des «impatients» au volant. J'ai emprunté des petites rues et je suis revenu regarder mon bulletin de nouvelles. Le même que celui du matin, avec un meurtre en plus et des menaces de terroristes… J'ai zappé, j'ai soupé et je suis allé faire une longue promenade dans mon quartier, parce que je ne voulais pas gâcher cette belle journée. Je venais de vivre Noël ou presque, en plein cœur de novembre, et j'étais encore accroché au sourire du bébé de huit mois. Et c'est peut-être ce que plusieurs devraient faire pour échapper, de temps en temps, au monde sordide des grands, humer un zeste de paix et reprendre son souffle pour le prochain bulletin de nouvelles.

En ce jour de paix et de sérénité

Quelques jours encore sur cette dernière page du calendrier, et ce sera Noël dans toute sa féerie, sa splendeur, sa magie. Je sens qu'au loin des gens s'apprêtent déjà à faire leur valise, à remplir des sacs de cadeaux et à se rendre, beau temps, mauvais temps, chez les êtres qui leur sont chers et qui habitent dans tous les coins du pays. Parce que Noël, c'est le temps des retrouvailles, le temps des accolades, le temps de s'offrir des vœux, de préférence de vive voix. Moi, j'avoue avoir le cœur un peu triste à l'idée de ne pas avoir ma fille, mon gendre et leurs deux petits à ma table, mais que voulez-vous, ils habitent Calgary et ce n'est pas de tout repos que d'effectuer un tel voyage avec un enfant de deux ans et un nouveau-né dans les bras. C'est donc par le biais de l'invention de Graham Bell que nous échangerons les mots d'amour qui nous sont si précieux. Et c'est par le service postal que mes petits anges recevront les cadeaux qui sont, depuis longtemps, en route. Mais, nous aurons, ma femme et moi, notre fils aîné, notre belle-fille et nos trois autres petits-enfants à étreindre contre nos cœurs. Voilà la récompense d'avoir à soi... une grande famille. Pour moi, Noël a été depuis ma tendre enfance, le plus majestueux jour de l'année. J'ai toujours eu l'impression qu'en ce jour où l'Enfant-Dieu renaît chaque année il n'y avait que du bonheur sur terre. Pas de fléaux, pas de guerres, pas de politique, pas de désagréments; que de la joie, du plaisir, la paix et la sérénité.

Cette image, je l'ai toujours vue les yeux fermés, avec un cœur rempli de candeur; avec, sur ma table, un livre à colorier dans lequel, à partir du PÈRE NOËL, tout n'était que joie et gaieté. Avec les ans, avec le cœur imprégné d'une éternelle jeunesse qui tire d'un bord, et la sagesse de l'autre, je sais, hélas, qu'il n'est est pas toujours ainsi dans mon livre d'images. Et Noël, tout en me rendant joyeux, me glisse quelques pensées moroses à travers le sillon de mon agitation. Je sais qu'il y aura des personnes qui seront seules à fêter ce jour où les flocons sont purs et blancs. Je sais qu'il y a des gens malades, alités, qui n'auront pas la joie de se lever et de danser autour du sapin. Je sais, qu'au loin, très loin et si près de nous à la fois, des enfants vivront dans la terreur et les pleurs ce qu'ils devraient vivre dans les rires et le bonheur. Je sais tout cela, mais qu'y puis-je? Que puis-je faire d'autre que prier pour que la terre entière ait, ne serait-ce qu'un jour, sa parcelle de paix? Je pense aussi à ceux et celles qui, l'an dernier encore, faisaient partie de nos ébats. Ceux et celles qui sont partis pour un monde que l'on dit meilleur. Puisse-t-il en être ainsi, car personne n'est revenu pour me dire qu'on fêtait aussi Noël... au paradis. Mais ma foi, chancelante parfois, s'y accroche de ce qu'elle a déposé dans mon âme. Et je les imagine tous, ces êtres de l'au-delà, nous sourire et clamer avec nous la naissance de l'Enfant-Dieu devenu homme, qu'ils ont en face d'eux. Et, pendant que nous tentons de vivre ce jour dans la paix et la sérénité, eux, sans nous le dire, le vivent dans une douce éternité.

Revenant sur terre, ma pensée se tourne vers ceux qui nous entourent et nous enivrent de leur amour. Au moment où j'écris ces lignes, à la radio, j'entends la très belle voix de Marie-Michèle Desrosiers interpréter *Dans le silence de la nuit,* une chanson qui, chaque année, me chavire. Juste avant, c'était Céline Dion et sa famille qui, en chœur, chantaient *Les cloches du hameau,* une chanson que ma mère fredonnait et que j'interprétais avec mon cahier de l'abbé Gadbois entre les mains. Une chanson qui me rend nostalgique, qui m'émeut. Mes petits-enfants m'appellent pour me demander: *«Dis, grand-père, m'as-tu acheté ce que je t'ai demandé?»* Je souris, je balbutie, je ne veux leur confirmer que le jouet est là, au pied du sapin. Et l'aînée de me dire: *«Tu vas venir souper à la maison avec grand-mère, n'est-ce pas? Nous avons un gâteau, des cadeaux, etc.»* Quel bonheur en prenant de l'âge, de constater que nous sommes «l'univers» de nos chers petits. Sans nous à la table familiale, je le sens, ils seraient très malheureux. Et je frissonne de chagrin à la seule idée, qu'un jour, au gré de l'horloge… J'imagine leur désarroi, leur peine… Et ça m'a fait penser à ces enfants qui, privés d'un père, d'une mère, s'accrocheront à leurs jouets avec le sourire effacé de l'être cher… Mon Dieu! Je deviens triste? J'en suis navré, mais ma plume a cette manie de déambuler entre le chagrin et la joie… Pardonnez-moi.

Aujourd'hui, à quelques jours de la fête solennelle, pas de cantiques dans mon choix de musique. Ils viendront bien assez vite. J'ai opté pour les chansons les plus légères, les plus joyeuses du temps des Fêtes. *Promenade en traîneau, Le Bonhomme de neige, Vive le vent,* des chansons puisées dans les microsillons de Nathalie Simard à ses débuts, de Renée Martel et de Michèle Richard. Des chansons que je faisais tourner pour mes enfants que je berçais de ma tendresse après avoir versé le gallon d'huile dans le réservoir de la «fournaise» du couloir de mon logement. Pour qu'ils soient au chaud, pour qu'ils se sentent bien, entre mes bras de vingt-cinq ans, dans lesquels ils se blottissaient jadis. Et là, j'attends tout comme vous, que les jours s'écoulent, que la joie vienne et que je serre mes petits-enfants dans mes bras moins musclés de… soixante ans. Ce Noël qui vient, c'est avec un cœur d'aujourd'hui que je veux le vivre. Pas avec celui d'hier, pas avec l'album de photos de naguère qui me met le cœur à l'envers.

Aujourd'hui, dans toute sa force, dans la paix et la sérénité. Avec ceux qui sont là, les jeunes comme les plus âgés, avec un sapin décoré, une bûche en chocolat, des cadeaux à déballer. Aujourd'hui, avec mon passé enterré… pour une journée. En l'honneur de ces tout-petits qui s'ajoutent à notre vie. Car, pour les plus jeunes d'entre eux, le petit Jésus qui prend place dans la crèche n'arrive que pour la troisième ou quatrième fois. Et je ne leur parlerai pas de l'ange qui, dans mon temps, remerciait de la tête quand on déposait des sous dans son tronc, je me le promets! Parce que je veux que ce Noël, tout en dispersant quelques joies dans mon cœur, inonde de bonheur le cœur des autres. Puisse-t-il en être ainsi dans chaque foyer.

Alors que tout se poursuit...

Bien sûr que c'est une nouvelle année qui vient à peine de se lever mais, entre vous et moi, c'est notre vie qui se poursuit avec ses hauts, ses bas, ses joies et ses déboires. On a beau se souhaiter que de belles choses et le paradis à la fin de nos jours, on sait très bien qu'on aura nos jours gris et nos jours roses. Comme chaque année! Comme depuis... que nous avons cessé de les compter.

Vous savez, je suis le premier, quand un nouvel an s'amène, à me dire: «*Cette fois, rien ne viendra perturber ma quiétude. Je ne me promets que du bonheur, que des joies, je veux que...*» Et j'arrête net parce que je sais que penser de cette façon n'est pas réaliste. Il est certes permis de rêver, mais la vie n'est pas qu'un nuage sur lequel on traverse les jours au gré du vent. La vie, c'est un temps qui nous est alloué et qui, d'année en année, s'écoule avec de grandes joies et d'amères déceptions. On a beau faire des compromis, prendre des résolutions, tenter d'effacer le passé... Moi, j'ai fini par croire qu'il fallait considérer ses erreurs comme de belles expériences. Je m'en sers donc pour m'améliorer, tenter de ne plus les répéter, mais je ne jure de rien. Quand on a le cœur vulnérable, vous savez... Par contre, si l'on réussit, au fil des ans, à grandir, à apprendre, à acquérir une certaine maturité par le biais de ses déboires, rien n'est perdu et tout est à gagner.

Je me souviens que, plus jeune, lorsque le Nouvel An se levait, je m'écriais: «*Cette année, y'en n'a pas un m...*» Je parlais de ceux et celles que je considérais comme des compagnons d'infortune. Je jetais le blâme sur les autres alors que j'étais parfois, pour eux, un aussi mauvais fil conducteur. Avec les années et la sérénité, j'ai fini par comprendre qu'il fallait composer avec sa vie pour le meilleur et pour le pire. Exactement comme on le fait d'un mariage. Parce que, dès sa naissance, c'est une union que l'on contracte avec sa propre existence. Et comme il n'est pas toujours facile d'être en accord avec soi-même. Alors, imaginez avec les autres….

Il y a certes place pour l'amélioration, je le disais plus haut, mais il faut le vouloir. Se prendre en main, faire un bon examen de conscience, reconnaître ses torts, s'avouer ses propres fautes, se jurer de tenter de faire mieux, ce n'est pas de la magie tout ça, c'est un effort de bonne volonté. Tout être réfléchi peut s'éviter des déboires coutumiers lorsqu'il poursuit sa vie avec un bilan bien en vue. Il ira de soi qu'on ne commettra plus les mêmes fautes si l'on s'efforce de les éviter juste avant le faux pas; si l'on y pense juste à temps et si l'on se retient. C'est ce que l'on doit faire pour que la vie se poursuive avec moins de désagréments et plus de quiétude. Quand on connaît ses défauts et qu'on a les outils en main, il est indéniable qu'on peut au moins tenter de les réparer. Chaque être humain a, selon sa conscience, des choix à faire. On n'avance pas en replongeant sans cesse dans les abus. Si tel est le cas pour certains d'entre vous, vous n'avez qu'à filer en douce de ces parages sans que l'absence se fasse offense. Il suffit parfois de s'éloigner, de prétendre ne pas être disponible, de meubler sa vie avec de nouveaux visages, pour que l'espoir d'un bien-être se manifeste. Et, comme je l'ai toujours dit, c'est au sein de sa famille qu'on trouve la plus grande accalmie lorsque sonne l'alarme. Le conjoint, les enfants, les parents, toutes ces personnes autour de soi pour nous dire gentiment: «*Viens, nous on t'aime… Viens, on est là…*»

Non, ce n'est pas une vie nouvelle, ce n'est que l'année qui se lève qui l'est. Le cœur continue de battre, l'âme prie de plus belle et les yeux regardent droit devant pour effectuer chaque pas sur un chemin nouveau. Comme l'an dernier, comme il y a deux ans, comme il y a dix ans avec, espérons-le, un meilleur carburant côté santé et une meilleure vision de l'esprit. Ces jours derniers, je croisais des gens qui me disaient: «*Moi, cette année, ma résolution c'est...*» ou encore: «*J'attendais janvier pour ne plus fumer, mieux me nourrir...*» et j'en étais content. Parce qu'il vaut mieux prendre des résolutions qu'on risque de ne pas tenir, que d'entamer la nouvelle année sur le même sentier parsemé de ronces. Il est évident que je préfère une analyse de soi en profondeur et un élan de sagesse dans le cœur sans que personne n'en sache rien, mais je ne condamnerai jamais qui que ce soit qui crie tout haut ce que d'autres pensent tout bas. Parce que, dans un cas comme dans l'autre, l'important, c'est le bon vouloir et le désir profond d'y parvenir.

C'est drôle, il fait très froid dehors et j'ai le cœur au chaud. Je me sens bien, je me sens en plein répit. Je me sens poursuivre tout doucement ma vie. Parce que je sens que ceux et celles qui m'entourent comprennent peu à peu que la vie ne s'arrête qu'à son dernier souffle et qu'il est important d'en respirer chaque seconde. Je me sens bien également, parce que j'ai l'impression que, quelque part, des gens qui me lisent et que je ne connais pas vont peut-être poursuivre leur vie en se penchant davantage sur la beauté des jours et du parfum qu'on peut encore humer d'un pétale de rose enfoui sous la neige. Puisse la roue qui tourne combler votre existence de tant de joies ensoleillées que vous sentirez à peine le moindre petit chagrin humecté de... quelques gouttes de pluie.

Pour alléger son propre fardeau

Oui, on en a tous un peu trop sur les épaules, quand vient le moment de faire l'inventaire de sa vie. *«Dieu qu'elle est lourde, parfois, cette vie…»,* murmurent les plus pessimistes, sans songer que ce n'est que le fardeau qu'ils portent, sans ne jamais le peser, qui fait que tout devient lourd, lourd, beaucoup trop lourd…

Alors, quoi faire pour repartir d'un pied plus léger? Quoi faire pour ne plus sentir, sur ses épaules, cet accablement qui nous «rentre» les pieds dans le sol? C'est bien simple, il suffit d'alléger, d'ouvrir son baluchon et d'en laisser tomber tout ce qui fait que le cœur – même à la bonne place – semble avoir envie de changer… de place. De l'air! De l'espace! Un vide par-ci, par-là, ça presse! Et c'est dès qu'on ressent ces symptômes qu'il faut faire le bilan de son fardeau, et le délivrer peu à peu de ce qui, avec le temps, est devenu trop pesant. Pour les uns, ce sont peut-être des personnes à éliminer de leur vie. Des personnes qu'on «traînait» sans se rendre compte qu'elles nous stressaient au point d'en avoir des torticolis. Des personnes qui prennent trop de place, qui demandent trop d'attention de notre part; bref, des personnes qui rongent notre bonne volonté sans qu'on s'en aperçoive. Jusqu'au jour où, avec un bon examen de conscience, on se rende compte, finalement, que le morceau de trop dans le cœur comme sur les épaules, c'est lui, c'est elle, ou… plusieurs personnes à la fois qui drainent notre énergie et nous écrasent de leur poids.

Il y a aussi ceux et celles, les opportunistes, ceux et celles qui, avec amabilité et habilité, ne semblent pas du genre alourdissant, jusqu'au moment où le déclic se fait et que, subitement, on met le doigt sur le «bobo». Vous me suivez? Ces gens qui profitent de vous, ces gens qui font semblant d'aimer tout en maintenant de votre part, ce sentiment à leur égard. Ces gens qui, légers comme la plume, doucereux comme le renard de la fable, vous entretiennent de leur pseudo-camaraderie, jusqu'à ce que, sorti du néant, vous le réalisiez… finalement! Dans un tel cas, furieux d'avoir cru, d'avoir pensé que cet être se voulait un bien-être, vous le lui dites sans ménagement. Pas brusquement, mais sans gants blancs, juste ce qu'il faut pour qu'il ou qu'elle reste… bouche bée. Parce que ceux et celles qui sont un fardeau pour les autres et qui ne protestent pas lors de la mise au point, s'avouent coupables sans l'avouer, par un silence… démesuré. Et dès le compte-rendu terminé, même si cette personne vous tenait à cœur, je vous jure que vous sentirez vos épaules s'alléger d'un gros et bien vilain… morceau! Dieu qu'il est bon de ne pas être dupe à tout jamais. Dieu merci de donner à tout être l'ingéniosité de mettre le doigt sur la plaie, de l'analyser, de la guérir le plut tôt possible, et de laisser le baume la cicatriser. Oui, Dieu merci, parce que tout «fardeau» qui pèse de plus en plus sur nos épaules, «s'imagine» qu'on peut être, sans cesse, altruiste ou… naïf.

Dans ce même ordre d'idées, sans pour autant que le poids soit une ou deux personnes, il y a ceux et celles qui allègent leur fardeau de leurs propres manivelles. Un ami me disait récemment: *«Moi, cette année, il faut que j'apprenne à ne pas tout endosser. De plus, il faut absolument que j'arrête de m'en faire avec des choses qui ne me regardent pas. Il faudra même aussi que je me ferme un peu plus les yeux, que je me bouche les oreilles, il faut…»* Son propre plaidoyer semblait sans fin. Croyant qu'il avait pris ces résolutions en vertu de la nouvelle année, il m'a répondu: *«Non, j'ai tout simplement médité sur moi-même. J'en ai assez de tout prendre à cœur, d'être mêlé à ce qui ne me regarde pas.»* Finalement, il venait de réaliser qu'il avait deux manteaux de charité à s'enlever des épaules pour respirer plus librement. Et ce, sans perdre pour autant ce cœur sur la main qu'il se promettait de souffler à qui de droit, aux bons endroits. Parce que, alléger son propre fardeau ne veut pas dire qu'il faille, tel un ascète, se retirer du monde et vivre en dehors de la société. Alléger son fardeau se doit d'être fait avec discernement, avec intelligence. On enlève ce qu'on a de trop, mais on garde ce à quoi on tient. On peut même ajouter un manteau, à la condition qu'il ne soit pas lourd, mais plutôt apte à garder le cœur au chaud. Parce que, selon moi, pour alléger le poids de la vie, il suffit d'en arriver à être bien dans sa peau. On ne peut être heureux en poursuivant sa route en titubant. On ne peut être en forme et avoir le cœur joyeux si, à chaque pas, on chancelle à cause d'une surcharge.

Récemment, alors que j'étais attablé dans un petit restaurant, j'entendais une jeune femme dire à une compagne: *«En tout cas, moi, je ne commence pas l'année sur le même pied! Ma sœur, elle va prendre le bord, pis la moitié de la famille de mon mari aussi!»* L'autre, surprise, de demander à sa copine: *«Ta sœur? Je sais qu'elle t'a toujours pesée, mais comment vas-tu le lui dire?»* Et la dame de rétorquer: *«Je vais lui dire: "Dégage!", rien de plus, rien de moins...»* J'avoue ne pas avoir cherché à connaître la suite, les amis venaient d'arriver, mais j'ai gardé en mémoire ce cri: *«Dégage!»* et je peux dire aujourd'hui que cette femme avait besoin d'un réel «dégagement» de tout ce qui lui courbait le dos, sa sœur incluse. Donc, si je résume, pour alléger son propre fardeau, il suffit tout d'abord de l'identifier, de le soupeser et de délivrer son baluchon du «mal» pour le remplir du «bien» que la vie nous suggère. Et dès ce moment, avec trois, quatre ou cinq kilos de problèmes de moins sur le dos, on pourra certes se permettre de reprendre un ou deux kilos de bienfaisance par la suite, si on est sûr et certain que les «bestioles» qui nous broyaient les reins… ont enfin pris la fuite!

Quand la nostalgie nous sourit

Je sors très peu, on le sait, on ne me voit nulle part ou presque. Néanmoins, ne pouvant refuser d'aller rendre hommage à une femme que j'aime et que j'admire, je me suis rendu dernièrement au lancement du livre de Michelle Tisseyre. Cette grande dame du petit écran, je l'ai connue en 1959, alors qu'elle était enceinte de son dernier enfant et que ma femme attendait son premier. C'était l'année où elle a été couronnée reine de la télévision. Je suis entré à l'hôtel Westin où avait lieu le lancement, et quelle n'a pas été ma surprise de reconnaître des visages que je n'avais pas vus depuis longtemps. Des artistes que j'ai côtoyés au cours de mes vingt ans de journalisme au *Lundi,* des artistes qui, pour la plupart, sont devenus de grands amis. Et c'est là que la nostalgie m'a souri. Quelle joie de revoir Muriel Millard, celle qu'on surnommait Miss Music-Hall, celle qui offrait des spectacles grandioses! Cette chère Muriel chez qui j'allais me baigner avec mon épouse au temps où son mari, Jean, vivait, et que sa petite Marie-Claude, décédée depuis, n'avait que cinq ou six ans. La même Muriel avec le même sourire, la même chaleur. Puis Hughette Proulx, celle qui a été courriériste, journaliste, animatrice, celle qui, à son tour, a été couronnée reine de la télévision. Cette chère Hughette qui n'aimait pas qu'on écrive incorrectement son prénom. J'ai revu Jen Roger, celui que j'allais entendre chanter au cinéma Amherst et, plus tard, à la Casa Loma. Il a maintenant soixante-dix ans et il est fier d'être en forme et d'en paraître dix de moins. J'ai retrouvé Alain Denis, ce chanteur qui avait interprété une très belle pièce lors du Gala de la chanson canadienne, en 1957. Je lui ai dit avoir encore le microsillon sur lequel sa chanson a été gravée. J'ai croisé Bernard Derome, qui m'avait accordé une de mes plus belles entrevues au *Lundi*. Il semblait heureux de retrouver autant d'amis. J'ai aperçu la toujours digne Huguette Oligny. Nous nous connaissons de vue et nous sommes salués, sans plus. J'ai revu des journalistes et des photographes qui travaillent encore dans leurs domaines respectifs.

Oui, on peut dire que la nostalgie était présente ce soir-là! Un brin de causette avec la comédienne Denyse St-Pierre, que personne n'a oubliée, et j'ai vu l'écrivaine Paule Daveluy qui, soit dit en passant, habite tout près de chez moi. Jean Rafa, heureux de s'incliner avec respect devant madame Tisseyre, m'a fait me souvenir de toutes ces nuits au Café St-Jacques, où il improvisait des chansons éclair à partir de mots qu'on lui suggérait. Dieu que le temps passe! S'il y a toujours de belles retrouvailles, il y a aussi l'absence de ceux qu'on espérait rencontrer et qui, hélas! ne font plus partie du monde des vivants.

Mais il y avait aussi les têtes d'affiche de l'heure. Les Manuel Tadros, Denise Bombardier, Michèle Viroly, Danielle Ouimet, et j'en passe. Des gens qui ont débuté avec Michelle Tisseyre et qui, aujourd'hui, lui rendent hommage. Et celle qui lançait son autobiographie était, bien sûr, entourée de ses enfants et de ses petits-enfants. Toujours grande dame, toujours avec le même port altier qu'à l'époque de ses quarante ans, elle dégage encore du creux de ses yeux bleus, une simplicité et une grâce que rien ne surpasse. J'ai retrouvé avec joie sa fille Michelle, celle qui porte le même nom que sa mère et qui a écrit *La passion de Jeanne.*

Au milieu de tous ces gens, je me suis rendu compte que j'avais devant les yeux le passé, le présent et l'avenir. Car chacun, peu importe son âge, sans oublier ce qui a été fait par le passé, a ses projets. Michelle Tisseyre a parlé de ses enfants avec son cœur... de mère! Un discours qui en a touché plus d'un. J'ai même vu quelques larmes dans les yeux de ceux et celles de sa génération. Des larmes d'émotion parfumées de souvenirs. Mais il n'y a pas qu'en de rares occasions comme celle-là que la nostalgie nous sourit. Je ne sais trop pourquoi, mais on dirait que la fin du siècle s'efforce à nous offrir le meilleur des plus belles années. À la télévision, on nous invite à nous procurer le coffret des *Belles histoires des Pays d'en Haut,* avec la voix du regretté Jean-Pierre Masson pour nous convaincre. On nous propose aussi les vidéocassettes de *Cher Olivier,* pour que personne n'oublie ce qu'a été le théâtre populaire. Chez les disquaires, on trouve les compilations des plus grands artistes d'hier: Édith Piaf, Alys Robi, Jacques Michel, Adamo, Dalida, Claude François, etc. Je revenais de ce bel événement quand soudain je me suis souvenu que plusieurs des artistes croisés à cette soirée avait fait, il y a vingt ans, la couverture du *Lundi,* que je dirigeais à l'époque. Depuis, d'autres ont pris la relève, les cheveux blancs ont cédé la place aux cheveux blonds, c'est la roue qui tourne, c'est la vie, quoi! Mais, qu'on le veuille ou non, la nostalgie nous offrira sans cesse... un sourire bienveillant.

La vie devant soi

Tout s'est éteint, les lumières des sapins comme la lueur que nous avions au fond du cœur. Il ne reste plus que le tapis blanc, les vents cinglants, la froidure… et la vie. Peu de gens traversent le mois de janvier avec optimisme. On voudrait se voir à des lieues de l'hiver, les pieds dans le sable, mais comme ce dépaysement n'est pas possible pour tous, on doit se contenter, bien au chaud dans sa maison, de regarder l'écureuil aller chercher sa pitance. Tout en faisant soi-même un très sérieux examen de conscience. L'an nouveau n'a que quelques jours, il entrevoit à peine ce qu'il apportera à chacun d'entre nous. Mais ce n'est pas à attendre qu'il nous gratifie de quelques surprises qu'on avancera dans la voie qu'il nous indique.

Je n'irai pas jusqu'à dire qu'il faut tout chambarder. Ce qu'il faut, c'est s'asseoir, méditer, regarder dans le miroir de son passé et tenter de troquer quelques rides contre un sourire vainqueur. La vie est un scénario que chacun peut écrire à sa façon, à son rythme, avec sa force et ses convictions. Ne vous fixez pas des buts impossibles à atteindre. J'ai entendu trop de gens me dire: «*C'est cette année ou jamais. Je fonce, je défonce…*» La plupart du temps, ils se retrouvent au bord de la route, avec le cœur et l'ambition… dans le plâtre. Ce qu'il faut, c'est s'analyser sérieusement, demander l'avis des autres si on est dans l'incertitude et faire quelques pas en avant, quitte, plus tard, à reculer un peu pour ne pas perdre la face. Surtout ne pas faire de faux pas, que ce soit au travail ou dans la vie à deux.

Lorsque j'entends un type rempli de bonne volonté dire à sa conjointe: *«Tu vas voir, cette année, tu ne me reconnaîtras pas»*, je sais qu'il lui promet plus que ce qu'elle attend. Elle préférerait de beaucoup entendre: *«Tu sais, chérie, j'ai réfléchi et je vais faire en sorte de ne pas te décevoir. Je vais tenter de m'améliorer et si, parfois, je trébuche, rappelle-moi à l'ordre.»* Voilà qui redonnerait de l'espoir à celle qui ne veut pas un changement radical, mais plutôt un effort auquel elle pourrait participer de temps à autre. La vie à deux, c'est main dans la main qu'on la solidifie quand le cœur chancelle. Et je suis certain que les efforts de part et d'autre seront couronnés de succès si c'est à deux qu'on les fait. Il faut de l'amour pour effacer la désespérance. Qu'y a-t-il de plus fort que celui qui renaît de ses cendres? Il faut faire abstraction de sa fierté et se décharger simplement, comme s'il était léger, du fardeau qui nous pesait si lourdement sur le cœur.

L'âge des remises en question... n'a pas d'âge. Il est évident que la trentaine et la quarantaine sont les décennies les plus perturbées. Les membres du couple sont encore sur le marché du travail, l'ambition grandit des deux côtés, l'amour monte et descend sans savoir où s'arrêter. Et si, de surcroît, il y a des enfants, c'est à deux qu'il faut faire un examen de conscience pour que ces êtres issus de nous ne souffrent pas de nos changements trop radicaux. Avec l'âge, avec le temps, quand on se retrouve à deux, tout comme au début, il est certes important de faire le point sur ce que nous sommes devenus. Sagesse aidant, les flammèches de naguère se sont transformées en étincelles du présent. La plupart du temps, les armes sont déposées et les combats, derrière nous. Qu'on soit jeune ou vieux, on se côtoie encore chaque jour. Avec nos défauts, nos qualités, nos manies, nos bonnes et mauvaises habitudes. Un amour a fait place à la tendresse, l'accalmie a chassé l'insomnie, et ce sont les enfants de nos enfants qui meublent notre vie.

Sans espérer se retrouver comme aux beaux jours de nos vingt ans, il est possible de poursuivre notre route calmement, sans orages et sans cris. On se regarde, on s'accepte, on en sourit, mais il ne faut jamais déposer son «courage» pour autant. Tout être humain, qu'il ait les cheveux blancs ou non, doit faire un sérieux examen de conscience.

On a tous à apprendre, à grandir, à changer ce qui peut être changé. On verra toujours des jeunes de trente ans réussir là où ils croyaient échouer et leurs aînés leur laisser la place pour découvrir le grand bonheur de semer des fleurs et de planter des arbres. Des arbres qui grandiront et serviront de soutiens aux petits enfants qui feront plus tard, à leur tour, des examens de conscience propres à les aider tout au long du chemin qu'est la vie.

Pour le meilleur et pour le pire...

Voilà ce que nous nous disions jadis, avant de contracter un mariage qu'on voulait réussi et pour la vie. C'était dans les us et coutumes que de s'attendre à ce qu'une vie à deux ne soit pas un lit de roses perpétuel. Nous savions fort bien, ayant vu nos parents traverser avant nous le temps d'une vie, qu'il y avait des hauts et des bas et que le bonheur se composait, bien souvent, de pièces telles celles d'un casse-tête qu'on remettaient à la bonne place.

De nos jours, les adages n'ont plus d'emprise ou presque sur la plupart des couples qui osent encore se rendre jusqu'au pied de l'autel. On aurait peur de prendre position en prononçant la fameuse phrase qui, pourtant, n'est pas un acte de foi solennel. On ne veut même plus se dire: *«Avec l'espoir que ça marchera longtemps...»* parce qu'on se dit intérieurement: *«Bah! Si ça marche pas, on aura juste en en finir au plus sacrant!»* Ne sursautez pas, je l'ai entendu dire par une jeune femme qui allait enfiler sa robe blanche dans quelques mois. Et pourtant! Il est évident qu'il n'est pas toujours facile de vivre à deux quand on vient de milieux différents, qu'on découvre des incompatibilités en cours de route et qu'on n'est pas d'accord sur la façon d'élever les enfants. Nous sommes tous passés par là, mon épouse et moi comme les autres. Bien sûr qu'elle avait son point de vue et moi, le mien. Elle couchait le petit qui «braillait» et moi, je le relevais. Elle était plus ferme, j'étais plus coulant, ce qui n'a pas fait de nous pour autant un couple divorcé après quelque temps. Passer au travers, régler les différends, s'obstiner, tenter de se comprendre et continuer à s'aimer. Voilà les seuls ingrédients d'un jeune ménage qui veut éviter le naufrage.

Le temps passe, on s'aime pour beaucoup, on se déteste pour un rien, on s'aime encore davantage et, vient le jour où l'on est assez adultes pour faire des compromis l'un envers l'autre, parce qu'on a compris que le succès d'une longue vie à deux était de… vivre et laisser vivre. Vient un temps où l'on est sur la même longueur d'ondes ou presque. Il y aura toujours des petits accrocs, c'est normal, on vieillit, on est plus grognon qu'à trente ans. Mais on ne s'arrête plus aux menus détails parce que les époux qui durent plus de vingt ans finissent par s'oublier et vivre pour le bonheur de leurs enfants. On ne demande rien à la vie sinon la santé pour leur venir en aide de mille et une façons. On a passé l'étape du «*Si ça marche pas…*» parce que nous ne pensions pas de la sorte en se glissant les anneaux à l'annulaire. De nos jours, lorsque j'entends des couples me dire: «*Nous, on s'marie pas, parce que ça va bien comme ça…*», je ne dis rien. Peut-être ont-ils raison? S'ils ne sont pas sûrs l'un de l'autre et qu'ils ne veulent pas risquer le «*pour le meilleur et pour le pire*», mieux vaut poursuivre ainsi que de rompre après avoir… juste essayé. Nous sommes loin des années où l'engagement se voulait formel sous l'égide du verbe aimer. Mais, nonobstant le fait que nous sommes en 2003, je me suis consolé en voyant dernièrement, dans un parc, de très beaux couples de mariés qui, s'enlaçant et me souriant, semblaient vouloir me dire: «*Nous autres aussi, on se marie pour le meilleur et pour le pire.*» Et j'ai soupiré… d'aise.

Au nom de toutes ces femmes...

J'ai beau essayer de comprendre, que je n'y parviens pas. Je ne veux pas juger, mais il est difficile de ne pas frémir devant tous ces actes de violence de la part des hommes qui mènent, bien souvent, des femmes à leur dernier repos. Pourquoi les hommes ne peuvent-ils pas accepter la défaite? Pourquoi ne pas relever la tête et tout simplement partir lorsque tout semble fini et qu'il vaudrait mieux, pour le bien-être de tous, se séparer? Pourquoi faut-il que ça se termine brutalement et que signifier son congé à son partenaire soit synonyme de signer son arrêt de mort?

Oui, j'ai frémi lorsque j'ai entendu la nouvelle de ce père de famille qui avait, en pleine nuit, assassiné son épouse et ses deux filles avant de s'enlever la vie. Pour une rupture à venir... Comme si tout devait s'arrêter là! Et pourtant, le lendemain, la jolie demeure de cette famille devenait silencieuse... Deux filles qui, dans la force de l'âge, avaient l'avenir devant elles. Quelle tristesse pour les deux familles qui, unies, ont tenté avec force de supporter le choc. Quelle émouvante photo que celle de la pauvre maman de ce fils qu'elle aimait tant, au-dessus des cercueils, soutenue par la mère de la première victime. Dieu qu'il ne doit pas être facile de vivre un tel drame et de compter sur le temps pour s'en remettre. D'ailleurs, s'en remet-on jamais?

Tout comme j'ai frémi lorsqu'un homme violent a poursuivi sa compagne en automobile pour tirer sur elle et ses trois amis en pleine rue. Une jeune femme, morte, parce qu'elle ne voulait plus vivre avec lui, deux jeunes hommes blessés et un troisième à tout jamais handicapé, parce qu'ils avaient eu le malheur d'être à bord de la voiture visée. Chaque jour, des drames de la sorte, des actes de violence, des meurtres, parce que les hommes ne peuvent pas encore ajuster leur cravate et se dire: «*C'est fini? Tant pis! Je referai ma vie tout comme elle!*» Ces hommes qui perdent ainsi la tête posent-ils ces gestes parce qu'ils aiment encore? J'ose l'espérer, même si je soutiens qu'on n'a pas le droit de tuer… par amour. Ne serait-ce pas, plutôt, pour ne pas perdre la face devant l'entourage? Pas facile d'être les «délaissés» de l'histoire quand l'orgueil s'en mêle. Et pourtant, ces femmes qui partagent nos jours ne nous sont que prêtées. Nous ne leur avons pas donné la vie. Elles appartiennent, tout d'abord, à leurs parents qui les ont mises au monde. Ne serait-ce que pour cette raison, on n'a pas le droit de lever la main sur une femme qui, mariée ou pas, ne fait que vivre avec nous. Moi, s'il fallait qu'un homme me prive ainsi de ma fille dans un excès de rage… J'aime mieux ne pas y penser! Parce que j'ai rarement vu une femme être quittée et abattre son conjoint. Elles éprouvent sûrement, tout comme eux, un certain chagrin, une fierté éprouvée, mais elles se relèvent et font face, avec un étonnant courage, quoi qu'il advienne, aux lendemains.

Récemment, je suivais à la télévision la fin tragique de l'actrice Marie Trintignant. Parce qu'elle est une célébrité et que son conjoint, la brute responsable de sa mort, l'est aussi, l'affaire a été grandement médiatisée. Mais moi, en dépit de tout, je me demandais comment cet homme avait pu frapper ainsi de ses poings, non seulement une compagne, mais une mère de… quatre enfants! Pour ensuite laisser dans le deuil une famille complètement bouleversée, anéantie par le drame. Et je ne peux admettre qu'une petite dame de quarante ans repose sous terre à cause des coups de poing d'un monstre d'homme. Gestes involontaires ou pas, on ne frappe pas une femme. On ne lève pas la main sur un être sans défense et plus faible que soi. Il n'est pas facile de faire preuve d'indulgence envers les hommes qui n'ont pas de «couilles» face à une querelle ou une rupture, déprimés, démunis ou pas. Alors, au premier signe, Mesdames, aux premiers «jappements», de grâce, fuyez avant que la bête morde, parce que la prochaine fois... Puisse Dieu être là!

En les regardant grandir...

On nous les dépose dans les bras, ils ont encore les yeux collés, ils n'osent regarder la lumière du jour; ils étaient si bien dans le ventre de leur mère. Puis, peu à peu, avec les jours, les semaines, ils nous observent, nous reconnaissent et nous offrent l'un de leurs premiers sourires. Je parle, évidemment, de ces petits-enfants dont les grands-parents sont si fiers. Surtout quand c'est la première fois qu'ils voient la vie qu'ils ont donné se prolonger. Égoïstement, on murmure qu'il ressemble à notre fille ou à notre fils, selon le cas, pour ensuite détecter des «airs» avec le grand-père que l'on est ou les yeux bleus de notre épouse. Comme si les enfants n'étaient faits que d'un côté. Comme si les beaux-parents tout comme le conjoint n'avaient aucune part de mérite dans ce petit être qui s'ajoute aussi... pour eux. C'est nouveau, c'est grandiose, c'est incommensurablement... beau! Puis, comme me disait un voisin qui en a trois: *«Ça pousse comme des champignons! Regardez-moi celle-là, elle va déjà à bicyclette à deux roues!»* Et j'ai souri en songeant que, plus avancé que lui dans le domaine de la «seconde progéniture», j'avais maintenant cinq petits-enfants dont les âges varient entre quinze et cinq ans. Imaginez! Moi qui n'ai eu que deux enfants! Et là, je parle encore égoïstement puisque mon épouse y est sûrement pour beaucoup dans cette paternité que je semble vivre... seul!

Mais il est vrai qu'on les préfère petits, alors qu'ils sont dépendants de nous, qu'ils tendent les bras pour qu'on les prennent, qu'ils espèrent qu'on viendra les chercher pour les promener dans leur poussette. Tout petits, on regarde avec eux leurs émissions préférées, on s'amuse par terre, on est là nous, grands-parents, aussi importants que les parents. Égoïstement une fois de plus, je dirais qu'on ne voudrait pas qu'ils soufflent la troisième bougie de leur gâteau d'anniversaire, de peur qu'ils deviennent indépendants; qu'ils ne veulent plus nous donner la main pour traverser la rue, qu'ils soient moins affectueux que dans leur chaise haute. Et c'est inévitablement ce qui se produit. Des petits-enfants, ça aime ses grands-parents sans cesse, mais différemment avec le temps. Quand vient l'âge scolaire, c'est nous qui devons composer avec eux, faire montre de patience, leur dire qu'ils sont fins et beaux, les encourager, mais sans pour autant se plier à toutes leurs exigences. Bien sûr qu'on est là pour les choyer et non les élever, mais pas au point de leur permettre ce que les parents leur refusent. Moi, je gâte bien les miens, mais avec modération car, si j'y allais plus librement, ils risqueraient de devenir très exigeants. Ils ont beau grandir, ils sont encore des enfants. Puis vient le temps…

Pas facile pour des grands-parents d'être d'accord sur toute la ligne avec des adolescents. On les regarde, on hoche parfois la tête, on tente de leur dire que naguère, mais c'est peine perdue. On se demande comment les parents peuvent être aussi permissifs, nous qui étions plus fermes avec les nôtres dans le temps. Je me souviens; je ne laissais rien passer de travers à mon fils comme à ma fille. Les bonnes manières, c'était ce qu'il y avait de plus sacré au sein de la famille. Il nous a fallu être indulgents avec leurs modes, les cheveux longs de mon fils, sa musique de Janis Joplin, le tintamarre de la mode disco de ma fille… Mais là, en prenant de l'âge, on dirait qu'on est moins enclin à comprendre que les jeunes d'aujourd'hui portent des jeans en bas des fesses, qu'ils affichent des tatouages et même un anneau au sourcil. Dieu merci, mes petits-enfants n'en sont pas là. Ils ont encore de «l'allure» comme on dit, ce qui me rassure. Ce sont de bons enfants et je les aime bien, mais j'ai maintenant hâte de les voir à vingt ans. L'adolescence est une période avec laquelle les grands-parents ont de la difficulté à composer. On laisse donc aux parents le soin d'intervenir... et on ferme les yeux.

Les deux petits garçons de ma fille sont encore jeunes, ils n'ont que cinq et sept ans, mais déjà je sens que je les perds peu à peu. Finie, avec le plus petit, la joie de regarder les *Teletubbies*. Fini, avec l'autre, le plaisir de prendre un livre et colorier. Il a maintenant un Game Boy, des jeux électroniques, etc. Mais je les aime encore tout autant. J'ai tout juste un peu de chagrin de les voir tous grandir et de me dire qu'une fois de plus le bon temps s'achève avec les enfants. Tout comme lorsque les miens poussaient... Mais en les regardant grandir, en les voyant s'épanouir dans le pour et le contre de nos «indulgences», nous sommes heureux de cette belle progéniture. Comme tous les grands-parents, ma femme et moi sommes fiers d'avoir donné la vie pour voir que ça se perpétue ainsi. Et comme tous les grands-parents, nous savons qu'après les avoir perdus quelque peu durant les années où ils ont moins besoin de nous, ils vont nous revenir, adultes, nous entourant de toute leur affection en guise de gratitude. Et ce, parce que nous aurons su, bon gré, mal gré, les regarder grandir avec le même amour... que nous les avons vu naître.

Avec ma plus profonde gratitude

Et voilà que j'en suis à tracer ce tout dernier billet. Un écrit qui n'a jamais été publié dans le magazine *Le Lundi* et que je tenais à consacrer à cette ultime page dans laquelle je pourrais, enfin, vous exprimer ma gratitude pour toutes ces années de confiance et de fidélité. Vingt-cinq ans à vous entretenir de propos du quotidien, à vous parler d'amour, à causer avec vous des grands événements de la vie… Vingt-cinq ans durant lesquels vous m'écriviez de partout pour me dire que tel billet vous avait redonné le courage pour affronter telle épreuve ou, tout simplement, pour me remercier d'avoir fait d'une querelle de couple incendiaire, une simple étincelle. Que de témoignages j'ai reçus de la part de lecteurs au fil des ans et de ces milliers d'heures. Que de bons mots, même si, parfois, vous n'étiez pas toujours d'accord avec moi. Car, comme je vous le disais depuis mon tout premier billet: *«Je ne suis qu'un philosophe de poche. Vous me lisez, vous me gardez ou vous me jetez!»* Ce qui vous faisait rire, quoique j'étais… des plus sérieux!

Je me souviens, dans ma jeune quarantaine, vous avoir parlé beaucoup des adolescents parce que j'en avais deux à la maison. Je vous parlais aussi du troisième âge en voyant vieillir ma mère; je parlais des couples, de leurs différends, des compromis à faire, de l'eau à mettre dans son vin… Je vous parlais de ce que je vivais et de ce qui m'inspirait à travers le vécu des autres. Mais il y avait toujours une génération qui m'échappait. Il y a vingt ans, je ne savais comment trop parler des jeunes enfants parce que je n'en avais pas sous mon toit ou dans mon entourage. Et, il n'y a pas si longtemps, lors des dernières années de mes billets dans le *Lundi,* je vous entretenais des tout-petits, des couples plus âgés, de la vie à deux chez les plus jeunes, des adolescents... Parce que, enfin, aucune génération ne m'échappait. Père et grand-père, j'avais devant les yeux la joie de vivre des tout-petits comme celle des aînés. Et je vous parlais encore d'amour, de la fragilité de ce beau sentiment, de la douceur qui en émanait, de l'affection qui s'y greffait... Bref, mes cheveux gris ne m'avaient pas fait perdre l'engouement de mes cheveux châtains... d'antan.

Le temps a passé, les heures se sont dissipées, mais je ne voulais pas vous quitter sur vingt-cinq années de complicité sans vous laisser, en guise de souvenir, le dernier tome de mes plus beaux écrits. Ceux de la sagesse, ceux de la sérénité, ceux... de l'infinie tendresse. Je garderai toujours en mémoire ces lecteurs et lectrices qui m'écrivaient et qui, hélas, ne sont plus de ce monde. Lina, Jean-Paul, Marie-Ange, Simone, Vincent, Denise, etc. Puisse le Ciel leur permettre de lire ce billet qui les évoque. Et je n'oublierai jamais tous ceux et celles qui, parmi nous, m'honorent encore de propos qui me vont droit au cœur. Je pourrais en citer des centaines, mais comme tant de prénoms surgissent constamment... Je songe à Yolande, Jeanne, Muguette, Raymond, Georgette, Sylvain, Jacinthe, Louise, Jacques, Madeleine, Francine, Stéphane, Sophie, etc. Et ce, sans oublier les autres qui, sans se manifester par écrit, me disent lors d'une rencontre fortuite: *«Vous savez, je vous lisais depuis vingt ans. Dommage que vous ne soyez plus là...»* Ou, lors d'une causerie où une jeune femme d'environ vingt ans me murmurait: *«Moi, c'est grâce à ma mère que je vous ai connu; elle avait tous vos recueils et c'est moi qui les lis maintenant.»* Ou encore, tout simplement: *«Je vous félicite pour vos billets. Ils me font tant de bien...»* Jamais je n'aurais pensé que mes réflexions en noir sur blanc avaient fait tant de chemin. Parce que, finalement, plusieurs de mes billets se vou-laient les reflets de ce que vous pensiez et que, simplement, je couchais sur papier. Tout comme vous, je n'ai pas vu le temps passer. D'une année à l'autre, je vous offrais mes vœux pour la fête des Mères tout comme je me penchais sur les joies de la Saint-Valentin. C'était, ma foi, devenu un rituel entre nous que d'échanger, par le biais de cette chronique, ce que nous avions en commun.

Il m'aura fallu calculer pour me rendre compte que j'avais signé, au cours de toutes ces années, plus de mille trois cents billets qui se penchaient sur tous les aspects de la vie. Que de mots, que d'émotions, que de sentiments pour remplir avec grâce un tel baluchon…. Jusqu'à ce que sonnent pour moi les cloches des noces d'argent! Oui, ce doux mariage entre un auteur et ses lecteurs. Vingt-cinq ans à se dire, à partager ses joies comme ses peines et à se lire mutuellement. Et comme le rideau tombe sur ce dernier billet de ce dernier recueil, permettez-moi de vous offrir, du plus profond de mon âme, ma plus vive gratitude. Car, aussi longtemps que Dieu me prê-tera vie, jamais je n'oublierai toutes ces années au *Lundi* du-rant lesquelles, en toute amabilité, vous m'avez remercié à votre manière. Puissent *les sentiers du bonheur* s'ouvrir de-vant vous et permettre aux arbres majestueux de déployer sur vos têtes, leurs feuilles aux mille coloris qui, telle une embel-lie, apaiseront dès lors… le valeureux parcours de votre vie.

Table des matières

DEUXIÈME PARTIE

TROISIÈME PARTIE